राम की अवधारणा केरल में

संरक्षण

योगी आदित्यनाथ

माननीय मुख्यमंत्री, उत्तर प्रदेश

मार्गदर्शन

श्री जयवीर सिंह

माननीय मंत्री, संस्कृति एवं पर्यटन विभाग, उत्तर प्रदेश

निर्देशन

श्री मुकेश कुमार मेश्राम

प्रमुख सचिव, संस्कृति एवं पर्यटन विभाग, उत्तर प्रदेश

अध्यक्ष-संस्थान

श्री शिशिर

निदेशक, संस्कृति निदेशालय, उत्तर प्रदेश

उपाध्यक्ष-संस्थान

कार्यकारी संपादक

डॉ. लवकुश द्विवेदी

राम की अवधारणा केरल में

मुख्य सम्पादक

एन. मोहनन

सम्पादक

के. वनजा

सह सम्पादक

सजी. आर. कुरुप
ए. के. बिन्दु
पी. एल. अनिता

लेखश्री पब्लिकेशन | ESTD.-1986 अयोध्या शोध संस्थान

सजिल्द प्रथम संस्करण : 2023

लेखश्री पब्लिकेशन

दयानन्द मार्ग, दरियागंज, नयी दिल्ली-110002

मो.- 8588048658

ईमेल : daminimaheshwari017@gmail.com

In Association with

ESTD.-1986

Ayodhya Shodh Sansthan

presents

Ram Kee Awadharana Kerala Mein

Chief Editor : N. Mohanan
Editor : K. Vanja

ISBN : 978-93-5775-931-1
Religion/Culture

मूल्य : ₹ 2000

आर.के. ऑफ़सेट, शाहदरा, दिल्ली-110 032 में मुद्रित

'हरि ब्यापक सर्वत्र समाना....'

मर्यादा पुरुषोत्तम श्रीराम का अवतरण उत्तर भारत में सरयू तट पर बसी पावन नगरी अयोध्या में हुआ लेकिन उनकी ख्याति सम्पूर्ण विश्व में प्रसरित हुई । यह रामनाम की महिमा का प्रभाव है जो उनके गुणगान के साथ-साथ लोगों को शान्ति प्रदान करती है । रामनाम की महिमा अनंत है। गोस्वामी तुलसीदास जी ने लिखा है कि रामनाम से बड़ा कुछ भी नहीं लेकिन उनकी इस महानता के पीछे प्रभु श्रीराम का अनुशासित व्यक्तित्व एवं जीवन है। प्रभु श्रीराम की कथा हमारे समाज को अनुशासन, प्रेम तथा सद्भाव का संदेश देती है। रामकथा की अर्थवत्ता इस तथ्य से भी प्रमाणित होती है कि इसमें प्रेम-सहयोग हास-परिहास के साथ-साथ वियोग, व्याकुलता, विवशता तथा वेदना आदि का पुट सहज रूप में दिखाई पड़ता है। प्रभु श्रीराम की कथा उत्तर भारत से दक्षिण भारत तक सम्पूर्ण भारतीय परिवेश में इस तरह रची-बसी है कि उसमें भेद किया जाना सम्भव नहीं प्रतीत होता है।

दक्षिण भारत के लोगों में प्रभु श्रीराम का बहुत महत्व है। यह सर्वविदित है कि कर्नाटक और तमिलनाडु में श्रीराम ने अपनी सेना का गठन किया था और तमिलनाडु में ही उन्होंने श्री रामेश्वरम् ज्योर्तिलिंग की स्थापना की थी। इस प्रका: उत्तर भारत से दक्षिण भारत तक रामकथा का प्रचार–प्रसार हुआ। रामकथा के मूल स्रोत के रूप में महर्षि बाल्मीकि तथा गोस्वामी तुलसीदास जी का नाम सर्वोपरि है। दक्षिण भारत में, विशेषकर केरल के लोगों ने, महर्षि बाल्मीकि को अधिक स्वीकार किया। कुछ इतिहासकारों की ऐसी मान्यता है कि ऐसा शायद इसलिए हुआ क्योंकि प्रभु श्रीराम अन्य की अपेक्षा शोषित वर्ग के साथ अधिक खड़े दिखाई पड़ते हैं। वैसे भी दक्षिण भारतीय प्रभु श्रीराम 'योद्धा राम' के रूप में अधिक प्रसिद्ध हैं जबकि अवध के राम की महत्ता 'बाल राम' तथा 'राजा राम' के रूप में अधिक समादृत।

केरल में राम की अवधारणा पर एक शोधपरक कार्य की आवश्यकता के दृष्टिगत संस्थान द्वारा कोच्ची में एक संगोष्ठी का आयोजन किया गया जिनमें प्रस्तुत शोध पत्रों को पुस्तकाकार में प्रकाशित करने का भी संकल्प था। कतिपय कारणों से तत्समय यह प्रकाशन मूर्तरूप नहीं ले सका जिसे इस समय ग्लोबल इन्साइक्लोपीडिया ऑफ रामायण परियोजना के अन्तर्गत सम्मिलित करते हुए प्रकाशित करने का निर्णय लिया गया। यह हर्ष का विषय हे कि मलयालम भाषा में यह पुस्तक पूर्व में ही प्रकाशित हो चुकी थी जिसे हिन्दी में प्रकाशित करने का कार्य वाणी प्रकाशन, नई दिल्ली के सहयोग से किया जा रहा है। इस पुस्तक को प्रो. के. वनजा ने अत्यन्त परिश्रम से तैयार किया है जिसके लिए वह बधाई के प्रात्र हैं।

आशा है, दक्षिण भारतीय परिप्रेक्ष्य में केरल में राम की अवधारणा पर यह ग्रन्थ कुछ नया संदर्भ प्रस्तुत करने में सफल होगा। आपकी सम्मतियाँ शोध को नई दिशा देने में सहायक होंगी, अत: उनकी प्रतीक्षा भी रहेगी।

डॉ लवकुश द्विवेदी

निदेशक, अयोध्या शोध संस्थान

रामायण समय का पुनर्निर्माण है

बिना काल-देश के भेद के मौखिक एवं लिखित रूपों में भारत भर में प्रचुर प्रचार प्राप्त इतिहास काव्य है रामायण। बगैर जाति एवं धर्म के भारत के सांस्कृतिक जीवन में राम-कहानी का जो प्रभाव पड़ा वह तर्कातीत है। कई पाठ एवं पाठभेद रामकथा की विशेषता है। रामायण के प्रत्येक पाठ के निरीक्षण से यह स्पष्ट होता है कि हर युग एवं काल की जनता ने अपनी ज़रूरतों को प्रतिबिम्बित करने और सफल बनाने में रामकथा का इस्तेमाल किया। यह पुन:पाठ तद्युगीन वातावरण को समझने में सहायक है। रामायण के व्याख्यानों के ऐतिहासिक अध्ययन सदा उपर्युक्त तथ्य पर आधारित हैं। साहित्य जगत में जो परिवर्तन प्रकट हुए थे वे तद्युगीन रामायण के पाठ से समझा जा सकता है। साहित्य में ही नहीं, सांस्कृतिक एवं राजनैतिक क्षेत्रों में भी रामायण-पाठ परिवर्तन का आईना बनकर आता है।

पोलो रिचमेन द्वारा सम्पादित 'Questioning Ramayanas : A South Asian Tradition' शीर्षक ग्रन्थ की भूमिका में इतिहासकार रोमिला थापर ने लिखा–"बाबरी मस्जिद के तोड़ने के बाद पाकिस्तानी नोवलिस्ट इंतिज़ार हुसैन ने कहा, उस दिन तक कल्पना में मात्र प्रतिष्ठित एक जगह, एक ऐतिहासिक साम्राज्य और अनेक स्मृतियों को जगानेवाला एक शब्द मात्र था अयोध्या। अब भारत के चित्र में एक जगह बनकर वह सिमट गया। रामजन्म स्थान को उत्तर भारत के छोटे-से शहर के रूप में देखने के लिए मुझे पुन: अपने भूगोल को पढ़ना होगा।"

एक आदिवासी कथा के अनुसार हनुमान द्वारा विरचित रामायण के पन्ने एक पहाड़ के ऊपर से जब चारों ओर बिखर गये तो वाल्मीकि ने उसे एकत्र कर रामायण की रचना की। मतलब, राम वाल्मीकि के पहले ही लोक कथाओं में थे। उसकी परम्परा दीर्घ थी। ए.के. रामानुजन एक लोककथा को यों उद्धृत करते हैं–"भूमि के एक छिद्र से जब राम की अँगूठी गायब हो गयी तो उसकी खोज में हनुमान पाताल में पहुँचता है। वहाँ की आत्माओं के सम्राट ने हनुमान से कहा कि राम अनेक हुए, किस राम की अँगूठी की तलाश में आये हो? अनेक रामों का अवतार हुआ है, किसी एक अवतार के ख़त्म

होते ही दूसरा अवतार जन्म लेता है। एक थाली में अनेक अँगूठियाँ दिखाई दीं। ये सब राम की हैं। इनसे चुनो। तुम्हारा राम भी लव-कुश को राज सौंपकर सरयू में डूब गया।"

मलयालम में एषुत्तच्छन की रामायण में सीता कहती हैं कि "रामायण के कई रूप कविप्रवरों द्वारा आनन्द के साथ कहते सुना मैंने।" इसका तात्पर्य है कि रामकथा सारी भारतीय भाषाओं में कई रूपों में उपलब्ध है। तुलु जैसी काफ़ी स्वीकृति न प्राप्त भाषाओं में भील-सन्थाली जैसी आदिवासी भाषाओं में तथा बालिनीस, असमीस, कम्बोडियन, चीनीस, जापानीस, लावोसियन, मलेशियन, तिब्बतियन भाषाओं में लिखित रामायण प्राप्त हैं। संस्कृत में पच्चीस पाठभेद हैं। फादर कामिल बुल्के ने 'रामकथा' में बुद्ध-जैन पाठों को मिलाकर 300 रामायणों का ज़िक्र किया था। रामकथा का लचीलापन उसका महत्त्व है। भारत को एक साथ मिलाने के लिए गांधीजी ने राम को साधन बनाया।

मलयालम रामकथा लेखन को तीन चरणों में विभक्त किया जा सकता है। एषुत्तच्छन को केन्द्र बनाकर पूर्व एषुत्तच्छन युग, एषुत्तच्छन युग और आधुनिक युग।

पूर्व एषुत्तच्छन युग

राम शब्द और रामसम्बन्धी कई लोक कथाएँ पहले से लेकर यहाँ प्रचलित थीं। वाल्मीकि रामायण जो संस्कृत में रचा गया वह असल में ऐतिहासिक साहित्यिक रचना है। कई लोकगीतों के रूप में कृषकों के बीच में तथा केरल के मूल निवासियों के बीच में प्रचुर-प्रचार में राम और सीता की कथाएँ थीं। केरल में भी संस्कृत जाननेवाले वरेण्य वर्ग में वाल्मीकि रामायण उस समय अध्ययन की ऐतिहासिक रचना थी। सुनकर, रचकर, पुनः सुनकर, रचकर रूपायित वाल्मीकि रामायण वाणी के माध्यम से शुरू में लोगों के बीच में वर्तमान थी। उसमें साहित्य का सहित भाव इसलिए विद्यमान था कि वह समय की देन था। इस ग्रन्थ में आर्य मात्र नहीं थे बल्कि सारे प्रदेश एवं सारी मनुष्य जातियाँ, जानवर, पेड़-पौधे तथा चर एवं अचर थे। यहाँ के आदिवासी गोत्र, राक्षस लोग, गुलाम लोग सब थे। अधिकार के लिए मनुष्य के लालच, अहंकार, असूया आदि को सामान्य जनता के ऊपर बाँध तोड़कर नाचता दिखाई देता था। प्रवंचना और निर्ममता की अति दारुण प्रवृत्तियाँ यहाँ द्रष्टव्य हैं।

केरल में खेती के साथ मिलकर राम पर केन्द्रित लोक गीत गाया जाता था। जैसे–

जनकन्टे मकलल्ले सीताप्पेण्णु,
ओलयल्ले रावणन कट्टोण्डु पोई

(जनक की बेटी है सीता, उसकी चोरी रावण ने की है न)

एषुत्तच्छन के पूर्व केरल में पूरा रामायण पाठ नहीं था। केरल में उस समय राम ईश्वर नहीं था। स्थान के नाम से कुछ सांस्कृतिक व्यवहारों का सृजन सीता-राम पर आधारित हुआ। इटुक्कि बाँध दो पहाड़ 'कोरवन' और 'कोरत्ति' को जोड़कर निर्मित है। यहाँ एक जनश्रुति चलती है कि 'कोरवन और कोरत्ति' जो पति-पत्नी थे। उन्होंने जब सीता नहा रही थीं छिपकर देखा तब उनको राम ने शाप दिया, उस शाप से वे दोनों पहाड़ बन गये। यह केरल में प्रचलित लोककथा है। वाल्मीकि रामायण का केन्द्रीय स्वर है–"यत्क्रौंचमिथुनाम्।' अर्थात् जोड़ा बनकर जीना, 'एक पत्नीव्रत' वाल्मीकि रामायण का बिम्ब है। इस जोड़े में से एक की हत्या, पुरुषाधिपत्य को सूचित करती है। केरल में वरेण्य वर्ग को छोड़कर बाकी सब निम्न जातियों में एकपत्नीव्रत का अनुसरण होता था। परिवार की संकल्पना निम्नजाति में थी। इसलिए रामायण पर उस समय पाठ नहीं बनाया गया, पाठ बना है तो वह सीता पर मात्र था।

रामायण कथाएँ कुछ आदिवासी गोत्रवर्गों के बीच में प्राप्त हैं। वे उनकी देशीय कथाएँ हैं। वे काल, वर्ग और देश के आधार पर निर्मित हैं। इसका शुद्ध और अशुद्ध ऐसा कोई विभाजन सम्भव नहीं है। उनकी रामायण सीता पर केन्द्रित है। उत्तर वायनाड में 'सीतायनम्' है। उसमें सीता की यात्रा कोणिच्चिरा से शुरू होकर, इरुलन, पुलप्पल्ली, आश्रम कोल्ली, सीतमटी, शिशुमला, रामप्पल्ली और जटयट्ट काव में समाप्त होती है। जटयट्ट काव में सीता का अन्तर्धान हुआ है। मुल्लुक्कुरुमर के रामायण में राम है। उनके अनुसार कौवे को देखने पर सात बार स्नान करना है। इसके पीछे यह कहानी है कि पंचवटी में जब सीता राम की गोदी में लेट रही थी तब सीता का कुचाग्र कौआ ने तोड़ लिया। उनके रामायण एवं साधारण रामायण में इतना फर्क इसलिए नहीं है कि किसी समय किसी राजवंश के अधीन, वे रहे होंगे। उनके 'वट्टक्कली', 'कोलक्कली', पुरुषों का 'खोट का खेल' आदि खेलों में रामायण कथा का इस्तेमाल किया जाता है। कृषक लोगों के 'एरुमाटम' (पेड़ पर निर्मित कुटिया) 'कावलप्पुरा' (खेतीबारी की पहरेदारी के लिए निर्मित कुटिया) आदि में जिस पहरेदारी का गाना गाया जाता है वह सीता परित्याग पर आश्रित है। कुशसम्बन्धी एक कथा भी उनके बीच में प्रचार में थी। कथा यों है–सीता का एकमात्र बेटा था लव। जब सीता आश्रम के बाहर गयी, बच्चा चलते खेलते बाहर गया। वाल्मीकि डर गये कि सीता से क्या कहें। उन्होंने कुश के घास से एक बच्चे को बनाया, वह है कुश। इस प्रकार अनेक कथाएँ रामायण का आधार बन कर केरल में वायनाड के आदिवासियों के बीच में प्रचार में हैं।

मलयालम में एषुत्तच्छन के पूर्व मुख्यत: चार रामायण हुईं, उनमें प्रथम है ईसा तेरहवीं शती में चीरामन द्वारा रचित 'रामचरितम'। मलयालम एक स्वतन्त्र भाषा के रूप में परिणत

होने के पूर्व इसकी रचना हुई। इसलिए इसमें तमिल भाषा से आये हुए पद ज़्यादा हैं। अपनी रचना के सम्बन्ध में ख़ुद चीरामन ने कहा कि जो पांडित्यविहीन साधारण अशिक्षित लोगों के लिए रचित है। इसका मुख्य प्रतिपाद्य युद्धकाण्ड है। केरल की जनता में अधिकांश लोग सैनिक समझकर और वीररसप्रिय रचनाकार होने के कारण कवि ने युद्धकाण्ड को महत्त्व प्रदान किया होगा। मलयालम के इस आदिकाव्य में सबसे बड़ी सफलता भक्ति प्रधानता और संगीतात्मकता है। दूसरी रामायण है कण्णश रामायण। यह पाट्टु शैली में रचित मलयालम का पहला सम्पूर्ण राम काव्य है। इसके रचयिता रामप्पणिक्कर हैं। इसका उपजीव्य वाल्मीकि रामायण है। आरम्भ में कवि ने कहा कि यह कृति मूर्ख लोगों की जानकारी के लिए अज्ञ कवि द्वारा रचित है। कवि ने वाल्मीकि रामायण की कथावस्तु को उसी भाव-भंगिमा के साथ संक्षिप्त रूप में प्रस्तुत किया। मूल कृति के 24000 श्लोकों को 3059 पाट्टु में कवि ने सीमित कर दिया। उनका राम अवतारपुरुष से ज़्यादा पुरुषोत्तम है। रामप्पणिक्कर ने भक्ति के विशुद्ध भाव को काव्य में प्रवाहित करने एवं रामकथा को एतद्द्वारा केरलीय मन के संशोधन के लिए उपयुक्त बनाने का प्रेरणात्मक कार्य भी किया।

कण्णश रामायण के बाद चौदहवीं शताब्दी में तिरुवनन्तपुरम के दक्षिण में कोवलम के समीपस्थ अय्यप्पिल्ली आशान द्वारा रचित है रामकथप्पाट्टु। वे मलयालम के होमर नाम से विख्यात थे। तिरुवनन्तपुरम श्रीपद्मनाभ मन्दिर में 'चन्द्रवलयम' नामक वाद्योपकरण के साथ उत्सव के अवसरों पर इसका गायन होता था। साधारण जनता के लिए वाल्मीकि रामायण को आधार रूप में ग्रहण कर लिखा गया यह काव्य संगीतात्मक इतिहास ग्रन्थ है। आकार में एषुत्तच्छन के रामायण से बड़े इस काव्य में युद्धकाण्ड आधे भाग में है। इसके पाट्टु द्रविड़ छन्द में हैं, मलयालम, तमिल एवं संस्कृत की संकर भाषा का प्रयोग किया गया है। कविता और गीतों के पूर्ण संयोग के कारण तमिल में चिलप्पतिकारम से इसकी तुलना की जा सकती है। मलयालम के राम कथात्मक काव्यों में पूनम नन्पूतिरी का 'रामायण चम्पू' कई दृष्टियो से महत्त्वपूर्ण है। गद्य-पद्य शैली में पाँच सर्गों में, बीस भागों में रामावतार, ताटकावध, अहल्यामोक्ष, सीता स्वयंवर और परशुराम विजय, अयोध्याकाण्ड में विच्छिन्नाभिषेक और खरवध, किष्किंधाकाण्ड में सुग्रीव-मित्रता, बालीवध, उद्यान प्रवेश और अंगुलीयांक हैं। युद्धकाण्ड में लंकाप्रवेश, रावणवध, अग्निप्रवेश, अयोध्याप्रवेश तथा राज्याभिषेक एवं उत्तरकाण्ड में सीतापरित्याग, अश्वमेध एवं स्वर्गारोहण हैं। यह रचना संस्कृत के अनेक चम्पूओं पर आधारित है। यह चाक्यार कूत्तु एवं पाठक के लिए योग्य है।

एषुत्तच्छन युग

एषुत्तच्छन ने 'सर्ववेदान्त सारसर्वस्व रामतत्त्व' मानकर सवर्णों के हाथ से भक्ति को सभी के हाथ में पहुँचाने के लक्ष्य में साधारण जनभाषा मलयालम में रामायण लिखी। उसका नाम है 'अध्यात्म रामायण किलिप्पाट्टु'। यह मलयालम का प्रथम काव्य है। इसलिए उन्हें 'मलयालम भाषा का पिता' माना जाता है। जब भक्ति का प्रवाह सम्पूर्ण भारतवर्ष में गति पकड़ने लगा तब मलयालम में भक्ति रस में यहाँ की सारी जनता को बगैर उच्च-निम्न भेद के, लिंग भेद के, जाति भेद के, वर्ण भेद के आप्लावित करने के लिए यह रचा गया।

केरल के मालाबार में पोन्नानी तालुक में तृकंडियूर के शिवालय के पास पोन्नानी नदी के किनारे सोलहवीं सदी में एषुत्तच्छन का जन्म हुआ। अब उनके जन्मस्थान पर 'मलयालम विश्वविद्यालय' स्थापित है। एषुत्तच्छन की रामायण को मलयालम की क्लासिकल कृति माना जाता है। सात अध्यायों में लिखित है यह। उमा-महेश संवाद के रूप में बालकाण्ड, अयोध्याकाण्ड, अरण्यकाण्ड, किष्किन्धाकाण्ड, सुन्दरकाण्ड, युद्धकाण्ड और उत्तरकाण्ड में पूरे रामायण की कथा सृजित है। इसके लिए वाल्मीकि रामायण को आधार रूप में स्वीकारा गया है। लेकिन साहित्य में जब एक व्यक्ति द्वारा लिखित रूप में रामायण का पुन:पाठ या लेखन शुरू हुआ तो राम सभी गुणों से युक्त आदर्श ईश्वर बन गया। यहाँ एषुत्तच्छन का राम अवतार पुरुष ईश्वर है। उन्होंने समुद्र में सर्प के ऊपर बैठे ईश्वर चैतन्य को खींचा। उसमें संगीतात्मकता और थोड़ा विषाद है, ये दोनों केरल के लोग पसन्द करते हैं। केरल के लोगों को शिव-विष्णु भेद और राम-कृष्ण भेद नहीं हैं। इस सुन्दर काव्य के बारे में मलयालम के प्रसिद्ध कवि वल्लत्तोल ने लिखा– "काव्यं सुगेयं कथा राघवीयम्, कर्ताव तुंचत्त उलवाय दिव्यन्", अर्थात् कथा राम की है, काव्य गाने योग्य है और रचनाकार तो तुंचत्त रामानुजन हैं।

एषुत्तच्छन के रामायण की प्रसिद्धि और लोकप्रियता को पहचानकर ईसाइयों और मुसलमानों को भी वैसा काव्य रचने का आग्रह हुआ। ईसाई सन्त अर्णोस पातिरी ने 'पुत्तनपाना' लिखा तो मुसलमानों के बीच में 'माप्पिला रामायण' प्रचलित हो गयी। उत्तर केरल में विशेषकर कटत्तनाटन भागों में मुसलमानों के बीच में यह 'माप्पिला रामायण' दीर्घकाल तक प्रचार में थी। टी.एच. कुंजिरामन नंब्यार ने इसे एकत्र किया था। यह इसका द्योतक है कि कैसे दूसरे समाजों ने इसे स्वीकार किया।

केरल में एषुत्तच्छन की रामायण हिन्दू-घराने में लोगों की मृत्यु के अवसर पर और मलयालम महीना कर्किटकम (आषाढ़) में पढ़ी जा रही है। आषाढ़ में सबसे ज़्यादा वर्षा

होती है। उस समय गरीबी तथा कई प्रकार की बीमारियाँ फैल जाती हैं। सचमुच यह काव्य केरल में शोक काव्य बन गया।

आधुनिक युग

आधुनिक युग में सामाजिक समवाक्य बदल गये। श्रीराम के पवित्रीकरण से अलग होकर श्रीराम से सवाल करना शुरू हुआ। केरल के लोगों ने वाल्मीकि को स्वीकार किया। उन्होंने यह दिखाया कि हम शोषितों के साथ हैं। राम नायक के स्थान से अलग हो गया। डॉ. बी.आर अम्बेडकर ने अपने 'रिडिल्स ऑफ़ हिन्दुइज़्म' में और ई.वी रामास्वामी नाईक ने राम के ईश्वरीय रूप को छोड़ा। बालीवध, सीता परित्याग, शूर्पणखा प्रसंग, शम्बूक वध जैसे प्रसंगों में जो अन्याय हैं उन्हें रचनाकारों ने उठाया। आर्यावर्त ने द्रविड़ों को अपना उपनिवेश बनाया और द्रविड़ों के अस्तित्व को नष्ट किया। इसलिए द्रविड़ों ने रावण को नायक बनाया जहाँ उत्तर भारत में राम को नायक बनाया गया। इस परिप्रेक्ष्य में मलयालम के प्रसिद्ध आलोचक कुट्टिकृष्ण मारार का 'वाल्मीकि का राम' विचारणीय है।

मलयालम में कुमारन आशान ने सीता को प्रमुख स्थान देकर 'चिन्ताविष्टयाय सीता' (चिन्तातुर सीता) 1919 में लिखा था। वाल्मीकि रामायण पर आधारित इस काव्य में विवेकानन्द की सीतासम्बन्धी इस उक्ति को अपनाया होगा आशान ने "सीता के सम्बन्ध में क्या कहना है! पिछले ज़माने के पूरे विश्वसाहित्य को पूरा पढ़ना होगा, दूसरी सीता को प्राप्त करने के लिए। आनेवाले साहित्य को पूरा पढ़ना पड़ेगा। सीता अन्यादृश्य है। सभी कालों के लिए उस पात्र की सृष्टि की गयी है। एक पूर्ण स्त्री में क्या-क्या गुण देखना है वे सब हज़ारों सालों से इधर हैं।" सुकुमार अषिक्कोड़ द्वारा रचित सीताकाव्य जो चिन्ताविष्टयाय सीता की समीक्षा है, उसमें आशान को अषिक्कोड ने केरल वाल्मीकि कहा। उनके अनुसार सीता ने राम के ऊपर विजय हासिल की है। वाल्मीकि ने राम की जय-पराजय और प्रकाश-अन्धकारों को लेकर रामायण रची। सीता परित्याग को छुए बिना रामायण का आत्मरहस्य और अन्तदरूनी धारा पहचान पाना मुश्किल है। यह सप्तकाण्ड उत्तररामायण में है।

'चिताविष्टयाय सीता' सीता की विचारभाषा है। सीता के अन्तर्धान के पूर्व की रात वाल्मीकि के आश्रम में एकांत में बैठकर अपने पूर्वानुभव और निकट भविष्य के बारे में विचारने की क्रिया है इस काव्य का प्रमुख विषय। श्रीराम से परित्यक्ता और तपस्विनी सीता के चारों ओर जो सघन और मौन वन है उसे एक करुणार्द्र कवि हृदय ने शब्द प्रदान किया। वाल्मीकि के रामायण के लिए सीता, राम और रावण का विशाल जीवन

विषय बना। लेकिन सीता की ज़िन्दगी के कुछ क्षण हैं आशान का आश्रय। लघु सन्दर्भ ने आशान के काव्य में सबको विह्वल कर दिया। केवल जनापवाद के नाम पर राजाधिकार की लालसा से प्रेरित राम ने लक्ष्मण के द्वारा सीता को वन में छोड़ा था। वहाँ वाल्मीकि के सीमातीत प्यार से रक्षित सीता में कभी राम के प्रति रोष हुआ, यह जानना सभी लोग चाहते हैं। आशान कहते हैं कि "हर जीवन को वासना का बन्धन शरीर के निश्चल होने तक होगा।"

वाल्मीकि ने अयोध्या राज्य और वहाँ की जनता के सामने सीता की पवित्रता को सिद्ध करने की दृष्टि से आदिकाव्य को लवकुशों को सिखाकर अश्वमेध के समय अयोध्या में पहुँचाया। तब सीता के मन में कई सवाल उठते हैं कि क्या राम उसको वापस बुलायेगा, बुलाने पर जाना है, जाने पर अगले दिन से तपस्विनी बनकर या रानी बनकर जीना है। सीता के इन सवालों से पूर्ण चिन्ताग्रस्त मन को बहुत मनोवैज्ञानिक एवं खूब कलात्मक ढंग से आशान ने उतारा है। यहाँ सीता की विचारभाषा दिवास्वप्न दशा में प्राय: चलती है। सीता की शिकायतें और सवाल पुरुषाधिपत्य व्यवस्था की जड़ों को तोड़ते हैं।

जनता की राय सुनकर गर्भवती स्त्री को छोड़ना कितना अन्याय है। शम्बूक नामक शूद्र मुनि को मार डाला गया। धर्म का पालन करनेवाला स्त्री एवं शूद्र के प्रति अन्याय करता है। राजभार प्राप्त करने से हृदय रूखा हो जाता है। ऐश्वर्य, अधिकार, बल, कीर्ति, जीत और स्वातन्त्र्य सबको अहंकारी बना देते हैं। इस प्रकार लम्बे समय बाद स्त्री की निष्कपट आवाज़ साहित्य में गूँज उठी, वाल्मीकि की सीता, व्यास की पांचाली और कालिदास की शकुन्तला के बाद। पाश्चात्य साहित्य में इब्सन के 'डोल्स हाउस' के समान स्त्री-स्वातन्त्र्य की गूँज है इसमें। उपर्युक्त रचनाओं के साथ वयलार का 'मानिषादा', उण्णिकृष्णन नायर का 'लक्ष्मण विषाद', एन.वी. कृष्णवारियर का 'चिन्ताग्रस्त राम', डॉ. तोन्नक्कल नारायण का 'रामविलाप', ओ.एन.वी. कुरुप्पु का 'सरयू नदी की ओर', यूसफअली केच्चरी का 'राघवीयं' आदि राम कथा पर आधारित रचनाएँ हैं।

समकालीन रचना में वी.टी. जयदेव द्वारा रचित 'हरितरामायण' स्त्रैणता और प्रकृति पर आधृत है। वन में लम्बे अर्सों तक रहने के बाद भी राम ने राजाधिपत्य के स्वभाव को छोड़ा नहीं है। वन में वह किसी बन्धन में नहीं था। लेकिन नगर आकर वह एकदम एक राजा और पुरुष बन गया। वह कोई भी अधर्म करने के लिए तैयार हो जाता है। चिड़िया का कलकूजन भी वह सुनने में असमर्थ हो गया। उसकी ज़िन्दगी के धारदार बाण मात्र बनकर सिमट गयी। यह कवि को व्याकुल बना देता है। लेकिन सीता वन में स्वतन्त्र होकर सभी जीव-जन्तुओं तथा यहाँ कीड़ों तक उसके दोस्त बन गये। स्त्री और प्रकृति जितना मिलजुल कर रहती हैं उतना पुरुष स्त्री और प्रकृति से दूर हो गया और अलग संस्कृति

का निर्माण करता है। पुरुष में स्त्री और प्रकृति नहीं बल्कि महत्त्वाकांक्षा, निर्ममता और अहं काम करते हैं। शूर्पणखा, ताटका जैसे आदिवासियों पर बाण के प्रयोग करने वाला राम केवल क्षत्रिय है। शम्बूक का सुकोमल और आर्द्र हृदय इसमें है। हरितरामायण में शोककाण्ड, प्रव्रज्याकाण्ड, आरण्यकाण्ड, उत्तराकाण्ड और मोक्षकाण्ड तक पहुँचते ही राम नगर, आचरण, धर्म, खेती, जाति-मर्यादा, अर्थशास्त्र, शापमय अवतार-कथा के औचित्य को लांघकर जंगली जानवर बनता है। सभी प्रकार के सुखों को छोड़कर टूटे-फूटे मेघों की तरह सीता को सींचते वक़्त मोक्षकाण्ड पूरा होता है। मतलब है कि स्त्री और प्रकृति के आश्रय में आनेवाला राम यथार्थ में मोक्ष को प्राप्त करता है। हमें स्त्री और प्रकृति केन्द्रित एक संस्कार की ज़रूरत है।

मलयालम में सबसे पहले चात्तुक्कुट्टि मन्नाडियार ने 1888 में 'जानकी परिणयम्' नाम से एक नाटक लिखा। दूसरा नाटक 'उत्तर रामचरितम' भी लिखा गया। 1915 में पी. रामशास्त्री ने 'रामनाटक' लिखा तो 1925 में पी.वी. गोपालकृष्णन ने 'पादुक पट्टाभिषेकम' लिखा। 1930 में आर. नारायण पणिक्कर द्वारा रचित 'सीता निर्वासन', 1941 में के.एम. पणिक्कर का मन्दोदरी,1950 में पी. कुंजुरामन नायर का 'सीता' और 1956 में चिट्टूर रामचन्द्र मेनोन द्वारा रचित 'सीताकल्याणम्' प्रकाशित हुए। उत्तर केरल में सीमित एक विद्वान रहे थे विद्वान पी. केलु नायर। उनके द्वारा सृजित दो नाटक हैं 'लंका दहन' (1921) और 'पादुक पट्टाभिषेकम्'। ये दोनों रचनात्मक वैशिष्ट्य के साथ सामाजिक और राजनैतिक प्रतिबद्धता के कारण विशेष ध्यातव्य हैं। उनमें कालिक राजनैतिक समस्याएँ, स्वातन्त्र्य की अभिवांछा, राष्ट्रीय आन्दोलन, जाति निर्मार्जन, छुआछूत, खादी आदि की चर्चा हुई है।

उसके बाद विशेष उल्लेखनीय रामायण केन्द्रित साढ़े पाँच नाटक प्राप्त हैं। श्री. सी.एन. श्रीकण्ठन नायर द्वारा 1961 में रचित कांचन सीता 1975 का 'साकेत', 1976 का 'लंका लक्ष्मी' रामकथा की नयी व्याख्याएँ प्रदान करनेवाले लोकप्रिय चर्चित नाटक हैं। कांचन सीता में प्रकृति मुख्य भूमिका में है। यज्ञ चलाने के लिए दूसरी शादी करने को तैयार होनेवाले राम के सामने हनुमान अपनी असहमति प्रकट करता है। इसलिए काशीराज की बेटी से शादी करने की तैयारी छोड़कर लोहे से सीता की मूर्ति बनाई गयी, राम का शिलारूप भी। उस समय भूमि टूट गयी, शिला रूप उसमें समा गया। लेकिन सीता को कोई हानि नहीं हुई, वह प्रकृति है। साकेत में दशरथ को प्राप्त शाप से सन्तान लब्धि से वंचित होने की कहानी है। लंका लक्ष्मी में राम कथापात्र भी नहीं है, मुख्य कथापात्र रावण है। आर्य-द्रविड़ राजनीति लंका-लक्ष्मी और कांचन सीता में है।

राक्षस लोग आदिवासी द्रविड़ हैं। राम आर्य है। भारत की वर्ण-व्यवस्था और धर्म के अधीन बननेवाली राजनीति इसमें चर्चा का विषय है।

पी. बालचन्द्रन द्वारा रचित 'माया सीतांक' में सीता को वन न भेजने के लिए प्रेरित किया जाता है। शम्बूक वध इसमें मुख्य विषयों में एक बनकर आ रहा है। इस नाटक में राम से सवाल करनेवालों में कौसल्या भी है। नाटक में यह भी उल्लिखित है कि पत्थर और काँटे वन में नहीं अयोध्या में हैं। राम लवकुश का गाना सुनकर उस शोककथा का इनकार करता है। कावालम् नारायण पणिक्कर द्वारा रचित हैं 'निष्लायनम' और 'तेय्यं तेय्यं'। 'तेय्यं तेय्यं' एक अधूरा नाटक है। इसलिए नाटकों की संख्या साढ़े पाँच बतायी गयी।

मलयालम में सारा जोसफ ने कई कहानियाँ रामायण केन्द्रित लिखी हैं वे सब राम से सवाल करती हैं। इसलिए श्री. के. सच्चिदानन्दन ने उनकी इन कहानियों को 'सारायणम' कहा। ये कहानियाँ हैं, 'अशोका', 'तायकुलम', 'करुत्त तुलकल' (काले छिद्र), 'कथयिल्लात्ततु' (कथा रहित), 'कान्तरतारकम' (वनतारक), 'भूमिराक्षस' आदि। अशोका में रावण की पराजय के बाद विभीषण सिंहासन में आरूढ़ होने वाला है। युद्ध से आतंकित और दुख से कलुषित है लंका। सीता लंका में एक साल से धूप, वर्षा, आदि को झेलते-झेलते भूमि सदृश बन गयीं। आज वह सुन्दर नहीं हैं। विभीषण सीता को आज्ञा करता है कि सिर डुबोकर स्नान कर भीगे वस्त्र पहनकर शुद्धिकलश के लिए आना है। तब सीता का उत्तर "अस्नाता द्रष्टुमिच्छामि भर्त्तारम' विभीषण को लज्जित करता है। लंका पराजितों और बाजों की जगह है। रावण अपने छिन्न-भिन्न रथ की सीढ़ियों पर रक्ताभिषिक्त पड़ा है। समुद्र की तरंगों की आवाज़ मृत्यु-घर के रोदन जैसी है। लंका भर विधवाएँ हैं, वे अपने पतियों को बलि-तर्पण करती हैं। धोखेबाज़ और भ्रातृहन्ता विभीषण के प्रति सीता को घृणा है। उसकी हमदर्दी इन विधवाओं के प्रति है। विजेता की आज्ञा में रक्त है। शिमशिपवृक्ष भी उस पाप को समझता है। प्रकृति सीता के साथ है। वृक्ष सीता के सामने हाथ फैलाता है, पत्ते उसके सिर सहलाते हैं। अबोध पड़ी सीता को लंका की बेचारी विधवा स्त्रियाँ सहारा देती हैं। विभीषण का गुलाम बनना वह नहीं चाहती है। जब वह अबोधावस्था से जागती है तब उसने देखा कि जड़ टूटकर गिरे हुए अशोक वृक्ष और सूखा तालाब। उनका नमन कर वह समुद्र की ओर चली जाती है। भयभीत करनेवाली युद्धभूमि है। बच्चों और माताओं का रोदन सर्वत्र गूँज रहा है। भूमि की अपमानित स्त्रियाँ हैं सीता, शूर्पणखा आदि। राम द्वारा विधवा हुई मन्दोदरी के साथ सीता लंका समुद्र में स्नान करती है।

यह कहानी प्रतिरामायण है। इसमें राम जेता है, प्रेमी नहीं है। राम क्रोधी एवं संशयग्रस्त है। आर्यगोत्र को बचाने के लिए उसने युद्ध किया। वह पातिव्रत्य की परीक्षा करनेवाला नेत्ररोगी है। उसने सीता से कहा कि भरत, लक्ष्मण, सुग्रीव, विभीषण में से किसी के साथ जीने को। सीता के चारों ओर अग्नि धधकती है। फिर जली हुई मिट्टी के सदृश्य वह बीज और वर्षा की प्रतीक्षा में है। सीता उर्वरता का प्रतीक है, आगामी पीढ़ी के लिए शहीद बनी है। कथा में सर्वत्र प्रकृति और पंचभूतों का सम्मिश्रण हुआ। स्त्री और प्रकृति की समानता से यहाँ पारिस्थितिक स्त्रीवादी दृष्टि प्रकट है। विरुद्धता का द्वन्द्व है 'अशोका' में, जैसे नीति-अनीति, युद्ध-समाधान, स्नेह और अधिकार की विरुद्धता।

करुत्त तुलकल (काले छिद्र) में अयोध्या की अधिकार-लीलाएँ हैं। सिंहासन मासूम लोगों के रक्त में प्रतिष्ठित किया जाता है। अयोध्या में अधिकार के लालच और कामवासनाएँ हैं। एकाकी स्त्रियों से पुरुष एक साथ लड़ते हैं। 'तायकुलम' कहानी में शूर्पणखा नायिका है। भारतीय संस्कृति में स्त्री-लैंगिकता कैसे चित्रित की गयी है, इसका खुलासा कहानी में है। 'कथयिल्लात्तत' (बिना कथा का) कहानी में सारा जोसफ ने यह दिखाने की कोशिश की कि विजेता और पराजित का इतिहास अलग-अलग है और सारी कविताएँ शोक से जन्म लेती हैं। लव-कुश के शोक-गीत से पहले हुए शम्बूक के बच्चों का गीत लवकुश पहली बार सुनते हैं। धर्म, क्या मृत्यु का ऋण मृत्यु से चुकाने में है? ब्राह्मण के निर्णयों को निभाना है क्षत्रिय धर्म और बाकी लोग इनके अनुसरण करनेवाले हैं? रामराज्य की संकल्पना गिर रही है। 'कांतारतारकम्' (वनतारक) में अंगद के ज़रिये रामायण पर सवाल उठाया जाता है। सनातन धर्म को पवित्र और बाकी सभी को गलत सिद्ध करनेवाले हैं सवर्ण लोग। राक्षस वंश आदिवासी और दलित लोगों का प्रतिनिधित्व करता है। सवर्ण मानसिकता का विरोध है इसमें। वैसे ही सारा की कहानी 'भूमिराक्षस' भी रामायण पर सवाल करती है।

उपर्युक्त साहित्यिक व्याख्याओं के साथ मलयालम में कई क्लासिकल कलाएँ एवं लोक कलाएँ रामायण कथा को आधार बनाती हैं। कथकलि, कूटियाट्टम, तोलपावक्कूत्तु, संगीत, तुल्लल, पाठकम, चाक्यार कूत्तु, नृत्य, चित्र कला, मूर्तिकला, तन्त्रशास्त्र आदि इसके उदाहरण हैं। अन्त में रामायण के बारे में यह निष्कर्ष निकाल सकें कि रामायण एक ऐतिहासिक मिथकीय साहित्य रचना है, इसे धर्म और राजनीति का उपकरण बनाकर इसकी गति को नहीं रोकना है, अन्यथा यह अनादि काल तक निरन्तर प्रवहमान होकर सबके चित्त को आनन्द में निमग्न करेगा और उसमें अनन्त व्याख्याओं की सम्भावनाएँ रहेंगी। यानी कि वह हर समय से संवाद करने में समर्थ रहेगा।

2018 मई महीने में अयोध्या शोध संस्थान, लखनऊ की आर्थिक सहायता से 'राम की अवधारणा केरल में' विषयक संगोष्ठी में प्रस्तुत प्रपत्रों का समाहार है यह पुस्तक। केरल में पहली बार रामायण पर आधारित एक विस्तृत, सूक्ष्म एवं जनप्रिय संगोष्ठी को आयोजित कर भारतीय साहित्य प्रतिष्ठान कोच्चि अपने को गर्व अनुभव करता है। कोच्ची विज्ञान एवं प्रौद्योगिकी विश्वविद्यालय का सहयोग भी प्राप्त हुआ था। इस अवसर पर अयोध्या शोध संस्थान और विशेषकर वाई.पी. सिंह (जिनका निधन अकाल में हुआ) के प्रति कृतज्ञता ज्ञापित करने के साथ वाई.पी. सिंह जैसे एक मित्र और सज्जन की मृत्यु पर अगाध दुख यहाँ प्रकट किया जाता है। आगे भी अयोध्या शोध संस्थान लखनऊ के सहयोग के लिए भारतीय साहित्य प्रतिष्ठान कोच्चि प्रार्थित है। यह किताब मलयालम में पहले ही वाणी प्रकाशन, दिल्ली से प्रकाशित हो चुकी है। केरल में इसकी स्वीकृति बढ़ रही है। हिन्दी में भी इसका प्रकाशन कार्य करनेवाले वाणी प्रकाशन, दिल्ली और उसके प्रबन्ध निदेशक श्री अरुण माहेश्वरी के प्रति हम शुक्रगुज़ार हैं।

–के. वनजा

अनुक्रम

रामायणानुभव

●

सी. राधाकृष्णन

रामायण जैसे काव्य एवं राम जैसे बिम्ब के सम्बन्ध में दो छोरों पर टिकनेवाले अनुभव मेरे अन्दर समाये हुए हैं। उनसे दूसरे वाला सबसे पहले बताता हूँ। सामान्यत: उत्तर भारत के लोग आपस में मिलते समय राम-राम कहकर प्रणाम करने के आदी हैं। यह सन्देह मेरे मन में पहले से रहा है कि दो बार राम-राम क्यों रटते हैं। ऐसी हालत में एक बार मुझे बनारस जाने की ज़रूरत पड़ी। वहाँ एक पण्डित से मिला जिनसे दो बार राम कहकर प्रणाम करने का सवाल उठाया गया। जवाब में इसके पीछे की दार्शनिक पृष्ठभूमि पर संकेत दिया गया। कहने वाला और सुननेवाला दोनों राम हैं। हम दोनों एक हैं, यही इसका मकसद है। दोनों में सम्मिलित 'एक' का मैं नमन करता हूँ। 'राम' शब्द के पठन-पाठन से उपलब्ध मेरा अनुभव यही था। लेकिन प्रारम्भ में अर्थात् मेरे बचपन का अनुभव इससे बिल्कुल भिन्न था। घर का रामायण-पाठ सुन-सुनकर बचपन से ही यह धारणा बनी हुई थी कि रामायण राग-ताल-लय-श्रुतिसुख वाली एक अच्छी कविता है। परन्तु गाँव में मेरे बचपन के समय लोगों के बीच राम-शब्द अच्छे ढंग से नहीं लिया जाता था। एक रिश्तेदार की मामी के बच्चे का नामकरण राम से करने पर घर के कारिन्दे ने 'ना' कह दिया था।

वजह यह बतायी गयी थी कि राम नामवाला जीवन भर दुख ही झेलता रहेगा और आसपास नज़र डालने पर किसी भी घर के राम का जीवन सफल नहीं दीखता था। यह भी नहीं, हँसी-मज़ाक में किसी को 'पहाड़ी राम' पुकारा जाता था। मूर्ख को ही 'पहाड़ी राम' कहकर बुलाया जाता था। पहले बन्दर खेल होता था जिसमें जो बन्दर के वेश में आता था उसे 'छोटू राम' पुकारा जाता था। धागे पर बँधे बन्दर वेशधारी से यह कहकर बन्दर खेल होता था कि हे छोटू राम तू उस ओर कूद जा या इस ओर। बन्दर-खेल के लिए प्रयुक्त एक नाम था राम। बचपन में मेरे भीतर यह धारणा बनी रही कि किसी को भी राम नाम से पुकारना नहीं चाहिए।

फिर कुछ और बड़े हो जाने पर इसके बारे में और सोचने लगा तो मेरी धारणाएँ भी बदलने लगीं। आगे मैं उन बातों पर प्रकाश डालना चाहता हूँ जिसका कोई अकादमिक आधार नहीं होगा। अगर वे सब बेकार लगे तो भी कोई बात नहीं। ज्ञानार्जन के सिलसिले में मैंने समझ लिया कि एक महाकाव्य को कई नज़रिये से देख सकते हैं। एक अच्छी कहानी की हैसियत से देखकर पढ़-सुनकर आस्वादन करके मनोरंजन प्राप्त कर सकते हैं। फिर अवतार कथा के रूप में देखकर विश्वास और भक्ति के साथ सुनकर और रसानुभव कर सकते हैं। तीसरे रूप में उसे ऐतिहासिक घटना मानकर उसका पीछा करें और उसका काल और स्थल की वैश्विक स्थिति पर शोधकार्य भी करें। चौथे, एक दार्शनिक-पाठ के रूप में देखकर उसे समझें। मेरी नज़र में हमारे अपने लोगों ने इसे पूरा का पूरा ऐसा संश्लिष्ट कर दिया है ज़रा दार्शनिक, ज़रा इतिहास-परक, ज़रा भक्ति-परक, ज़रा-कपोल-कल्पित कहानी, ऐसा टुकड़ा-टुकड़ा करके काट-छाँट के मिश्रण बना के उसके सही रूप को जटिल करा दिया है।

मेरा एक और अनुभव है। सबसे बड़े राम-भक्त के नाम पर हमारे गाँव में एक आदमी जी रहा है। हनुमान चाचा के नाम पर वह जाना जाता है। हमारे बचपन में गाँव में रामायण-नाटक खेलते वक़्त हनुमान वेशधारी चाचा को सीता के सामने प्रस्तुत करने के लिए ऊपर एक झूले पर बिठाकर चरखी के ऊपर बाँध रखा जाता था। अशोक वन में बैठी-बैठी थकी-दुखी, गन्दे कपडों से ढँकी, राम की सोच में डूबी एवं राम-नाम जपती सीता के सामने हनुमान को प्रस्तुत होना था। मंच के प्रबन्धक ने रंग बदलाव की सीटी बजाई तो हनुमान को बाँधे धागे को गलती से कर्टन का धागा समझकर ढीला कराने पर चाचा तुरन्त नीचे गिर पड़ा और तब से लँगड़ा हो गया। इलाज भी नाकाम और जीवन भर लंगड़े हनुमान के रूप में जिया चाचा मेरे रामायण अनुभवों में एक है। रामायण कथा का ज़िन्दा प्रतीक।

इस प्रकार के विभिन्न अनुभवों की पृष्ठभूमि में रामायण-कथा का अर्थ ढूँढ़ने का श्रम मैं कर रहा हूँ। इसके लिए प्रेरणा मेरे स्कूल के एक अध्यापक से मिली थी। क्लास के एक पाठ के लिए अतिरिक्त पाठ के रूप में उन्होंने उल्लूर का लिखा 'भाषा साहित्य' का इतिहास दिया था। इस ग्रन्थ के अध्ययन से मेरी समझ में आया कि रामायण कितने हैं, कथाएँ कैसी हैं और कहाँ-कहाँ से आयी हैं।

गाँव में फसल काटने के बाद 'चविट्टुकलि' नामक एक खेल खेला जाता था। यह किसान मज़दूरों का खेल था। चाँदनी रात में मर्द और औरतें दोनों वृत्ताकार में खड़े होकर नाचते गाते हुए किये जाने वाला एक खेल है यह। सब लोग एक साथ गाते और नाचते थे। बाद में मुझे पता चला कि उस गीत की कथा रामायण की है–

जनक की बिटिया हो सीतम्मा उसी को रावण चोरी-छुप्पे ले गया।

एक ही ताल और लय में धुं-धुं-धुं करके पैरों को रखते वक़्त धरती हिलती-डुलती-सी लगती थी। सब एक साथ ही पैर रखते थे। इस गीत में पूरी रामायण गाथा का विन्यास हुआ है। इसके साथ ही फसल-त्योहार का समापन हो जाता था।

भगवती मन्दिर के दस दिन के एकांगी नाट्याभिनय (कूत्तु) के समय एक-दूसरे प्रकार की रामायण-कथा सुनने को मिली। नाट्याभिनय का प्रारम्भ खास ढंग से होता है। मतलब कि त्योहार के दस दिनों पहले त्योहार की शुरुआत की सूचना देनेवाली प्रथा के रूप में एक झण्डा चढ़ा दिया जाता है। फिर दस दिनों तक यह नाट्याभिनय चलता रहता था। बहुत ही छोटी झोंपड़ी जैसा नाट्यगृह बनाया जाता था। उसके सामने एक झरोखा होता है उसे कपड़े से ढँका रखता है। उसके पीछे एक कमरा भी होता था। कपड़े के पीछे इकबत्ती वाला एक बड़ा दिया जलाकर रख दिया जाता था। बाबी पुतलियाँ ही मंच पर आनेवाले पात्र हैं। कपड़े पर पुतलियों की छाया प्रतिबिम्बित होती थी। उसमें राम, सीता, लक्ष्मण, रावण जैसे अनेक पात्र आते थे। इस आयोजन के तहत दस दिनों में सम्पूर्ण रामायण की कथा की प्रस्तुति होती थी। यों बचपन में रामायण कथा को दृश्य रूप में देखने का अवसर मिला था।

फिर जब और भी बड़ा हुआ तो चम्पूकाव्य खासकर रामायण चम्पू और स्तोत्र गीत आदि मेरे ध्यान में आ गये। केरल में उपलब्ध कई प्रकार के रामायण पाठ से यह प्रमाणित हो जाता है कि मलयालियों के रामायण अनुभव एकस्वरीय नहीं हैं। अगर पूछा जाय कि श्रीराम की अवधारणा क्या है तो सिर्फ़ कथा की हैसियत से एक अवधारणा भी है। उस कहानी की अपनी कई समस्याएँ भी हैं। बड़ी पूँछवाला हनुमान कैसे लँगोटी पहने? दस सिर वाला रावण कैसे सोये? कैसे करवट बदले? दस सिरों का सन्तुलन कैसे करे? मध्यभाग का सिर कौन-सा है? इस तरह कई बाल सहज सन्देह मेरे बचपन में थे, उसी तरह के सवाल मेरे पोते अब मुझसे उठाते रहते हैं। अर्थात् यह एक प्रेत कथा जैसी है। इसे इतिहास कहा जाये तो कोई ठिकाना नहीं।

गांधीजी का राम-राष्ट्र जैसी कल्पना का राष्ट्र सचमुच भरत के राष्ट्र का जैसा श्रेष्ठ नहीं था। राम के वन-गमन पर देश का शासन करने वाला 'मैं नहीं हूँ' मानकर भरत राम की तलाश में वन चला जाता है। राम से मिलकर अनुनय-विनय करने पर भी उसे वापस लाने में असफल रहता है। तब भरत राम के खड़ाऊँ लेकर अयोध्या लौट आता है। फिर उन खड़ाऊँओं को गद्दी पर रखकर भरत अपना शासन शुरू करने लगता है। मैंने सुना है कि भरत के चौदह वर्ष का वह शासन ही धरती का सबसे बढ़िया शासन था।

इसलिए रामायण-पाठ के ज़रिये यह पाठ ऐसे मन में बना रहा कि 'डेमोक्रसी' के बदले 'जूतोक्रसी' ही बहतर है।

मैं एक कहानी लेखक हूँ। वाल्मीकि महर्षि ने क्यों रामायण लिखी थी। किसी भी कहानीकार के मन में यह विचार ज़रूर होगा कि वह क्यों लिखता है? इसी मन से मैंने अपने से पूछा कि महर्षि ने क्यों यह कहानी लिखी? तब मुझे यह जवाब मिला कि यह अन्याय के ख़िलाफ़ एक आख्यान है। इसके लिए अनेक कारण हैं। राम-रावण युद्ध के बाद सीता से मिलते समय राम ने पहले पहल यही कहा था कि अपनी पवित्रता को प्रमाणित करने के लिए तुम्हें आग में कूद कर आना चाहिए। मुझे इसलिए आश्चर्य हुआ कि अपनी जीवन-सहेली पर राम को इतना ही विश्वास था? कुछ भी हो दूसरों को यकीन दिलाने के लक्ष्य से सीता ने ऐसा कर दिखाया था। फिर सीता को साथ लेकर राम अयोध्या आये। सीता जब गर्भवती थी तब किसी धोबी की बातों पर राम ने उससे क्या किया था? वाल्मीकि ने ठीक कहा था कि राम को मालूम था कि अपनी पत्नी बिल्कुल विशुद्ध है। तब तो राम के सामने क्या-क्या विकल्प थे? पत्नी के साथ देश छोड़कर तपस्या के लिए या सेवा निवृत्ति पर जा सकते थे। ऐसा नहीं कि देश के शासन के लिए कोई न हो। जैसे पहले ही कहा चौदह वर्षों तक जिस भरत ने सुन्दर शासन किया था वे उधर बैठे हुए हैं। लक्ष्मण भी साथ थे जिन्होनें इन्द्रजित को जीत लिया था। पर राम ने ऐसा नहीं कहा कि बच्चो, तुममें से कोई देश-सत्ता स्वीकार करो। सीता में कोई दोष नहीं इसलिए मैं उसके साथ जा रहा हूँ। यह भी नहीं, कारण बताये बिना सीता को वीराने जंगल में छोड़ आने को कहा गया। कोई जानवर उसे पकड़ ले तो भी कोई दुख नहीं। यह पहले दर्जे का अन्याय है। इन्सान होते हुए राम को ऐसा नहीं करना था। बाद में वाल्मीकि आश्रम में सीता ने दो बच्चों को जन्म दिया था। उन बच्चों का पालन-पोषण करके महर्षि वाल्मीकि ने यह राम-कथा उनको गा-गाकर सुनाई थी। देश भर में वे यह गाते-फिरते रहे। अन्त में अयोध्या में पहुँचकर यह गीत गाते रहे। इसका खतरा श्रीराम समझ गये होंगे, अत: राम ने बच्चों को अयोध्या बुलाकर वहाँ बिठाकर गीतालाप करवाकर उनसे पूछा था कि कौन-सा इनाम चाहिए। तब बच्चों का कहना था कि महर्षि ने पहले से कह दिया था कि कोई इनाम न स्वीकारें। साहित्य के लिए इनाम क्या होगा? इसका उत्तर महर्षि ने यहाँ दिया है। फिर उनके साथ राम वाल्मीकि आश्रम जाते हैं। वहाँ पहुँचकर वाल्मीकि से सारी बातें समझने के उपरान्त सीता को सामने बुलाकर राम उनसे क्या कहते हैं? सब को मालूम है कि तुम इतने समय तक किसी दूसरे पुरुष के साथ रह रही थीं। इसलिए आग में प्रवेश करके अपनी विशुद्धि को दुबारा प्रमाणित करो। कौन है वह पुरुष? वाल्मीकि महर्षि! तब ही सीता अपने दोनों हाथ सिर के ऊपर उठाकर चीखती हुई पुकारती हैं, हे माँ, मुझे

ले जा। यह रोदन सुनकर धरती माँ अपनी छाती खोलकर अपने भीतर उसे समेट लेती है। वापस अयोध्या पहुँचे राम को अपने सगे-सम्बन्धियों का एक-एक करके तिरस्कार करना पड़ा। आख़िर उन्हें दुखी होकर सरयू नदी में अपने को समाप्त करना पड़ा। इस सत्य-कथा को क्यों लोग संसार भर में गाते रहे? इस संसार में ऐसा कुछ घटित न हो ऐसा बुनियादी लक्ष्य महर्षि के मन में ज़रूर हुआ होगा। इससे अवगत होना ज़रूरी है। नहीं तो सब प्रकार के ख़तरों के होने की सम्भावना है। यह एक दृष्टान्त-कथा है उसे यथार्थ समझकर उसके परिवेश की खोज करते फिरें तो और भी अनेक ख़तरे घटित हो जायेंगे। साथ ही उस कथा की संवेदनीयता और रसानुभूति बिल्कुल खो जायेगी। एक साहित्यिक रचना के स्तर से वह गिर जायेगी। एक धार्मिक रचना के रूप में उसका सन्देह पूर्णतः नष्ट हो जायेगा।

फिर भारतवर्ष में भक्ति आन्दोलन के समय 'रामरामेति' जैसे जाप जब अनिवार्य बना तो भक्ति आन्दोलन के समय क्या हुआ था? तुलसीदास, कम्बरामायण के कवि तथा एषुत्तच्छन जैसे महाकवियों ने इस कथा को भक्तिकाव्य में परिणत कर दिया। राम को अवतार पुरुष बना दिया। राम को आदर्श राजा, आदर्श पुत्र, आदर्श भाई और आदर्श पति बना दिया। उत्तर रामायण हमें और एक पाठ दे रही है। अध्यात्म रामायण वाल्मीकि रामायण है कि नहीं। निर्देश, उपदेश और तात्विक दृष्टि से ही नहीं बल्कि दार्शनिक तौर पर भी नहीं। एक कथा के रूप में भी नहीं। उसने तो दो-तीन कार्य दिये। पहले वेदान्त जैसे दार्शनिक ठोस धरातल को भक्ति जैसी खास भावना से जोड़कर जन-मन में प्रतिष्ठित किया। राम-राम कहने में दो रामों के बीच की एकता को सूचित करता है। भक्ति आन्दोलन की रचनाओं ने इस एकता को प्रस्तुत किया है। एषुत्तच्छन के समय केरल जैसे प्रदेश में अनेक रियासतों, बहुत कलह, बहुत लगान, युद्ध, गरीबी, विपत्तियाँ इत्यादि थे। ऐसे ज़माने में एक राजा का आदर्श रूप क्या है यह उस समय के राजाओं के सामने चाहे वह सामूतिरि हो, वेट्ट अरचन हो, वल्लुवकोनातिरि हो, वेणाट्ट अरचन हो, शक्तनतंपुरान हो, कोई भी राजा हो दिखा दिया एषुत्तच्छन ने। अन्य भक्त कवियों ने भी यही कार्य रामायण के ज़रिये दिखा दिया। रामायण के माध्यम से सुशासन का एक श्रेष्ठ उदाहरण इन कवियों ने आगे रखा। राम की संकल्पना के ज़रिये शासकों को पिता, पुत्र, चाचा, भाई और पति इत्यादि की हैसियत पर किस तरह का बर्ताव पेश करना है इसका एक श्रेष्ठ नमूना पेश करके लोगों को समझाने की कोशिश की गयी। इसके अतिरिक्त बुनियादी तौर पर 'एकम सत्' का सिद्धान्त शक्ति के माध्यम से समझाने का एक आसान तरीक़ा भी अपनाया गया। इस प्रकार सबका सब मिलाकर ही एषुत्तच्छन ने हमें रामायण का सृजन करके दिया।

इस तरह के सारे कथनों, चिन्तनों, अनुभवों एवं आदर्शों से मिली-जुली समग्रता में मलयालियों के भीतर आज का रामायण-अवबोध संस्थित है। हम कह नहीं पाते कि उसका सही रूप क्या है? केरल में रामायण की अनुभूति हर एक में भिन्न-भिन्न रूप में है। यदि पूछा जाय कि कल इसे किस रूप में लिया जाना है, तो अपनी पसन्द के मुताबिक स्वीकार किया जा सकता है। एक यक्षी कथा के रूप में भी लिया जा सकता है। वाल्मीकि रामायण सहज ही एक यक्षी-कथा जैसी है। दस सिरवाला रावण, अमानवीय कयामत दिखा सकनेवाला एक हनुमान, राक्षसों में ज्ञानी विभीषण, अत्यन्त भीमकाय कुम्भकर्ण, उसका त्रिशूल हज़ार गुना लौह से बना है। उसका एक हाथ जब राम-बाण से कट कर नीचे गिरते समय हज़ारों वानर उसके नीचे पड़कर मर गये। वह किस कमरे में सोता था? यह नहीं पूछना कि वह किस खाट पर लेटता था? यह सवाल ही नहीं उठना कि पैर रखते समय कितनी फीट गहराई में धरती धँस जाती? यह भी पूछना नहीं कि उसे माँ ने कैसे जन्म दिया? कहानी में सवाल नहीं उठता। इस प्रकार असम्भव कथा-पात्रों के नाटकीय निर्देशन में एक सुन्दर यक्षी-कथा बन गयी। इसमें कोई सन्देह नहीं कि महर्षि वाल्मीकि ने इस धरती में मनुष्य को सत्ता रूपी नशीले पदार्थ के इस्तेमाल में जिस धर्म का आचरण करना है उसे पकी खीर के रूप में जन-मन के भीतर रख देने का उपाय किया। उसे उसी रूप में सीखना ही अच्छा है। जीवन की गतिविधियों से, पगडण्डियों से, गलियों से मेल-जोल करके विनाश के रूप में व्याख्या करने की कोशिश की जाय तो जन-जीवन निस्सन्देह कठिन होता जायेगा। वैसा न करना ही अच्छा है। एक प्राक् रूप, आदिरूप के स्तर पर कभी दुनिया के विभिन्न भागों में और जाकर तलाश करा जाय तो यह तो ज़रूर मिल जायेगी। मेरी तलाश में यह अवगत हो गया कि रामायण कथा का कोई न कोई रूप वियतनाम को छोड़कर दक्षिणी-पूर्वी एशिया के सारे देशों में पूरे एशिया में जनता के बीच प्रचलित है। अत: चाहे तो हम कह सकते हैं कि यह संसार भर का एक महाकाव्य है। भिन्न-भिन्न मण्डलियों में खड़े होकर रामायण कथा के अलग-अलग पठन-पाठन एवं अनुभूतियों का तार्किक विश्लेषण करके दुश्मनी के बीज बोने के बदले इसमें चित्रित राम-राम के भीतर का यह राम और वह राम कौन है? उसे जाँच पाने का यह एक उपाय मात्र समझकर आगे बढ़ता चला जाय तो किसी तरह की मुसीबत के बिना आगे भी यहाँ जीना आसान होगा।

अनुवाद : **प्रो. (डॉ.) वी.के. अब्दुल जलील**

माप्पिला रामायण का किस्सा

●

प्रो. एम.एन. कारश्शोरी

उन दिनों मैं कालिकट विश्वविद्यालय के मलयालम विभाग का शोध छात्र था। निर्देशक अषीक्कोड मास्टर और विषय : माप्पिला पाट्टु है। विभागाध्यक्ष गुप्तन नायर हैं। मेरे शोध निदेशक अषीक्कोड मास्टर उस समय विश्वविद्यालय के उपकुलपति के पद पर विराजमान थे। समय 1976 जुलाई।

शोध क्या है? माप्पिला पाट्टु माने क्या है? इन बातों पर कोई गौरवपूर्ण चिन्तन शुरू नहीं किया गया था। होस्टल में गपशप करके, विभाग के कार्यों में सहभागी बने जगह-जगह पर भाषण देते भटक रहा था। छात्रवृत्ति मिलने के कारण घरवालों को तंग नहीं करता था। छात्रवृत्ति का मतलब विश्वविद्यालय में उस ज़माने में और अब भी शोध करने वालों को मिलने वाली आर्थिक सहायता, न कि पाण्डित्य।

पढ़ाई के बाद छुट्टियों के दिनों का मज़ा लेने वाले विद्यार्थी का मन था उस समय मेरा। बढ़ा-चढ़ा कर बातें करने का सुन्दर समय। मेरे बहुत सारे मित्र नौकरियों में प्रवेश करके या शादी करके अपना नया जीवन शुरू कर चुके थे। शोध निदेशक को मुझसे मिलने या डाँटने को समय नहीं था।

वे उपकुलपति हैं। उनकी बैठक प्रशासनिक कार्यालय में है, विभाग्याध्यक्ष तो बिल्कुल शान्त स्वभाव के थे, कोई डाँट-फटकार नहीं। कहने की ज़रूरत नहीं कि ये सब मेरे लिए बिल्कुल अनुकूल थे।

इसी बीच मलयालम विभाग के एक अध्यापक के.के. करुणाकरन मास्टर एक दिन टीचर्स होस्टल में मिले और उन्होंने मुझसे पूछा–

क्या तूने, माप्पिला रामायण सुना है?

क्या माप्पिला रामायण? वो क्या चीज़ है?

करुणाकरन मास्टर उन दिनों पूरक्कली पर शोध कर रहे थे। वे कभी बटकरा में लोक कला सम्बन्धी किसी सेमिनार में भाग लेने गये तो वहाँ किसी नम्पियार ने माप्पि लारामायण

का कोई गीत गाया था। सुनने पर बड़ा अच्छा लगा। और कोई जानकारी नहीं। नम्पियार बटकरा निवासी हैं? वहाँ नज़दीक कहीं मास्टर हैं। माप्पिला रामायण जैसा शब्द अब तक नहीं सुना था। मुझे लज्जा हुई। मैं तो इसी शान में जी रहा था कि मैं माप्पिला पाट्टु पर शोध करनेवाला हूँ। इसके लिए यू.जी.सी छात्रवृत्ति भी प्राप्त हो रही है। फिर क्या...

अगले दिन ही 'केरल चरित्रम्' जैसी बड़ी-बड़ी किताबों में जाँच की। ऐसा कोई नाम कहीं भी नहीं था। गुप्तन नायर जी से तथा चात्तनाट्टु अच्युतनुण्णी, टी.बी वेणुगोपाल पणिक्कर जैसे मेरे गुरुजनों से भी पूछताछ की। किसी को कोई पता नहीं था।

मुझे तो मज़ा आ गया।

करुणाकरन मास्टर से मिला, "उस नम्पियार का ज़रा पता लगाना है।"

"वो तो मेरा परिचित नहीं। हमारे सी.पी. शिवदासन मास्टर हैं न? वे उनके मित्र हैं।" "तुम बटकरा जाकर सी.पी. से मिल लो" उन्होंने कहा।

अगले दिन ही बटकरा के अटक्का तेरुवु में सी. पी. के घर जाकर उनसे मिला। उनसे पहले ही थोड़ा परिचय था, वह तो अच्छा ही हुआ। बात की तो उन्होंने कहा–

"मेरा तो नम्पियार से थोड़ा ही परिचय है। घर कहाँ है कोई पता नहीं। ऐसा करो जाकर वी. टी. कुमारन् मास्टर से मिल लो। उन्हें नम्पियार का घर मालूम है। उनसे एक ख़त भी ले लो।"

वैसे बटकरा के नादापुरम रोड के पास वाले घर में पहली बार मैं कुमारन मास्टर से मिला।

उन्होंने विस्तार से रास्ता बता दिया और एक छोटा-सा ख़त भी लिख दिया।

फिर से मैं बटकरा बाज़ार आकर एक ओटोरिक्शा लेकर कुट्टेत्त नामक गाँव पहुँचा। टेप रेकॉर्डर लेकर उनके घर पहुँचा तो बरामदे में नंगे बदन में बच्चों के साथ खेलने वाले काले-दुबले एक अधेड़ आदमी से मैंने पूछा–

"क्या यह कुंञ्जिरामन नम्पियार का घर है?"

"हाँ यही है।"

"कौन हैं कुंञ्जिरामन नम्पियार?''

"मैं ही हूँ'' वह आदमी खुल कर हँसा। मैंने जेब से कुमारन मास्टर का ख़त निकालकर देने लगा तो झट से वे उठकर कुर्सी का धूल-धक्कड़ झाड़कर ख़त रखने लगे, जैसे कि बहुत पहले से ही परिचित किसी आदमी का स्वागत कर रहे हों।

ख़त देखकर मुझसे पूछा "इसके लिए ख़त की ज़रूरत क्या है?"

विस्तार से मुझसे घर-परिवार के बारे में पूछा। इसी बीच पत्नी को बुलाकर मुझसे परिचय कराया। फिर आदेश दिया, "जल्दी चाय ले आओ।"

लगा कि उनकी जल्दबाज़ी गीत सुनाने को नहीं चाय पिलाने में है तो मैंने भी उनके घर-बार के बारे में पूछा। बातचीत जब लोकगीतों और वटक्कन पाट्टों की ओर बढ़ने लगी तो समझ में आया कि सामने बैठा आदमी सिर्फ़ एक स्कूल मास्टर नहीं, संस्कृत काव्यों में, वटक्कन पाट्टों में तथा मलाबार के संस्कारों में गहरे ज्ञान के अधिकारी विद्वान हैं। वे बड़े रसिक भी थे। मज़ेदार बातें करते थे। चेहरे का स्थायी भाव हँसी है।

चाय, बिस्कुट और उबले हुए केले आदि जल्दी ही आ गये। एक रिश्तेदार के रूप में कुञ्ञिरामन नम्पियार की पत्नी ने मेरा सत्कार किया। नम्पियार ने वटक्कन् पाट्टु गाना शुरू किया तो मैंने टेप रेकॉर्डर चालू किया, "उसकी ज़रूरत नहीं" कह कर उन्होंने मना कर दिया।

मेरी समझ में नहीं आया कि ऐसा क्यों कहा।

"ये सब सुन कर समझने भर को हैं' जैसा कहा तो मैं अचम्भे में पड़ गया। बाद को समझ में आया कि नम्पियार को हज़ारों पंक्तियाँ कण्ठस्थ हैं। अगर कुछ रेखांकित करना हो तो मन में ही कर लो।

वटक्कन पाट्टु और माप्पिल पाट्टु की कितनी पंक्तियाँ नम्पियार को कण्ठस्थ हैं। वे गाते हैं... कथा का विस्तार करते हैं ...शब्दों के अर्थ बताते हैं ... और कुछ शब्दों का निरुक्त और निष्पत्ति बता देते हैं... धीरे-धीरे मेरी समझ में आ गया कि नम्पियार तो कथा भाषण करनेवाले भी हैं। वटक्कन पाट्टु की कई पंक्तियों की काव्यभंगिमाओं और ध्वनियों के बारे में उन्होंने विस्तार से बता दिया। उन्होंने कालिदास के साथ तुलना करके कहा कि इसकी कुछ कल्पनाएँ संस्कृत काव्यपरम्परा से भी बढ़िया हैं। मैं सचमुच हैरान हो गया।

इन सब के बाद ही माप्पिल रामायण पर पहुँचे। "दशरथ राजा अपने..." वे कहने लगे तो मैं वह रेकॉर्ड करने लगा। पाँच कविताओं में बाँटने लायक 148 पंक्तियाँ।

"यह किसने लिखा?"

"ये सब लोकगीत हैं। किसी का लिखा नहीं। लोगों की सृष्टि है, समाज की सृष्टि है।"

"किसने यह नाम दिया?"

"पता नहीं, जब से मैंने यह गीत सुना तब से इसका नाम यही था।"

"किससे सुना?''

"वो तो बचपन में गाँव में कई लोग गाते थे। कइयों से कई बार सुनकर पढ़ लिया था। तब सोचा तक नहीं था कि कोई आकर इस प्रकार प्रश्न करेगा?"

"किस ज़माने में पढ़ा था?''

"बचपन में ही पढ़ा था। कई यह जानते थे। लेकिन उन्हें पंक्तियाँ याद नहीं थीं। ईश्वर की कृपा से मैं जो कुछ सुनता हूँ वह सब मुझे याद हो जाता है। मुझे गाने का शौक़ है?

कहीं-कहीं मज़े-मज़े में इसके दो-तीन गीत गाया करता हूँ। दो-तीन हफ्ते पहले बटकरा में किसी संगोष्ठी में गाया था। वहीं से यह बात आप तक पहुँच गयी।"

"इसके जानकार किसी दूसरे का नाम बता सकते हैं?"

"इस बारे में मुझे मालूम नहीं।"

"यह गीत कौन गाता रहा? कोई मुस्लिम या ग़ैर-मुस्लिम?"

"किसी मुस्लिम को माप्पिला रामायण गाते हुए नहीं देखा गया। हम सब गाते थे।"

"वे ये सब सुनकर आनन्द लेते थे या नाराज़ होते थे?"

"नाराज़ क्यों? ये सब सुनने योग्य हैं न? माप्पिले बडे रसिक होते हैं।"

"मैंने ये सब रेकॉर्ड कर लिया है। इसे छपवा देने में कोई एतराज़ तो नहीं है?"

"मुझे क्यों एतराज़ है? इस पर मेरा क्या अधिकार है?

कुछ और समय तक बातचीत करके और एक बार चाय पीकर मैं निकल पड़ा।

मैंने मलयालम विभाग में सभी को सुनाया। इसका शेष भाग कहाँ से मिलेगा, यही विचार बना रहा। तो मैंने ऐसा एक समाचार देने का निर्णय लिया कि 'माप्पिल रामायण' को ढूँढ़ निकाला। सोचा कि शेष भाग को लेकर कोई आ जायेगा। शोध निदेशक अषीक्कोड मास्टर से बात करके उनकी अनुमति ली। पत्रकारों को देने के लिए विभागाध्यक्ष गुप्तन नायर ने चिट्ठी लिख दी। समाचार पत्रों को देने के लिए ख़बर तैयार की और नम्पियार की रेकॉर्डिड आवाज़ को लेकर समाचार पत्रों के दफ़्तरों में गया।

अगले दिन–1976 जुलाई 22 को सभी समाचार पत्रों में बहुत ही प्रमुखता के साथ ख़बर आयी।

आपात्काल का समय था, प्राय: खबरों की कमी का समय। 'माप्पिला रामायण' जैसे प्रयोग ने माप्पिल पाट्टु, शोध आदि पर दिलचस्पी न रखने वालों को भी आकर्षित किया। लोग कुतूहलता के साथ, कभी तमाशा के रूप में, कभी परिहास के तहत इस विषय की चर्चा करने लगे। अंग्रेज़ी पत्रों से कन्नड़, बंगाला जैसी प्रान्तीय भाषाओं में भी ख़बर पहुँच गयी। मेरे भतीजे एन.एम. अहमद कुट्टी हाजी बेंगलूरु से कन्नड़, अंग्रेज़ी पत्रों की कटिंग भेज दीं। बंगला के आनन्द बज़ार पत्र ने इस समाचार को बहुत प्रमुखता दी थी। यह जानकारी मुझे मलयाल मनोरमा के के. उबैदुल्ला से मिली। गोया कि वह एक राष्ट्रीय समाचार बन गया। धार्मिक सहिष्णुता के सूचक के रूप में शायद उस समय की सरकार ने इसका उपयोग करने के बारे में सोचा होगा।

बीच में एक चमत्कार हुआ। मातृभूमि अख़बार ने एक ही कॉलम में तीनों शब्द एक-एक पंक्ति में

"माप्पिला रामायणम
ढूँढ़ लिया"
जैसा दिया।

अगले दिन आर्टिस्ट नम्पूतिरी के उस समय के मशहूर कार्टून कॉलम नाणियम्मयुम लोकवुम्' ने इसको खूब सराहा।

दीप जलाकर रामायण का पाठ करने वाली नाणियम्मा के चित्र के पीछे ऐसा शीर्षक,
नीचे टिप्पणी–

कर्किटक है न, जो पढ़ना चाहता है, पढ़ सकता है। (1976 जुलाई 23)

तब ही लोगों का ध्यान गया कि रामायण-महीने में ही वह ढूँढ़ लिया गया है।

अगले कुछ दिनों में मातृभूमि दैनिक पत्र के 'शिकायत और अभिमत' शीर्षक कॉलम के पाठकों ने उस नाम को लेकर पक्ष-विपक्ष में अनेक बातें उठायीं। प्राय: दकियानूसी मुस्लिम और हिन्दुओं को वह नाम अच्छा नहीं लगा। मुसलमानों को रामायण से क्या वास्ता, पहले वालों की टिप्पणी। रामायण से मुसलमानों का क्या लेना देना है दूसरे दलों की टिप्पणी।

कई बार मुझे इन्हें समझाना पड़ा।

ये सारे के सारे गीत माप्पिला पाट्टु के इशल् नामक टोन में ही मिले हैं। इसलिए ये लोकगीत के रूप में प्रचलित अनेक माप्पिला पाट्टु में शामिल हैं। कथ्य तो रामायण से सम्बन्धित है। रामायण के पात्रों को माप्पिला (मुसलमान) के रूप में प्रस्तुत किया गया है। उदाहरण के लिए रावण को पाताल का सुल्तान, बहिन शूर्पणखा को बीवी नाम से पुकारा गया है। वैसे कथ्य, भाषा और तान आदि से माप्पिला पाट्टु की रामायण है यह। इसलिए माप्पिला रामायण नाम उचित है। समाचार पत्रों में ख़बर आने से कोई विशेष फ़ायदा नहीं हुआ। कहीं से कोई भी शेष भाग लेकर नहीं आया। के.के. करुणाकरन मास्टर ने एक बार कहा कि उनके गाँव के किसी लोकगीतकार को इससे सम्बन्धित कुछ जानकारियाँ हैं। वह इसके बारे में हैं या किसी दूसरे के बारे में हैं पता नहीं। मैं जान नहीं पाया। व्यस्तता, अलसता या मेरी चूक हो, चार-पाँच हफ़्ते के बाद मास्टर ने कहा कि वे लोकगीतकार चल बसे। उन्हें कुछ भी लिख रखने की आदत नहीं थी। मैं अपनी गलती पर पछताया।

उस समय आयी मलयालम फ़िल्म 'चूण्डक्कारी' में रावण के प्रणय प्रस्ताव में इस रचना के गीत (लामलाम से तामरतत्तम्मे तक) को शामिल किया गया था। इसने फिर से जनता का ध्यान आकर्षित किया। साहित्य लोकम् पत्रिका के 1977 जुलाई-सितम्बर अंक में मेरे एक लेख के परिशिष्ट के रूप में इसके पाँच गीतों को प्रकाशित किया।

तब ही शोधार्थियों तथा साहित्य प्रेमियों को पता चला कि यह क्या है? इसके बाद सी.एन. अहमद मौलवी और के.के. मुहम्मद् अब्दुल करीम ने मिलकर लिखे 'माप्पिल साहित्य परम्परा', एरुमेली परमेश्वरन पिल्लै का 'मलयालम साहित्य चरित्रम्' जैसे साहित्येतिहास ग्रन्थों में माप्पिला रामायण को स्थान मिला। 'कुरिमानम्' (खत) शीर्षक में मेरे आलेखों के संकलन के दूसरे संस्करण (1989) में ये गीत दिये गये हैं। अय्यप्प पणिक्कर ने 'केरल कविता वार्षिक अंक' (2005) में उपर्युक्त पाँचों गीतों को शामिल किया है।

रामायण के अनुसंधाताओं का ध्यान अन्तरराष्ट्रीय स्तर पर इस रचना पर पड़ा है जैसी जानकारी मुझे तभी मिली जब पोलो रिचमैन नामक अमेरिकी शोधार्थी मुझसे मिलने आयी। उनके मित्र फ्रीमैन नामक पाश्चात्य विद्वान ने इन सारे गीतों को अंग्रेज़ी में अनूदित किया है। अनुवाद की गलतियों को सुधारने के लिए वे मुझसे मिलने आयी थीं। मैंने पोलो रिचमैन को बटकरा ले जाकर नम्पियार से मिला दिया। दिल्ली में ठहरे फ्रीमैन और मैंने अनुवाद के बारे में टेलिफोन पर बात की।

आज जब मुड़कर देखता हूँ तो लगता है कि माप्पिला पाट्टु के क्षेत्र की सबसे बड़ी ख़बर वह पहचान ही थी। 'नीलक्कुयिल' (नीला कोयल) (1954) नामक फ़िल्म के 'कायलरिकत्तु' वाले गीत ने ही केरल के लोगों के बीच जाति-भेद के बिना माप्पिला पाट्टु को सर्व स्वीकृत करने की मानसिकता बनायी थी। पी. भास्करन की रचना को के. राघवन ने आलाप किया था, वहीं से माप्पिला पाट्टु केरल के साहित्य एवं संगीत का अभिन्न अंग बनने लगा था। माप्पिला पाट्टु की रचना, आलाप, आस्वादन तथा गवेषणा आदि को केरलीय जनता के बीच में जीवन्त बनाया सचमुच माप्पिला रामायण ने। उस ख़बर ने जैसे कुंञ्जिरामन नम्पियार को ख्याति प्रदान की वैसे ही मेरे शोध कार्य को भी। यहीं से मैं अपने शोध कार्य को गौरव के साथ लेने लगा था।

सबसे पहले मैं नम्पियार से मिला था माप्पिला पाट्टु के लिए। फिर कई बार मिले। उस रसिक तथा स्नेहिल व्यक्तित्व से आख़िरकार मैं तब मिला था जब अंग्रेज़ी अनुवाद हेतु उस अमेरिकी महिला पोलो रिचमैन के साथ गया था। वडक्कन् पाट्टु के समान माप्पिला पाट्टु को भी बहुत ही स्नेह एवं वात्सल्य के साथ पुचकारने वाले उस आदमी का वात्सल्य मुझे माप्पिला रामायण की वजह से ही मिला था। हमें मिलाया उस पुराण कथाओं के विपुल साहित्य ने। उस रचना में लबालब भरा हुआ है विश्वास और आचारों की सीमाओं को न मानने वाला स्नेहिल संगीत।

अनुवाद : **प्रो. एन. मोहनन**

रामसीता तत्त्व एवं केरल की ज़िन्दगी

●

के .जयकुमार ऐ.ए.एस

समकालीन समय में बहुत ही कम चर्चित विषय है केरल में राम की अवधारणा। इसलिए यह विषय हमें सोचने को मजबूर भी करता है। रामायण और महाभारत हमारा अतिप्राचीन इतिहास है। इन इतिहासों ने विगत दो-तीन सहस्राब्दों से भारतीय विचारधाराओं को अर्थात् भारत में जीवित लोगों को चाहे वह पण्डित हो या गरीब, राजा हो या प्रजा, इनके जीवन और सोच-विचार को अनजाने में ही काफ़ी प्रभावित किया है। सच्चाई यह है कि हम कभी नहीं सोचते हैं कि हमारे जीवन में इन इतिहासों का प्रभाव कितना गहरा है। अनजाने में ही हमारी बातों में और हमारे द्वारा प्रयुक्त उदाहरणों में रामायण और महाभारत की संस्कृति छिपी हुई है। रामायण और महाभारत हमारे जीवन बोध, जीवन मूल्य, जीवन दृष्टिकोण, आपसी रिश्ते और हमारे सम्पूर्ण जीवन में अवचेतन मन में पड़ी हुई कुछ आदतों की तरह और कुछ सांस्कृतिक आदतों की तरह अनजाने ही तब्दील हो चुके हैं। रामायण और महाभारत से जुड़ी चर्चाएँ आम बात नहीं हैं, वे एक गौरवपूर्ण विषय हैं। सबसे पहले मैं यही कहना चाहता हूँ कि केवल तत्कालीन राजनैतिक विचारधाराओं के किसी दकियानूसी दृष्टिकोण के आधार पर सदियों पुराने इन इतिहासों का मूल्यांकन करना सही नहीं है। बदलते राजनैतिक परिवेश और कुछ राजनैतिक पार्टियों का राम और कृष्ण के प्रति अचानक उमड़ते प्रेम आदि को सिर्फ़ राजनैतिक तन्त्र मात्र समझकर सदियों से बहती आ रही इस सुकृत धारा का सही महत्त्व और आदर सम्मान के साथ मूल्यांकन करना चाहिए। मेरे ख़याल से भारत के अलावा इस संसार में अपने इतिहास के नाम पर प्रसिद्ध और कोई देश नहीं है। महाभारत शब्द में प्रयुक्त भारत हमारा भारत ही है। लेकिन उस महा शब्द के लिए हम क़ाबिल हैं या नहीं यह सोचनेवाली बात है। हमारा भारत अपने इतिहास के कारण ख्याति प्राप्त देश होने के अपूर्व सम्मान से पुरस्कृत है। इसलिए जो भी भारतीय है वह हमारे लिए अस्पृश्य है और यह स्वाभाविक है कि उस अस्पृश्य मनोभाव में हम अनजाने में ही फँस जाते हैं। यह स्वाभाविक है कि साठ, सत्तर,

अस्सी साल तक जीनेवाले हम अपने जीवन काल में समस्याओं से बचने के लिए कुछ विचारधाराओं का प्रतिरोध अवश्य करते हैं। मैं यही उम्मीद करता हूँ कि यह संगोष्ठी हमें प्रतिरोध करने की हिम्मत अवश्य देगी। क्योंकि जब तक राम और कृष्ण पर प्रश्न करने और उसे अपने मुताबिक समझने का हक़ हम में है तब तक कोई कुछ भी कहे राम और कृष्ण किसी की वैयक्तिक सम्पत्ति नहीं है। वह हमारे मन और हृदय का हक़ है। राम को इंटेरोगेट करना मतलब राम को समझना, कृष्ण को समझना, सभी पात्रों को इंटेरोगेट करना है। इंटेरोगेट का मतलब सिर्फ़ पूछताछ करना मात्र नहीं है। इसलिए ही मैंने यहाँ पर इंटेरोगेट शब्द का इस्तेमाल किया है।

मेरे कहने का मतलब है इन लोगों में कमियाँ ढूँढ़ने या इनमें दोष आरोपित करने की कोई ज़रूरत नहीं है। यह बात हमेशा ध्यान में रखनी चाहिए कि अगर राम को लें तो राम को समझने का हमें पूरा हक़ है। इन इतिहासों के घनत्व और गहराई की वजह से ही इन्हें पवित्र माना जाता है। मेरे ख़याल से जितना हम इन्हें अपने हृदय से जोड़कर रखेंगे उतना ही जीवन हमारे प्रति करुणा का भाव दिखायेगा। मुझे लगता है कि उस दृष्टि से रामसंकल्प नामक यह संगोष्ठी सार्थक है। रामसंकल्प पर लगाये गये प्रश्न मात्र बाहरी प्रश्न हैं। यह एक सोचनेवाली बात है। भारत के अन्य प्रान्तों से केरल में रामसंकल्प किस प्रकार भिन्न है इस सवाल का जवाब ढूँढ़ना और उस जवाब से नयी जीवन दृष्टि अपनाना हमारा कर्तव्य है। मुझे लगता है इसी कर्तव्य का पालन इस संगोष्ठी में हो रहा है।

एक ऐसे भारत के बारे में सोचो जिसमें रामायण और महाभारत नहीं है। भारत जैसे देश के लिए यह बिल्कुल काल्पनिक स्थिति–हाइपोथेटिकल सिचुवेशन–है। ऐसा भारत एक दुर्बल और आन्तरिक रूप से शोषित देश होगा। ज़रा सोचो अगर रामायण और महाभारत हमारा न होकर किसी और का होता और हमें सिर्फ़ पढ़ने का मौक़ा मिला तो क्या होता? ये हमारे देश में जन्मे नहीं ऐसी हालत में एक भारतीय होने के नाते हमारे सांस्कृतिक इतिहास को लेकर जो गर्व हम महसूस करते हैं उसका क्या होता? ग्रीक लोगों के पास होमर के इलियड और ओडिसी है तो हमारे पास उससे भी महान इतिहास रामायण और महाभारत है ऐसा कहने पर हम जिस गर्व को महसूस करते हैं वह एक छोटी बात नहीं है। इस बात का महत्त्व हमें तब समझ में आयेगा जब हम इन इतिहासों से दूर होंगे। हमारे जन्म से लेकर, साँस लेते समय से, हम इस राम, कृष्ण और इन इतिहासों के साथ पले बढ़े हैं। यह हमारी सुकृति का सबूत है।

हमें इस बात का अन्दाज़ा नहीं है कि राम और कृष्ण ये दो शब्द हमारी ज़िन्दगी में कितना व्यापक और प्रबल हैं। आजकल लोग बिना अर्थ जाने अपने बच्चों को कई

नामों से पुकारते हैं। लेकिन हमारे पूर्वजों के समय में राम और कृष्ण के अलावा और कोई नाम नहीं था। कुंचन नम्बियार को लें तो उनके नाम को लेकर सिर्फ़ एक ही तर्क था कि उनका नाम राम था या रामपानीवादन या फिर कृष्ण। इन दो पात्रों ने हमारी विचारधाराओं और हमारी रोज़मर्रा की ज़िन्दगी को बहुत ही प्रभावित किया है। मेरी राय में इन दो ऐतिहासिक पात्रों की विपुलता और पुष्कलता से ही भारत का इतिहास जीवन्त है। इसलिए उन ज़िन्दगियों को पुरस्कृत करनेवाले भारत की कला-संगीत-चित्र कला-विविध कलाएँ आदि का प्रलेखीकरण ज़रूरी है। अगर किसी संगीत या कला में एक पात्र यानी कि एक ऐतिहासिक पात्र इतना प्रभाव डाल रहा है तो इसका मतलब क्या है? सबसे बड़ी बात यह है कि पीढ़ियों के सृजनात्मक संकल्प में चिनगारी डालने के लिए ये ज़िन्दगियाँ आज भी कामयाब हैं।

प्रभा वर्मा द्वारा लिखित 'श्याममाधवं' कविता सिर्फ़ पाँच साल की ही हो चुकी है। इक्कीसवीं सदी में सोचनेवाला एक व्यक्ति के लिए–एक कवि के लिए–कृष्ण की मृत्यु–पैर पर अस्त्र लगकर कृष्ण की मौत के पल को दिखानेवाली उस कविता को अनदेखा करना नामुमकिन है। आज भी लोग महाभारत के आधार पर उपन्यास और कविता इसलिए लिख रहे हैं कि हमारी ज़िन्दगी में बस वही है जो महाभारत में है। उसके अलावा और कुछ भी हमारे जीवन में नहीं है। रंडामूष़म् (दूसरी बारी), ययाति, द्रौपदी जैसी कितनी रचनाएँ हैं। ये सब भारतीय कहानियाँ हैं। सबमें कृष्ण का महत्त्वपूर्ण स्थान है। बिना कृष्ण का महाभारत बिना पहिये का है। वह ढह जायेगा। उसका केन्द्र कृष्ण ही है।

उसी प्रकार राम को लेकर भी कितनी कहानियाँ हैं। इस संगोष्ठी में संगीत पर जिन लोगों ने बात की उन लोगों ने त्यागराज स्वामी जी के बारे में ज़रूर बताया होगा। राम को देखकर राम का वर्णन करते हुए राम में विलीन त्यागराजन एक अभूतपूर्व व्यक्ति था। ये सब उस पात्र या उस विचार के विभिन्न आयाम हैं। इन्हीं आयामों की उज्ज्वलता ही की वजह से ये ज़िन्दगियाँ दशकों के बाद भी कलाकारों को प्रभावित कर रही हैं। इसलिए हम राम और कृष्ण से कभी भी मुक्त नहीं होंगे। ये सब एक मनुष्य संकल्प को प्राप्त सबसे उज्ज्वल हालत से संकल्पित या सृजित कहानी और पात्र हैं। इन पात्रों में कुछ जीवित रहे होंगे, कुछ यथार्थ जीवन से जुड़े होंगे और कुछ कल्पना होंगे। फिर भी रामायण और महाभारत के ज़रिये हम तक पहुँचनेवाले राम और कृष्ण की अवधारणा सृजनात्मकता की सबसे ऊँची कल्पना से निर्मित है। इसमें कोई सन्देह नहीं कि सिर्फ़ हम ही नहीं हमारी आगामी पीढ़ी भी इन पात्रों की उज्ज्वलता से आकृष्ट होगी। आगे चलकर बहुत सारी कलाओं का आविष्कार होना बाकी है।

इस संगोष्ठी का केन्द्र बिन्दु यह है कि केरल में राम की जो अवधारणा है वह अन्य भारतीय प्रान्तों से भिन्न रास्ते से आगे बढ़ी है। हम अन्य भारतीय प्रान्तों से भिन्न हैं। भारत के अन्य प्रान्त कहें तो क्या सब जगह समान है? तमिलनाडु की राम की अवधारणा हमसे भी ज़्यादा क्रान्तिकारी है। वहाँ पर नायक रावण है। हम उतनी दूर नहीं पहुँचे हैं। हमने एक अलग रास्ता चुना। तमिलनाडु जैसे द्रविड राजनीति का प्रभाव केरल में नहीं है। लेकिन उत्तर भारत के समान राम को सिर्फ़ भगवान मात्र समझने की रीति भी यहाँ पर नहीं है। यहाँ पर मुख्य रूप से तीन चरण हैं। पहला पूर्व एषुत्तच्छन काल-रामचरितं, रामकथपाट्ट आदि के ज़रिये राम से परिचित मलयाली। दूसरा है एषुत्तच्छन का राम। एषुत्तच्छन के समय तक हमारे लिए राम मर्यादा पुरुषोत्तम था तो एषुत्तच्छन भक्ति आन्दोलन के ज़रिये सब लोगों को ईश्वर से मिलाने के उद्देश्य से नये राम को सामने लाये। भक्ति आन्दोलन की एक सामाजिक भूमिका है। एषुत्तच्छन के रामायणम ने हमारे सामने भक्ति को लोकतान्त्रिक बनाया। उस समय तक भगवान सिर्फ़ ब्राह्मणों का था। एषुत्तच्छन ने उससे हटकर भक्ति रूपी चाबी से ऋतुमती नारी, दाहक, भिखमंगे और भूसुर आदि किसी भी व्यक्ति के लिए नारायण को प्राप्य बनाया। एषुत्तच्छन के रामायणम ने भक्ति का लोकतान्त्रिक ऐलान किया। इसी दृष्टिकोण को ही हरिनामकीर्तन में एषुत्तच्छन ने स्थापित किया। इसके लिए उन्होंने अध्यात्म रामायण को चुना और श्रीराम को महाविष्णु के पूर्ण अवतार के रूप में प्रस्तुत भी किया। इस अर्थ में देखा जाये तो उन्होंने वाल्मीकि के राम से भिन्न या थोड़े बदलाव के साथ राम को अपनाया। वाल्मीकि का राम भगवान नहीं है। लेकिन मर्यादा पुरुषोत्तम है। एक उत्तम पुरुष कैसा होना चाहिए इसकी परिभाषा है राम। लेकिन भक्ति आन्दोलन ने इस विषय को लेकर एक मेटफेरिक प्रस्ताव सामने रखा। राम चाहे कितना भी उत्तम क्यों न हो वह ईश्वर का अवतार ही है। इस प्रस्ताव का अर्थ हमें इस तरह लेना चाहिए कि अगर कोई व्यक्ति उत्तम है तो वह ईश्वर मात्र है। उत्तम की परिभाषा ईश्वर ही है। पूर्णमदम् पूर्णमिदम्। उतनी सम्पूर्णता का दावा अगर कोई करता है तो वह ईश्वर का अवतार ही है। यही प्रस्ताव भक्ति आन्दोलन ने भी सामने रखा। जैसा कि मैंने कहा सामाजिक भेदभाव की वजह से लोगों को भक्ति से दूर रखा जाता था। कई प्रकार के बाह्याडम्बर निचली जातियों पर थोपे जाते थे। उस वक़्त सच्ची भक्ति का मतलब था हृदय की निर्मलता। यही हृदय की भक्तिभावना है ऐसा कहकर ही भक्ति आन्दोलन का आगमन हुआ। हमारा दूसरा चरण जिस रामसंकल्प का प्रतिनिधित्व करता है वह है एषुत्तच्छन के भक्ति आन्दोलन से शुरू या रामायण से परिचित राम।

इन दो राम संकल्पों के बाद आधुनिक काल यानी 18-19 सदी से शुरू हुआ, हमारे पुनर्जागरण का समय है तीसरा चरण जिसे हम आधुनिक चरण भी कह सकते हैं।

उसी समय रामसंकल्प का निर्माण हुआ और उसके बारे में हमें सोचना चाहिए। समकालीन केरल में मौजूद रामसंकल्प उपर्युक्त दोनों चरणों के बाद भक्ति आन्दोलन से भी आगे निकलकर एक चरण है जो इस बात पर आधारित है कि केरल में राम का मूल्यांकन किस प्रकार है। हमारे लिए राम एक सम्पूर्ण पुरुष नहीं है क्या वह बेकसूर या मासूम इन्सान है यही सवाल केरलीय लोग राम को लेकर उठाते हैं। उत्तर भारतीय राज्यों में जो सामाजिक समीकरण है उससे अलग विचारों से ही हम राम और कृष्ण को देखते हैं।

हमने इसे पृथक् कर दिया है। उस सन्दर्भ में हम एक नये स्तर पर खड़े होकर राम और कृष्ण को देखते हैं। जिस प्रकार एक इतिहासकार या भक्त कवि राम को देखता है उससे अलग एक नये दृष्टिकोण से नये सन्दर्भ में हम राम को देखते हैं। इसका कारण है हमारा अपना सामाजिक दृष्टिकोण और हमारी अपनी राजनीति। इसलिए हम उस पूजनेवाले बिम्ब से पूज्यभाव को हटाकर उसे सिर्फ़ मनुष्य के रूप में देखते हैं। सच में हम वाल्मीकि का अनुकरण कर रहे हैं एषुत्तच्छन का नहीं। हमारा सवाल यह है कि राम मनुष्य है या नहीं। यह सिर्फ़ मलयालियों का सवाल है ऐसा मैंने इसलिए कहा क्योंकि इसका लोकसाहित्य अनुसन्धान का विषय बनना चाहिए। मलयाली कैसे इस प्रकार बन गया इसका मूल्यांकन नरवंश वैज्ञानिकों और सामाजिक मनोवैज्ञानिकों को करना चाहिए। हम आज या कल से नहीं पहले से ही ऐसे हैं। इसका सबसे बड़ा उदाहरण है ओणम का मिथक। मुझे नहीं लगता कि ओणम से जुड़ी कहानी या ओणम भागवत में है। वामनावतार के बारे में भागवत में है। लेकिन केरल में जो ओणम से जुड़ी अवधारणा है उसके बारे में भागवत में कहीं भी कुछ भी नहीं है। महाबली नामक एक सम्राट था, केरल के लोगों के अनुसार महाबली एक असुर सम्राट है। असुर सम्राट में घमण्ड बढ़ने लगा। वह धर्मिष्ठ भी था और नीतिमान भी। सभी प्रजा ख़ुश थी। हमारे सामने महाबली के समय के केरल के बारे में एक ऐसा चित्र है जिसमें ना कोई झूठ ना ही कोई बालमृत्यु, सब ख़ुश और सब समान। ऐसा एक राजनैतिक चित्र है हमारे मन में। खुशहाली से भरे जन जीवन में देवों का दूत बनकर वामन ने अवतार लिया और धर्मिष्ठ महाबली को धोखा देकर पाताल लोक में भेज दिया। उस वक़्त महाबली की इच्छा थी कि साल में एक बार अपनी जनता को देखने का मौक़ा मिले और वामन वह मौक़ा देता है। यहाँ पर मलयाली किसके साथ है। धर्मिष्ठ और जनकल्याणी राजा को राजनैतिक समीकरण से धोखा देकर राज्य से बाहर निकालनेवाली धोखे की कहानी है केरलीयों के लिए ओणम। मलयाली आज भी और पहले भी महाबली के साथ हैं, वामन के साथ नहीं। केरलीय लोग उस महाबली के साथ हैं जो परित्यक्त, धर्म के नाम पर धोखा खानेवाला और

अकेलापन महसूस करनेवाला है और यही दृष्टिकोण केरल के मानवीय संसाधनों के विकास का मूल कारण है। हमारे प्रगतिवादी विचारों का मूल यही सामाजिक मनोविज्ञान है। हम वंचित और गरीब लोगों के साथ हैं। हम शिकार के साथ हैं जिसके साथ शोषण हुआ है। हमेशा विजयी के साथ नहीं बल्कि जो हार गया है उसके साथ खड़ा रहना मलयालियों की मौलिक चेतना है। मलयालियों के मन में, सामाजिक मनोविज्ञान में राम पर प्रश्न उठाने का बीज मौजूद है। ऐसे एक समाज में राम कितना महान था यह नहीं है हमारी तहक़ीक़ात। राम महान हो सकता है, पुरुषोत्तम या महाराज हो सकता है, लेकिन राम ने जो किया वह माफ़ी के लायक नहीं है। यही मलयालियों की वासना है। इसलिए हम राम पर कई बातों पर प्रश्नचिह्न लगाते हैं। राम को कठघरे में खड़ा करते हैं। इसका सशक्त उदाहरण है साहित्य में 'चिन्ताविष्टयाय सीता'। आशान जैसे उदात्त कवि, सीता के सन्दर्भ में सीता के ज़रिये राम पर प्रश्नचिह्न लगाते हैं। लेकिन स्त्रीविमर्श वाले माफ़ करें जब सीता प्रश्न करती है तब भी वह कुलस्त्री की दहलीज़ नहीं लांघ रही है। अगर लाँघती तो शायद विश्वास ही नष्ट हो जाता। इसलिए शायद आशान इसके लिए तैयार नहीं हुआ। राम पर प्रश्नचिह्न लगाते समय सीता कहती है तुम्हारी मजबूरी मैं समझती हूँ। यहाँ पर सीता में पत्नी का आर्द्रभाव है। पहले जब वे पंचवटी में थे तब एक गर्भवती मृग को देखकर राम की आँखों में आँसू आ जाते थे। ऐसा एक राम कैसे सीता को जंगल में छोड़ रहा है। सीता को यह बात याद है कि राम में ममता का भाव है। लेकिन सवाल यह है कि मेरे सन्दर्भ में यह क्या हो गया। सीता अपनी राय राज प्रताप के साथ राम से पूछती है कि रावण का मेरे शरीर पर मोहित होने में मेरा क्या दोष है। सिर्फ़ एक ही सवाल और यही सवाल सीता से करवाने में आशान सफल हुए। चिन्ताविष्टयाय सीता, एक ऐसा काव्य है जिसमें राम को कठघरे में खड़ा हुआ हम पहली बार देखते हैं और यह मलयाली के मन में उभरनेवाला एक आशय का आविष्कार है। 'चिन्ताविष्टयाय सीता' की विजय यह है कि केरलीय हृदय में अनपूछे रहे इस सवाल को आशान पकड़ पाये। यह सवाल हर एक स्त्री के मन में था। हमारे मन में था। राम की हर यातना में त्याग सहकर सीता ने राम का साथ दिया। लेकिन किसी के अपवाद के नाम पर राम ने सीता की उपेक्षा की। इसके लिए राम को माफ़ करने के लिए मलयाली तैयार नहीं।

मलयाली हमेशा दुखी के साथ है। विभिन्न चरणों में राम की करतूतों को लेकर कल भी और आज भी कई सवाल उठे हैं। शूर्पणखा का अंगछेद क्यों किया? इसी वजह से रावण को ग़ुस्सा हुआ था। इस एक ही कार्य से राम ने अपनी नियति का आमन्त्रण किया था। इतना समर्थ और बुद्धिमान राम ने शूर्पणखा के साथ ऐसा क्यों किया, यह एक बिना

जवाब का सवाल है। उसी तरह बाली वध भी माफ़ी के लायक नहीं। बाली वध का तर्क सालों बाद भी हमारी समझ से परे है। सीता की अग्निशुद्धि की कहानी भी एक नीच प्रवृत्ति है। एक और उदाहरण है शम्बूक वध। सबसे बड़ा अपराध है गर्भवती सीता का उसे बिना बताये उसकी उपेक्षा करना। यह सभी बातें राम की अवधारणा के पुन:पाठ करने में हमें विवश करती हैं। यहाँ हाशियेकृत विमर्श, स्त्री विमर्श, मानव विमर्श, पारिस्थितिक विमर्श सब ज़रूरी है। इन सभी दृष्टिकोणों में राम भी आलोचना का विषय है। राम की तुलना में मलयालियों को कृष्ण ज़्यादा पसन्द है, क्योंकि हमारे मनोभाव में कृष्ण सरल जीवन बितानेवाला है, कठोर धर्मिष्ठ होकर जीनेवाला नहीं है। राम की तुलना में कृष्ण ज़्यादा सख़्त नहीं, लचीला है। व्यावहारिक दृष्टि से प्रत्येक सन्दर्भ का सामना करने के लिए कृष्ण क़ाबिल है। इसलिए कृष्ण राम से ज़्यादा लोकप्रिय है। धर्मिष्ठ होकर सख़्ती से काम करनेवाले राम से ज़्यादा सन्दर्भ के अनुसार मनुष्यता के अनुसार सही-गलत का पुनर्मूल्यांकन करनेवाले कृष्ण का कौशल हमें ज़्यादा पसन्द है।

राम से हुई गलतियों के बावजूद आदर्शवान और धर्मिष्ठ राम को अनदेखा नहीं किया जा सकता। युद्ध की विजय से लौटते समय मरे हुए लाखों अनजान और जान-पहचान वालों के लिए श्राद्ध करनेवाला राम, परमशत्रु रावण के दाह संस्कार की माँग करनेवाला राम एक आदर्श प्रतिमान है। पिता की आज्ञा का पालन करनेवाला धर्मिष्ठ बेटा बनना राम की विशेषता है। सत्ताधिकारियों को कभी-कभार जिस दृढ़निश्चय की ज़रूरत है वह एक प्रयोजन सापेक्ष राजनीति का विपरीत प्रतिमान है।

मेरी राय में मुख्य रूप से हमने राम के साथ नाइन्साफ़ी की है। एक अपराध के लिए हमने राम को दोषी माना। लेकिन राम ने अपने वैयक्तिक जीवन में जिस वैकारिक तनाव का अनुभव किया उसे केरल या भारत में किसी ने चित्रित करने की कोशिश नहीं की। सीता का त्याग करके सरयू नदी में या मृत्यु की ओर आगे बढ़ने वाले राम का वैयक्तिक संघर्ष अनदेखा नहीं करना चाहिए।

अनुवाद : **डॉ. तेरेसा टिनसी टी.जी.**

कथकलि और कूटियाट्टम में राम की अवधारणा

●

प्रो. के.जी. पौलोस

भारतवासियों के लिए राम ज़िन्दगी के तमाम क्षेत्रों में फैला हुआ एक संकल्प है। यह निस्सन्देह है कि वाल्मीकि को केरल के बारे में कोई जानकारी नहीं थी। भारतवर्ष अथवा आर्यावर्त से मतलब हिमालय और विन्ध्याचल के बीच की ज़मीन है। संस्कृत भाषा में कहा जाता है कि 'हिमवत् बिन्ध्य कुण्डला'। अर्थात् विन्ध्याचल और हिमालय इस देश के दो कुण्डल हैं। दक्षिण भारत के बारे में वाल्मीकि अज्ञात थे। विन्ध्याचल के दक्षिण देश में उनके आने की सम्भावना न के बराबर है। उनके लिए विन्ध्याचल के दक्षिण के निवासी केवल वानर या राक्षस थे।

कालिदास को राम परिचित था, लेकिन वह परशुराम था। श्रीराम नहीं। मुझे लगता है कि केरल में श्रीराम का आगमन शायद संस्कृत की लगभग चौथी या पाँचवी सदी में हुआ होगा। उसके बाद का समय, अर्थात् दसवीं सदी तक का समय संस्कृत का प्रचार उसकी उच्च स्थिति में था। उसी समय राम की कल्पना वाल्मीकि का राम ही था। दसवी-ग्यारहवीं सदी तक हमारे बीच में प्रचलित राम का स्वरूप सर्वगुण सम्पन्न राम का था। उसके बाद, अर्थात् दसवीं सदी के बाद के समय में पूरे भारत में बड़े-बड़े परिवर्तन हुए थे। हमारी संस्कृति के क्षेत्र में भी बड़े परिवर्तन हुए। इसका कारण यह था कि संस्कृत भाषा का प्रभुत्व नष्ट हो गया और देशी भाषाओं का रूपायन हुआ। सैकड़ों देशी भाषाएँ हुईं और उनकी संस्कृतियाँ विकसित हुईं। लगभग दसवीं सदी से अर्थात् दूसरे मिल्लेनियम से ही हमारी सभी भाषाओं का भी विकास हुआ था। उससे जुडता हुआ एक बड़ा सांस्कृतिक परिवर्तन (Cultural shift) हुआ। वही परिवर्तन यह था कि जिन बातों को हम तब तक संस्कृत भाषा में सुनते थे, उनको हमारी परिचित भाषाओं में सुनने लगे। कबीरदास ने संस्कृत भाषा को 'कूपजल' अथवा कूप में बँधा जल कहा है। बँधे हुए संस्कृत में उपलब्ध जानकारियाँ प्रवाहित होकर देशी भाषाओं में फैलने लगीं। ग्यारहवीं सदी के बाद folk की सम्भावनाओं से रामायण जनता के बीच में उतर आयी। हर एक घर में कथाएँ प्रचलित हुईं। कथाएँ

इतनी जनप्रिय हो गयीं कि रास्तों, पहाड़ियों और फलों को भी रामायण के नाम दिये जाने लगे। घर-घर में राम और सीता आये जो तब तक पण्डितों की सभा और अन्तःपुरों में जीवित थे। दरअसल ग्यारहवीं सदी के बाद ही राम कथा भारतीय जनता के जीवन में उतर आयी थी। इस बड़े परिवर्तन के दो पक्ष हैं। पहला, सत्ता की संरचना में बदलाव आया। अर्थात् तब तक जो संस्कृति, साहित्य आदि उच्चवर्ग (Elite) के थे आम जनता के यहाँ आये। राजाओं के बीच तथा राजमहलों में ही घटित बातों का जनता के बीच होना छोटा बदलाव नहीं था। दूसरा, जब यह आम जनता को मिलने लगा, अथवा रामायण और महाभारत मज़दूरों, किसानों, पथिकों आदि को मिलने लगे, तब उसमें एक जनपक्ष स्वभाव आ गया। इसी जनपक्ष स्वभाव का कारण भक्ति आन्दोलन है। सातवीं-आठवीं सदी का भक्ति आन्दोलन नहीं। आलवार आदि द्वारा प्रचलित उसी भक्ति आन्दोलन की भाषा संस्कृत थी। साधारण जनता का भक्ति आन्दोलन बाद में आया था। भक्ति आन्दोलन वास्तव में एक मुक्ति आन्दोलन था। भक्ति के द्वारा लोगों को मुक्ति मिल रही थी।

भक्ति आन्दोलन ने हमारे देश की साधारण जनता को ईश्वर की ओर उठाया था। इधर मैं ग्यारहवीं सदी के बाद भारत में हुए दो प्रमुख परिवर्तन के बारे में कह रहा था, जिसमें पहला है उसी समय के समाज में स्थित सत्ता की संरचना का विनाश और दूसरा है भक्ति के द्वारा आम जनता अथवा सबसे निम्न वर्ग की ओर ईश्वर, उच्च ग्रन्थ एवं ज्ञान आदि का पहुँचना। यह ज़माना बहुत गणनीय है। उसके बाद में आये सभी कवि इसी परिवर्तन का नतीजा हैं। कबीरदास, सूरदास और रहीम आदि सब निम्नवर्ग से थे। इनमें किसी ने भी संस्कृत भाषा में कुछ भी नहीं लिखा था, जो लिखे थे, वे उनकी अपनी देशी भाषाओं में थे। इसी दौर में हमें एषुत्तच्छन की रामायण मिली थी। यह रामायण वाल्मीकि की नहीं, बल्कि भक्ति की रामायण थी। यह रामायण भक्त रसायन है, अगले पाँच सौ साल तक केरल की जनता पर इसी रामायण का प्रभाव पड़ा था। दसवीं सदी के पहले और उस के बाद की रामायण के बीच जो फ़र्क़ था, वही मेरा मतलब है। यह नयी रामायण ही हमारे घरों में आयी थी, उसके पात्र ही हमारे साथ मिले-जुले थे और हमने उन्हीं पात्रों के नाम अपने आजू-बाजू की कई वस्तुओं को दे दिये थे। नाम देने के लिए भी हमने अपने पसन्दीदा पात्रों के नाम चुन लिए थे। रामायण हमारे परिवार का एक अनिवार्य अंग बन गयी थी। निम्न जाति के लोगों को भी रामायण बहुत सुग्राह्य और सुपरिचित हो गयी। वल्लत्तोल द्वारा रचित तोणियात्रा (नैका यात्रा) नामक कृति में एक दृश्य है जिसमें एक साधारण कथा पात्र फीके प्रकाश में बैठे रामायण पढ़ रहा है। उसके मन में डर भी लगता है कि कोई दूसरे व्यक्ति के सुनने पर अच्छा लगेगा या नहीं। तब ऐसा कह रहा है–

काव्यम् सुगेयम कथा राघवीयम्
कर्ता हैं तुन्जत्त के दिव्य

आनन्द की प्राप्ति के लिए और क्या चाहिए।

अर्थात् रामायण मलयालम भाषा बोलने वाले हर एक व्यक्ति के मन में आनन्द भर देनेवाला परम उत्तम साधन बन गयी थी। भूमिका के रूप में इतना कहकर मैं कूटियाट्टम और कथकलि की ओर जा रहा हूँ। कूटियाट्टम और कथकलि दोनों हमारी क्लासिकल कलाएँ हैं। लोक कलाओं से इनका फ़र्क़ पहचानने के लिए यह समझना चाहिए कि क्लासिकल माने क्या है? क्लासिकल उन्हीं कलाओं का विशेषण शब्द है, जिनको एक राष्ट्रीय परम्परा का अनुगामी समझ सकते हैं। अर्थात् जो पूरे भारत का है, नाट्यशास्त्र जैसे ग्रन्थ का अनुसरण करनेवाला है और नाट्यधर्मी की शैली अपनाने वाला है तो उसे क्लासिकल कहा जा सकता है। वैसे देखा जाये तो कूटियाट्टम, कथकलि, कृष्णनाट्टम, मोहिनियाट्टम आदि केरल की क्लासिकल कलाओं में शामिल होने वाली कलाएँ हैं। इन्हीं क्लासिकल कलाओं के 400-500 साल का इतिहास परखें तो देख सकते हैं कि कूटियाट्टम के रामायण नाटक दो हैं–पहला अभिषेक नाटक और दूसरा प्रतिमानाटक।

ये दोनों भास के हैं। इनकी रचना बी. सी. दूसरी सदी में हुई थी। हमने इनको पुराण से जोड़ दिया था। और एक नाटक है केरल के रचनाकार शक्तिभद्र का आश्चर्य चुड़ामणि। ये नाटक ही कूटियाट्टम में रामायण नाटक के रूप में प्रस्तुत किये जाते हैं। एक साल तक ज़ारी होने वाले प्रस्तुतीकरण रामायण नाटक के रूप में हुए हैं। इन दो नाटकों को मिलाया जाये तो 21 अंक हो जायेंगे। 21 अंकों का प्रस्तुतीकरण एक पूरे साल की अवधि में हो रहा था। मैं उसका विस्तृत वर्णन छोड़ देता हूँ। इन्हीं नाटकों की एक प्रमुख खासियत यह है कि इनमें श्रीराम एक पात्र है, पर मुख्य पात्र नहीं है। 21 अंकों में भी यही हालत है। राम का पात्र प्रमुख नहीं।

कथकलि में देखें तो कोट्टारक्करा तम्पुरान द्वारा रचित 8 कथाओं को पहली आट्टक्कथा समझी जाती है और उनमें रामायण की पूरी कहानी उपलब्ध है। पुत्रकामेष्टी, उसके बाद सीता स्वयंवर, विच्छिन्नाभिषेक, खरवध, बालीवध, तोरणयुद्ध, सेतुबन्धनम् अन्त में युद्ध अथवा पट्टाभिषेक। इसी प्रकार कोट्टारक्करा तम्पुरान ने आठ कथाओं की रचना की है। इनमें से केवल 3 नाटकों में ही श्रीराम आते हैं–वे हैं सीतास्वयंवर, बालीवध और युद्ध। वे भी छोटे-छोटे पात्र के रूप में हैं। प्रमुख पात्र नहीं। राम के पात्र को थोड़ी शक्ति का एहसास सीतास्वयंवर में ही मिलता है। इसमें जब राम स्वयंवर के बाद आने

के वक़्त परशुराम के साथ एक दृश्य की प्रस्तुति है जिसमें युद्ध समान ललकार आदि है। इस दृश्य में ही राम का पात्र जीवन्त लगता है। परशुराम राम को ललकारता है–

वृद्धयायोरु निशिचरिये नीय तत्र हनिच्चतु युक्तमहो

(तू ने वृद्धराक्षसी की हत्या की थी क्या वह ठीक है ?)

परशुराम पूछता है कि एक बूढ़ी की हत्या करना ठीक़ है या नहीं? यहाँ ताड़का बूढ़ी कही गयी है। ताड़का बूढ़ी नहीं। लेकिन परशुराम उपहास करता है। प्रश्न है कि स्त्री की हत्या करना ठीक है या नहीं। उसका जवाब है–

अवलेन मातावल्ला मुनीन्द्रा शुभतर चरित महान्मन

(हे मुनीन्द्र, वह मेरी माँ नहीं)

ऐसा एक जवाब क्यों, इसका मतलब है कि मैंने अपनी माँ की हत्या नहीं की है, लेकिन तूने अपनी माँ की हत्या की थी। इस प्रकार का एक दृश्य सीतास्वयंवर-कथकलि में है, जिसे छोड़े तो शेष सब कुछ सारहीन है। मेरा मतलब इतना है कि कथकलि और कूडियाट्टम में ये सब छोटे पात्र हैं। श्रीराम के सभी पात्रचित्रण गौण हो गये हैं। अम्मन्नूर माधव चाक्यार, माणिमाधव चाक्यार, कृण्णन नायर, रामनकुट्टि नायर आदि कूटियाट्टम और कथकलि के महानटों में किसी ने भी श्रीराम का वेषधारण नहीं किया है। यदि है तो भी पढ़ाई के दिनों में होगा। राम का वेष धारण करनेवाले हमेशा छात्र या कनिष्ठ कलाकार होंगे। मतलब है कि क्लासिकल कलाओं में भी रामायण की कथाओं में राम की प्रस्तुति गौण हो चुकी है।

यदि इसका कारण पूछा जाय तो मुख्य रूप से कुछ बातें कहनी पड़ेंगी। रामायण नाटक जो कि राम की कथा है, उनमें भी तीन नाटकों में ही राम हैं, तथा जो हैं, वे छोटे-छोटे पात्र के रूप में। इसके तीन कारण हैं। पहला तो इसकी एक सौन्दर्यपरक समस्या है। अर्थात् जिस प्रकार हम पढ़ते हैं, उसी प्रकार रंगमंच में प्रस्तुत नहीं कर सकते। रंगमंच की प्रस्तुति अध्ययन के तरीक़े से बहुत भिन्न है। दृश्य में हमेशा मुख्य रूप से दो रसों को प्रस्तुत किया जाता है– श्रृंगार और वीर। ये दोनों रस श्रीराम पर दिखाया नहीं जा सकता। वही कारण है। रंगमंच में श्रीराम और सीता का श्रृंगार कितने समय तक प्रस्तुत कर सकते हैं? असम्भव है। दर्शकों को पसन्द नहीं आता। यदि वीर रस की बात है तो वह भी असम्भव है। क्योंकि वीर रस माने दो व्यक्तियों के बीच की बलपरीक्षा है। इनमें से एक यदि ईश्वर है तो युद्ध की आवश्यकता क्या है? एक शाप देना काफ़ी है ना? तब युद्ध में विजय प्राप्त होगी। जब तक दर्शकों के मन में राम ईश्वर के रूप में रहेगा, तब तक वीर

रस को प्रमुखता नहीं मिलेगी। अर्थात् नींवाधार समस्या यह है कि भारतीय सौन्दर्यशास्त्र में रससिद्धान्त या रस की संकल्पना के अनुसार रंगमंच में भक्ति को पुष्टि नहीं मिलेगी। क्योंकि भक्ति पर्सनल है और रस ट्रांसपर्सनल है। यह रससिद्धान्त का सारतत्त्व है। हम रस पढ़ते हैं। रस माने क्या है? शृंगार का मतलब love for somebody नहीं, love for x है। मेरा शृंगार मुझे एक अन्य व्यक्ति के प्रति अनुभूत रति है। वह देश में, दुनिया में हो सकता है, बच्चों को क्लास के भीतर या बाहर, जहाँ भी हो सकता है। नाटक में असम्भव है। नाटक में रति माने क्या है? किसी को भी किसी से नहीं हो सकता। फिर क्या है? नाटक की रति वैयक्तिक स्तर से ऊपर उठकर एक ट्रांसपर्सनल स्तर प्राप्त करनेवाला है और उस स्तर में हमें एक sublimation का अनुभव प्रदान करनेवाला भी है। यह रस सिद्धान्त की तकनीकी है। तुम्हें पत्नी से या प्रेमिका से रति अनुभव हो सकती है। लेकिन रंगमंच में नट और नटी के बीच रति होना गलत है। दर्शकों के बीच होना भी ज़्यादा गलत है। फिर क्या सम्भव हो सकता है? रति as subliated. the sublimated level of emotion. हमारी ज़िन्दगी में रति है जो साधारण है। यहाँ की रति अलग है जो sublimated है। sublimated माने क्या है? sublimated होने के लिए अवैयक्तिक होना चाहिए। अर्थात् हमसे उसका सम्बन्ध टूट जाना चाहिए। पात्रों से दर्शक का सम्बन्ध जब अवैयक्तिक हो जाता है तब वह purified हो जायेगा। निर्मल हो जायेगा। तब हम अपने विकारों या भावों को पवित्र ढंग से प्रकट कर सकते हैं। वही रस सिद्धान्त है "Emotion as sublimated, not emotion as such" नाटक के emotions sublimated हैं, ज़िन्दगी में emotions as such है।

भक्ति को यह स्तर नहीं मिलेगा। वही समस्या है। भक्ति में बहुत अवैयक्तिक सम्बन्ध है जैसा कि मैं और मेरा देवता आदि। यह कभी भी ऊपर उठ नहीं जाता। यह भक्ति का सौन्दर्यशास्त्र है। श्रीराम और सीता के प्रेम की रंगमंचीय प्रस्तुति बहुत अरोचक हो जायेगा। वही बात है। क्योंकि श्रीराम के प्रति हमारे मन में भक्ति है। श्रीराम हमारे लिए कोई है। कुमार सम्भवम् काव्य में शिव और पार्वती की रति का जो वर्णन है, उसके बारे में कहा गया है कि वह माँ-बाप की रति के वर्णन जैसा अत्यन्त असभ्य है। श्रीराम हमारे मन में देवता हैं और उनके शृंगार को भक्ति से अलग कोई अन्य भाव के साथ रंगमंच में दर्शाया जाये तो हम उसका आस्वादन नहीं कर सकते।

कूटियाट्टम में शृंगार का सबसे श्रेष्ठ दृश्य रावण का है जो सीता के प्रति दिखाया जाता है। रावण सीता को पहली बार देखने का जो दृश्य है उसे 'पानाधिरूपम' कहा जाता है। बीस आँखों से सीता का रूप सौन्दर्य का दर्शन करनेवाला रावण का एक अभिनय है।

वह दृश्यकला का एक अति उत्तम शृंगार अभिनय है। ऐसा एक दृश्य राम का पात्र नहीं कर सकता। यही इसकी सौन्दर्यशास्त्रपरक समस्या है। इसलिए राम का वेष छोटा हो गया है कि शृंगार का अभिनय नहीं कर सकता। वीर रस भी इसी प्रकार का है। क्योंकि राम ईश्वर है और विजय सुनिश्चित है। जिस युद्ध में किसी का विजय पाना पूर्वनिश्चित है तो वीर रस उत्पन्न नहीं हो सकता अथवा दर्शकों तक उस रस का संवेदन नहीं हो जाता। और एक रस है करुण रस। इसकी एक कमी यह है कि अनुभूति के प्रथम क्षण के बाद उसका अनुभव नहीं मिलता। दृश्य के दूसरे क्षण में करुण रस का अस्तित्व न होगा। अध्ययन में सम्भव है, क्योंकि पढ़कर हम अनुभव कर सकते हैं।

उपर्युक्त कथन का मतलब है कि शृंगार, वीर, करुण आदि में से किसी भी रस का आरोप राम के पात्र पर नहीं कर सकता। इसलिए राम का पात्र गौण हो गया था। और एक समस्या है कि केरल की जनता के मन में एक रिबल हाबिट है जिसके कारण वे नायक को नहीं, खलनायक को मानती हैं। केरल एक मात्र राज्य है जहाँ दुर्योधन का मन्दिर है। मलयालम भाषी जनता के मन की इस रिबल हाबिट के कारण कथकलि और कूटियाट्टम, जो हमारी क्लासिकल कलाएँ हैं, उनमें नायक नहीं खलनायक ही हैं। इसे ही हम Anti Hero cult कहते हैं। बाली, रावण आदि खलनायक हैं। कथकलि और कूटियाट्टम में नाटक को प्रमुखता देनेवाली कल्पनाएँ नहीं हैं। और एक बात है कि मलयालम भाषी Critical insiders हैं। अर्थात् जो बातें सुनते हैं, उन्हें उसी प्रकार विश्वास नहीं करते। कोई भी नायक हो या खलनायक हो, उन्हें हम आलोचनात्मक ढंग से पहचानने का प्रयास करते हैं। वही आलोचना हम अपने पात्रों के प्रति तीखे ढंग से करते रहते हैं। एक अच्छा उदाहरण है 'बालीवध' की कथा। ईश्वर हो या कोई अन्य पात्र, उनकी तीखी आलोचना करने का तरीक़ा क्लासिकल नाटकों में है। रंगमंच के सौन्दर्यशास्त्र और भक्ति अलग हैं। भक्ति को सामान्य जीवन में मान्यता मिलेगी। रंगमंच में वह अलग है। हमारी क्लासिकल कलाएँ भक्ति का उत्पादन करने और भक्ति में सब कुछ समाहित करने में समर्थ हुईं, लेकिन उन्होंने अपनी सौन्दर्यशास्त्रपरक सूक्ष्मता को नहीं छोड़ दिया और उसकी रस पूर्णता के लिए सशक्त रसानुभवों को खलनायकों को दिया और देव समान पात्रों को गौण छोड़ दिया। यह तरीक़ा केरल की कला की एक विशेष परम्परा में ही हम देख सकते हैं।

अनुवाद : **डॉ. सजी आर कुरुप**

फॉकलोर और राम की परिकल्पना

●

राघवन पय्यनाड़

केरल में प्रचलित माप्पिला रामायण, सीताकलि, सीतादुख आदि बहुत से रामायण के भेद होते हैं। हम यहाँ विवेचन करते हैं कि फॉकलोर के नज़रिये में रामायण की कथा किस प्रकार की होती है। इसमें मुझे परेशान करने वाली मुख्य समस्या यह है कि जिस विषय पर मैं विचार कर रहा हूँ, वह विषय ही सन्देहात्मक है। यह मात्र मेरी समस्या नहीं है। यह सन्देह हम, यहाँ पढ़ रहे सभी विषयों में देख सकते हैं। एक विषय या discipline राजनीति से मुक्त ही नहीं राजनीतिक, सामाजिक, आर्थिक समस्याएँ ही एक विषय को उजागर करती हैं। वह समय की माँग के अनुसार मुक्त होता है। उसी प्रकार भूमण्डलीकृत सामाजिक, आर्थिक स्थितियों में फॉकलोर का सिद्धान्त अनावश्यक है। यह मेरा कथन नहीं बल्कि यूनेस्को का है। इसलिए यूनेस्को इसके बदले एक नया विषय हमारे सामने रखता है। वह है intangible cultural heritage। उसी प्रकार भूमण्डलीकरण के सम्बन्ध में जनता की आशंका यह है कि कैसे व्यापार हो सकता है। इसलिए मैं रुक गया।

एक समाज की, एक समुदाय की, कम्युनिटी की पहचान में उसको खोजना है कि वह किस प्रकार बाह्य जगत के साथ प्रतिक्रिया व्यक्त करता है और पाठों की रचना करता है, ऐसा खोज करनेवाला एक विषय नये ज़माने में अनावश्यक है यह न कहने पर या उस प्रकार का एक निर्णय न लेने पर इस नयी व्यवस्था को बनाये रखना मुश्किल है। इसलिए रामायण के बारे में सोचते समय, यह स्थापित करना चाहिए कि रामायण आज की दुनिया में वर्तमान सबसे बड़ी कथाशाखा ही है जिसका प्रचार केरल और भारत में मात्र नहीं बल्कि जिस प्रकार पूरे दक्षिण-पूर्व एशियायी देशों में पाये जाने वाले एक बड़े पेड़ से अनेक शाखाएँ, फूल और बीजों का है और उससे सैकड़ों-हज़ारों नये-नये भेदों के माध्यम से वर्तमान है। उसी रामायण के केरल में प्रचलित भेदों के बारे में ही हम चर्चा कर रहे हैं। इसकी आवश्यकता है? ऐसा एक सवाल दो कोनों से सशक्त रूप

में उभरनेवाले एक समय में यह एक बड़ी समस्या है कि क्या बोलना चाहिए? यूनेस्को के अनुसार इसकी आवश्यकता नहीं है। यह बिक्री के लिए है। इसलिए और अध्ययन की आवश्यकता नहीं है, जितने अध्ययन हुए हैं हम इनको इकट्ठा करके आर्किव्स में दे देंगे। उसको हम नये उत्पन्न के रूप में जनता को दे देंगे। वे कहते हैं कि तुम्हारा यहाँ कोई काम नहीं है। अगला है हिन्दुत्व की समस्या। उसकी समस्या भयानक है। भयानक है–मेरे इस कथन का कोई और अर्थ नहीं है। आजकल रामायण एक समस्या के रूप में उन लोगों के सामने आ गयी है कि राजनीति में उनको आगे बढ़ना मुश्किल हो गया है। इसलिए ही रामायण की चर्चा स्थगित हो गयी। कारण यह है कि एक पितृ बिम्ब के रूप में राम कैसे रूपायित होता है, कैसे राम के पितृ बिम्ब को न स्वीकरते हुए उसे अलग रखते हैं और गांधीजी का ख़ून क्यों हुआ इन सभी विषयों को खोजना बहुत ही आवश्यक है। हमारी राजनीति में क्यों राम की चर्चा और अयोध्या की चर्चा हो रही है या न हो रही है, इसके पीछे कोई तन्त्र नहीं है। वह एक मनोविज्ञान है। यह शासक वर्ग के नेतृत्व के दो मतों का परिणाम है। इस मत में पितृबिम्ब की समस्या है। इसके पीछे यह सवाल है कि क्या मैं पितृबिम्ब बनूँ या राम? इस प्रकार के परिप्रेक्ष्य में खड़े हो कर ही हम राम की कथा और राम की कथा में होने वाले और हुए पाठों के बारे में तथा केरल में हुए उसके भेदों के बारे में चर्चा कर रहे हैं। इस अध्ययन में बहुत सारी समस्याएँ हैं। यह एक मामूली विषय नहीं है। यह बड़ा संकीर्ण विषय भी है। इसकी चर्चा करते समय विभिन्न लोगों को विभिन्न प्रकार की चोट लग जायेगी। इसलिए इस विषय पर चर्चा सतर्कता से करनी चाहिए।

केरल में प्रचलित पाठ हम सबको मालूम है। फॉकलोर में मात्र नहीं, मैं इसको फॉकलोर के रूप में मात्र नहीं देख रहा हूँ। भारत के अन्य राज्यों से भिन्न केरल में रामायण के पाठ कम ही देख सकते हैं। यह हमारे लिए अद्भुत बात है। यदि तीन और चार सदियों पीछे जाऊँ तो सन्देह यह है कि एषुत्तच्छन के पहले के केरल की साधारण जनता रामायण से परिचित थी। क्योंकि उसके लिए आवश्यक सबूत फॉकलोर में नहीं है। साधारण जनता के जीवन से गुज़रते समय एषुत्तच्छन के पहले चीरामकथा प्रचलित होगा, कुछ इलाके में कण्णशन की रामायण भी प्रचलित होगी। ये सब साहित्यिक रचनाएँ हैं। इन सब में एक अद्भुत बात हम देख सकते हैं कि राम की अवधारणा केरल में ईश्वर के रूप में नहीं थी। भारत में केरल ही एक ऐसा राज्य है जहाँ राम का मन्दिर सबसे कम देख सकते हैं क्योंकि राम को हमने ईश्वर के रूप में नहीं देखा है। इसको यहाँ की जनता त्योहार के रूप में मनाती भी नहीं है। हनुमान के मन्दिर थोड़ा अधिक हम देख सकते हैं। केरल के दोनों ओर–दक्षिण और उत्तर में हनुमान के मन्दिर हैं लेकिन राम के नहीं।

कृष्ण को हम पसन्द करते हैं। उसके नाम पर त्योहार मनाते हैं। 'मेरे राम' ऐसे नहीं कहते हैं लेकिन 'मेरे कृष्णा' ऐसा लोग कहते हैं। शाम के समय दीप जलाकर 'राम-राम' नाम स्मरण करते हैं। लेकिन 'मेरा राम' ऐसे कहते हुए नहीं सुना है। मेरे घर में भी कहते हुए नहीं सुना। मतलब यह है कि फिलोसिफिकल स्तर में राम को हम अलग करते हैं, कृष्ण को हम साथ लेते हैं और पसन्दीदा ईश्वर के रूप में कृष्ण को हम मानते हैं। विष्णु को भी हम मानते हैं। एक ईश्वर के रूप में राम दूर है। इसलिए राम गम्भीर हैं। मर्यादा पुरुषोत्तम हैं। उस राम का केरल में मिथक का भी सृजन नहीं हुआ है। राम की कथा केरल की संस्कृति के अनुरूप बहुत कम ही मिलती है। चीरामन ने भी राम को साधारण मनुष्य के रूप में देखा। उनकी इस रचना का केवल एक हिस्सा यानी युद्धकाण्ड ही उपलब्ध है। हमारे पास सबूत नहीं है कि बाकी की रचना हुई या नहीं या अनुपलब्ध है। उसमें (युद्धकाण्ड में) राम वलराण्डम नाम से एक नायक की भूमिका में आती है। इससे ज़्यादा उसमें कुछ नहीं है। कण्णशन रामायण में कथा बताई जाती है। यह हम बाद में चर्चा करेंगे कि क्या वाल्मीकि की रामायण को भी हम पसन्द करते हैं। मैं यहाँ विवाद के लिए कारण बनने वाली कुछ बातें कहता हूँ। मेरी शक्ति यह है कि मेरी जनता मेरे साथ है। ये सब मुझे जनता से ही मिली हैं। ऐसा सोचते समय राम हमसे बहुत दूर ही नहीं राम की कथा को भी हमने मन से स्वीकार नहीं किया है।

साधारण तौर पर फॉकलोर की दृष्टि में दो प्रकार के पाठ ही होते हैं। उसमें एक को कल्चरल हैबिटेशन कहते हैं। दूसरे को लोकल हैबिटेशन कहते हैं। वह साध्य होने के लिए रूपान्तरण अथवा ट्रांसफोर्मेशन की प्रक्रिया होनी चाहिए।

मैं यह कहना चाहता हूँ कि केरल में कैसे रामायण के पाठ बनते हैं। केरल में रामायण की कथा को पूर्ण रूप से बतानेवाले कितने पाठ होते हैं। साहित्य को छोड़ दीजिए, उसका अपना अलग उद्देश्य होता है। एषुत्तच्छन ने रामायण लिखने से पहले यह समझ लिया था कि इसकी रचना किस समाज के लिए करनी चाहिए। ऐसा एक रूपान्तरण को समझना चाहिए कि जिसको हम साधारण तौर पर Orality to Literature अथवा मौखिकी से लिखित साहित्य की ओर एक बदलाव है। रामायण के सन्दर्भ में भी ऐसा ही हुआ है। हमारे देश में प्रचलित एक कहानी को वाल्मीकि ने साहित्य के रूप में लिखा था। Orality to Literature सिद्धान्त को Walter Ong नामक एक प्रसिद्ध व्यक्ति ने बनाया है। उस अध्ययन पद्धति के अनुसार कैसे एक मौखिकी में प्रचलित कथा, साहित्य में परिणित होती है, तब उसमें क्या बदलाव होता है अथवा उसकी कथा में या उसके सन्देश में क्या बदलाव होता है इन सबका विस्तार-से अध्ययन होता है। सच कहें तो रामायण का जन्म केरल में नहीं हुआ था। इसे साबित करने के लिए भी कोई सबूत

अब तक नहीं मिला है। उसका जन्म उत्तर भारत में ही हुआ है। आज किसी भी कथा का मूल खोजकर उसको वैज्ञानिक रूप में निर्धारित करके उसके उद्भव और देश-काल विशेषताओं को पहचानने के कई मार्ग उपलब्ध हैं। फिनलैंड जैसे देशों ने ऐसा किया है। भारत में ऐसा एक अध्ययन कभी नहीं होगा अगर हुआ तो यहाँ की स्थिति ख़राब हो जायेगी।

मैं यह कह रहा था कि केरल के फॉकलोर में रामायण का एक पूर्णरूप अभी तक नहीं लिखा गया है लेकिन कृतियों में यह है। ऐसा होने के लिए Cultural Habitation सम्भव होना चाहिए अथवा हमारी संस्कृति में जो हुआ है उसको आगे ले जाकर नये पाठों को बनाना चाहिए। ऐसे सांस्कृतिक रूपायन की प्रक्रिया की माँग हम करते हैं। उदाहरण के लिए 'सीतादुख' केरल की उत्तर रामायण कथा है। एक ज़माना ऐसा था जब इसकी लाखों प्रतियाँ बेची जाती थीं। वह सीतादुख रामायण का केरलीय भेद है। वाल्मीकि के रामायण की सीता, उसके दुख और एषुत्तच्छन की सीता आदि हमारे लिए स्वीकार्य नहीं है। ऐसा एक विश्वास है कि उत्तर भारत के लोग जिस प्रकार सीता की कथा को बताते हैं उसी के अनुरूप बाकी लोगों को भी सीता की कथा कहनी चाहिए। उसी प्रकार लिखी गयी एक पुस्तक है 'सीतादुख'। पूरी रामायण उसमें नहीं है। साहित्य को देखिए, सब कहीं सीता ही सीता है, राम कहीं भी नहीं है। राम की कथा क्यों नहीं कहते हैं? पूरी कहानी बताने वाला नाटक भी नहीं मिलता है। सीता के पक्ष में खड़े होकर या सीता की दृष्टि से रामायण को देखने की रीति ही हम देख सकते हैं। केरल की सामाजिक, राजनीतिक और आर्थिक स्थितियों की पृष्ठभूमि में खड़े होकर वे निर्णय लेते हैं कि किन-किन रीतियों में रामायण की कथा को देखना चाहिए और उसी के आधार पर उन्होंने 'सीतादुख' बनायी भी है। उन्होंने 'माप्पिला रामायण'[1] बनायी है। सोच यह है कि माप्पिला द्वारा क्या रामायण नहीं लिखी जा सकती? क्योंकि केरल में राम की संकल्पना ईश्वर से भिन्न मोक्ष प्रदान करने वाले दार्शनिक के रूप में हमने उसे अलग खड़ा कर दिया है। इसलिए यहाँ के मन्दिरों में यह आचारण नहीं है। हमारे घरों में राम का नाम स्मरण भी सिर्फ़ एक यांत्रिक प्रकिया के रूप में ही करते आ रहे हैं। नाम स्मरण करते समय भी माँ सब्ज़ियाँ काटने के बारे में सोचती है। उसका अर्थ यह है कि राम को हमने दूसरे स्तर पर खड़ा कर दिया है। यहाँ की क्लासिकल कलाओं को देखिए। किस में राम की कथा की प्रधानता है? राम की जीत की कथा कहाँ हैं? ख़ून ही देख सकते हैं। कथकलि और कूडियाट्टम आदि में भी राम की कथा मुख्य कथा नहीं है। चीरामन के 'रामचरितम' को देखिए। उसके बाद ही कथकलि जैसी अन्य कथाएँ और कलाएँ भी आयी हैं। इस प्रकार अपनी संस्कृति के अनुरूप Cultural Habitation प्रक्रिया के माध्यम से राम की कथा को यहाँ प्रचलित रीतियों के अनुसार रामायण के विभिन्न भेदों का निर्माण किया गया है। वह हमारी स्वतन्त्रता है।

आजकल इसी स्वतन्त्रता का हनन होता है। यूनेस्को के जैसे कुछ लोग कहते हैं कि हमने एक पाठ बनाया है, केवल उसी का अध्ययन करना है। अधिकारी लोग पुस्तकों में भी कुछ बदलाव लाते हैं। प्रजातन्त्र हो या राजशासन दोनों स्वतन्त्र लेखन पर रोक लगाते हैं। यह वर्तमान की विशेषता है। क्योंकि जनता की स्वतन्त्र सोच, अधिकारी लोगों के लिए हितकारी नहीं है।

दूसरी बात लोकल हैबिटेशन की है। तायलईंड़ में अयोध्या है। वहाँ जनक का महल भी है। वे सब लोकल हैबिटेशन के लिए उदाहरण हैं। कथा और कलाएँ जिन-जिन देशों में प्रचलित होती हैं उन सभी देशों में कथा का वातावरण वहाँ सृजित होता है। केरल में रामायण के इस प्रकार के लोकल हैबिटेशन सबसे कम ही मिलते हैं। केरल की बहुत ही कम जगहों को हमने रामायण के साथ जोड़ा है। हमारी श्रद्धा जितनी सुदृढ़ है उसके अनुसार लोकल हैबिटेशन उतना ही सुदृढ़ बन जाता है। हमारी दृढ़ भक्ति ही कथा के वातावरण को विश्वसनीय ढंग से हमारे सामने प्रस्तुत करती है। कुरवन-कुरत्ति पहाड़[3], अण्णन-तंबी पहाड़[2] आदि यहाँ केरल के लोकल हैबिटेशन के लिए उदाहरण हैं। केरल में यह बहुत ही कम मिलता है। क्योंकि केरल में Legendise करने की प्रक्रिया रामायण के सन्दर्भ में बहुत कम ही हुई है। उसका अर्थ यह है कि हमारे मन में रामायण नहीं है। मेरी राय में रामायण एक फॉकलोर मात्र ही है। उसको mithify करने या मूर्तीकृत करने की कोशिश हमने नहीं की है। यह प्रक्रिया दो सन्दर्भों में होती है। एक फॉकटेल को mithify करने के बाद उसका नायक ईश्वर के समान और ईश्वर ही बन जाता है। उसके बाद उसे Legendise किया जाता है। उसको देश-काल के साथ जोड़ते हैं। हम उसे देश-काल के साथ ऐसे बाँधते हैं कि कोई भी उसका तिरस्कार नहीं कर सकता है। केरल में ये दोनों रामायण के सन्दर्भ में बहुत ही कम ही हुआ है। मेरे इस प्रपत्र का मूल यह सवाल है कि केरल में ये दोनों क्यों कम हुए? सिर्फ़ यह नहीं कि यह mithify किया गया है या सन्देह इस बात में है कि रामायण की कथा को हमने उसी अर्थ में स्वीकार किया है।

रामायण का मूल क्या है? वह 'यत् क्रौंचमिथुनम' इस वाक्य के अलावा कुछ भी नहीं है। 'यत् क्रौंचमिथुनम'– यह है समस्या। रामायण का सार ही यह है। मनुष्य के समूह की रीति या मनुष्य नामक इस Species का एक चरित्र, वह इस वर्ग में ही आ जाता है। विश्व में दो प्रकार के जीव-जन्तुएँ हैं। एक सामाजिक जीवन जीता है तो दूसरा अपने जोड़े के साथ रहता है। विश्व में जोड़े के साथ रहने वाले कम ही Species को देख सकते हैं। बाकी सब सामाजिक जीवन जीकर उसमें से सबसे ताक़तवर नर फासिस्ट के समान व्यवहार भी करते हैं। फ्रॉयड के द्वारा बतायी गयी समस्या यही है। मनुष्य इसका एक हिस्सा है। वह अधिकार के समस्त स्तरों में काम करता है। सभी क्षेत्रों में

उस अधिकार का प्रभाव होता है। वह स्त्री हो सकती है, पुरुष अधिकारी बनकर उस समाज को अपने वश में करता है। फ्रॉयड ने भी वही बात बतायी है। इस प्रकार का एक समाज Idealise करते हैं कि मनुष्य को सुखमय जीवन जीने के लिए जोड़े के साथ जीना चाहिए। वाल्मीकि की रामायण का मूल आशय यह है कि मनुष्य-समाज को एक पत्नीव्रत नामक एक सूत्र में, एक खूँटी में बाँधना। रामायण के आदि से अन्त तक इस संकल्पना को मद्देनज़र रखकर यह कार्य निर्बाध हो रहा है कि एक-दूसरे को मारता है या एक-दूसरे को ख़तरा पहुँचाता है। यही बात इसमें कई बार दोहराई जाती है। इसका अर्थ यह है कि वाल्मीकि की रामायण का मूल उद्देश्य यह है कि मनुष्य के जैसे एक से अधिक पुरुषसत्तात्मक समाज एक से अधिक स्त्रियों को भोगते हैं और अधिकारी बन जाने की पारिवारिक व्यवस्था से एकपत्नीव्रत की ओर परिवर्तित करने का एक आयोजन ही है। केरल के सम्बन्ध में यह उतनी बड़ी बात नहीं है। इसलिए इस कथा की स्वीकृति में कमी आ गयी है। इसलिए केरल के समाज ने उसको उसी रूप में आत्मसात नहीं किया है। उससे पहले ही केरल का सामाजिक जीवन उसी प्रकार ही रहा था। प्राचीन केरल या जिस समय तक यहाँ जाति व्यवस्था की कट्टरता थी उसी समय सवर्ण वर्ग को छोड़कर बाकी सब लोगों ने Spouse होकर ही जिया है। इसके विरुद्ध जीवन बताने वाली बहुत ही लोककथाएँ हमारे यहाँ प्रचलित हैं। इसका अर्थ यह है कि केरल का समाज जोड़े पर आधारित साधारण मानव का ही था।

जिस समय समाज के उच्च वर्ग अधिकारी थे उस समय वे लोग किस तरह का अराजक जीवन बिताते थे, उसको चित्रित करनेवाली बहुत-सी लोक कथाएँ और साहित्य भी हैं। कुंचन नम्बियार और पून्तानम आदि ने भी इसका विवरण दिया है। उन लोगों के (उच्च वर्ग) सम्बन्ध में एक-पत्नीत्व और लैंगिकता स्वीकार्य नहीं थी। इसलिए उन्हें राम के मर्यादा पुरुषोत्तम की संकल्पना स्वीकार्य नहीं थी। जो लोग जाति में निम्न स्तर के थे उनको इसकी आवश्यकता भी नहीं थी क्योंकि उनकी ज़िन्दगी पहले से ही उसी तरह की थी। यहाँ के परया, पुलया, पुल्लुवा[4] आदि जाति के लोग Spouse को स्वीकारने वाले थे। यहाँ के बहुसंख्यक लोग परिवार की संरचना के अनुसार स्वस्थ जीवन जी रहे थे। उन्हें रामायण के मार्गदर्शन की आवश्यकता नहीं थी। इसलिए उन्होंने रामायण का पाठ नहीं बनाया। कुछ समय पहले तक केरल के उच्च-निम्न वर्ग के लोगों को रामायण की कथा को आत्मसात करके अपनी ज़िन्दगी के अनुसार उसके नये पाठ के सृजन करने की आवश्यकता नहीं रही।

बाद में आये अधिकतर सृजन कार्य सीता की कथा पर केन्द्रित थे। 'सीतादुख' जैसी रचनाओं में हमारे चारों ओर घटित घटनाओं को ही बताया गया है। जैसे सास द्वारा

आरोप लगाना, दूसरों के दोष बताना आदि। राम द्वारा सीता का जंगल भेजना भी इसी कारनामों का ही परिणाम था।

रामायण की आन्तरिक सत्ता ही एकपत्नीत्व है। इसको स्वीकार न करने वाले एक समाज के लिए रामायण स्वीकार्य नहीं थी इसलिए केरलवासियों के लिए रामायण स्वीकार्य नहीं था। 'सीता दुख' के कारण बने एक सामाजिक वातावरण से ही कुमारनाशन की 'चिन्ताविष्टयाया सीता' बन सकती है। इस प्रकार के नाटक का सृजन भी इसी से ही होगा। राम की वर्णनात्मक कथा हमें पसन्द नहीं है। दूसरी बात यह है कि जनता के मन में राम नहीं है बल्कि कृष्ण ही है।

यह पारडाइम कभी नये ज़माने में नये रूपान्तरण के साथ प्रत्यक्ष हो जाता है। रामायण नहीं बल्कि जो सीता केन्द्रित रामकथा के पारडाइम हैं वे सब नये ज़माने में नये रूप में सामने आ जायेंगे। 20 साल पहले 'मुच्चिलोट्टु देवी' सीता देवी बन गयी। नयी कथा और 'तोट्टम पाट्टु'[5] को भी बनाकर उसका खूब प्रचार किया। इसका कारण यह था कि उन सभी कृतियों का आधार ही 'सीतादुख' का मूल है। उसके आधार पर उत्तर केरल में बहुत से 'तेय्यम'[6] भी बने हैं।

केरल के सामाजिक वातावरण के अध्ययन के आधार पर मैं यह कहना चाहता हूँ कि रामायण की कथा केरल के समाज को स्वीकार्य नहीं है।

अनुवाद : **डॉ. अनीष शंकर. पी.एस. और डॉ. के. लेखा**

सन्दर्भ-सूची

1. उत्तर केरल में मुसलमानों को माप्पिला कहते हैं।
2. केरल के इटुक्कि ज़िला में स्थित दो पहाड़ों के नाम हैं। इसके बीच से ही पेरियार नदी बहती थी। इन दोनों को जोड़कर इटुक्कि बाँध का निर्माण हुआ है। प्रचलित कथा इस प्रकार है कि कुरवन और कुरत्ति दोनों आदिवासी समुदाय के लोग थे। वनवास के समय एक दिन श्रीराम और सीता आये पेरियार नदी में और यहाँ की प्राकृतिक सुन्दरता में आकृष्ट होकर सीता इस नदी में नहाने के लिए उतरी तब कुरवन और कुरत्ति दोनों सीता के मनमोहक सौन्दर्य पर मुग्ध होने लगे। यह देखकर राम ने कुपित होकर दोनों को शाप देकर पहाड़ बना दिया। पहाड़ होने के कारण दोनों का मिलन असम्भव हो गया। तब दोनों ने राम के सामने शाप से मुक्ति की प्रार्थना की। तब राम ने बताया कि कलियुग में मनुष्य तुम दोनों को एक साथ मिलायेंगे। आर्च रूपी बाँध के द्वारा तत्कालीन मनुष्य ने इनका पुन: मिलन साध्य कराया। उस मिथक का शैल्पिक रूपान्तरण रामक्कलमेड़ पहाड़ पर हम देख सकते हैं।
3. अन्नन (बड़ा भाई), तम्बि (छोटा भाई) पहाड़ केरल के ऊँचे पहाड़ों में से एक है। कुछ लोग विश्वास करते हैं कि श्रीराम और लक्ष्मण यहाँ आये इसलिए इस पहाड़ की दोनों चोटियों को यह नाम मिल गया है।
4. ये तीनों केरल की निम्न जातियाँ हैं।
5. तेय्यम के लिए उपयोग करनेवाला गीत है।
6. तेय्यम उत्तर केरल का एक आनुष्ठानिक नृत्य रूप है। नृत्य करनेवाला देवता रूप है तेय्यम। तेय्यम अधिकतर मातृ रूपी होते हैं और इसके अलावा वीर लोगों के भी तेय्यम होते हैं।

केरल में राम की अवधारणा

●

डॉ. अनिल वल्लत्तोल

रामायण भारतीय पुराणों में श्रेष्ठतम स्थान में विराजमान है। राम शब्द सुनते ही भारतीय मन में मिश्रित भाव जाग उठते हैं। आदिकाव्यं और आदिकवि जैसे विशेषण हम बचपन से सुनते आ रहे हैं। लेकिन समय के बीतने के साथ यह सवाल खड़ा हो गया है कि क्या वाल्मीकि रामायण आदि महाकाव्य है। वाल्मीकि द्वारा रामायण लिखे जाने से पहले भी रामायण थी, अथवा यह सन्देहास्पद है कि वाल्मीकि ने रामायण लिखी या नहीं। एक पौराणिक कथा के अनुसार, रामायण हनुमान द्वारा लिखी गयी थी और यह एक चट्टान के ऊपर से चारों ओर बिखर गयी। वाल्मीकि ने केवल उसका समन्वय किया था। जो भी हो वाल्मीकि द्वारा महाकाव्य रामायण लिखे जाने से पहले ही लोककथाओं के माध्यम से राम कई मनों तक पहुँच चुका था। रामकथा बहुत व्यापक परम्परा है। जिसने भी फादर कामिल बुल्के की रामकथा पढ़ी है वह इसके बारे में विस्तार से जानता है और हर कहानी को एक ब्रह्मांड कहा जा सकता है। लेकिन जैसा कि हम जानते हैं कि रामायण और महाभारत की कई व्याख्याएँ एवं कई अनुवाद अनेक पीढ़ियों से हुए हैं।

लेकिन कुछ रामायणों की ज़रूर कुछ ख़ासियत हैं इसका कारण शायद उनकी भक्ति काव्य महिमा या उनका व्यापक दार्शनिक अर्थ हो सकता है। या फिर वे किसी धार्मिक सम्प्रदाय द्वारा विशेष रूप से सम्मानित करने के कारण हो सकता है वह हमेशा विशेष पूजा और विशेष अध्ययन का पात्र है। वाल्मीकि रामायण, कृतिवास रामायण, कम्ब रामायण, तुलसीदास रामायण और केरल में अध्यात्म रामायण उस श्रेणी की हैं। यहाँ तक रामायण के पात्र भी जानते हैं कि रामायण अनेक हुई हैं। अध्यात्म रामायण में सीता का प्रसिद्ध श्लोक है–

कविवरों ने कई रामायण
मज़े से सुनाये हैं हमें

जानकी के बिना रघुवर
जंगलवास के लिए कब गये हो

हमारा विषय यह है कि केरलीय ने रामायण को कैसे देखा और राम को कैसे देखा है। रामायण धार्मिक ग्रन्थ और साहित्यिक कृति के रूप में दो महत्त्वपूर्ण स्थानों में प्रतिष्ठित है। इसने केरल में दोनों तरह से प्रचार पाया है। साहित्यिक कृति के तौर पर अधिक मात्रा में कविताएँ लिखी गयी हैं। नाटक हुए हैं, चम्पू काव्य हुए हैं, महाकाव्य हुए हैं, खण्ड काव्य हुए हैं। चित्रकाव्य, कथासाहित्य, नीति कथा जैसे कई साहित्यिक रूप रामकथा को आधार बनाकर बने। रामायण पर आधारित कई कला रूप केरल में ही लोकप्रिय हैं। इस पर विस्तार से चर्चा करने की ज़रूरत है। एक मलयाली होने के नाते 'रामचरितम' ही है मलयालम में उपलब्ध पहली राम साहित्यिक कृति। रामचरितम एक पाट्टु (गीत) काव्य है वह चीरामन नामक कवि ने लिखा था।

रामचरितम पाट्टु आन्दोलन से सम्बन्धित एक काव्य है। इसमें राम एक साधारण मनुष्य नहीं है। लेकिन उसके पास भगवान की पूर्णता भी नहीं है। श्रीराम को भगवान के रूप में प्रतिष्ठित करनेवाली और मनुष्य के रूप में माननेवाली कृतियाँ भी हुई हैं। रामचरितम के एक सौ ग्यारहवें पृष्ठ में फूलों के दूल्हा के रूप में पृथ्वी पर अवतरित श्रीराम की स्तुति की गयी है। हालाँकि, वह कई मानवीय कमज़ोरियों के अधीन है और ग़ुलाम है। वाल्मीकि रामायण के युद्ध सर्ग का उल्लेख करके 'रामचरितम' लिखा गया है। इसके बाद रचित मलयालम के प्रसिद्ध रामायणों में से एक 'कण्णश रामायण' इसका अनुकरण है। लेकिन कण्णश रामायण में जो अन्तर है वह यह है कि उसमें राम के जीवन का पूरी तरह से वर्णन किया गया है। केवल युद्ध सर्ग ही नहीं सिर्फ़ युद्ध सर्ग को थोड़ा और महत्त्व दिया है। इन दोनों की तुलना करने से पता चलता है कि वस्तुत: कण्णश रामायण काव्य से एषुत्तच्छन के अध्यात्म रामायण ने सबसे ज़्यादा प्रभावित किया है। इस बात की चर्चा करने की ज़रूरत नहीं है। एक प्रसिद्ध विद्वान ने इस कण्णश रामायण और एषुत्तच्छन को जोड़कर ऐसा कहा है कि एषुत्तच्छन एक चोर है। लेकिन एषुत्तच्छन ने इसे कैसे चुराया? एषुत्तच्छन ने ताँबे की चोरी को सोने में बदल दिया। कण्णश रामायण की कल्पना और अध्यात्मिक अवधारणाओं को उन्होंने कई बार साथ पकड़ा है।

इसी तरह इसके बीच के एक रामकथा पाट्टु रचना कोवलम में अब्बाटुतुरा अय्यप्पल्ली आशान द्वारा लिखित रामकथा पाट्टु है। वह भी राम का बहुत सुन्दर चित्र है। वहाँ श्रीराम वास्तव में एक मनुष्य ही है। नागास्त्र से बेहोश पड़े राम को देखकर एक श्लोक में सीता कहती हैं–

श्यामवर्ण आपको यह नहीं होगा।

नागास्त्र से बेहोश पड़े राम की अत्यन्त दयनीय स्थिति का वर्णन सीता यहाँ करती हैं। जो भी हो रामचरितम्, रामकथा पाट्टु और कण्णश रामायण जैसी सुन्दर रामायण परम्परा से गुज़रे मलयाली अध्यात्म रामायण को स्वीकारने के बाद अन्य रामों को भूल गये। इसके कई कारण हैं। एषुत्तच्छन राम को अखिलेश्वर के रूप में समुद्र में एक सर्प पर लेटे हुए देखते हैं। राम के ईश्वरत्व का वर्णन समय की माँग था और एषुत्तच्छन का रामायण उस समय के मलयाली लोगों की विविध वासनाओं को सन्तुष्ट करनेवाला था। मलयाली को केसरी बालकृष्ण पिल्लै ने कहा कि केरलीयों को संगीत में भ्रम है वैसे ही करुणा भाव प्रिय है। ये दोनों इसमें प्राप्त हैं। मलयाली के मन की कई मानसिक रुचियों को सन्तुष्ट करनेवाला है एषुत्तच्छन का रामायण। इतना ही नहीं उसने हमारी साक्षरता को कई मायनों में पूरा किया है। बाद में वल्लत्तोल ने 'तोणीयात्रा' (नौका यात्रा) कविता लिखते समय कुछ श्लोकों के ज़रिये वह और ज़्यादा स्पष्ट कर दिया है। नाविक ने जब रामायण पढ़ा तो कवि को ऐसा लगा–

काव्यं सुगेयम कथा राघवीयम्
कर्त्ता तुंचत्त हुए दिव्य हैं

उल्लूर ने भी कहा है कि श्रुति और राग के मेल से बना गाना ही कर्ण सुख देता है। लेकिन इस रामायण के गायन से कवि ने वह सिद्ध किया कि श्रुति और राग के बिना भी वह मन को आनन्द प्रदान करता है। यह एक मलयाली का मन है उसी मन को वल्लत्तोल ने उस कविता में देखा है। यहाँ एक और बात कही जानी चाहिए कि दो प्रकार की धारणाएँ हैं कि एक है राम देवता है और दूसरा राम भगवान विष्णु का पूर्ण अवतार है। यदि कालिदास ने यह बताया है तो भी राम को तब भी किसी मूर्ति का दर्जा प्राप्त नहीं हुआ था। बाद में ही राम मन्दिर की मूर्ति बनी। ख़ासकर इसे जो प्रेरणा मिली है वह कम्ब रामायण और तुलसीदास रामायण से है यह मेरी थोड़ी-सी ऐतिहासिक जानकारी से प्राप्त है।

रामानन्द ने एक बार कहा था कि कोई भी चाण्डाल उत्कृष्ट है यदि उसके पास राम की भक्ति और हृदय की पवित्रता हो। हमने आदि शंकराचार्य की कृति में चाण्डालत्व को शिव में परिवर्तित होनेवाली कहानी देखी है। मनीषा पंजकम में भी है। जो भी हो इससे मन्दिरों में पूर्वि प्रतिष्ठा व्यापक हो गयी। लगभग पन्द्रहवीं शताब्दी के आसपास राम का मूर्ति रूप प्राप्त हुआ। अगर हम अध्यात्म रामायण किलिप्पाट्टु और महाभारत किलिप्पाटु को एक साथ देखें तो राम और कृष्ण में कोई बड़ा अन्तर एषुत्तच्छन को नहीं लगा। यद्यपि शिव और विष्णु में शैव-वैष्णव भेद है तो भी मलयाली ने उसे एक समान

देखा वैसा ही मलयाली के लिए राम और कृष्ण एक समान है। लेकिन जैसा कि हमने वाल्मीकि रामायण में देखा है वैसे मर्यादा पुरुषोत्तम के रूप में राम को स्वीकारा नहीं है। राम मन्दिर से ज़्यादा मलयाली को कृष्ण मन्दिर जाने और शादियाँ करवाने की ज़्यादा इच्छा है। पुराने ज़माने में माँ घर में कहा करती थी कि तृप्रयार मन्दिर जाकर वहाँ रहना मत। वहाँ राम महान राजा हैं। उनका दर्शन कर तुरन्त वापस आना है। इसलिए वहाँ रहने की सुविधा आमतौर पर कम होती है। लेकिन भगवान कृष्ण ऐसे नहीं हैं। लेकिन कृष्ण के दर्शन के बाद वहाँ ठहरना चाहिए, इसलिए कई लॉज भी हैं। ज़्यादात्तर शादियाँ कृष्ण मन्दिरों में होती हैं।

जो भी हो केरल में राम नाम सार्वभौमिक हो गया है। हर घर में राम के नाम का कम-से-कम एक व्यक्ति होता है। राम के समानार्थी नाम वाले घर के सदस्य बन गये। इसके अलावा इस अध्यात्म रामायण किलिप्पाट्टु महाकाव्य की सार्वभौमिक लोकप्रियता के साथ यह सवाल उठा कि हम ईसाई धर्मावलम्बी या इस्लाम धर्मावलम्बी रामायण के समकक्ष कृतियाँ क्यों नहीं बना सकते। अर्णोस पातिरी का 'पुत्तन पाना' और 'चतुरंत्य' आदि की हमें याद रखने की ज़रूरत है।

रामायण स्वरपाठ सम्प्रदाय या रामायण किलिप्पाट्टु के व्यापक पाठ के साथ उसने आस्था एवं विश्वास को कई तरह से प्रभावित किया। थोड़ा रामायण पढ़ना, जब कभी हम यात्रा पर निकलते हैं या कोई अच्छा काम करते हैं तो रामायण का पाठ करना और कभी-कभी सातवीं पंक्ति को लेकर सात अक्षरों को छोड़कर पढ़ते वक़्त कुछ-कुछ बुरा भाव आ जाये तो फिर से देखना जैसे कई तरीक़े हैं। जो भी हो, रामायण एक पवित्र ग्रन्थ बन गया और राम हमारे मन में मूर्ति बन गये। बाद में फिर ऐसे लगने लगा कि रामायण का महत्त्व कम होने लगा। इसलिए कर्किटक (आषाढ़) के महीने को रामायण के महीने के रूप में मनाया जाने लगा। एषुत्तच्छन के रामायण के बाद भी रामायण केरल में हुए हैं। केरल वर्मा रामायण एक सुन्दर साहित्यिक कृति है। लेकिन एषुत्तच्छन के रामायण की लोकप्रियता के कारण इसे भुला दिया गया है।

बाद में राष्ट्रीय स्वतन्त्रता संग्राम के ऐतिहासिक सन्दर्भ में गांधीजी के रामराज्य की अवधारणा से राम हमारे लिए कुछ और भी बन गया। यह भी सोचने का विषय है कि रामराज्य शब्द का प्रयोग राम भक्ति और रामराज्य शब्द का प्रयोग जिस रूप में गांधी ने किया उसी अर्थ को केरलीयों ने ग्रहण किया है। रामराज्य से ज़्यादा 'मावेलिनाडू' (महाबली का देश) का प्रयोग केरल में ज़्यादा मौजूद था। रामराज्य शब्द के प्रसार के साथ हम 'मावेलीनाटु' भूल गये और रामराज्य शब्द को उस स्थान पर ले आये। ये कुछ संकेत मात्र हैं।

स्वतन्त्रता के बाद नये युग का जन्म हुआ और फिर कई अलग-अलग रामायण बनीं। माप्पिला रामायण जैसी रामायण को रामायण का विरूपीकरण कहा जा सकता है। उसमें दशरथ नाम के पिता और सीता नाम की पत्नी की चर्चा है।

अतीत में दाढ़ीवाला मौला गाया हुआ गाना
सुना हे ना हम ने यह रामायण कहानी-गीत
आषाढ़ की प्रतीक्षा में बैठनेवाला गीत
दोनों कानों में हाथ की उँगलियों से चीखनेवाला गीत
तीन औरतों से दशरथ का ब्याहनेवाला गीत
खीर खाकर तीन, चार पैदा करवानेवाला गीत
काल काला काल रावण दस हजामत करनेवाले समय
पूँछवाला हनुमान लंका कूदकर शहदवाली डाली में बसा

इस तरह मालाबार के गीत की शैली में बहुत सारे मालाबार शब्दों का उपयोग करते हुए माप्पिला रामायण लिखी गयी है। इसी तरह की है वयनाड रामायण। यानी कि हर प्रदेश यह स्थापित करना चाहता है कि वहाँ राम का आगमन हुआ। इसी तरह रामकथाएँ कई देशों में कई नामों से मिलती हैं।

पालक्काड में 'वीषुमला' (गिर पड़ा पहाड़) नाम का पहाड़ है। जब हनुमान लक्ष्मण के लिए दवा लेकर जा रहा था तो उससे एक टुकड़ा वहाँ गिर गया। वायनाड में भी बहुत सारे स्थानों के नाम रामकथा केन्द्रित हैं। वायनाड के रामायण की कहानी अन्य रामायण से बिल्कुल भिन्न है। पाकन तेय्यम ने एक बार सीता को देश छोड़ने के लिए कहा था। जाते वक़्त राम को रास्ते में देखकर सीता को अच्छा लगा। लेकिन राम के साथ वह नहीं गयी। फिर आगे बढ़ी। तभी उसे रास्ते में रावण दिखाई दिया। रावण सीता को लंका ले गया। लेकिन सीता ने कहा कि मुझे बारह साल तक मत छूना। तब रावण ने उसे अशोक वाटिका में बसाया। उस समय राम को सीता से प्रेम हो गया था। राम ने सीता से विवाह करने का हर सम्भव प्रयास किया। उसने हनुमान और भालू के साथ मिलकर पुल का निर्माण किया। उसके बाद लंका शहर को जलाकर राख करके 'कोटक' में आकर सीता से विवाह कर लिया। वायनाड का 'कोटक' रामकथा के साथ जुड़ा हुआ है। एक बार राम ने चावल में कंकड़ पाकर पत्नी को गाली दी। फिर एक-एक करके शंका आने लगी। इसके बाद उन्होंने सीता को छोड़ दिया। सीता को वाल्मीकि आश्रम में ले गया, वहाँ लवकुश का जन्म हुआ। जब राम अश्वमेध कर रहे थे तब लवकुश ने राम के घोड़े को बाँध लिया और राम को क़ैदी बनाया। तब सीता आती है

और पेशी करती है। राम को पता चलता है कि वे उसके अपने बच्चे हैं। राम उन्हें स्वीकारने के लिए तैयार हो जाता है। तब सीता "मैं जा रही हूँ।" बोलकर धरती में ग़ायब हो जाती है। राम सीता के बाल पकड़कर खींच लेता है। लेकिन बाल कट पाता है। और उस प्रदेश को 'जटयट्टकाव' (बाल कट गया स्थान) कहता है। वयनाड रामायण में ऐसी विभिन्न कहानियाँ प्राप्त हैं।

इस प्रकार रामकथा कई प्रदेशों से होकर विकसित हुई है। आधुनिक राजनीतिक और सांस्कृतिक परिवेश के अनुसार इस पर केन्द्रित कहानियाँ, कविताएँ और उपन्यास रचे गये हैं। सारा जोसफ की कहानियों एवं सी. एन. श्रीकण्ठन नायर के नाटकों में रामकथा अलग-अलग रूप में अवतरित हुई। केरलीय मन को सन्तुष्ट करनेवाले हास्यानुकरण तक हुए।

एक बार प्रो. एम.टी. मन्मथन ने एक कहानी सुनाई। ठीका टिप्पणी करनेवाले मलयाली मन की दुष्टता का उदाहरण देने के लिए उनके द्वारा सुनाई गयी एक कहानी है यह। राम और लक्ष्मण सीता को ढूँढ़ रहे थे। हम जानते हैं कि लक्ष्मण राम का चरण सेवक है। वह राम जो भी कहता है उसका पालन करता है। रास्ते में एक स्थान पर पहुँचे तो लक्ष्मण राम को दोष देने लगा। आपने यह क्या किया। सीता को इस तरह जंगल में लाने की कोई ज़रूरत नहीं थी। तुमने जो किया वह बहुत बड़ी गलती थी। राम ने कुछ नहीं कहा। थोड़ी देर बाद लक्ष्मण को लगा कि उसने राम के बारे में जो कहा था वह गलत है और यह भी सोचा कि मैंने अपने बड़े भाई से ऐसी बात क्यों की। तब राम ने कहा यह तुम्हारी गलती नहीं है, हम केरल नामक क्षेत्र से गुज़रे हैं। कहा जाता है कि उस समय कुछ परेशानी होना स्वाभाविक है। यह मलयाली दिमाग़ है जिसने विभिन्न राम अवतारों को अपनाने के लिए प्रेरित किया है। वास्तव में कहानियों की विविधता मलयाली मन की विविधता के कारण है। कई तरह से 'ताटका वध आट्टकथा' राम कथा का अंकन करती है।

कालिदास के रघुवंश में 'राममन्मथशरणेवाटिका दुस्सेहेना हृदयेनिशाचरी' राम को मन्मथ के रूप में मानते हुए ताटका के मन का 'ताटकवध आट्टकथा' में वी. कृष्णन तंबी ने विकास किया है। तब यह भी कहा जा सकता है कि मन्मथ के रूप में राम को देखने की अवधारणा भी हुई है। जो भी हो कई साहित्यिक विधाओं के माध्यम से और चित्र कला, मन्दिरों की कलाएँ, तोलपावक्कूत्त, विभिन्न तुल्लल कहानियाँ, आइवर खेल, सीता खेल, रामनाट्टम आदि के ज़रिये रामकथा को हमने सीने से लगाया है। हमारे साहित्यिक सिद्धान्तों का अध्ययन जब हम करते हैं तो अभिधा नियम के बारे में बोलते हैं। उसके अनुसार 'राम' शब्द से परिचित कराया जाता है तो बताता है कि राम शब्द की

व्याख्या कैसे की जा सकती है। राम शब्द के कई अलग-अलग अर्थ हैं। 'र' का एक अर्थ और 'म' का कुछ और। साथ ही (रात, मिटना) जैसा अर्थ भी है। इन सबके अलावा साहित्यिक सिद्धान्तकारों के लिए इसके 'विरोधी के' मूल्य को आगे रखकर रावणान्तक कहना है तो वह राम श्रीराम, कृष्ण का भाई कहने पर वह बलराम, कुल्हाड़ी थामे राम बोलने से परशुराम भी है। राम शब्द का इस्तेमाल हमेशा रावण के अन्त करनेवाले के रूप में साहित्यकारों ने उजागर किया है। हमने राम के बारे में अतीत से ही सीखा है, जो हमने बचपन से सीखा है, वह यह है कि राम ने रावण का वध किया था। या हम राम को किसी और के दुश्मन के रूप में पहचानते हैं। यहाँ सीतावल्लभ राम से ज़्यादा रावण का वध करनेवाले राम से हम ज़्यादा प्रभावित हैं। लेकिन मलयालम में रावणायण या रावणविजय जैसी कुछ कहानियाँ हैं। कहा जाता है राम कई अवतार ले रहा है। राम आज भी जीवित है। ए.के. रामानुजन के 'तीन सौ रामायण निबन्ध' में वह एक कहानी कहता है। यह एक लोक कथा है।

राम अपने हाथ की अँगूठी खो देता है और हनुमान को पाताल में खोजने के लिए भेजता है। पाताल के स्वामी को हनुमान ढूँढ़ लेता है। राम की अंगूठी पाताल में है, यह जानकर वहाँ पहुँच जाता है तो अनेक अँगूठियाँ पाताल के स्वामी दिखाते हैं। तब हनुमान भ्रम में पड़ जाता है। राम प्रत्येक अवतार के बाद अपनी अँगूठी छोड़ देता है। उम्मीद की जा सकती है कि राम आगे भी अपनी अंगूठी छोड़ देगा। उसे नयी अँगूठी पहने दे। राम तैयार होकर जुझारू होकर हमारे जीवन में उतर रहा है। आज के मलयाली ने राम का ऐसा विकास कर लिया है जो उच्चतम से निम्नतम तक सभी प्रकार के लोगों के साथ बातचीत करने में सक्षम है। हम कहते हैं कि भक्त और ईश्वर के बीच की दूरी कम हो रही है। आज भक्त ईश्वर का उल्लंघन कर रहा है। एक तरह से भक्त और ईश्वर एक हो जाते हैं। जो लोग राम को सीने से लगाते हैं वे इस अवधारणा को विकसित करने में सक्षम हो सकें।

अनुवाद : **डॉ. रेवती.एस.**

मलयालम की राम कहानियाँ

●

डॉ. के. एस. राधाकृष्णन

रामायण है, इसे कोई कुछ भी कह सकता है, यही उसकी सुविधा है। क्योंकि सब लोग कम-से-कम रामायण की कथा तो जानते हैं। यही कारण है कि पूरी रामायण पढ़ने के बाद अगर कोई शख़्स प्रश्न करता है कि सीता का राम से क्या सम्बन्ध है? तो उसका यह संशय ही उस शख़्स की बुद्धि के सम्बन्ध में दी जानेवाली सबसे घटिया और हास्यास्पद टिप्पणी है। रामायण का प्रचार मात्र भारत में ही नहीं है, वियतनाम को छोड़कर एशिया के सारे देशों में इसका प्रभाव है। ध्यान देने की बात यह है कि चाहे वाल्मीकि हो या एषुत्तच्छन (तुञ्च्त् रामानुजन एषुत्तच्छन) ने मलयालम में 'अध्यात्म रामायणं किलिप्पाट्टु' नाम से रामायण की रचना की थी। रामायण उन्होंने क्यों लिखी? काव्य का लक्ष्य क्या है? काव्य के प्रारम्भ में ही वे इनका बयान देते हैं। इस मामले में वे आधुनिक कवियों की भाँति नहीं हैं। अब तो काव्य-लक्ष्य जानने के लिए शोध करना पड़ता है।

अयोध्या के राजा दशरथ के पुत्र की कथा कहना ही उनका लक्ष्य नहीं है। कोई कहानीकार अगर कहानी के माध्यम से कोई 'खास बात' नहीं बताना चाहता है तो, उसका कोई महत्त्व नहीं है। कहानी का लक्ष्य हमेशा कुछ 'खास बात' कहना ही होता है।

वाल्मीकि का उद्‌देश तो बहुत सरल है। राम तो धर्म का विग्रह (बिम्ब) है। किन्तु यहाँ ध्यान देने की बात यह है कि 'विग्रह' शब्द का अर्थ संकुचित रूप में नहीं ग्रहण करना चाहिए। 'विग्रह' अंग्रेज़ी शब्द 'Idol' के लिए प्रयुक्त संस्कृत या मलयालम का कोई शब्द नहीं है। 'विग्रह' का तात्पर्य कोई पेड़ के नीचे या अन्यत्र प्रतिष्ठित करनेवाले रूप से भी नहीं है। जिसका अर्थ विशेष रूप से ग्रहण करें, वही विग्रह है। गोयाकि एक सामान्य तत्त्व को विशेषण के माध्यम से समझना। उदाहरण के लिए गुरुत्वाकर्षण के सिद्धान्त (Theory of gravitation) का अध्ययन करने के लिए सेब को एक माध्यम बनाया जा सकता है। किन्तु सेब गुरुत्वाकर्षण का सिद्धान्त तो नहीं है। किन्तु मुझमें और तुझमें तथा पूरे प्रपंच में विद्यमान एक तत्त्व को व्यक्त करने के लिए एक माध्यम के रूप

में सेब का इस्तेमाल किया गया है। ठीक उसी प्रकार राम तत्त्व अथवा रामकथा कहने का उद्देश्य है, धर्म के स्वरूप को व्यक्त करना। वाल्मीकि के आदि काव्य रामायण में इसका विशद प्रतिपादन किया गया है। यह तो काव्य है, इतिहास नहीं।

सवाल यह है कि 'रमणन्' मलयालम के विख्यात रोमांटिक कवि चङ्म्पुषा कृष्ण पिल्लै की बहुचर्चित एवं प्रसिद्ध कल्पना प्रधान एवं भावात्मक कविता है। कविता के अन्त में नायिका द्वारा धोखा देने के कारण, प्रेम में असफल होकर नायक रमणन् आत्महत्या करता है। कहा जाता है कि कवि को यह कविता लिखने की प्रेरणा उसके अन्तरंग मित्र, मलयालम के नामी कवि इटप्पल्लि राघवन् पिल्लै की आत्महत्या से मिली थी। राघवन पिल्लै ने भी प्रेम में असफल होकर आत्महत्या की थी। यह पढ़कर कोई इटप्पल्लि राघवन् पिल्लै का इतिहास लिखने को तैयार हो जायेगा? यह काम तो सिर्फ़ कोई मूर्ख ही करेगा। इधर केरल में तो सिर्फ़ कुछ बकरियाँ और एक 'पात्तुम्मा की बकरी' (प्रसिद्ध मलयालम कथाकार वैक्कम मुहम्मद बषीर का उपन्यास) ही है। उसी केरल में बकरी चरनेवाले लम्बे-चौड़े मैदान हैं, जिसके बगल में बड़ा जंगल है। मदनन् और रमणन् साथ-साथ जाकर उसी जंगल में बैठते हैं और वहाँ से उन्हें एक आम मिलता है।

आ कोच्चुतेन्माविन चोट्टिल निन्नुम ओरु
शर्क्करामांपषं वीणुकिट्टि ञानतु
कात्तु सूक्षिच्चु वच्चु निन्ने ध्यानिच्चिरिक्कुन्नु।

(मुझे उस आम के पेड़ के नीचे से एक मीठा आम मिला जो गिर पड़ा था, मैं उसे अपने पास सँजोकर रखते हुए तेरे बारे में सोचता रहता हूँ।) यह प्रयोग मुझे काफ़ी पसन्द है। क्योंकि यहाँ कहा गया है कि एक मित्र अपने मित्र को देख नहीं रहा है, अपितु उसका ध्यान कर रहा है। किन्तु 'रमणन्' में जिस स्थान पर बैठकर प्रस्तुत ध्यान करने का ज़िक्र किया गया है, ऐसा एक स्थान पूरे केरल में नहीं है। इसीलिए 'रमणन्' पढ़ने के बाद अगर कोई दावा कर रहा है कि वह स्थान 'एटयक्कुन्नु' है तो उसके सम्बन्ध में कहने के लिए बचा ही क्या है? सवाल यह है कि क्या हम कोई काव्य का अध्ययन इतिहास जानने के लिए कर रहे हैं? सोफोक्लीस का नाटक पढ़कर उसकी प्रेरणा से इतिहासाख्यान के लिए उद्यत होना कहाँ तक युक्तिसंगत है? काव्य का अध्ययन करके अगर कोई इतिहास की खोज करना चाहता है तो मुझे उससे ज़रा भी ईर्ष्या नहीं है। वास्तव में मैं उसे प्रोत्साहन देना चाहता हूँ। क्योंकि रामायण पढ़कर अगर कोई दावा कर रहा है कि मैं इतिहास की व्याख्या करने जा रहा हूँ तो उससे बड़ी मूर्खता क्या हो सकती है? वाल्मीकि ने कदापि नहीं कहा है कि रामायण इतिहास है। मुझे लगता है कि यहाँ हिन्दी

शब्द 'इतिहास' ही समस्या का कारण है। इसका अर्थ अंग्रेज़ी में History है। किन्तु इतिहास शब्द के लिए दूसरी परिभाषाएँ भी हैं। अत: इतिहास का एकमात्र अर्थ History नहीं है। इसलिए रामायण इतिहास नहीं है। (मलयालम में Epic के अर्थ में 'इतिहासम्' शब्द का प्रयोग किया जाता है।)

कोई राम, जो अयोध्या के किसी दशरथ का पुत्र था, ऐसा कहना तक अनुचित है। हाँ, इस दशरथ को लेकर भी मुझे कुछ आक्षेप हैं। यहाँ इस राम को माध्यम बनाकर धर्म का व्यापार किस तरह है, इस बात को व्यक्त करने का प्रयास हो रहा है। किन्तु एक दूसरा महाकाव्यकार वेदव्यास राम के विरुद्ध एक ठोस आरोप लगाता है। महाभारत में धर्मपुत्र युधिष्ठिर ने एक झूठ बताया था जिसके सहारे से ही उसने एक महा साम्राज्य की स्थापना की थी। धर्मपुत्र के इस झूठ के बारे में कहते वक़्त व्यास ने कहा है कि जिस तरह बाली-वध राम के लिए दुर्यश का कारण बन गया था, ठीक उसी प्रकार यह झूठ जीवन पर्यन्त युधिष्ठिर के लिए दुर्यश का कारण बन गया था। इसका कारण क्या हो सकता है? उत्तर यही है कि जब किसी महत्त्वपूर्ण तत्त्व को किसी माध्यम के ज़रिये कोई व्यक्त करना चाहता है तो उस माध्यम की जो स्वाभाविक कमियाँ हैं, उसका परिणाम है। अगर सेब खाने के बाद कोई कह रहा है कि गुरुत्वाकर्षण के सिद्धान्त (Theory of gravitation) बहुत मीठा है तो उसके सम्बन्ध में क्या कहा जाये? एक विशेष काल और स्थान में जन्म लेकर जीनेवाले व्यक्ति के ज़रिये एक महत्त्वपूर्ण तत्त्व को प्रस्तुत करने का प्रयास किया जाता है तो, इस प्रकार की कमियाँ आ जाना स्वाभाविक है।

राम का सबसे 'सफल प्रयोग' गांधी ने ही किया था। जब 'टैम्स्' के संवाददाता ने उनसे पूछा कि "ईश्वर के बदले आपने राम शब्द का प्रयोग क्यों किया? आपने ईश्वर शब्द का प्रयोग क्यों नहीं किया?" यह सवाल बहुत अच्छा था। गांधी ने इसका जवाब दिया था कि अगर मैं ईश्वर शब्द का ही प्रयोग करता तो सुननेवालों की समझ में पूरी तरह नहीं आता। किन्तु राम शब्द के प्रयोग करने से उनकी समझ में आ जाता है। गांधी के लिए राम एक संज्ञा है जिसका विस्तार बाद में उन्होंने किया। गांधी द्वारा लिखी गयी एक किताब है, लगभग 600 पृष्ठों की, जिसमें राम नाम के 'औषधीय मूल्य' (Medicinal value) के बारे में उसके शोध से सम्बन्धित सूचनाएँ संगृहीत की गयी हैं। इस बात से तो सब सहमत हैं कि गांधी एक फरेबी तो नहीं था। राम नाम के 'औषधीय मूल्य' के सम्बन्ध में उसके शोध लगभग 600 पृष्ठों की किताब में नवजीवन द्वारा सम्पादित किये गये हैं।

अगर एषुत्तच्छन की बात की जाये तो, उसके अनुसार, सर्व वेदान्त सार सर्वस्व है राम तत्त्व। कितना महत्त्वपूर्ण दार्शनिक विचार है, राम तत्त्व का मतलब है सर्व वेदान्त सार

सर्वस्व। अध्यात्म रामायण में यह राम तत्त्व ही सीता से बताया गया है। ध्यान दीजिए, राम का इतिहास नहीं राम का तत्त्व बताया गया है। तत्त्व अलग है और इतिहास अलग है। उस तत्त्व को बताने के लिए ही रामायण की सारी घटनाएँ चित्रित हैं।

अधिकार अपना व्यवहार किस ढंग से करता है? अधिकार का कर्मपथ क्या है? इन बातों को स्पष्ट करने के लिए ही तिरुवितांकूर में किसी समय जीवित, एक धर्म राजा, मार्तण्ड वर्मा और रामराजबहादुर की कहानियाँ सी.वी. ने बतायी थीं। (मलयालम के सर्वप्रथम ऐतिहासिक उपन्यासकार हैं सी.वी.रामन् पिल्लै। सी.वी. ने 'मार्तण्डवर्मा', 'धर्मराजा', 'रामराजबहादुर' आदि ऐतिहासिक उपन्यासों में केरल के तिरुवितांकूर राज्य और राजाओं के जीवन तथा अधिकार के लिए किये जानेवाला संघर्ष चित्रित किया था।) सी.वी. का कथन है कि, राजयष्टि (Royal Baton) और राजमुकुट किसी बाज़ार में नहीं बिकते, वे किसी सरायों से दान में नहीं मिलते। उन्हें सिर्फ़ शत्रु को हराकर, उसकी हत्या करके ही हासिल किया जा सकता है। यही अधिकार की रीति है। आज भी यही हो रहा है। तिरुवितांकूर राजाओं को केन्द्र में रखकर लिखे गये इन उपन्यासों में भी हम यही देखते हैं कि अधिकार का चतुर प्रयोग कैसे किया जाये, इस तत्त्व को ढूँढ़ने का प्रयास है। यही वजह है कि सी.वी. के ये उपन्यास आज भी प्रासंगिक हैं। अपनी कहानी 'मान्त्रिका पूच्चा'(जादुई बिल्ली) में बषीर (प्रसिद्ध मलयालम कथाकार वैक्कम मुहम्मद बषीर) निरा एक बिल्ली की कहानी नहीं कहता। इस कहानी के माध्यम से दो मज़हबों के बुनियादी तत्त्व, साधारण जनता के जीवन में किस तरह प्रतिबिम्बित हो रहे हैं, इसे एक साधु और उसके बीच के संवाद से स्पष्ट करता है।

हर कोई रामकथा का प्रयोग अपने-अपने मकसद पूरा करने के लिए ही करता है। दूसरे शब्दों में, रामकथा का प्रयोग इन तरह-तरह के मकसदों को पूरा करने के लिए ही किया गया है। सिर्फ़ एषुत्तच्छन या 'कण्णश रामायणं'(15 वीं शती में रामप्पणिक्कर ने कण्णश रामायणं की रचना की) की बात नहीं है, बहुत सारी रामायणों के सृजन हुए हैं। गीतों में भी रामकथाओं का प्रयोग सुन्दर ढंग से किया गया है।

रामायणक्किली, शारिका पैङ्किली, राजीवनेत्रने कण्डो

(हे रामायण के पक्षी, क्या तुमने राजीव नेत्र राम को देखा?) यह बहुत कम लोग ही जानते हैं कि इस गीत का लेखक पूवच्चल खादर है। 'जानकी जाने' का गीतकार कौन है? यह भी हमें मालूम है। ('जानकी जाने' मलयालम के मशहूर फ़िल्म गीतों में से एक है, जिसकी रचना यूसफ अली केच्चेरी ने की है। प्रस्तुत गीत में सुन्दर ढंग से राम की महिमा का वर्णन किया गया है।) यहाँ जाति और धर्म का ख़याल इन लेखकों को नहीं था।

रामायण पर आधारित भावात्मक दृष्टि से सुन्दर गीतों में पूवच्चल खादर के इस गीत का विशिष्ट स्थान है। इसका संगीतकार था एम.जी. राधाकृष्णन। बचपन में आकाशवाणी से यह गीत सुन-सुनकर मैं इससे काफ़ी परिचित हो गया था।

मलयालम में कितने राम हैं? 'चौबीस छन्द'(मलयालम का एक छन्द) कितना सुन्दर है? देखिए

शान्ते, कुटुम्ब श्रीये, तातपापं
कान्ते भजिच्चिडू श्रीरामरामा
एन्नार्यपुत्रन् वनत्तिनु पोयाल
पिन्ने पुरिवासमेन्तिनु वेन्डि
निन्नोड्डु कूडीट्टु पोरुन्नु ञानुं
चोन्नान् मनोज्ञांगी श्रीरामरामा।

(हे शान्ते,परिवार की श्री, तात का पाप
कान्ते, श्रीराम का भजन करो
मेरा आर्यपुत्र वन गया तो
फिर मैं नगर में क्यों रहूँ?
मैं भी तेरे साथ आ रही हूँ
कहा सुन्दरी ने, श्रीरामराम।)

कितना गम्भीर है। पुराने समय में यह छन्द बच्चों को सिखाया जाता था क्योंकि उस समय वे छन्दों को मन लगाकर पढ़ते थे।

आप में से किसी ने 'सीता दुखम' (सीता का दुख)नामक रचना के बारे में सुना है? शायद नहीं। मैंने यह किताब पढ़ी है। यह किताब मैंने एक मन्दिर के त्योहार के अवसर पर ख़रीदी थी, जिसका दाम था, पाँच पैसा।

चरण पंकजं कुम्बिट्टु लक्ष्मणन्
मरामरिकपोयि मेल्ले मरन्ञप्पोल
अरिया सीतक्कुण्डायोरु दुखत्तेपरयाम।

(चरण कमल का वन्दन करके लक्ष्मण जाकर धीरे-धीरे जब अप्रत्यक्ष हो गया तब सीता को जो दुख हुआ था, उसके बारे में कहेंगे।)

'सीता दुखम' की शुरुआत इन पंक्तियों से हुई है। यह पढ़कर बहुत दिनों तक मैं रोया था। क्योंकि वह अत्यन्त संवेदना के साथ लिखी गयी है। इस किताब के साथ ही मैंने एक दूसरी किताब ख़रीदी थी जिसका नाम है–'सरोजिनियुटे कटुंकै'(सरोजिनी का कठोर कृत्य)। यह किताब भी बहुत कम लोगों ने पढ़ी होगी। यह किताब 'रमणन्' के समानान्तर गयी थी। अगर यह किताब आज गयी होती तो उसके लेखक के ख़िलाफ़ कानूनी कार्रवाई हो सकती थी। क्योंकि उसमें एक स्थान पर कहा गया है, "जाति में तीय होते हुए भी सुन्दर" (तीय केरल की एक जाति है)। अगर यह पंक्ति आज लिखी गयी होती तो, समझो लिखनेवाले का काम बिगड़ गया। क्योंकि तीय-ईषवों (केरल की एक जाति) के बीच का संघर्ष आज कोई छोटा मामला नहीं है। प्रत्येक समाज में जाति और स्वत्वबोध आज काफ़ी कठोर हो गये हैं, जो पहले ऐसे नहीं थे।

'रमणन्' में अगर नायिका चन्द्रिका प्यार में धोखा देती है तो 'सरोजिनियुटे कटुंकै' (सरोजिनी का कठोर कृत्य) में धोखा देता है नायक। आख़िर दोनों धोखा ही तो हैं।

चलो, रामायण कथाओं की ही बात करते हैं, सी.एन्. श्रीकण्ठन् नायर के रामायण को लीजिए, वे हमारे लिए परिचित सारे रामायणों से भिन्न हैं। (सी.एन्. श्रीकण्ठन् नायर मलयालम का प्रसिद्ध नाटककार था।) रामायण को आधार बनाकर उसने तीन नाटक लिखे थे, जो काफ़ी प्रसिद्ध एवं चर्चित हैं। ये नाटक हैं–'साकेतं', 'लंका लक्ष्मी', और 'कांचना सीता'। इन नाटकों में उसने रामायण को एक नवीन दृष्टि से देखने का प्रयास किया था। 'लंका लक्ष्मी' का रावण एक स्थान पर पूछ रहा है, "कैकसी नामक एक काली, बूढ़ी औरत से जन्मा, पाताल के निर्झरों से स्वच्छ जल पीकर, जब प्रत्येक क़दम आगे बढ़ाया था, जब-जब (मुझे) पैरों से कुचल दिया जाने का प्रयास किया गया, तब-तब ज़्यादा मज़बूत होकर आगे बढ़ा था तो इस रावण ने अपने साथ पाताल से एक वंश का भी उद्धार किया था, क्या तुम उसी रावण को छोड़कर जा रही हो?"

"मैं एक कीड़े की भाँति तड़प रहा हूँ जिसे मेरी माँ तक नहीं देखती।"–इस तरह विलाप करनेवाले राम का चित्रण भी श्रीकण्ठन् नायर ने किया है। रामायण जब उसके हाथों में आया था तो उसने उसका प्रयोग अपनी बात बताने के लिए किया। रामकथा का मात्र एक उपयोग नहीं है। गांधी ने इसका प्रयोग राजनीति के रूप में नहीं बल्कि पूरे भारत की एकता को स्थापित करने के लिए किया था। एक वस्तु का प्रयोग किसी भी रूप में हो सकता है। उसका प्रयोग प्रयोक्ता की आत्मशुद्धि पर निर्भर है। इस वस्तु (राम) का प्रयोग कैसे हुआ था? गांधीजी से जब उनके राम के बारे में पूछा गया तो उन्होंने कहा था कि मेरा राम जो मेरी प्रार्थना का आधार है वह न अयोध्यापति है, न दशरथ-नन्दन है और ना ही सीता-पति है। मेरे लिए राम नित्य और निरामय अद्वैत तत्त्व है। क्या इसमें

कोई समस्या है? रामायण को गांधीजी ने इतिहास ग्रन्थ के रूप में नहीं देखा था। रामायण पढ़कर उससे इतिहास के तथ्यों को ग्रहण करनेवाले लोगों के सम्बन्ध में चुप रहना ही बेहतर है। मैं सोच रहा हूँ अगर सचमुच पुष्पक विमान भारत की धरती पर उतरा तो पूरा भारत ही तहस-नहस हो जाता। क्योंकि सारे लोगों के भार का वहन करके जब वह आता है, तब उसकी शक्ति को कौन रोक पायेगा? कहने का मतलब यह है कि जहाँ इतिहास ही नहीं, अथवा इतिहास की दृष्टि से जो बातें बिल्कुल असंगत हैं, उन्हें रामायण से ग्रहण करने का प्रयास करना अनुचित है। इतिहास की जानकारी के लिए इतिहास का ही अध्ययन करना चाहिए। रामायण पढ़कर उस समय के इतिहास को ग्रहण करने की पद्धति युक्तिसंगत नहीं है।

इतिहास कभी भी किसी व्यक्ति की इच्छा-अनिच्छा और रीति के अनुसार नहीं रखना चाहिए। इतिहास हमेशा 5 प्रतिशत ही सत्य पर आधारित है। बाकी 95 प्रतिशत वह कल्पना पर आधारित है। आप इतिहास की किसी भी घटना को लें, उस घटना में ही आपको उसके विरोध में बहुत सारी बातें मिलेंगी। कहने का तात्पर्य यह है कि रामकथा इतिहास नहीं है। उसे एक माध्यम या वस्तु के रूप में कोई भी इस्तेमाल कर सकता है। यहाँ कई लोगों ने वस्तु के रूप में उसका उपयोग भी किया है। एषुत्तच्छन उनमें से एक था। एषुत्तच्छन ही ने अपनी रामायण में सबसे अधिक संस्कृत शब्दों का प्रयोग किया था। किन्तु एषुत्तच्छन की खूबी यही थी कि जब उसने संस्कृत शब्दों का प्रयोग किया, तब लोगों को पता भी न चला कि वे संस्कृत शब्द हैं। एषुत्तच्छन के बाद सबसे अधिक संस्कृत शब्दों का प्रयोग चङम्पुषा ने किया था। लेकिन आलोचकों के अनुसार ये शब्द 'ललित कोमल कान्त पदावली' है। किन्तु वास्तव में वे उतना ललित तो नहीं हैं।

'रामायणम्' से एषुत्तच्छन का एक प्रयोग देखिए–

"कोसलेन्द्रस्य रामस्य दूतस्य" लोग इसे मलयालम समझते हैं, किन्तु यह शुद्ध संस्कृत है। एक पंक्ति के बाद वह पुन: लिखता है–"पुकल पेरिय पुरुष मणि रामन् तिरुवटी" (बड़ा प्रसिद्ध, पुरुषों का मणि अथवा सर्वश्रेष्ठ पुरुष, प्रभु राम के चरण) यह तो तमिल है। एषुत्तच्छन ने तमिल और संस्कृत से जितने भी शब्दों का प्रयोग किया था, उन सारे शब्दों को मलयालम भाषियों ने मलयालम के रूप में ही स्वीकार किया था। यह एषुत्तच्छन का बड़ा सौभाग्य रहा था जो किसी और को प्राप्त नहीं हुआ। 'काकली' (एक छन्द) में उसने वेदान्त की परिभाषा यों दी थी–

संसारकारिणियायतविद्ययुम संसारनाशिनियायतु विद्ययुम

(सांसारिक माया का कारण अविद्या अथवा अज्ञान है और विद्या अथवा ज्ञान से ही उस सांसारिक माया का विनाश सम्भव है।) वास्तव में यह वेदान्त की परिभाषा ही है। इस ढंग से कहने के लिए भी एषुत्तच्छन के लिए एक विशेष कारण रहा था जो मलयालम भाषियों का लय-बोध है। इस लय-बोध की पहचान की थी एषुत्तच्छन ने जो किसी और से सम्भव नहीं हुआ। मात्र एक दीर्घ अक्षर से लंका की महिमा का वर्णन करना केवल उसके लिए ही सम्भव है, दूसरों के लिए नहीं। हनुमान समुद्र-लंघन करके जब लंका पहुँचता है–

चरमगिरि सिरसि रवियुम् प्रवेशिच्चितु चारु लंका गोपुराग्रे कपीन्द्रनुम्

(सूर्यास्त के समय ही हनुमान लंका के गुम्बद पर उतरा था, यहाँ कवि लंका के गुम्बदों की ऊँचाई की तुलना सूर्य की ऊँचाई से करता है।) लंका के इस गुम्बद की ऊँचाई, एक दीर्घ अक्षर में दिखाने का यह कार्य ही कवित्व है। मुझमें यह कवित्व का अभाव है, इसीलिए ही मैंने, आठ-दस छन्दों के सफल प्रयोग करने की क्षमता रखती हुई भी कविता न करने का निश्चय किया।

कुमारनाशान् की सीता एकदम भिन्न है। (मलयालम के प्रसिद्ध कवि कुमारनाशान् की बहुचर्चित कविता है 1919 में प्रकाशित 'चिन्ताविष्टयाय सीता'।) कवि ने राम को कठघरे में खड़ा कर दिया है। सीता एक स्थान पर राम से प्रश्न करती हैं,

पट्ु राक्षस चक्रवर्ती एन्नुटल मोहिच्चतुम् ञान् पिष्च्चतो?

(दुष्ट राक्षस चक्रवर्ती ने मेरी देह की कामना की, इसमें मेरी क्या गलती है?)

देखिए कितना गम्भीर सवाल है। सीता का सवाल राम से है। यहाँ राम के निर्णय (सीता-परित्याग का निर्णय) पर सवाल उठाया गया है। वास्तव में यह लचीलापन ही राम-मिथक की सबसे बड़ी विशेषता है। गांधीजी ने इस मिथक का प्रयोग सम्पूर्ण भारत को उत्तेजित करनेवाली शक्ति के रूप में किया। एषुत्तच्छन ने मलयालम भाषियों के हृदय को अद्वैत वेदान्त सार संग्रह प्रदान करनेवाले एक काव्य के रूप में उसका प्रयोग किया। कुमारनाशान् ने राम को कठघरे में खड़ा करके हमारी नैतिक मान्यताओं पर प्रश्नचिह्न लगाया। मतलब यह है कि रामकथा अलग-अलग व्यक्तियों के लिए अलग-अलग है,यही अच्छी बात है। कहने का तात्पर्य यह है कि रामायण की व्याख्या एक ही प्रकार (संकुचित) से हो सकती है, ऐसा कहने का हक किसी को नहीं है। रामायण के प्रयोग-वैविध्य की सम्भावना के कारण ही विभिन्न लेखक कविता, कथा और अन्य कलाओं में अपने-अपने साम्राज्य स्थापित करने में कामयाब हुए। इन लेखकों ने रामकथा का प्रयोग कैसे किया था, इसका हमें अध्ययन करना है, समझना है।

राम और कृष्ण के अभाव में भारत में न कला की उपस्थिति है, न साहित्य और संस्कृति की। इनके प्रभाव निरन्तर प्रवाहमान हैं। यही कारण है कि पूवच्चल खादर ने जब एक अच्छा गीत लिखने का निश्चय किया तो उसने रामायण को ही आधार बनाया। इसीलिए ही उसने लिखा–

"रामायणक्किली, शारिका पैङ्किली राजीवनेत्रने कण्डो।" इस गीत की अन्तिम पंक्तियाँ इससे भी अधिक सुन्दर हैं।

शिंशपा वृक्ष चुवट्टिल् एन्टे
दुःखवुमायी ञान् इरिप्पू
गानामृतम् पकर्न्नेक्कु निन्टे
गनत्तिल् एन्ने उयर्त्तू

(शिंशपा पेड़ के नीचे मैं अपने दुखों के साथ बैठी हूँ। तुम अमृत सदृश गीत से मेरा उद्धार करो।)

आनेवाली पीढ़ी को भी अपने अनुभवों को व्यक्त करने के लिए, अपने विचारों के प्रकटीकरण के लिए, संसार से संवाद करने के लिए रामकथा का प्रयोग करना चाहिए।

अनुवाद : **डॉ. दीपक के.आर.**

रामायण-समीक्षा

पी. एस. राधाकृष्णन

रामायण कितने हैं? इस प्रश्न का उत्तर देना सरल नहीं। ए.के. रामानुजन की राय में रामायण की ऐसी भी एक कहानी है। पृथ्वी पर गिरकर पाताल लोक पहुँचे राममुद्रिका को खोजने गये हनुमान की कहानी है यह। वहाँ यमराज के ख़ज़ाने में हज़ारों की तादाद में राम मुद्राओं ने हनुमान का स्वागत किया। सब एक समान थे। अष्टसिद्ध और योगाचार्य होने के बावजूद हनुमान अपनी मनपसन्द राम मुद्रा ढूँढ़ न पाये। पाताल भैरव ने कहा–इस बर्तन में जितनी अँगूठियाँ हैं उतने राम भी हुए हैं। धरती पर हरेक रामावतार की पूर्ति होने पर उनकी मुद्रिका पाताल में गिरती है। पाताल राजा का विश्वास है कि उन सबके संरक्षण करने की ज़िम्मेदारी उन पर निर्भर है। हनुमान को ऐसा अनुभव हुआ कि त्रेतायुग में जिस राम की सेवा उन्होंने अब तक की थी उस अवतार की पूर्ति हुई है,यह समझकर हनुमान वापस गये। भूमि पर शासन करनेवाले हरेक राम का अपना रामायण है, इसका अवबोध देने के लिए ही ए.के. रामानुजन ने ऐसी एक लोककथा प्रस्तुत की है। राम की कहानियाँ एशिया के कोने-कोने में प्रचलित हैं। लोक कथाओं और नाट्य भाषाओं के ज़रिये सब कथाएँ आम जनता तक पहुँचीं। वाल्मीकि रामायण के अलावा संस्कृत में बहुत सारी रामायण हैं, इन सबकी आख्यान शैली में भी भिन्नताएँ हैं। वाल्मीकि रामायण के कई पाठ और पाठ-भेद हैं। औत्तराहं, दाक्षिणात्यं, गौड़ीयं आदि रामायण पाठों के बीच भी भिन्नताएँ हैं। Indologists के अनुसार आज जो वाल्मीकि रामायण उपलब्ध हैं, उनमें बड़े पैमाने में उपकथाएँ जोड़ दी गयी हैं। एलबर्ट वेबर ने स्पष्ट किया है कि रामकथा का मूल रूप बौद्ध-दशरथ जातक कथाओं पर निर्भर है। हेरमन याकोबी का अनुमान यह है कि रामायण का स्रोत, वेदों की देवता सम्बन्धी कहानियाँ हैं। रामायण के कथापात्रों के व्यवहार में वैदिक साहित्य ही देख सकते हैं। इसके लिए राम और रावण को आर्यदेव इन्द्र और उसके शत्रु वृत्रासुर से तुलना करते हैं। मेघ मालाओं का प्रहार करके पानी बरसाने वाले इन्द्र का परिवर्तित रूप ही है राम। (कामिल बुल्के 1978:100)

कामिल बुल्के की राय में, याकोबी के बयानों में कल्पनाओं की प्रमुखता है। यह कथन यथार्थ को विपरीत दिशा की ओर ले जाता है। कामिल बुल्के जैसे रामायण-शोधकों ने सूचना दी है कि भारत वैज्ञानिक (Indologists) वैदिक साहित्य के प्रति अधिक तत्पर हैं। इसी कारण ने भारत वैज्ञानिकों को अतिवाद की ओर प्रेरित किया। बौद्ध-जैन रामायणों और मौखिक कथनों से रामकथाओं का प्रचार-प्रसार हुआ।

रामायण की परम्परा का प्रचलन, गायकों के मौखिक लोकाचार द्वारा विभिन्न भाषा संस्कृतियों के बीच हुआ। ह्रस्व और दीर्घ आख्यान के ज़रिये गायकों ने उसे लोक गीतों का हिस्सा बना दिया। इस उद्‌देश्य की पूर्ति के लिए कथा सन्दर्भ में परिवर्तन भी लाया। मंच पर दर्शकों की सहायता से पात्रों के चरित्र की भिन्नता को प्रश्नांकित किया। वायनाड की रामायण ने सीता को वन भेजने के राम के निर्णय पर प्रश्नचिह्न लगाया है। रामकथा के प्रस्तुतीकरण को 'तोलपावक्कूत्त', 'कलम्पपाट्टु, 'कैकोट्टी कलीपाट्टु' आदि क्षेत्रीय आख्यानों से अधिक स्वीकृति प्राप्त हुई। चम्पू, किलिप्पाट्टु, तुल्लल, कविता, नाटक, उपन्यास, छोटी कहानी आदि प्राचीन और नवीन साहित्यिक विधाओं से रामायण के नवीन आख्यान हुए। लिखित पाठों से उपजे पुनराख्यानों में कुछ-न-कुछ दिलचस्प बदलाव आ रहे हैं। इसका एक नमूना है कि छत्तीसगढ़ के रामनामी समाज ने तुलसीदास रचित रामायण का आकार लघु बना दिया है। रामनामियों ने तुलसी रामायण के 24000 श्लोकों को केवल 4000 श्लोकों में सीमित कर दिया। अपने समाज के आचार और अनुष्ठानों के अनुसार रामचरितमानस का पुन:सृजन किया। इस प्रकार की परिवर्तित लिखावट और प्रति-लिखितों से रामायण को इतनी बहुस्वरता प्राप्त हुई है।

सीता के प्रति राम का व्यवहार कटु आलोचना का विषय बना है। वायनाड रामायण वास्तव में सीतायन कहा जा सकता है। कथोपकथन का क्षेत्रीकरण ही वायनाड रामायण की विशेषता है। उत्तर रामायण के लव-कुश द्वारा किये मेधाश्व बन्धन को मौखिक गायन से सर्वस्वीकृति प्रप्त हुई है। 'अटिय रामायण' में खेती का नाश करनेवाले राम के यागाश्व के घोड़े को बच्चों द्वारा बाँधा गया। यह कार्य राजा और अनुयायियों की बदनामी का कारण हो गया। राम और अनुयायी युद्ध में लव-कुश को जीत न सके। क़ैदी हुए राम और उनके अनुयायियों की परीक्षा, ग्राम मुख्यों द्वारा की गयी। 'अडिय रामायण' की विशेषता यह है कि उस रामायण में सीता पर किये गये अत्याचार को राम ने अपनी गलती के रूप में स्वीकार किया है। वायनाडन चेट्टी रामायण में भी इस यागाश्व बन्धन का ज़िक्र है। यहाँ भी बच्चों के सामने राम पराजित होता है। सीता के कहने पर भी ये राम और साथियों को छोड़ते नहीं। वाल्मीकि ही राम और लक्ष्मण को मुक्त कर देते हैं।

अपने को अपमानित करके बाहर निकाले अयोध्या की ओर लौटने से साफ़ इनकार करती सीता को, हम यहाँ देख सकते हैं। वायनाड के पुलपल्ली के समीप जटयट्ट कावु में सीता भूमि चीरकर अप्रत्यक्ष हुई थी। आश्रम छोड़ कर राम के साथ अयोध्या लौटने से इनकार करनेवाली सीता को ही हम वायनाड के सीतायन में भी देख सकते हैं। सीता पूछती हैं कि 'जनहित मानकर मुझे फिर से छोड़ देंगे कि नहीं, कौन जानता है?' (असीय तरुवणा 2009:45) बलपूर्वक राम ने सीता को अयोध्या ले जाना चाहा तो भूमि चीरकर वह अप्रत्यक्ष हो जाती हैं। वायनाड रामायण की विशेषता यह है कि उसमें जल्दी नीति प्राप्त करने की शैली ही है, यह लिखित भाषा परम्परा से भिन्न है।

आधुनिक नवजागरण के सन्दर्भ में रामायण कथाओं का आलोचनात्मक पुनःसृजन हुआ है। रामायण की ऐतिहासिक प्रासंगिकता,पात्रों का वर्ग-वर्ण भेदभाव,पौरोहित्य का वर्चस्व आदि उन दिनों वाद-विवाद के विषय बने। परम्परागत आख्यान शैली का निराकरण तथा रामायण का प्रति-पाठ भी इसी काल में ही हुए। माइकेल मधुसूदन दत्त (Michael Madhusoodan Dult) 'मेघनाद वध' काव्य (1861) उसके नाम और विषयवस्तु में राम मार्ग को स्वीकार नहीं करता। दत्त का अवलम्बन बंगाल का 'कृत्तिवास रामायण' है। दत्त का महाकाव्य, रावण पुत्र इन्द्रजीत की काल्पनिक कथा है। मेघनाद अजेय है। रावण पुत्र ने राम-लक्ष्मण और वानर सेना को पराजित कर दिया था। शैव आराधना में लीन रहते समय लक्ष्मण ने मेघनाद का वध किया था। अजेय मेघनाद पर किये गये इस अन्याय की गूँज महाकाव्य की सीमाओं को लाँघकर अनुगूँजित है। दत्त का लगाव यूरो केन्द्रित आधुनिक प्रोक्तियों से था। रामायण का पुनःपाठ दत्त ने राक्षस वंश के पक्ष में खड़े होकर किया था। इस प्रकार का प्रति-अध्ययन उस ज़माने में और भी था। पेरियार ई.वी. रामस्वामी, डॉ. बी. आर. अम्बेडकर आदि ने रामायण के वर्ण-भेदभाव, नीति निराकरण, ब्राह्मण सत्ता आदि का पर्दाफ़ाश किया था। पेरियार के विमर्श में द्रविड़ के स्वाभिमान की समस्या मुखरित है। द्रविड़ राष्ट्र के विरुद्ध ही राम का हमला है। पेरियार ने अपने लेखन और भाषणों में ऐसे बार-बार कहा है कि रामायण की कहानी द्रविड़ पर उपनिवेश की कहानी है। आर्यावर्त के विरोध में जो वैचारिक संघर्ष हुआ है उसने स्वतन्त्र द्रविड़ राष्ट्र की घोषणाओं को इंधन देकर आगे बढ़ाया। रामायण के ब्राह्मण पुरोहितों का वर्चस्व, वृद्ध शबरी द्वारा की गयी चरण-पूजा, शम्बूक वध आदि अनेक घटनाएँ विमर्श के विषय बने। ई. वी.आर. की राय में रावण जानवरों की बलि रोकनेवाला, यागों को समाप्त करनेवाला और द्रविड़ मान को ऊँचा उठाने वाला है। रामायण के प्रति-पाठन से द्रविड़ महिमा का उद्धार करना ही ई. वी.आर. का उद्देश्य था।

पेरियार ने संवेदनात्मक ढंग से देखा तो अंम्बेडकर ने युक्ति-पूर्ण आधुनिक नैतिक ढंग को स्वीकारा। डॉ. अम्बेडकर की राय में राम को आराध्य बनाने वाली कोई भी ख़ास बात रामायण में नहीं है। सीता, शूर्पणखा, बाली, शम्बूक आदि के प्रति राम ने कट्टर अन्याय किया है। डॉ. अम्बेडकर ने, जिन मिथकों से रामायण में राम को नैतिक मूल्यों तथा मर्यादाओं से आलोकित किया है, उन मिथकों पर एक-एक कर प्रश्नचिह्न लगाया है। शूद्र राजा के तप के कारण ही ब्राह्मण बालक की मृत्यु हुई, यह तर्कसंगत नहीं। शूद्र तापसी की हत्या न करें तो आजीवन उपवास रहूँगा, ब्राह्मण की इसी धमकी के कारण ही राम ने शम्बूक की हत्या की। यह कैसे विश्वास योग्य बन गया कि शूद्र का तप रोकने पर मृत-सा बालक फिर जी उठा है? बाली और शम्बूक ने राम का कोई अहित न किया है। फिर उन दोनों के वध से राम ने कौन-सी नीति का पालन किया? द्विजेन्द्रलाल राय की 'सीता' (1908), मामा वरेरकर की 'भूमिकन्या सीता' (1955), श्रीकण्ठन नायर की 'कांचन सीता' (1961) आदि नाटकों में सीता, शम्बूक आदि पात्र हैं। पल्लत्तु रामन का लिखा हुआ 'रावण पुत्र' नामक नाटक में भी प्रति-वाचन है। रामकथा के सार्वजनिक, उत्कृष्ट रंगपाठ भी हैं। रामायण के विभिन्न विभाग के रंगपाठ मलयालम में हैं।

इस काल में, गद्य और पद्य में वाल्मीकि रामायण के अनेक अनुवाद और पुनराख्यान सजीव रूप में हुए हैं। मौखिक-लिखित पाठों की रंग-प्रस्तुति में भी युगानुसार परिवर्तन हुआ है। आदिवासी कहावत ने क्षेत्रीय रामायण को नयी व्याख्या दी। वायनाड की कई कहानियों में ऐसा ज़िक्र है कि सीता वाल्मीकि महर्षि के साथ पुल्पल्ली के आश्रम कोल्ली में रहती थी। वन सन्ततियों के सामने अपनी हार मानने वाले राम को ही, यहाँ देख सकते हैं। अटिय रामायण जैसी रचनाएँ भी राम की नैतिकता की आलोचना करती हैं। वन के अधिकारी पूर्वज लोगों ने राम को ख़तरे में खड़ा किया है। वायनाड गायन में, राम के साथ जीने से इनकार करनेवाली सीता को ही हम देख सकते हैं। लोभ, बल-प्रयोग आदि से सीता के निर्णय को बदल न सके। वायनाड रामायण ने रामायण के वर्चस्व के रूपों को निराकरण करने के साथ ही, उन्हें आम जनता के सामने लाकर परीक्षा भी ली है। वन के प्रति हमला, सीता के प्रति दोषारोपण इन दोनों को, जंगल की नीति सह न सकती। जो नैतिक मूल्य रामराज्य से नष्ट हुए थे, उन्हें क्षेत्रीय रामायणों ने अर्जित किया है। वाल्मीकि रामायण का पुन:पाठ मलयालम में कम नहीं। उनमें से अधिक व्याख्यात्मक हैं। पुत्तेषत्तु रामन मेनोन, साहित्य पंचानन पी. के नारायण पिल्लै, वटक्कुमकूर आदि कई आलोचकों ने रामायण का विमर्शात्मक ढंग से अध्ययन किया है। फिर भी रामायण के पुन:पाठ और प्रति-पाठ को कुट्टिकृष्ण मारार ने सफल बना दिया। सारा जोसफ ने

अंकित किया है कि परम्परागत रामायण वाचन से भिन्न, रामायण के अध्ययन के और अनेक रास्ते हैं। मारार के विचार ने ही ऐसी एक अवधारणा प्रदान की। तुलसीदास जैसे भक्त कवियों के रामायण कथन को मारार ने निराकरण किया है। मारार ने वाल्मीकि रामायण का अवलम्बन किया था। वाल्मीकि का राम संवेदनायुक्त व्यक्ति है। राम को एक नैतिक-मूर्ति के रूप में व्याख्यान देने वाले रामायण के हर एक सन्दर्भ का, मारार ने सूक्षम और कर्कश रूप से विश्लेषण किया है। राम का प्रसिद्ध राज्य-त्याग, बाली वध, शूर्पणखा से उनका व्यवहार, विभीषण से उनका समझौता, मेघनाद वध, सीता के प्रति अन्याय आदि अनेक कार्य मारार की आलोचना में हैं। सीता और शूर्पणखा के प्रति राम के व्यवहार का, मारार ने आलोचनात्मक ढंग से मूल्य निर्णय किया है। अवतार पुरुष के रूप में राम को विनिर्मित करने पर जो धार्मिकता और नैतिकता उन पर आरोपित की गयी थीं, वे कितनी दुर्बल हैं, इस तथ्य को मारार ने पर्दाफ़ाश किया है। इसमें मारार सफल हुए। 'वाल्मीकि का राम'(1940) प्रबन्ध के प्रति-लेखन, आगे के काव्यों और नाटकों के लिए प्रेरणादायक बने हैं। आख्यानों की ख़ामोशी को आवाज़ देना, दरारों को पूरा करना, व्यंग्य भाषणों को नयी व्याख्या प्रदान करना जैसी वाचन की प्रवृत्ति (Act of Reading) ही मारार की है। मारार ने मानवताहीन नियमों को आलोचना का विषय बनाया है।

साहित्य की कई विधाओं में रामायण के पुनराख्यान का सृजन प्रकाशित हुआ है। इन सभी आख्यानों में अध्ययन के मौजूदा शौक को अधिक तीव्र बनाने वाला सार्वजनिक तरीक़ा है। पाठक के अध्ययन के शौक़ की आलोचना करने वाली तथा उनके अध्ययन की विवशीय चिन्ता को जगानेवाली आख्यान-शैली की कमी है। सारा जोसफ की नयी रामायण कहानियों ('पुतु रामायण') में, कुमारन आशान, कुट्टिकृष्ण मारार, सी. एन. श्रीकण्ठन नायर आदि से विकसित आलोचनात्मक अध्ययन के विपक्षीय-अध्ययन की निरन्तरता है। समकालीन साहित्यिक सन्दर्भ से जोड़कर सारा जोसफ की 'पुतु रामायण' की चर्चा कर सकते हैं। सारा जोसफ की 'पुतु रामायण' ने उपेक्षित पात्रों एवं सन्दर्भों का प्रतिस्थापन किया है। मुख्यधारा समाज से हाशिए में धकेल दी गयी, ख़ामोश बनायी गयी तथा अपने अधिकार से वंचित जनता की अस्मिता को दृढ़ रखनेवाले एक राजनैतिक परिप्रेक्ष्य का सृजन इस नये रामायण द्वारा हो रहा है। इस प्रकार रामायण कथा के नेपथ्य से, अरजा, मन्थरा, शूर्पणखा, अयोमुखी, सीता, शम्बूक जैसे पात्र सामाजिक क्षेत्र में सक्रिय हो जाते हैं। विपक्षीय लेखन में इस प्रकार के परिवर्तन के कई उदाहरण हैं। आर्यों का उपनिवेश, लिंग, अनीति, वर्णाश्रम धर्म, भाषा सम्बन्धी भेदभाव, पर्यावरण-शोषण, आदिवासियों को हाशिए पर छोड़ना आदि वर्तमान समस्याओं को लेकर ही 'पुतु रामायण'

के पात्र आगे बढ़ते हैं। युद्ध और अधिकार के प्रति जो विपक्षीय चिन्तन है, कथोपकथन की सूक्ष्म भाषा में उभरकर आया है। देश और प्रजा केवल युद्ध विजेता को जानते हैं। पर वृद्ध, विधवा, बच्चे आदि से सम्पन्न समाज को युद्ध अनाथ कर देता है। युद्ध की विभीषिकाओं से सर्वनाश के गर्भ में पड़नेवाले मानव राशि ही नहीं, प्रकृति के सभी जीवजन्तु भी हैं–सारा जोसफ की कहानियाँ इसकी गवाह हैं। स्त्री के प्रति हमला वास्तव में प्रकृति के प्रति ललकार है। अरजा (भूमि राक्षसी) पर हुई घोर विपत्ति तथा उसकी प्रतिक्रिया ऐसी चेतावनी देती है। इक्ष्वाकु पुत्र दंडक द्वारा अरजा पर हुए अत्याचार को जंगल ने कभी माफ़ी नहीं दी। सात दिन तक जो बेरोक रेत की वर्षा हुई थी उसमें दंडक और उसके साम्राज्य के सभी चराचर खाक बन गये। दंडक शून्य बन गया। धरती पर के उपनिवेश को, इक्ष्वाकु वंश के राम का वनवास और अश्वमेध दृढ़ करते हैं। राक्षस कुल ने ही नामोनिशान दंडक वन को फिर से योग्य बनाया। ब्राह्मण पुरोहित ने ही तप विघ्न का आरोप लगाकर राक्षस समाज को अपने आवास स्थान से बाहर निकाल दिया। इसके लिए उन्होंने अयोध्या के योद्धा राम को नियुक्त किया। इस पुरोहित वर्ग ने ही दंडक वन के शूद्र तापसी शम्बूक का वध करने के लिए राम को भेजा था। हथियारों से वन का उद्धार करने वाले राम और उनकी सेना ने लोहे के हथियारों से राक्षस वंश के इतिहास का नामोनिशान कर डाला। कोलम्बस ने अमरीका की खोज की, उसके बाद उन्होंने सबसे पहले यही कार्य किया कि वहाँ के आदिम निवासी रेड इंडियन की हत्या की। अयोध्यापति के कानन पर्यवेक्षण (expolaration) का इस घटना से बहुत समानता है। रेड इंडियंस के स्थान पर यहाँ राक्षस वर्ग ही शिकार बन गये। एक ओर उपनिवेश के लिए बन्दूक और गोला-बारूद था तो दूसरी ओर लोहे का तीर-कमान। इस प्रकार सारायणम (सारा जोसफ के 'पुतु रामायण' के लिए सच्चिदानन्दन की लिखी हुई भूमिका का शीर्षक) गोत्र वंश के बैर की कहानी भी बन गयी। पुन:पाठ के ज़रिये वर्ग विद्रोह के इस अभिशप्त काल की छानबीन की जाती है।

'सारायणम' का राम जो है, वह सनातन धर्म के लिए उपस्थित योद्धा है। 'सनातन धर्म' पवित्र है। उसे सारी पृथ्वी पर फैलाना है। यह मेरा फ़र्ज़ है। ब्राह्मणों को दिया हुआ वचन कभी तोड़ूगाँ नहीं' (कान्तार तारकम्) इस प्रकार राम बार-बार रटता रहता है। राक्षस वर्ग सनातन धर्म में बाधा डालते हैं–ऐसा कहकर ही राम ने राक्षसों का वध किया। राम को ब्राह्मणों के प्रति अन्धी श्रद्धा है। इसी प्रेरणा से राम हमेशा दानव जाति को शत्रु पक्ष में खड़ा करता है। राम और दानव पक्ष के बीच कोई समस्या नहीं थी। फिर भी विश्वामित्र, भरद्वाज आदि ने वन की सन्तानों को वहाँ से हटाने के लिए राम की नियुक्ति की। सनातन धर्म के पालन के लिए राक्षस वंश का नाश क्यों करें,

सीता की इस शंका का समाधान राम कर नहीं पाया। राम का कहना है कि समाज में ब्राह्मण पौरोहित्य सुदृढ़ रहने के लिए हो सके तो सीता और लक्ष्मण तक को छोड़ देने के लिए वह तैयार है। अशोका में राम नहीं, वह केवल लंका का विजेता है। लंका की मिट्टी को ऊसर बनाये विजेता है। जंगल की महक खोयी हुई मिट्टी। ख़ामोशी के गर्त में पड़ी लंका। सूखापन तथा ख़ामोशी का माहौल, सीता के लिए तैयार की गयी अग्निपरीक्षा की पहली सीढ़ी थी। सीता मिट्टी की सन्तान है। उसमें इतनी ताक़त है कि अग्निकुंड तक उसे छू न सकता। नेत्र रोगी के लिए दीप जिस प्रकार अहित है, सीता अपने लिए इसी प्रकार अहित है–ऐसा कहनेवाला विजेता है राम। यहाँ सीता बीमार भी नहीं थी। कुट्टिकृष्ण मारार की राय में ख़राबी दीपक की नहीं, बीमार की है। इसलिए ही दीपक का प्रकाश उसके लिए हित न रहा। विजेता की वाणी ने अपने को ही पराजित किया है। विजेता की बदनसीबी यह है कि मिट्टी की पुत्री को वह पहचान नहीं सका। धरती को कितना ही ऊसर बनायें उसमें उत्तर जीवन का जो कण है, वह जीवित ही रहेगा। वह धरती को फिर से उर्वर बनायेगा। यह सीता की नियति है। सीता परीक्षाओं से परे है, और विजेता की पहुँच के बाहर हो गयी। सारा जोसफ़ लिखती हैं–"भूमि पुत्री दायें पैर रखकर अग्नि कुण्ड पर चढ़ी। मैं सीता। अग्नि को शान्त करनेवाली मिट्टी। अनादि काल से मिट्टी के ऊपर बहती हुई वर्षाओं को पेट में धारण करने वाली...वर्षा और बीज को लेकर अग्नि से सड़कर जीवन की शीतलता को हरियाली बनाने वाली..." (पृ.57)

'सीतायन' उत्तरजीवन का है। सीता की ज़िन्दगी एक पहेली है, जिसे नीति व्यवस्था भी पहचान न सकी। राम के नीति-मार्ग पर सीता ही नहीं तारा, शूर्पणखा, अयोमुखी, मन्दोदरी, शम्बूक की पत्नी आदि ने भी प्रश्नचिह्न उठाया है। शूर्पणखा को छोड़कर बाकी सब विधवाएँ हैं जिनके पतियों को राम ने मारा था। बाली के प्रति चलाया हुआ छद्म बाण अन्याय और उपनिवेश की सबूत है, जो कभी भी मिट न पायेगा। यदि सुग्रीव राजा हो जाये तो किष्किंधा को स्वार्थपरता के लिए अपने वश में ला सकता। बाली की हत्या करते हुए किष्किंधा को अयोध्या का अधीन देश बनाना ही उसका लक्ष्य था। रावण वध के बाद लंका भी अयोध्या के अधीन हो गयी। दोनों जगहों ने अधिकार लोलुप बन्धुजनों से (यहाँ भाई) समझौता किया था। राम ने ही सुग्रीव को किष्किंधा का और विभीषण को लंका का राजा नियुक्त किया था। राम इनके षड्यंत्रों और सेना की सहायता स्वीकार करता है। राम को शम्बूक का वध करना पड़ा। अपनी ज़िन्दगी को अनाथ बनानेवाले राजनैतिक षड्यंत्र को ये मानते नहीं। 'पुतु रामायण' में इनके सवालों और सख्त मौन भाषा के लिए जगह है। अयोध्या के राजकुमारों ने शूर्पणखा की कामनाओं से डरके ही उसे मानसिक और शारीरिक रूप से व्रणित किया। सारा जोसफ इस घटना को द्रविड

भाषा और वहाँ के जन सामान्य पर हुए हमले के रूप में मानती हैं। शूर्पणखा की नाक और स्तनकटा हुआ व्रणित शरीर, आर्य उपनिवेश के अत्याचार की याद दिलाता है। 'तायकुल' में द्रविड़ भाषा और संस्कृति के नामोनिशान की सूचना है। ये समस्याएँ पहले भी आलोचना का विषय बनी थीं। अम्बेडकर और पेरियार आदि ने रामायण को आर्यावर्त के अतिक्रमण के परिप्रेक्ष्य में जाँचा-परखा है। मलयालम के कुमारन आशान, कुट्टिकृष्ण मारार आदि ने रामायण के नव पाठ रचे हैं। सारा जोसफ ने तो इस विषय में अपनी एक निजी रचना शैली प्रदान की है। सारायणम ने नारी पक्ष में खड़े होकर रामकथाओं का पुनःसृजन किया है। स्त्री-सहज भावनाओं की ऊर्जा, संवेदनात्मकता, उत्तरजीवन की क्षमता आदि इस आख्यान को आगे बढ़ाता है। रामायण के विभिन्न सन्दर्भों में स्त्री और प्रकृति के सम्बन्ध को समन्वय करनेवाली भाषा भी विरले है। पुतुरामायण ने राजनैतिक षड्यत्र, पुरुष-प्रभुत्व, राजनीति आदि अनेक विषयों का सम्बोधन ही नहीं किया है, उन्हें पुरुष सत्ता के शिकार बने लोगों के दृष्टिकोण से पुनः सृष्टि करने का प्रकट प्रयास भी किया है।

सारा जोसफ़ के रामायण का पुनःपाठ विशाल अध्ययन की माँग करनेवाला उद्यम है। पुतु रामायण की भूमिका में सच्चिदानन्दन, सांस्कृतिक-राजनैतिक परिप्रेक्ष्य की विस्तृत रूप से चर्चा करता है। लेकिन इससे परे रामायण कथा-कथन अधिक संवादों का विषय नहीं बना है। भाषा नष्ट होनेवाली विधवाएँ, अपमानित वर्ग, शोषित, उत्तरजीवित नारियाँ आदि नारीत्व की अन्धी कहानियाँ रामायण में बाकी हैं। सारा के अनुसार, अपनी नैतिकता से रामायण की नीति व्यवस्था को हर एक नापता रहता है, इस प्रकार अनेकानेक रामायण जन्म लेती हैं। 'भूमि राक्षस' में अरजा और जंगल के आपसी रिश्ते को कोई सम्राट या उनका साम्राज्य विदीर्ण नहीं कर सकता। अरजा को शारीरिक रूप से अपमानित करनेवाले दंडक का साम्राज्य और वहाँ के सभी चराचर निरन्तर बरसती रेत की वर्षा में नामोनिशान हो गये थे। कालान्तर में राक्षस समाज ने ही दंडक को रहने योग्य बनाया। इन सबको दंडक वन से हटाकर, वहाँ ख़ाली करना राम का लक्ष्य था। वनभूमि का नाश करने में इक्ष्वाकु के सौवाँ पुत्र दंडक और राम में समानताएँ हैं। राम उसी वंश का उत्तराधिकारी था। प्रकृति पर हमला, और प्राकृतिक सम्पदाओं का शोषण किस प्रकार एक सम्पन्न प्रदेश और वहाँ के जीव-जन्तुओं को इतिहास के नेपथ्य पर ले गये, इसका चित्र 'भूमि राक्षस' में है। अरजा प्रत्यक्ष और अप्रत्यक्ष रूप से वन में चरनेवाली है। पिता शुक्राचार्य जब श्लोकों का पाठ करके उसका विश्लेषण करता था, तब पुत्री स्वयं खोकर वनान्तर में कविताओं का सृजन कर रही थी।

अरजा, शूर्पणखा, अयोमुखी आदि 'बाल खोलकर खड़े रहने वाला वन' इसी कल्पना को सजीव बनानेवाली प्रतिनिधियाँ हैं। अरजा (भूमि राक्षस) का बाल पेड़ की शाखा से टिक कर नदी की धारा में दूर तक बहनेवाला है। सीता के बाल मिट्टी और धूल में रेंग कर इस तरह बँधे हुए थे कि उसे अलग न किया जा सके (अशोका)। समुद्र तट पर रेंगते घने बालों से समुद्र की ओर ताकती रहती है मन्दोदरी (अशोका)। पाला जैसे सफ़ेद बालों को बिखराकर राजमहल के आँगन पर उपस्थित मन्थरा (करुत्त तुलकल)। बन्धन मुक्त बालों से पृथ्वी पर लुढ़ककर विरोध करनेवाली कैकेयी (करुत्त तुलकल)।

शहरी राष्ट्रनीति और जंगल की नीति आपस में विरुद्ध हैं। पुतु रामायण कहानियों में वह प्रकट है। क्षत्रिय वर्ग जब वन भूमि पर अतिक्रमण करता है तो सीता उसके प्रति प्रश्न उठाती है (कान्तार तारकम्)। साम्राज्यों द्वारा प्रचार किया हुआ नैतिक व्यवहार वन के लिए योग्य नहीं था। सीता की राय में वन की नीति ही वन के लिए देना है। क्या, वन के औलाद राक्षसों को वहाँ से ख़ाली करने पर सनातन धर्म का पालन कर सकते हैं? ऐसा प्रश्न पूछकर सीता ने राम को ख़ामोश कर दिया। लेकिन अयोध्या के राजा और प्रजा को यह समझ में नहीं आता। विजेता द्वारा फेंकी हुई मिट्टी है लंका। कभी-कभी सीता भी विजेता की निगाहों से हटायी हुई थी। सीता और लंका में जो उत्तरजीवन की धड़कन है वो दोनों में समान है। जवाब देने में असमर्थ होने पर राम फिर से सनातन धर्म को दोहराता है।

राक्षस वंश के सुवर्ण काल को प्रतिस्थापित करने में योग्य बातचीत शूर्पणखा और अयोमुखी के बीच होती है (ताय कुलम)। उनकी यादों में आर्य वंश की धोखेबाज़ी तथा स्त्रियों के प्रति उनके अत्याचार की चोट अब भी ताज़ा है।

"इन्होंने मेरे स्तन की जड़ को काट दिया है। मेरे कुल की, ख़ून की जड़।" इस वाणी में वंश-हत्या की सूक्ष्म धाराएँ हैं। शूर्पणखा के कटे हुए थन प्रणय-प्राप्ति के लिए आयी नारी के प्रति हमला मात्र नहीं है, औपनिवेशिकों द्वारा जंगली ज़िन्दगी पर प्रकट की हुई वंशीय घृणा और गोत्र विद्वेष को भी सूचित करते हैं। 'मिट्टी माता की प्रसव पीड़ा की ओर ही इन्होंने बाण फेंका है', इन शब्दों से हिलनेवाले शरीर व जीवन ही नहीं, बल्कि भाषा व राक्षस वंश भी हैं। शूर्पणखा और अयोमुखी, स्त्री-लैंगिकता को केवल कामवासना के रूप में समझनेवाली पुरुषसत्ता की शिकार हैं। शूर्पणखा प्रकृति को साक्ष्य बनाकर ही अपने दिल और शरीर की कामवासनाओं को प्रकट करती है। पंचवटी की मिट्टी उसके लिए नशा है। लाल पुष्पों की महक से अपने को ओढ़नेवाली गोदावरी, उसके लिए आईना है। उसकी ख़ूबसूरती और सुरीली आवाज़ गोदावरी में विलीन हुई हैं। हर एक पेड़ उसका प्रेमी है। वे उसके लिए फलते-फूलते हैं।

चाँदनी रातों में वह वन से संभोग करती थी। वन की हरियाली में स्वयं भूलकर अपने को खो देनेवाली है शूर्पणखा। लाल कमलों का चुम्बन लेकर, चम्पा की महक में प्रणयिनी होनेवाली नारी। पंचवटी उसके लिए उपवन है। वहाँ के हर पेड़ ने उसे प्रणयिनी बनायी है। स्त्री और प्रकृति को न आदर करनेवाली आर्य संस्कृति ने शूर्पणखा को 'कामातुर' के रूप में व्याख्यायित किया है। शूर्पणखा, स्त्री-कामनाओं के प्रति पौरुष की पूर्व धारणा की शिकार है। 'अशोका' की सीता के आत्मगत में भी शूर्पणखा का ज़िक्र है। पापों को सुदृढ़ करने वाली नीति की प्रासंगिकता पर सीता प्रश्न उठाती है। पाप किसका है? पाप भोगनेवाला कौन है? जीव-जन्तुओं के शरीर में कामवासना का सृजन करनेवाली प्रकृति ने पाप किया है क्या? सीता के कथन ने व्यावहारिक बनानेवाली भारतीय संस्कुति और उसके नीतिपरक व्याख्यानों को रद्द किया है। जिस रास्ते से होकर पाप की चिन्ता आ गयी है, सीता की चिन्ता ने उसे उसी ओर लौटा दिया है। सच यह है कि शूर्पणखा और उनके सहजीवी जंगल की औलादें, पापी नहीं हैं। बच्चों के क्रंदन और नारियों की दीर्घ आहों से पीड़ित लंका से किसने पाप किया? सीता की चिन्ताओं में इनकी यातनाओं और अनाथत्व की वेदना है। अशोक वन में बसी हुई सीता का अनुमान यह है कि शायद विजेता के सामने वह भी पापी होगी। अशोका की सीता लंका की चिर वेदना को आत्मसात करती है।

'पुतु रामायण' में जो नारी पक्ष सम्बन्धी दृष्टिकोण है, उसमें भी कुछ काला पक्ष है। इसकी कथा की अन्तर्वस्तु महल के अधिकार की राजनीति से जुड़ी हुई है। केकेय राजा के लिए जासूसी करनेवाली मन्थरा के मन और उसकी इच्छाएँ अभी तक विषय नहीं बना है। कैकेयी के साथ मन्थरा केकेय से अयोध्या में आयी थी। राम के युवराज का पद नष्ट हुआ तथा उसने वनवास का फ़ैसला भी लिया। इन दोनों षड्यन्त्रों में मन्थरा का हस्तक्षेप है। कैकेयी के मन में, राम के प्रतिकूल सोचने तथा अपने पुत्र को राजा बनाने की इच्छा के बीज बोने के पीछे मन्थरा की कूटनीति है। दशरथ के बाद अयोध्या के राजा का पद अपनी बेटी कैकेयी के पुत्र को कन्या शुल्क के रूप में सौंप देने का वचन, केकेय राजा ने करवाया है। जब भरत और शत्रुघ्न केकेय में थे, तभी राम के अभिषेक का आयोजन हुआ था। मिथिला के अधिप जनक और केकेय राजा युधाजित को, युवराज के अभिषेक में न्योता नहीं दिया था। जनक नीतिमान और अन्याय का विरोध करने वाला था। केकेय सेना-बल में अयोध्या से भी सम्पन्न था। युधाजीत शपथ का लंघन सह नहीं सकता। मिथिला और केकेय में अधिक दूरी नहीं थी। फिर भी दोनों राजाओं को अभिषेक में न्योता न दिया गया। यह कर्म, अयोध्या के राजा की स्वेच्छा है। अयोध्या के मन्त्रियों से या सदस्यों से पूछे बिना ही दशरथ ने राम को युवराज बनाने का निर्णय लिया था। दशरथ

का तर्क यह है कि यह निर्णय जनहित के अनुकूल है। कुट्टिकृष्ण मारार ने ऐसा एक प्रश्न उठाया कि क्या यही जनहित, भरत के अनुकूल भी हो सकता है, न? ('वाल्मीकि का राम',1940) जो भी हो बन्धुजनों के बिना तय किया गया यह अभिषेक दशरथ की अपनी इच्छा थी। देशमंगलम् राम वार्यर ने 'अयोध्या राजधानी की कूटनीति' शीर्षक प्रबन्ध (पुस्तक: 'आर्ष साहिती') में इस बात पर विस्तार से लिखा है। ('वाल्मीकि का राम' शीर्षक लेख में वार्यर के इन तर्कों को कुट्टिकृष्ण मारार ने पाद टिप्पणी के रूप में प्रस्तुत किया है)। अयोध्या के संकट काल का कारण, दशरथ की वृद्धावस्था में भी युवावस्था की तरह अतिकामना पूर्ण फ़ैसला लेने वाली आदत है। लेकिन इसके हेतु के रूप में मन्थरा और कैकेयी के नाम प्रचलित हुए। युवावस्था के नशे में पड़कर दशरथ ने कैकेयी को जो वर और वचन दिया था, सही वक़्त में इसका उपयोग करने की सलाह मन्थरा ने दी थी। रोष, धमकी, उपहास आदि से युक्त मन्थरा की वाणी और उसके प्रहार ने रामायण की कथा गति को बदल दिया। सिर्फ़ उलझन पैदा करनेवाली नारी के रूप में मन्थरा को संसार पहचानता है। सारायणम की मन्थरा की और एक छवि है। 'करुत्त तुलकल' में धोखा और जासूसी से बढ़कर मन्थरा की अलग एक पहचान मिलती है। मालिकों के लिए जासूसी करनेवाली अपनी अभिशप्त ज़िन्दगी को मन्थरा याद करती है। लेकिन अपने कार्यकलापों में वह पश्चात्ताप भी नहीं करती। वह अपने पुत्र के साथ साधारण जनता जैसे जीने की कामना करती है। जो धरती देने का वादा अश्वपति ने किया था, उसे स्वीकारना है। पुत्र को राजमहल में अच्छा काम दिलाना है। इसलिए उत्तर जीवन के लिए मन्थरा संघर्ष करती है। चाहे कैकेयी हो, केकेय राजा हो या दशरथ हो, किसी से भी उसको प्रेम नहीं। लेकिन वह वर्चस्व के पक्ष में खड़ी होती है। उससे वह बच न पाती। मन्थरा यह भी पहचानती है कि निरपराध प्रजा के ख़ून से निर्मित सिंहासन से, केवल हत्या का आक्रोश ही मुखरित होगा। फिर भी मन्थरा उनकी इच्छा के अनुरूप रहने के लिए मजबूर हो जाती है। अयोध्या से लौटने से पहले वह शत्रुघ्न की क्रूर पीड़ाओं का शिकार भी बनती है। भरत के सामीप्य से स्तन की महक की अनुभूति उसे होती है। राजाओं द्वारा होते वचन-लंघन और जनता के प्रति होनेवाली धोखेबाज़ी आदि के लिए दण्ड स्वीकार करने को मन्थरा जैसे लोगों की ज़िन्दगी अभिशप्त है।

सारा जोसफ ने ख़ामोशी के गड्ढे में फँसी हुई मन्थरा की ज़िन्दगी को अधिकार के तन्त्र से अलग करके नवीन व्याख्यान रूपायित किया है। जीवन की अन्तिम घड़ियों में मानव जैसे जीवन बिताना ही मन्थरा की कामना है। मन्थरा के प्रलोभन के जाल में फँसे हुए लोगों में केकेय राजा और दशरथ हैं। कैकेयी ही नहीं राम भी मन्थरा के प्रलोभन के जाल में फँस गया था।

अयोध्या–राजमहल की कूटनीति में मन्थरा भी हिस्सेदार है। जब दशरथ गुप्त रूप से राम को युवराज बनाने की चालाकियाँ तैयार करते थे, तब मन्थरा नेपथ्य में अभिषेक रद्द करने का षड्यंत्र रचती थी। मन्थरा की प्रचण्ड वाणी में राजतन्त्र ही नहीं, संवेदनात्मक धमकी भी है। यदि राम राजा हो जाये तो राम की माता की सपत्नी कैकेयी और भरत पर आनेवाली विपत्ति के बारे में मन्थरा गिन-गिन कर कहती है। बहुत देर बाद ही ऐसी सूचना मिलती है कि मन्थरा ने ही अभिषेक मोह को नष्ट-भ्रष्ट किया। मन्थरा कितने ही सालों से अयोध्या में कैकेयी की सेवा करती रहती है। फिर भी मन्थरा की उपस्थिति और हस्तक्षेप के बारे में उस समय तक किसी को पता नहीं मिला। मन्थरा के प्रलोभन में फँसी हुई कैकेयी के कार्य-व्यवहारों से, मन्थरा की मौजूदगी के बारे में राजमहल जानता है।

'कथयिल इल्लात्ततु' (कहानी में न होने वाली) में नष्ट हुई या भूली हुई कुछ बातों की पुनः सृष्टि की गयी है। कहानी के अन्तर्गत न होनेवाले सन्दर्भों का समन्वय करनेवाली आख्यान-विलक्षणता के रूप में इसे हम देखते हैं। क्रौंच पक्षियों में एक को गिराने से दुखित कवि ने जो शाप दिया था, सीता के अकेलेपन और वियोग को जानकर इसी कवि ने कविताएँ रचीं। पर राम द्वारा मारे गये शम्बूक के बच्चों के अनाथत्व और यातनाएँ वाल्मीकि की विषयवस्तु क्यों न बनीं। सारा जोसफ ने 'कथयिलिल्लात्ततु' के ज़रिये, राम और सीता के पुत्र लव-कुश,शम्बूक के पुत्र और पुत्री (शम्बूक के वध के बाद), पुनर्जन्म लिया हुआ ब्राह्मण बालक उण्णी आदि का संगम किया है। कथा में वाल्मीकि लेखक है। लव और कुश ने ताल-पत्र पढ़कर रामायण कथा गाकर पढ़ी थी। लेकिन शम्बूक के बच्चे लेखनी नहीं पहचानते या वे लेखन के बाहर हैं। शम्बूक पुत्री वाल्मीकि से पूछती है कि लेखन में हमको स्थान क्यों नहीं दिया? हमारे पिताजी ने शम्बूक के बदले हमें क्यों नहीं मारा? प्रश्नों से ढ़कने पर वाल्मीकि फिर से दीमक के अन्दर घुस गया। लिखने का हक परम अधिकार नहीं, इसी पहचान के साथ ही वाल्मीकि बाहर आता है। साहित्य और ज़िन्दगी के फ़ासले को, ताल-पत्रों में लिखे गये गीत एवं अनाथत्व की पीड़ाओं से आगे बढ़ने वाले 'कण्णोक' गीत का भेद नापनेवाले हैं। 'पुतु रामायण' की विशेषता यह है कि वह मौखिक पाठों की विशालता का साक्षात्कार करती है। सारा जोसफ वाल्मीकि रामायण के महत्त्व को व्यक्त करती हैं, फिर भी मौखिक सम्पन्नता का अनुगमन करती हैं। राम कथाओं के सविस्तार-लेखन, बदल-लेखन, प्रति-लेखन आदि से 'पुतु रामायण' रूपान्तरित हुई है। सारा जोसफ़ की रामायण कथाएँ पाठ पर कर्ता के नियन्त्रण का विरोध कर गतिशील वाचन की आवश्यकता को आगे रखती हैं।

सहायक ग्रन्थ-सूची

1. असीस, तरुवणा: 2016, वयनाडन रामायणम्, तृश्शूर, करंट बुक्स।
2. कुट्टिकृष्ण मारार: 1989, राजांकणम, कालिकट: मारार साहित्य प्रकाशम्।
3. नारायण मेनोन, वल्लत्तोल: 1975, श्री वाल्मीकि रामायणम् परिभाषा, चेरुतुरुत्ति, वल्लत्तोल ग्रन्थालयम।
4. बुल्के, कामिल: 1978, रामकथा, अनुवाद–अभयदेव, तृश्शूर : केरल साहित्य अकादमी।
5. रामवारियर, देशमंगलत्त: 1975, आर्षसाहिती, कोट्टयम, साहित्य प्रवर्तक सहकरण संघम्।
6. सारा जोसफ: 2016, पुतुरामायणम् : रामायण कथकल वींडुम परयुम्बोल, तृश्शूर, करंट बुक्स।
7. सिविक चंद्रन: 2016, पला रामायणङ्ङल, पला वायनकल, कालिकट, स्पेल।
8. Richman Paula: 1994, Many Ramayanas : The Diversity of Narrative Tradition in South Asia, New Delhi : OUP.
9. Richman Paula, ed: 2012, Questioning Ramayanas : A South Asian Tradition, New Delhi, Oxford University Press.

अनुवाद : **प्रो. एस. आर. जयश्री**

तुलु रामायण

●

डॉ. ए. एम. श्रीधरन

रामायण हमेशा से एक वैचारिक साधन है जो कि समय-समय पर ज़िन्दगी को संशोधित करता रहता है। कालानुसार हुए व्याख्यानों का तेज़ रफ़्तार रामायण की प्रसिद्धि का कारण बना। आम आदमी ने रामकथा के ग्रामीण पन्नों के माध्यम से अपने सांसारिक ज्ञान को चिह्नित किया। शासकों ने रामकथा के माध्यम से सिंहासन की स्थापना की। आज भी इसकी निरन्तरता है। वह राम की कहानी को लोकप्रिय बनाने के बहाने एक पूरे समाज के लोगों के सामान्य ज्ञान को षण्डीकृत बनाता है। समकालीन समय के दुर्भाग्य में से एक यह है कि वह मनुष्य के स्वयं निर्णय लेने के अधिकार को नुक़सान पहुँचाता है। जब अन्य रावणत्व बड़े पैमाने पर होते हैं तब राम के रामायणीय की अनुवांशिक वास्तविकताओं से वापसी अनिवार्य है।

पृथ्वी ब्रह्माण्ड का मन है और पृथ्वी की पुत्री सीता उस मन का मूर्त रूप है। इस मन रूपी सीता को वासना के प्रतीक दशकण्ठ ने लूट लिया था। बीस हाथों और दस कण्ठों से खाने वाला रावण, कामोत्तेजक व्यक्ति का प्रतीक है। सीता को रावण से मुक्त कराने की यही शाश्वत आवश्यकता है। भोगासक्ति जब बढ़ती है तो मृत्यु का भय जीवन की पहचान बन जाता है। तभी अवतार पुरुष जन्म लेता है। इसी सन्दर्भ में कल और आज के जीवन की विकृत और क्षणभंगुर भावना फैलती है। इसलिए, ब्रह्माण्ड और मनुष्य पर आधारित आख्यानों का मोचन समय की अनिवार्यता है।

रामायण किसी भी भारतीय जीवन संस्कृति के सबसे महत्त्वपूर्ण टुकड़ों में से एक है। वह पुरावृत्त हमारे बीच प्राकृत एवं सुसंस्कृत रूपों में मौजूद है। ये लोकप्रिय लोकगीत के रूप में ही प्रचारित हो गये थे। यह मिट्टी और मनुष्य के बीच घनिष्ठ सम्बन्ध का एक चिरस्थायी उदाहरण है। मनुष्य और प्रकृति, पुरुष और स्त्री, राज्य और राजशाही, धर्म और अधर्म, न्याय और नीति, पुण्य और पाप आदि जीवन के सभी पहलुओं को छूता है। इसी वजह से ही रामायण आज भी पठनीय है। बल्कि रामानन्द सागर के राम के प्रति भक्ति की वजह से नहीं।

जहाँ रामानन्द सागर का राम हमारी विश्वदृष्टि को पीछे की ओर धकेलता है, वहीं अन्य रामायण आधुनिकता के बाहरी क्षेत्रों की ओर ले चलती हैं। नव-फासीवादी धारणा है कि विकृत चेतना के रावण क़िलों में ख़ुद को सीमित करना आसान है। लेकिन रामायण इसका विरोध करती है। वाल्मीकि से लेकर लिखी गयी रामायणों में निहित मानवीय महत्त्वों के विचारों ने ही भारतीयों के लोकविचार का रूपायन किया था। भारतीयों के लिए वाल्मीकि रामायण आधुनिकता से आधुनिकता तक उसकी रक्षा करने और सभी अमानवीयता एवं सूक्ष्म धार्मिक चेतना को रोकने का एक उपकरण है।

तुलु प्रदेश इस प्रतिरोध बोध को चिह्नित करनेवाला बिल्कुल लोक रामायण है। पुराने तुलुनाड्डु का गठन आज के कासरगोड, मैंगलोर और उडुप्पी ज़िलों से हुआ था। तुलु को विदेशी भाषाओं और संस्कृतियों ने उखाड़ फेंका, जिससे उसकी वापसी असम्भव हो गयी। 'मेरा' जाति उडुप्पी ज़िले के कुन्दापुरम तालुक में पायी जाती है। रणसिरी का रामायण गाना उनके मुख्य अनुष्ठान 'काद्या नाडा' में गाया जाता है। जब महापुरोहित बैद्य गाते हैं, तो भीड़ के सारे लोग एक साथ गाते हैं। गुरुशास्त्र, काद्या का जन्म, गोवाकी, यक्षी, ब्रह्मय्या, कलशं, कन्या, वधु, संगम आदि गीतों के अन्त में सीता और राम के गीत गाये जाते हैं।

काद्या नाडा

तुलु नाडु में नागा पूजा एक सार्वभौमिक प्रथा है। इस प्रथा को ब्राह्मणों के बीच में नागमण्डल, पाणर के बीच में पाणनाराड और क़बीलों के बीच में काद्या नाडा के नाम से जाना जाता है। काद्य नाडा 'मेरा' जातियों के बीच किया जाता है। काद्या मन्दिर प्रारम्भिक दिनों में जंगल के बीच में थे। वनों के ह्रास से वन सिर्फ़ नाम मात्र का एहसास होकर रह गया। नागों के मिट्टी (नागपुट्ट) और नागपत्थर को नाग प्रतीक के रूप में पूजा जाता है। एक और प्रचलित मान्यता है कि काद्या शब्द की निष्पत्ति कलिंग अर्थात काला साँप से मानी जाती है। दूसरा मत प्रचार में है कि कालिय शब्द से ही काद्य शब्द की उत्पत्ति हुई है। मन्दिर जंगलों में स्थित होने के कारण लोगों का अनुमान है कि यह जंगल शब्द से ही आया होगा। जो भी हो काद्या का सम्बन्ध जंगल और सांप से है। काद्य के लिए जो नाट्य है वही काद्या नाट्टम है। काद्या नाट्टम में अनुष्ठान और मनोरंजन के लिए कई गीत गाए जाते हैं। रणसिरी उनमें से एक है। रणसिरी माने रण देवता, रण देवता की पुत्री शिता।

तुलु लोक रामायण का मुख्य विषय शिता से राम (भगवान राम नहीं) का विवाह है। अन्य रामकथाओं से इसका बड़ा अन्तर है क्योंकि देव, असुर, मनुष्य वर्ग के लोगों के

लिए असाध्य धनुष तोड़कर ही राम ने सीता को वरण किया था। लेकिन इस कथा में धनुष को उसके भाई व्रतशुद्धिवाले लक्ष्मण ने ही तोड़ा था। इस लक्ष्मण में शिता-राम और अन्य लक्ष्मणों से अधिक दिव्यत्व है। यह वही लक्ष्मण है जिसने सड़क के बीच में परीक्षण देनेवाले रावण को हरा दिया था और तपस्वियों को परेशान करने वाली मन्दोदरी काका की आँख बाण से फोड़ दी थी।

धनुष और तीर तोड़ने की प्रतियोगिता का सपना देखनेवाला रावण इसमें एक हास्यास्पद चरित्र है। सपने में आनेवाले ख़तरे को जानकर भी प्रतियोगिता में आकर राम लक्ष्मण से अपमानित भी होता है।

सीता की कहानी नयी है। नारायणस्वामी और रणसिरी की पुत्री के रूप में जन्म लेने वाली लड़की के बारे में पुरोहित की भविष्यवाणी दिल दहला देने वाली है। लेकिन ऐसी भविष्यवाणियों में निहित अन्धविश्वास की गहराई सीता की जीवन गाथा को दर्शाती है। इस लोक गीत के सबसे यादगार और दिल दहलाने वाले क्षणों में से एक वह दृश्य है जहाँ लाड़ली को अपनी जान गँवाने के डर से एक सुनहरे डिब्बे में गंगा में प्रवाहित किया जाता है। भँवर में उतरा सुनहरा सन्दूक तापसियों की जटाओं में उलझता है, मल्लाह सन्दूक को किनारे पर लाकर खोलता है और जब बच्चे को बाहर निकालता है तो बच्चा ठण्ड की वजह से छींकता है। और ठण्ड को शीत कहा जाता है। सर्दी में शीत की बीमारी पड़ने की वजह से ही शिता नाम देता है। यह श्रोताओं को जीवनानुभवों की ओर ले जायेगा। आस्था और अनुभव के बीच की असंगति ने मनुष्य को सभी कालों में त्रस्त किया है। वह आज भी सक्रिय है। इस लोकगीत का मुख्य विषय उस व्यक्ति की लाचारी और अपमान है जो विश्वास के नाम पर जीवन के आधार और सब कुछ त्यागने को तैयार हो गया था।

नारायण स्वामी एक अन्य गीत में कहते हैं कि ब्रह्माण्ड शुरुआत में पानी से भरा हुआ था और उस पानी की सतह पर तैर रहे सन्दूक में पुरुष और कोरग महिलाएँ थे, वे नग्न और भाई बहन थे, नारायण स्वामी ने उन्हें जोड़ा बनाया था। इन लोगों के लिए देव लोक से हो नु बसवय्या ने शहकर गंधनेर बीज लाकर खेतीबाड़ी शुरू की थी। रणसिरी गीत भी इसी ब्रह्माण्ड बोध का समर्थन करता है।

जुए में अपना सब कुछ गँवाने वाले नारायण स्वामी रणसिरी दम्पत्ति की सीमन्तपुत्री सिर्फ़ नियति की वजह से उपेक्षित होती है। जुआ और अंधविश्वास अभी भी अन्य तरीक़ों से सक्रिय हैं। रणसिरी जीवन के मार्ग में आड़े आने वाले सभी विचारों का उपहास उड़ाते हुए कह रहा है कि प्रकृति ही परम सत्य है। वैसे ही इस गीत में दिव्य पुरुष राम

का अपमान करते हुए भी देख सकता है। राम बड़ा भाई है जिसे अपने छोटे भाई के बल पर सौभाग्य की प्राप्ति होती है। तपस्या में भी लक्ष्मण आगे है। ब्राह्मण बालकों के वेश में धनुष तुड़वाने जा रहे राम-लक्ष्मण के परीक्षण करने वाले रावण की स्थिति बहुत ही शोचनीय है। अगर बाण वापस नहीं मिले तो परिवार की देखभाल कैसे करेगा, ऐसा पूछनेवाला रावण वाल्मीकि के रावण से बहुत दूर का सादृश्य रखता है।

रामकथा आज के तुलु कर्नाटक में बहुत लोकप्रिय थी। दक्षिण कर्नाटक जैन धर्म के केन्द्र के रूप में प्रसिद्ध था। इसका यादगार दिलानेवाला जैन विहार यहाँ स्थित है। जैन रामकथा में वाल्मीकि से विपरीत सीता को रावण और मन्दोदरी की भतीजी मानता है। राम-रावण का युद्ध अनौचित्य भरी हुई सूचना ही यह देती है। इसका विपरीत रामायण पाठ ही 'मै रावणा कालगा' में मिलता है। इसी प्रकार सोलहवीं शताब्दी में जैमिनी रामायण (भारत) में सीता के वनवास के शोक को विशेष महत्त्व दिया गया है। लेकिन 'तोरवे रामायण' भक्तिरस प्रधान है।

केरल में भी रामचरितम से शुरू होने वाली रामकथा की एक लम्बी परम्परा है। अय्यप्पिल्लि आशान, कण्णशन, एषुत्तच्छन और वीर केरलवर्मा राजा ने कई तरह से रामकथा की व्याख्याएँ कीं। वल्लत्तोल का वाल्मीकि रामायणम अनुवाद इस तरह मलयाली को मिला हुआ एक और सौभाग्य है। रामकथा की तरह-तरह की घटनाओं को आधार बनाकर अनेक लघुआख्यानों की रचना भी हुई है। एक अन्य कड़ी आधुनिक किलिप्पाट्टु शैली का रामायण है जिसे सईद मुहम्मद करिपोट द्वारा विभिन्न रूपों और भावों में प्रकाशित किया गया है। वायनाड रामायण और माप्पिला रामायण जैसी अन्य लोक कथाएँ हैं।

रणसिरी कन्नड़-मलयालम परम्परा की तुलना में हमारे जनपथ रामायण के ज़्यादा क़रीब है। यह माना जाना चाहिए कि 'मेरा' समुदाय ने जीवन के अनुभवों के सन्दर्भ में लोकप्रिय कहानी कहने में बदलाव किया है। रामायण में आदिवासियों के बीच लक्ष्मण का उल्लेख है, जिन्होंने बारह वर्षों तक उपवास किया था और वे व्रत से शुद्ध और साहसी थे। लोककथाओं के पाठों में इस तरह के परिवर्तन स्वाभाविक हैं। फॉकलोर पाठ में एक प्रजाति काल को लाँघ सकती है जब वह सन्दर्भ में कार्य करती है। गुरु के आज्ञानुसार दशरथ की पत्नियों का आम खाना और गर्भवती होना, कैकेयी के गर्भ में शत्रुघ्न का जन्म होना, दशरथ की सात पत्नियाँ होना और लक्ष्मण द्वारा रावण का वध करना आदि कथाएँ भिन्न समयानुसार भिन्न भिन्न हृदयों की कल्पना में जन्मी हैं। रामायण और महाभारत के पात्रों का समन्वय करने वाले आख्यान भी हैं। हम यही परम्परा रणसिरी में देखते हैं।

यह पूरी तरह से द्रविड़ समाज की लौकिक दृष्टि का प्रतीक है जो इस तरह से उत्पीड़ित है कि अस्तित्व और निर्वाह असम्भव है। इसमें ऊपरी और निचली दुनिया की परम्परा है। वे परशुराम को मांत्रिक बनाने की वैदिक परम्परा का पालन नहीं करते हैं (कुल्हाड़ी फेंककर बनाये केरल की कहानी)। परशुराम शिलायुग का प्रतिनिधि है। जंगल साफ़ करके खेतीबाड़ी करनेवाले अपने प्रपितामह, परशुराम, राम, शिव, नारायण, सीता, गंगा आदि उनके लिए अवतारपुरुष नहीं हैं। वे अनुभव के दायरे में अलौकिक शक्तियों वाले इन्सान हैं। पृथ्वी के देवता, बेघरों के संरक्षक जैसे समत्व दर्शन दर्शानेवाले कथासार वर्तमान समय की विपत्तियों को पार करने के लिए प्रेरणादायक बन जाते हैं।

मेलु लोकाधिपन नारायण स्वामी
कीलू लोकाधिप रणसिरियुम
उल्लास यात्रा चेय्तुवल्लो!
नड पाती पिन्निटु दंपतिमार
होन्न तनलिलिरुन्नुवल्लो।
चूताट्टमोन्नु तुड़न्गी वेगम
नन्नाई निरचोरु करपूरत्तिल
तालवुम पोयी तू चूताट्टत्तिल
चेप्पडिविद्याल पिन्नेयवन
कै कोन्डा तालमितरुमयल्लो!
ऊन्नुवड़ियुम पोयी तल्लो
वेल्लियलुक्कुकल चेरन्नतोल्लो!
मान्त्रिक कोलुम पोयीतल्लो
चेप्पडिविद्ययाल नेडिडुन्नू
मालयुम पोयी वलयुम पोयी
चेप्पडिविद्ययाल नेडियल्लो!
होन्न मरत्तिन्टे चोटिलवन
तम्मिलाई चेरन्नु पुनरन्नुवल्लो!
तिरिकेयवरुम पोयितल्लो
स्वन्तमाँ कोट्टारम तन्नित्तिन्कल
रणसिरि मून्नालिरुन्नुवल्लो
नालाँ नाल कुलिचवल शुद्धयायी

आयिड़े गरभं धरिच्चिडुन्नु
अरि निरमारन्नवल मासमोन्नि
एल्लिन्टे निरमारन्नु मासं रन्टिल
मुत्तिन्टे निरमल्लो मून्नाँ मासं
नालिलो नागप्पू विडरन्न पोले
न्चिल विडरन्नु विलसिडुन्नु
आरिलो नक्षत्र कान्तियारन्नु
एषिलोवेन्कल कान्तियल्लो
ओन्पतिल निरवयरारन्नुवल्लो
पत्तिलो पेट्टु राज्ञियवल

भावार्थ-

विश्व नेता नारायण स्वामी और विश्व नेता रणसिरी विनोद यात्रा के लिए निकले। सैर के बाद दम्पतियों ने छाँव में बैठ कर विश्राम किया। फिर वे जुआ खेलने लगे। जुए में जादुई शक्ति से मिले कर्पूर की थाली, चाँदी से बने मांत्रिक झड़ी, माला, कंगना सब कुछ खो दिया। लेकिन जादुई शक्ति से सब कुछ वापस हासिल भी किए। फिर दोनों एक पेड़ के नीचे बैठकर गले मिलकर आराम करने लगे। रणसिरी अपने महल में तीन दिन तक अछूती रही, चौथे दिन वह शुद्ध होकर निकली और कुछ दिनों के बाद वह गर्भवती हो गयी। एक-एक महीने में वह तरह-तरह के रंग में परिवर्तित होने लगी। पहले महीने में उसका रंग चावल का था, दूसरे महीने में तिल का रंग था, तीसरे महीने में मोती के रंग में थी, चौथे महीने में वह नागफूल की तरह खिली हुई थी, पाँचवें महीने में वह पुष्पित होकर खिलखिलाने लगी थी, छठे महीने में उसमें तारों की कान्ति थी। सातवें महीने में पीतल की कान्ति थी। नौवें महीने में भरा हुआ पेट था और दसवें महीने में राणी ने बच्चे को जन्म दिया।

पेनकुन्जोन्नु पिरन्नारे
ज्योलसने चेन्नुकानुन्नुन्ड़े
वसन्तमोन्नु तीरुमपोल
वेनलोन्नु कत्तिडुंपोल
वरुवानेन्तिविडत्तिल
लसन तन वाक्कुकल केलक्कुन्नेरम

नारायण स्वामी मोषिन्जीडुन्नू
तीरक्कनम जातकमोन्नेनिक्काई
पोन्नुमकलुड़े तलकुरिप्पु
कवड़ी निरत्तुन्नु ज्योत्सरल्लो
महित भावेना चिरिच्चिडुन्नु।
श्रद्धिच्चु केलक्कनम स्वामियारे
पिरवि निमेषत्तिल दु:श्शकुनं
पिरवियमावासी नालिलाने
कुन्जु पैंपाल कुडिच्चिडुम्पोल
अम्मा निनयाते चत्तु पोकुं
कुन्जनुरुळा विषुन्कुन्नेरं
अच्चनुम पोयिडुं पोरुलितल्लो।
नेट्टिविरच्चितु स्वामियारुं
केट्टितु बोधवुम स्वामियारक्कु
कोविलिलेक्कितु पोकुन्नुन्ड़े
रणसिरियुं वन्नु चेरुन्नुन्ड़े
नेरुकलोतुन्नु स्वामियारुं
रणसिरि वीषुन्नू बोधमट्टु
एन्तोरु दुरवुधि दैवन्गले
केणु नान पोन्नु किडान्गलक्काई
तोषिच्चाल आनन्द कण्णीरोड़े

भावार्थ:

नारायण स्वामी ने अपनी बेटी के जन्म की ख़बर सुनी तो तेज़ धूप में भी ज्योतिषी को देखने का फ़ैसला किया। ज्योतिषी उसके आगमन की वजह पूछते हैं तो नारायण स्वामी ने कहा कि उन्हें अपनी बेटी की कुण्डली बनानी है। ज्योतिषी ने कहा कि बच्चे का जन्म बुरे समय में हुआ है। क्योंकि अमावस्या के दिन ही बच्चे का जन्म हुआ था, इसलिए कुण्डली के अनुसार माँ का दूध पीते वक़्त माँ की मृत्यु हो जायेगी और खाते वक़्त पिता की मृत्यु भी हो जायेगी। य़ह सुनकर स्वामी और रणसिरी के होश उड़ गये। वे अपनी बेटी के लिए भगवान से प्रार्थना करने लगीं।

ऐन्तितु तळळनो कोळळनो नान
एन्गोट्टु तळ्ळिडुं पोनकिड़ावे
वड़कुळळ मुग तेळक्कु कोडुक्कणो नाञ
आरक्कु कोडुत्तिडुं सम्मानमाई
पड़िन्जारे चोल्यार्कु कोडुत्तीडट्टे
एन्गिने कोडुत्तिडुं चोल्यारक्कु नाञ
आरक्कु कोडुत्तिडुं सम्मानमाय
तेक्किन देवरकाई ऐकीडट्टे
वड़क्केले राजरकु नलकीडट्टे
एन्गिने नल्कुम नाञ पोनकुन्जिने
आरकु नानेकिडुम सम्मानमाई
भूमिक्कु नलकियाल सम्मानमाई
मारिडुमोचायुम कैप्पाडायुम
आरकु नानेकिडुम सम्मानमाई
अग्निक्कु नल्किडुम नानवळे
पुकयाय मारिल्ले पोन्नोमना
इरुट्टिलकप्पेडुम लोकमेल्लाम
आरकू नानेकिडुम पोनमकळे
गंगा क्काई सम्मानमेकिडामो
शिवगंगा पाडीयुरकीडुमे
अन्गिनेयाकट्टे एन्नु चोल्ली
तच्चनेयोन्नु वरुत्तुन्नुन्ड़े।
पेट्टि तीरत्तीडणे वैकिडाते
होन्नरलियोन्नु मुरिच्चीडेनम
सोरणवुं पूशीडेणं चेलिलाई।
पन्दरण्डु कळ्ळिकळ वेणमल्लो
पन्दरण्डु वातिलुम वेणमल्लो
आशारिचेक्कनुम तीरकुन्नल्लो
नल्लोरु पेट्टियिताड्नपोले
नारायण स्वामी वन्निडुन्नेन
पेट्टियुमोन्नु नोक्कुन्नुन्ड़े।

भावार्थ:

उसे पता नहीं कि वह अपनी बेटी किसको देगा और साथ ही उसे त्यागने का मन भी नहीं था। वह सोचने लगा कि मैं अपनी बेटी को उपहार के रूप में किसको दूँ, चाहे पश्चिमी चोल्यार को या दक्षिण के देव को या उत्तर दिशा के राजा को। यदि अपनी बेटी को पृथ्वी को दे दूँ तो वह एक चिह्न मात्र रह जायेगी। अगर अग्नि को दिया जाये तो वह धुएँ की तरह उठेगी। जब ऐसा हो जाये तो सारी दुनिया अँधेरे में होगी। लेकिन अगर मैं गंगा को उपहार के रूप में देता हूँ तो भगवान शिव और गंगा अपनी बेटी को गीत गाते हुए सुला देंगे। नारायण स्वामी ने इस निर्णय को उचित पाया। इसलिए वह बढ़ई को बुलाकर अरली की लकड़ी से सन्दूक तैयार करना आरम्भ किया। सन्दूक को आकर्षक बनाने के लिए उसने बढ़ई को निर्देश दिया कि वह पूरे सन्दूक को सोने से सजाये और उसके भीतर बारह कोठरियाँ और बारह दरवाज़े बनाये। बढ़ई ने सन्दूक को उसी तरह बनाया जैसे नारायण स्वामी ने आदेश दिया था।

आळे विडुन्नुन्ड नालुपाडुम
गंगय्कु कुन्जिने एकिडुम्पोल
एत्तणमेवरुम साक्षियायी
ग्रामन्गल तोरुम चेन्निडुन्नु
चेवियोडु चेवियितु केट्टुवल्लो
पेट्टियोरुक्कुन्नू दंपतिमार
ओन्नां कळ्ळियिलरि निरचू
धान्यमों रन्डाम कळ्ळियिलुम
मून्नामतेतिलो सोरनमल्लो
नालिलो चेलुट्ट पूक्कलल्लो
पिन्नेयोरुक्कुन्नू वेनडतेल्लाम
ओडुविलाई वेय्कुन्नू कुन्जिनेयुम
पेट्टन्नडय्कुन्नू मूडियल्लो
कण्णीरुम केय्युमाई निन्नुवल्लो
वेन्पुन्नू वीरत्तुळळ मुलत्तडन्गल

भावार्थ:

नारायण स्वामी सन्दूक में अपनी बेटी को लिटाकर गांगा में बहाने के लिए ले गये और

पूरे गाँव के समक्ष वे ऐसा करना चाहते थे। नारायण स्वामी के इस अनुरोध को जानकर गाँव के सभी लोग गंगा नदी के तट पर मौजूद थे। जोड़े सन्दूक के एक एक कोठरी में कुछ न कुछ भरने लगे जैसे पहली कोठरी में चावल, दूसरे में अनाज, तीसरे में सोना, चौथे में फूल फिर जो कुछ भी उन्हें अच्छा लगा वो सब बारह कोठरियों में उन्होंने भर दिये। अन्त में बच्चे को सन्दूक में रखकर जल्दी ही ढक्कन रख दिया। क्योंकि अपनी लाड़ली को ऐसे देखकर उन दोनों की आँखों से आँसू बह रहे थे और माँ के दूध भरे स्तन में दर्द भी बढ़ने लगा था।

देवकळेयेल्लाम साक्षियाक्कि
पेट्टि नीक्कीडुन्नू आट्टिलेक्काई
पुषतन करमा पोन तरिये
पुषतन्नलकळा पेन तरिये
अतिवेगम ताराट्टु पाडिक्कोण्ड़े
असुरच्चुषियितिलेत्तिक्कुन्नु
सन्यासिमारवन पन्दरण्डु पेर
तीरत्तिल ध्यानिच्चिरुन्निडुन्नु
जडयता नीणडु पडरन्नुवल्लो
पेट्टियतिलत्तोट्टु निन्निडुन्नु
मान्त्रिकनायोरु तोणिक्कारन
वन्नितु महर्षितन चोल्लिनाले
जडयोन्नुडक्कीप्पेट्टियिलुम
करयिलेत्तिक्कणम वैकिडाते
पेट्टियरिकिलाई कोण्डुवेच्चु
मान्त्रिकनायोरु तोणिक्कारन
पेट्टि पोलिचु नोकीडणडा
पन्दरण्डु पेरवर तापसनमार
अत्भुतम कूरी ना नायवरुम
ओमनपैतले कण्डवारे
तोषमडक्कान वय्यवरकुम
कुन्जितु शीतत्तिल तुम्मिडुन्नु
मून्नू तड़वितु शीतत्ताले
अतिनालवरक्कोरु पेरु वन्नु

भावार्थ:

उसने सभी देवताओं और गाँव के लोगों को साक्षी मानकर सन्दूक को नदी में बहा दिया। नदी अपने लहर रूपी हाथों से उस लाड़ली को लेकर बहने लगी। सन्दूक बहकर नदी के भँवर के अन्दर चला गया। उस समय नदी के तट पर बारह ऋषि तप कर रहे थे, ये सन्दूक उनके जटाओं में फंसकर वहाँ रुक गया। एक मल्लाह ने सन्दूक को नदी से बाहर निकाला। वह उसे ऋषि के पास ले गया। जब सन्दूक खोलकर देखा तो बारह ऋषि चकित रह गये। सन्दूक में एक छोटी लड़की को देखा तो उनकी खुशी का कोई ठिकाना नहीं था। ठण्ड के कारण बच्चे को छींक आने लगी, इसलिए बच्चे का नाम 'शिता' रखा गया।

शीतयेन्नल्लो पेरिवरक्कु
वेळि नडत्तीडणम वैकिडाते
मत्सरमोन्नु नडत्तीडेणम
विल्लु कुल्यक्कणम वेन्डुन्नोरुम
पेरुम्प्परयोन्नु मुषक्कियल्लो
विळंबरमेल्लारुम केट्टुवळो
देवकळेल्लारुम वन्नुवळ्ळो
पुन्चेली लोकत्ते देवरल्लो
विल्लु कुलचू वेट्टिटडुवान
सोरणमयमामिरुप्पिडत्तिल
सीतयिरुन्नु नोक्कुन्नेरम
कालक्कीषिळ वेच्चोरु विल्लु पोक्कान
आरक्कुमे त्राणियोट्टिल्लयल्लो
पडिन्जारू नाट्टिन्नधिपनल्लो
लंकयिल वाषुन्न रावणनुम
उरक्कत्तिल किनावोन्नु कण्डुवल्लो
विल्लु कुलय्कलिन चित्रमेल्लाम
ओन्नोन्नाई स्वपनत्तिल कण्डिडुन्नु।
पिट्टेन्नेषुन्नेट्टु पोकुन्नल्लो
विल्लु कुलचिडान आरत्तियानु
विल्लेडुक्कानायोन्नोन्नुवल्लो
नडुवोडिन्जन्नु वीणितल्लो

पल्लेल्लाम पोयी तु वीष्चयिलुम
रावणन तोट्टु मडन्नियल्लो

भावार्थ:

फिर जैसे-जैसे लड़की बड़ी हुई तो उसकी शादी के बारे में सोचने लगा। उसके लिए उपयुक्त वर खोजने के लिए एक प्रतियोगिता आयोजित करने का निर्णय लिया गया। पूरे देश में घोषणा की गयी कि जो भी धनुष बाण को तोड़ेगा वह शिता का वर बनेगा। इस घोषणा को सुनकर सभी देवता और अन्य देश के राजा लोग प्रतियोगिता में भाग लेने के लिए आये। शिता ने देखा कि जितने भी लोग आये, उन सब में धनुष उठाने का सामर्थ्य किसी में नहीं था। लंका के राजा रावण ने धनुष तोड़ने का सपना देखा। इसलिए वह सुबह-सुबह महल आ गया। जब उसने धनुष को उठाने का प्रयास किया तो उसकी पीठ टूट गयी और उसी समय उसके पूरे दाँत भी गिर गये। रावण ने हार मान ली और वापस चला भी गया।

रामनतुकालम केट्टुवल्लो
शीततन मंगल वारतयेल्लाम
केटालुम लक्ष्मणा केट्टालुम नी
कीलू लोकत्तिले वार्त्तयितु
अन्येय्तु मल्सरम नडन्नीडुन्नु
शीततन वेळी निजप्पेडुत्तान
नम्मलिरुवरुम पोयीडेणम
विल्लु कुलच्चु जयिच्चिडुवान
अतिनाई पन्दरण्डु कोल्लत्तोलम
नोंपु नोटन्निरुन्निडेणम
तुरनोन्नु नी वाया नी काट्टीडेणम
आयतु काट्टुन्नू लक्ष्मणनुम
चिलन्तिवलयतु काणुन्नल्लो
पालु कुडिच्चिल्ला कायकळुम तिन्निल्ला
पैदाहमोटुमे ओरत्ततिल्ला
अप्पोल मोषियुन्नु पोन्ननुजन
केलक्कनम चेट्टा एन ह्रदंतं
ऊट्टियिल्लेन्ने नी ईयिडेयायी

एल्लामरियुन्नोन नी तानल्लो
पोटिडामिप्पोल नमुक्कतिनाय
नानो जयिच्चिडुम शन्क वेन्डा
शीतयो निन्निले चेरुमल्लो

भावार्थ:

शिता के स्वयंवर की ख़बर पाते ही राम ने लक्ष्मण से कहा कि शिता से शादी करने के लिए हमें भी प्रतियोगिता में भाग लेना है। पन्द्रह साल तक कठिन उपवास करने वाले लक्ष्मण अपने भाई के लिए कुछ भी करने को तैयार थे। वह राम को पूरा आश्वासन देता है कि आप निश्चिन्त रहिए क्योंकि हम निश्चित रूप से यह प्रतियोगिता जीतेंगे और शिता आपकी पत्नी भी बनेगी।

अन्तण वेषमणिन्जवरुम
वेगेन पोयिता मोहमोडे
रावणन पातकी वरुन्न कण्डु
नेरुम नेरियुम मरन्निडुन्नो
अन्तण बालरितेन्गु पोणु
अन्तण बालरितेविडे निन्नु
केट्टालुम निन्गलेन पुण्यात्मावे
कीलू लोकम नोक्की पोयिडुन्नु
शीतय्काई विल्लु कुलच्चीडेणम
रामन्टे मुन्निलाई निन्नू नानुम
विल्लु कुलच्चू नान काट्टिडण्ड
शीतयेकोणडे तिरिक्कु नन्गल
लक्ष्मणन मोषियितु केट्टवारे
लंकाधिपनाय रावणन नाञ
राक्षसवंशत्तिन्नधिपनल्लो
रावणन मोषियितु पुरप्पेडुन्नु
केलक्कणम बालरे निन्गालोन्नु
विल्लु कुल्यक्कानो पोन्नतेन्गिल
काट्टणम निन वीर ओन्नेनिक्क
अन्पोन्नु निन मुन्निल वेच्चिडुन्नु

कुलय्क्कामो निन्गल्कु शंकयेन्ये
लक्ष्मणन वेगाल अडुत्तिडुन्नु
चूणडुविरल कोणडु पोक्कि विल्लुम
एषु कडलुम कडत्तिडुन्नेन
इडतु करम कोणडु चेय्तु कृत्यं
रावणन नाणिचु कुंपिडुन्नु
केलक्कणम ब्राह्मण बालन्मारे
आळरिन्जिडाते चेय्तु कूट्टी
पाडेल्लाम पोरेणम बालन्मारे
काक्कणम भार्यये कुन्जुन्गळे
अंपल्लो अश्रयं काडन्मारक्क
रावणन वाक्कुकळ केट्टिडुंपोल
चेप्पडिविद्या कोणडेन्न पोले
वन्नितु कालकीषि़ल विटोरंपुं
पिन्नेयोट्टुमे वैकियिल्ला
कीलू लोकत्तिलेत्तियल्लो

भावार्थ:

जैसे ही दोनों शिता की स्वयंवर प्रतियोगिता में जाने के लिए निकल पड़े तो जंगल के बीच में रावण ब्राह्मण बालक का वेष धारण करके पहुँचा और परिहास रूपेण राम-लक्ष्मण से अपनी शक्ति दिखाने को कहा तब लक्ष्मण ने अपने बायें हाथ के अँगूठे से धनुष को उठाकर बाण चलाया। वह बाण सात समुन्दर पार करके चला गया। यह देखते ही रावण लज्जित होकर रह गया। तब रावण ने राम-लक्ष्मण के सामने अपने बाण वापस लेने के लिए प्रार्थना की। क्योंकि अपने बाल बच्चों की जीविका चलाने के लिए एकमात्र साधन सिर्फ़ यह बाण और धनुष थे। राम-लक्ष्मण को पहले से ही पता था कि रावण कपट वेष धारण करके उनके सामने आ गया था।

विल्लोन्नु तोट्टु वणन्गुन्नुन्ड
शरमेट्टियुन्नम पिडिक्कुन्नुन्ड
शरमोन्नयच्चु विट्टुवल्लो
विजयत्तिल ञानोली केट्टुवल्लो
लक्षमणन चेन्नु वणन्गुन्नुण्ड

वेळक्कणम चेट्टा नी शीतयेत्तान
आघोषमायीत्तन्ने वेट्टिडेणम
मुनिमारुमेल्लाम एत्तुन्नुणड़े
नन्नाई वेली कषि़क्कुन्नुण्डे
पिन्ने पुरप्पेटु कोट्टारत्तिल
लक्ष्मणन काट्टिटय मार्गत्तूडे
पातिवषि़यितु पिन्निडुंपोल
पेरियोरु पारयिडुक्किन मीते
नन्नाई इरुन्नु तपं चेय्तिडुन्न
यतिकळतन कूट्टं काणान वन्नु
काकनोरुवन परन्निडुन्नु
तूरियुम कारियुम मामुनिमेल
लक्ष्मणन विट्टानोरु शरत्ते
काकनतन पिन्नाले दिक्कुतोरुम
तिरुप्पतियुम पिन्ने कोल्लूरुम
धरम्मस्थलवुम पिन्ने कोडेश्वरवुम
काकनुपिन्नाले चेन्नोरंपु
कंपितामाक्किना पारिडत्ते
मण्डोदरियेन्नु पेरुल्लोरु
काक्कतन कण्णिल तरच्चानंपुं।

भावार्थ–

लक्ष्मण ने प्रतियोगिता में भाग लेकर धनुष तोड़ा और बड़ी ख़ुशी से अपने भाई के पास आकर कहा कि आप बड़ी धूमधाम से शिता से शादी कीजिए। इस पावन अवसर पर सभी ऋषिगण आशीर्वाद देने पहुँचे और वे सब लोग बड़ी ख़ुशी से राजमहल की ओर चल पड़े। लक्ष्मण रास्ता दिखाकर आगे चल रहे थे तब एक कौआ आकर इन लोगों के ऊपर आक्रमण करने लगा तब लक्ष्मण ने अपने बाण से मन्दोदरी की आँख फोड़ डाली। इन पंक्तियों में लक्ष्मण को सड़क के बीच में परीक्षण देनेवाले रावण को हरा देने वाला और तपस्वियों को परेशान करने वाली मन्दोदरी काका की आँख बाण से फोड़ने वाला वीर और साहसी के रूप में चित्रित किया गया है।

अनुवाद : **डॉ. अनिता पी. एल.**

जनप्रिय कलाओं में राम की अवधारणा

●

करिवेल्लूर मुरली

आषाढ़ महीने का रामायण पाठ एवं संध्या समय के रामनाम के जप को अगर अलग कर देखा जाये तो यह विवादास्पद विषय रहा है कि राम की अवधारणा केरलीय जनहृदय में कितना रूढ़मूल है। हालाँकि, यह माना जाता है कि उत्तर भारत के वैष्णवों के बीच प्रचलित राम की पूजा, अवधारणा, आदि ब्राह्मणों के द्वारा यहाँ पर लाने की कोशिश किये जाने पर भी, कृष्ण, शिव, देवी से सम्बन्धित अवधारणाओं का मलयालियों के हृदय में जितना प्रभाव पड़ा है, उतना मूर्तिपूजा के द्वारा श्रीराम के नाम पर नहीं हुआ है। यज्ञ और याग के सिवा मूर्तिपूजा एवं मन्दिर की अवधारणा उत्तर भारत के ब्राह्मण समाज में आज की तरह उतना व्यापक नहीं था। यह भी इसका एक कारण होगा। 6 वीं शताब्दी के बाद स्थापित बौद्ध मठ ब्राह्मणाधिक्य के कारण शिव मन्दिरों में परिवर्तित होने की वजह से शिव मन्दिरों (10 शिव मन्दिर) की संख्या में शायद सापेक्ष वृद्धि हुई होगी। तिरुवंगाड़, तृप्रयार, त्रिप्पूनित्तुरा, नीरवेली, (कण्णूर), मामल्लश्शेरी (एर्णाकुलम), रामपुरम (मलप्पुरम) आलत्तियूर हनुमान मन्दिर (मलप्पुरम) चेरुताज़म राघवानंदपुरम, तिरुविल्लामला, श्रीरामन विल्वाद्रिनाथन जैसे विज्ञात केवल 10 श्रीराम मन्दिर हैं। तृप्रयार से पायन्मेल शत्रुघ्न मन्दिर तक के चार मन्दिरों के दृश्य, जहाँ राम, भरत, लक्ष्मण और शत्रुघ्न की मूर्तियाँ विराजमान हैं, आषाढ़ के महीने के दौरान राम पूजन के लिए प्रमुख हिस्सा रही है। दैविक संकल्पना से परे पुराने एशियाटिक समाजों में प्रचलित एक सांस्कृतिक स्वरूप के स्तर पर केरल में राम की प्रासंगिकता मानी जाती है। हमारे पारिवारिक सम्बन्धों और नैतिक मूल्यों के मूलभूत तत्त्वों को समेटकर प्रस्तुत कृति के रूप में रामायण आज भी प्रासंगिक और जीवित है। इसलिए एक सांस्कृतिक धारा के रूप में राम की अवधारणा समय-समय पर हमारी कला और साहित्य में चल रही है।

मलयालम के जनप्रिय कलारूपों में राम की अवधारणा की खोज ही इस प्रबन्ध का लक्ष्य है। लोकसाहित्य के रामसंकल्प पर एक विशेष अध्ययन यहाँ चल रहा है।

इसलिए जनकीय अज्ञात इन लोकगीतों में छन्दों और मौखिक परम्पराओं में राम की उपस्थिति के बारे में पूछताछ करने का इरादा नहीं रखता हूँ।

हालाँकि, माप्पिला रामायण, जो उत्तर केरल में मुख्य रूप से कड़त्तनाटन क्षेत्र में गायी गयी थी, विशेष रूप से उल्लेखनीय है, जैसे कि एशियाई समाज में व्याप्त रामायण के असंख्य पाठ प्रचलित हैं। इंडोनेशिया, मलेशिया और थाईलैंड में सीखे गये कई पाठ और इससे पहले की नाटकीय प्रस्तुति, लम्बे समय से उत्तर में मुसलमानों के बीच में दीर्घकाल से प्रचलित तथा टी. एच. कुंजिरामन नांबियार द्वारा प्रमाणित माप्पिला रामायण की पंक्तियाँ समाज में रामायण की स्वीकार्यता का एक जीवन्त प्रमाण हैं।

पंडुताडिक्कारनौली पाडिवन्ना पाट्ट
केट्टतल्ले नम्मलीरामायणम कथापाट्ट
कर्क्किटकम कात्त कात्त कुत्तिरिक्कुम पाट्टु
कात रंडिलुम विरलु चोल्लि चोरु कूटटुम पाट्ट
कोम्बलत्तिले दशरथन मून्नु पेण्णु केट्टिया पाट्ट
अम्मिकुम्मायम पोडिंजुम मक्कलिल्ला पाट्ट
पायसम कुड़िच्चु मून्नुम नालुम पेट्टा पाट्ट
नालिलुम मून्नाड़ा लामन एलु कूटटुम पाट्ट
केट्टियोक्क बरं कोडुत्त सुयिप्पिलाया पाट्ट
केट्टियोक्क बरं कोडुत्त हलाक्किलाया पाट्ट।

(दाढ़ीवाले औली का गाया हुआ गीत। सुना है हमने इस रामायण के गीत को। आषाढ़ में बैठे-सुनने को है यह गीत। हाथ को कानों में रख ज़ोर से गाया है यह गीत। कोंपलत्त के दशरथ के तीन शादीवाला गीत है। बिन सन्तान के खीर खा तीन-चार सन्तान जन्मे गीत। चारों में बड़ा राम। बीवी को वर देकर डगे और फँसनेवाले गीत।)

अलंकारों से सुसज्जित शूर्पणखा का प्रवेश।

कुन्नुम मलयुम
कुन्नुम मलयुम केरी कीञ्ज चेलम्ब न्जेरूक्कम
वन्नोरु सुन्दरी रावणण्टे पेंगलम्मा
पोन्नु पेरुत्तोरु/पातालत्तिले सुल्तान मय्यत्तायी
शीलम केट्टोक्किन्नुम वेणम माप्पिलयोन्नु
आङ्गला लावण लाशावोड संगति चोल्ली----
पेङ्गलुकंडा सम्मतमानेन्नवरुम चोल्ली

ओट्टक्कोट्टा वेलुत्तु नरच्च तलयिले लोमम
कट्टक्करियुम तेनुम चेर्त्तुकरुप्पिक्कन्नु
मट्टेवीट्टिले पात्तुम्माने तेड़ि वरत्ती
ओत्तोरु कूलि परंजु तालयो मुप्पिरिकूट्टी
वट्टाक्किणरु कणक्कु कुयिंजा वट्टक्कन्ण
चुट्टिलुमंजनमिट्ट नल्लोरु कल्तरा केट्टी
पंडे मूत्तुमय्यत्ताया मूत्तुम्मांटे
कुंडामंडीपेट्टी तुरन्नु पोन्नुवारी
कातिन्नप्पुरमिप्पुरमोन मुक्कित्तेच्च
कातिले वंपन तोड़यिट्टु कातोन्नाट्टी...

(पर्वत-पहाड़ चढ़ नूपुर धुनि सुनाती आयी बहन रावण की सुन्दर। धनी पाताल के सुल्तान हुआ मृत। चरित्रहीन वह माँगती फिर से एक पुरुष। भाई रावण से माँगी इज़ाज़त। बहन को अगर भाये तो हमें भी सहमत। बाल-बाल को रंगे-काजल और मधु से। पड़ोसी पात्तुम्मा को बुला, वेतन दे सुसज्जित हुई। कुएँ की भाँति आँखों में लागा सुरमा। खोली मृत दादी की पिटारी, लिए आभूषण सुन्दर-सुन्दर। बाली पहन हिलाई कानों को।)

शूर्पणखा का राम से प्रेम निवेदन।

पूवुवच्चु तोलुकोंडु तट्टुडुत्ता
नल्लोराणाम लामने नोक्कि पूतिवन्न
पुन्नारप्पूवुम्मा बीवि शूर्पनखा
किन्नारक्कन्निच्चियोति लामनोड
आरायिंगलु ...
आरायिंगलु बालीयककारा पेरेंताड़ो...
कूड़ेक्काणुन्नोरापेण्णु बीड़रानो ...
मककलिल्ले...। .मककलिल्ले...कूड़े मरूमक्कलिल्ले...
कोक्कुम पूवुम चोन्न पेण्णु पेट्टिट्टिल्ले...
न्जानोलामनबीड़र सीता पेट्टिट्टिल्ला
कूडेयनुजन कूट्टिनु लक्ष्मणनरिकत्तुंड
बाप्पानोड कोसलानोड कूसलिनाड़
कारणमुंडी काट्टिल वन्नत नीयारूम्मा...?

(फूल और छाल पहने राम को देख मन में उमड़ी आस। छेड़खानी कर पूछती राम से हो कौन तुम युवक। क्या नाम है तेरा। कौन युवती साथ में, है बीवी क्या। सन्तान, पर पोते नहीं साथ में क्या। भरी यौवन युवती न जन्मी सन्तान क्या। हूँ मैं राम, बीवी यह मेरी सीता। साथ में है भाई छोटा लक्ष्मण। बापू हैं कोसल के, है वजह इधर आने का। हो कौन तुम माई।)

माप्पिला रामायण की पंक्तियाँ यह भी स्पष्ट करती हैं कि रामायण न केवल इंडोनेशिया में, बल्कि दुनिया में सबसे ज़्यादा मुस्लिम आबादी वाले देश में, जीवन और संस्कृति का हिस्सा बन गयी है। माप्पिला रामायण उन ताक़तों के लिए जवाब है जो ख़ुद रामायण को धार्मिक भ्रष्टाचार के हथियार के रूप में इस्तेमाल करने की कोशिश कर रहे हैं। लोकप्रिय ये गीत संगीत नाटकों के माध्यम से उन्नीसवीं शताब्दी के उत्तरार्ध में फैला।

केरलवर्मा वलियकोयितंपुरान का' केरलीय भाषा शाकुन्तलम' 1882 में प्रथम मलयालम नाटक के रूप में प्रकाशित हुआ। उसी दशक में 1888 में रामभद्र दीक्षित के संस्कृत नाटक को केन्द्र बनाकर चात्तुकुट्टी मन्नाडियार के 'जानकीपरिणयम' का अवतरण हुआ। रामायण से व्युत्पन्न मलयालम नाटक मन्नाडियार का जानकीपरिणयम ही है। 1892 के 'उत्तर रामचरितम्' भवभूति के उत्तर मचरितम के आधार पर स्वयं चात्तुक्कुट्टी मन्नाडियार द्वारा लिखित एक नाटक है। नाटक में अवतरित रामसंकल्पना की दूसरी अवधारणा है यह।

वी.नारायण शास्त्री द्वारा रचित 1915 के 'रामनाटकम्', 1925 में रचित पी.वी. गोपालकृष्णन का 'पादुकापट्टाभिषेकम' ये सब रामायण और रामकथा पर आधारित नाटकीय प्रयास हैं। 1930 में रचित आर.नारायण पणिक्कर का सीतानिर्वासम, 1941 में के. एम. पणिक्कर द्वारा रचित 'मन्दोदरी', 1950 में द्विजेन्द्रलाल राय की मूल कृति पर आधारित कुंजिरामन नायर की सीता और 1956 में चित्तूर रामचन्द्र मेनन द्वारा रचित 'सीताकल्याणम' ये सब केरल में रामसंकल्प के नाट्य रूपान्तरण हैं। लेकिन इस बात का कोई स्पष्ट संकेत नहीं है कि वे मंच पर कितने सफल थे और दर्शकों के लिए कितना आकर्षक थे। उन्नीसवीं सदी की अन्तिम तिमाही और बीसवीं सदी के पहले दशकों के दौरान, तमिल-मलयालम संगीत नाट्य ने दर्शकों को झकझोर दिया। द्रविड़ आदिवासी परम्परा की कहानियाँ और किंवदंतियाँ भले ही संगीत नाट्यों में भरे हुए हैं जैसे हरिश्चन्द्र चरितम, सत्यवान-सावित्री, सादिराम चरितम, अल्लीरानी चरितम, कोविलन चरितम, वल्लित्तिरुमणम और नंदनार चरितम, आदि उल्लेखनीय हैं। लेकिन ध्यान देनेवाली बात यह है कि रामायण से सम्बन्धित्त कोई भी कहानी इसमें शामिल नहीं है।

नाटक त्रयी में प्रख्यात सी.एन. श्रीकण्ठन नायर के 'कांचनसीता' (1961), 'साकेतम' (1975) और 'लंकालक्ष्मी' (1976) जैसी तीन कृतियाँ व्यापक रूप से चर्चित हुईं। श्रेष्ठ साहित्यिक कृति के रूप में ख्याति एवं मंचीकरण में सफलता भी हासिल की गयी। इन पर विशेष अध्ययन किये जाने के कारण कोई सवाल नहीं उठता। लेकिन उत्तर केरल तक सीमित एक शानदार नाटक धारा के हिस्से के रूप में, विद्वान पी.के. केलुनायर के दो नाटक, 'लंकादहनम' (1921) और 'पादुकापट्टाभिषेकम' न केवल उनकी साहित्यिक विशेषताओं के लिए बल्कि उनकी सामाजिक-राजनीतिक प्रतिबद्धता के लिए भी विशेष अध्ययन के पात्र हैं।

महान कवि कुट्टमत्त और विद्वान पी. केलुनायर के नाटकों की ख़ासियत यह है कि वे पौराणिक कथाओं की छाया में समकालीन राजनीतिक मुद्दों को सम्बोधित करते हैं। 1901 में जन्मे पयनी केलुनायर युवावस्था में ही एक दृढ़ स्वतन्त्रता सेनानी थे। वे एक विपुल कवि, गीतकार, गायक, संगीतकार और वक्ता थे, साथ ही उत्तर केरल में राष्ट्रीय आन्दोलन के संस्थापक नेताओं में से एक थे। जबकि 'लंकादहनम' और 'पादुकापट्टाभिषेक' रामायण कहानी का विषय है, तो भी इसमें स्वतन्त्रता, जाति विनाश, अस्पृश्यता, खादी और कताई की भावना को भी प्रसारित करता है, जो राष्ट्रीय आन्दोलन के मुख्य नारे थे। यह उन नाटकों से हटकर था, जिन्होंने तर्कहीन मिथकों के माध्यम से लोगों में भक्ति की भावना पैदा की।

'पादुकापट्टाभिषेक' में राम के राज्याभिषेक के निर्णय से लेकर सिंहासन पर लक्ष्मण की रामपादुका की पूजा तक के भाग शामिल हैं। वशिष्ठ, वाल्मीकि, दशरथ, श्रीराम, लक्ष्मण, भरत, शत्रुघ्न, सुमन्त्र, गुह, मैत्रेयी, कौशल्या, कैकेयी, सुमित्रा, सीता, मन्थरा, कलावती और निपुणिका नाटक के प्रमुख पात्र हैं।

इसके प्रारम्भ में दो अभिनेता रामस्तुति के गायन करते हुए प्रवेश करते हैं।

परिपालया त्रिलोकाभिरामा रामा
करुणालया सुगुणा सुमरामा रामा (परिपालया)
माययाल वायक्कुमामयमनीक्कुम
कषलिणक्कु पाणियुं नोक्कु शूभमणक्कु गृहमुरक्कु(परिपालय)
लीलयिल माट्टिप्पोलषलेट्टी
अणयुं तेट्टिन्नलामकट्टीविरुतु
चेट्टिन्नरुलकपोट्टी(परिपालाया) (सिन्धु भैरवी)

(सबकी रक्षा करनेवाले त्रिलोकी राम, करुणामय, सुगुण, सुन्दर राम। अपनी माया से उद्भूत पीड़ाओं को हरनेवाले तुम्हारे चरणों में शत शत नमन। सब कहीं शुभता लाते हुए आनेवाले वंशों पर भी अपनी कृपा बनाये रखें। तुम्हारी लीलाओं से हमारे दुखों और पीड़ाओं को दूर कर उसकी कटाक्षता को कम कर हमारी रक्षा करते रहे।)

'याद रखे भारतवासियों' नामक उनके प्रसिद्ध स्वतन्त्रता गीत के साथ यह पद समाप्त होता है।

उत्तर केरल में जनप्रिय कई शब्द 'पादुकापट्टाभिषेकम' से हैं। निषादराज गुह से लक्ष्मण का गीतालाप उनमें से एक है।

अरियुका मुंपिरविकलिल, अवनवन चेयता कर्मफलमिहा भुजिप्पतुम (अरियुका)

ओरुत्तन निमित्तमाय,मट्टोरुत्तनोरत्तलत्तेत्ति
करुत्तुल्लनृनित्तिरि, जागत्तिन सुखम वरुत्ति(अरियुका)
शरिक्कित्तरत्तिल, हृदन्तरत्तिल धरिक्कातिरिक्कामोरिक्कलूम
पिंतिरिक्कास्वकर्मफलम (अरियुका) (मुखारी राग)

(एक व्यक्ति से दूसरे को कष्ट हुआ। तीसरे की शक्ति से इस संसार को सुख और शान्ति प्राप्त हुई। इस तरह हमारे अन्तर्मन में यह ज्ञात रखना चाहिए कि हमारे कर्मों का फल स्वयं भुगतना पड़ेगा और इससे पीछा छुड़ा नहीं सकते।)

उत्तर केरल के साधारण लोगों के बीच स्वतन्त्रता और एकता की भावना पैदा करने के लिए एक परियोजना का हिस्सा है 'पादुकापट्टाभिषेकम', जो मंचीयता की दृष्टि से भी सफल रहा है।

'लंकादहनम' केलुनायर द्वारा अपने बीसवीं उम्र में लिखा गया एक नाटक है। श्रीराम, लक्ष्मण, सुग्रीव, हनुमान, अंगद, रावण, जाम्बवान, प्रहस्तन, इद्रजित, विभीषण, विदूषक, सीता, तारा, मन्दोदरी, त्रिजटा और लंकालक्ष्मी के अलावा राक्षस-राक्षसियों को पात्र बनाकर रचित इस नाटक में चौदह दृश्य हैं। सीता के अपहरण के बाद लंका में दूत के रूप में भेजा गया हनुमान की वापसी ही लंकादहनम का विषय था। यद्यपि यह रामायण की कथा से अलग नहीं फिर भी केलुनायर शब्दों, भजनों और चरित्र निर्माण पर बहुत अच्छी टिप्पणी करते हैं।

'सम्पूर्णरामायण' नामक एक नाटक भी उन्होंने लिखा। लेकिन वह अभी तक प्रकाश में नहीं आया है। जो भी हो, यह स्पष्ट है कि इसकी अभिव्यंजक सम्भावनाओं के बावजूद, राम और रामायण की उपस्थिति मलयालम नाटक में दस या पन्द्रह कृतियों तक सीमित

रह गयी है। कुछ ऐसे प्रयास हो सकते हैं जो स्थानीय स्तर पर बाले/नृत्य नाटक जैसी श्रेणियों में सफल हुए हैं। लेकिन यह मुख्यधारा के सद्भाव के दायरे में नहीं आया है।

1928 से शुरू हुई हमारी फ़िल्मों में रामायण अपने 90 साल के इतिहास में ज़्यादा प्रभावशाली नहीं रहा है। 1960 में शशिकुमार द्वारा रचित एवं कुंचाको द्वारा निर्मित और निर्देशित 'सीता' रामायण की कहानी पर आधारित पहली मलयालम फ़िल्म थी। 1928 के 'विगतकुमारन' से शुरू होकर बत्तीस साल बाद, लगभग 75 मलयालम फ़िल्में प्रदर्शित हुई हैं। 'सीता' 1943 में बनी हिन्दी भाषा की फ़िल्म थी, जो 'रामराज्य' की छाया थी। 'रामराज्य' विजय भट्ट की फ़िल्म है। फ़िल्म में प्रेमनसीर, कुशलकुमारी, तिक्कुरिश्शी और हरि मुख्य भूमिका निभाते हुए भी सीता की कथा को प्रमुख स्थान दिया गया। पी. सुब्रह्मण्यम द्वारा निर्मित जी. के रामू के निर्देशन में 'श्रीराम पट्टाभिषेकम' 1962 में प्रदर्शित हुआ। प्रेमनज़ीर, नवास, तिक्कुरिश्शी और कवियूर पोन्नम्मा जैसे कलाकार इसके अभिनेता हैं। आर. एम. सुब्बैया द्वारा निर्मित और बापू द्वारा निर्देशित तेलुगु फ़िल्म को 1976 में सीता स्वयंवरम के शीर्षक से मलयालम में डब किया गया। बापू द्वारा निर्देशित एक और फ़िल्म का 2011 में मलयालम में 'श्रीरामराज्यम' के शीर्षक से अनूदित किया गया। 'सीतास्वयंवरम' में रामकृष्णा और जयप्रदा मुख्य कलाकार थे। सुब्रह्मण्यम कुमार द्वारा निर्मित और गंगा द्वारा निर्देशित 'भक्तहनुमान' 1980 में प्रदर्शित हुआ था। हरि, जोस प्रकाश, बालन के. नायर और शोभना द्वारा अभिनीत एक सम्पूर्ण मलयालम चलचित्र था यह। फ़िल्म अपने बेहतरीन गानों से लोगों को मन्त्रमुग्ध कर रही थी। हनुमान का किरदार तेलुगु अभिनेता जनार्दन राव ने निभाया था। मलयालम में ऐसी फ़िल्मों में तर्कहीन प्रस्तुतियाँ भी होती थीं जो दर्शकों को भक्ति की ओर ले जाती थीं। उनमें से ज़्यादात्तर तेलुगु-तमिल भाषी चित्रों पर आधारित थे। सन् 1978 में प्रदर्शित जी. अरविन्द के 'कांचनसीता' में राम को एक आदिवासी राजा तथा मानव के रूप में चित्रित किया गया था, जो उस समय की मुख्यधारा की रामायण भक्ति फ़िल्मों में एकमात्र अपवाद था। दरअसल, ऐसी सभी फ़िल्मों में एक अपमानजनक रवैया और क्राफ्ट थी जिसे किसी भी चर्चा में स्वीकार्य नहीं किया जा सकता था। फिर भी रामायण और राम की अवधारणा ने 90 वर्षों के सम्पूर्ण मलयालम सिनेमा के आश्चर्यजनक असान्निध्य से सविशेषता अर्जित की है। मेरी खोज में उपलब्ध रामायणाश्रित फ़िल्मों की संख्या कुल 6 है।

जनप्रिय गीतों में राम और रामायण और अधिक स्पष्ट हैं। केवल राम या सीता का ज़िक्र करते समय नहीं, महिलाओं के उत्पीड़न, परीक्षण, अनाथ और बेदखली के सन्दर्भ में, राम, सीता और रामायण हमारे गीतों में कविताओं के रूप में आते हैं।

रामायण कथा पर आधारित 'सीता' शीर्षक फ़िल्म का यह गीत –"पाट्टुपाडियुरक्काम न्जान तामरप्पू पैतले...केट्टुकेट्टू नीयुरंगेन करलिंटे कातले..."(लोरी सुनाकर सुलाती हूँ मेरे लाड़ले। सुनते-सुनते सो जा मेरे हृदय के टुकड़े।) लोकप्रिय मलयालम फ़िल्मी गीतों में राम के सम्बन्ध में पहला संकेत था।

1960 में अभयदेव द्वारा रचित और वी. दक्षिणामूर्ति द्वारा संगीतबद्ध, सुशीला द्वारा आलापित यह गीत तब तक के लोकप्रिय लोरियों की सीमा को लाँघ गयी। "राजावायी तीरूं नी ओरु कालमोमने ...मरक्काते अन्नु तन तातन श्रीरामने.." (राजा बनोगे तुम एक दिन मेरे लाड़ले...न भूलना उस दिन अपने तात श्रीराम को) परित्यक्त सीता का मन जाननेवाले अभयदेव की इन पंक्तियों का आज भी अनुगमन हो रहा है।

नीयल्ले रामा,बहु रूपं पूंडु कान्मतेल्लाम नीयल्ले रामा
'रामराम पाहिमां मुकुंद राम पाहिमां /
रामपादम चेरणे मुकुंद राम पाहिमां' जैसे कई प्रसिद्ध गाने 'सीता' में हैं।

(कई रूपों में दिखनेवाले तुम ही हो न राम। तुम्हारे चरणों में अपने को समर्पित।)

1962 के 'श्रीरामपट्टाभिषेक' में कहानियों का आख्यान गीतों के माध्यम से ही किया गया है।

तातन नी मातावु नी सोदरन नीयेनरामा /
नीयल्लो मम जीवन निन जीवनल्लो न्जानुम
नीयुमी न्जानुम रंडाय कान्मतिल्लल्लो नम्मल...।

(तुम ही माता, तुम ही पिता, तुम ही भाई-बन्धु। मैं तुममें और तुम मुझमें, हम दोनों एक ही हैं।) यह गीत लक्ष्मण के लिए है।

'सूर्यवंशत्तिलपुकल्क्कोडी चार्तिया धीरनामुत्तमकोसलेन्द्रन तनमन्त्रिमरुमाय राजसभांदरम तन्निलेषुन्नल्ली वाणिडुंपोल'–

शीर्षकगान इसी तरह है। (सूर्यवंश में जन्मे धीरोत्तम कोसलसुत मन्त्रियों सहित राजसभा में सुशोभित हुए।)

पूक्कात्त काडुकले पूवनिञ्जू पोविन
पुन्यमारन्ना रामदेवन पोकुन्निता'

(फूलरहित वन फूलों से भरे। पुण्यरूपी राम जा रहे हैं।)

स्वयंवर के बाद राम और सीता के एक साथ अयोध्या में आगमन के समय का गीत है–

कारुणी सीते...पुनरेविटे नी पोयी
अरिकिल नी वावा ...सकलगुणपूर्णे

(करुणामूर्ति सीते, गयी फिर से तुम कहाँ। पास मेरे तुम आओ, सकलगुणवती।)

सीता हरण के बाद का विरह गीत है यह–

राजाधिरामा श्रीरामा ...
केषुकएन नाड़ेएन आयोध्ये
निन प्रियरामन पोवुन्निता ...

(राजाओं में श्रेष्ठ श्रीराम। श्रीराम को जाते हुए देख रो पड़ी अयोध्या।)

तिरुनयिनार कूरिच्ची माधवन नायर एवं ब्रदर लक्ष्मण ने मिलकर रामभक्ति पर आधारित कई गीतों का सृजन किया है। रामायण कथा को भक्ति के साथ जोड़कर अवतरित मिथकीय फ़िल्मों में नहीं, बल्कि समकालीन सामाजिक वास्तविकताओं को ज़ाहिर करनेवाली आधुनिक फ़िल्मों के गीतों में राम एक सांस्कृतिक प्रतीक बनकर उभर आता है। पी. भास्करन द्वारा रचित बाबुराज द्वारा संगीतबद्ध कमुकरा पुरुषोत्तमन द्वारा आलापित 1966 में प्रदर्शित 'तरवाट्टम्मा' का गीत इसका उत्तम उदाहरण है।

मटटोरु सीतए काट्टिलेक्कयक्कुन्नु
दुष्टनां दुर्विधी वीन्डुम इता
दुष्टनांदुर्विधी वीन्डुम...'
निन मनसाक्षीयुम कर्मवुम तम्मिल चेय्युम
धर्मयुध्धत्तिल भवान जयिच्चेंकिलुम
पड़यितिल परुक्केट्टू पिडञ्जुकोंडाडियल्लो
निरपराधियाँ निंटे हृदयेश्वरी।

(अभागी सीता को फिर से वन में भेज अपने दुर्भाग्य को पुन: बुलाया। हृदय और कर्म के धर्मयुद्ध में तुम विजयी, पर रणभूमि में घायल बेकसूर तुम्हारी हृदयेश्वरी भागी पीड़ा में।)

इसमें पारिवारिक जीवन को रामायण के ढाँचे में ढाला गया है।

मलयालम में रामायण से सम्बन्धित इस तरह के और भी कई गाने हैं। 1970 में वयलार द्वारा रचित 'वाज़वेमायम' फ़िल्म में देवराजन द्वारा संगीतबद्ध सुशीला और पी. जय चन्द्रन द्वारा आलापित गीत–

सीतादेवी स्वयंवरं चेयतोरु/त्रेतायुगत्तिले श्रीरामन

कालनखम कोंडोन्नु तोट्टप्पोल/काट्टिले कल्लोरु मोहिनियाय।

(त्रेतायुग में श्रीराम से स्वयंवर रचनेवाली सीतादेवी। उँगलियों के स्पर्श से वनशिला हुई मोहिनी।)

1970 में प्रदर्शित हुई 'ओतेनंटे मकन' फ़िल्म में वयलार-देवराज का गीत–

रामायणत्तिले सीता रामानुपेक्षिच्चा सीता

तामसातीरत्तु पंडोरिक्कल रंडु तन्कक्कुड़ङले प्रसविच्चु।

(रामायण की सीता, राम परित्यक्त सीता। तमसा नदी तट पर दो लाड़लों को जन्म दिया।)

सीता का दुखमय जीवन कई गीतों का विषय रहा है।

रामन श्रीरामन न्जान अयोध्या विटटोरू रामन

(राम-श्रीराम अयोध्या का परित्याग करनेवाला राम) '1975 की अयोध्या' फ़िल्म में पी. भास्करन की रचना में देवराज का संगीत-

"श्रीरामचंद्रंटेयारिकिल / सुमन्त्रर तेलिक्कुन्न तेरिल

सुस्मेरमुखियाय, स्वयंवरवधुवाय/सीतादेवियिरून्नु अवर
मिथिलयिल निन्नुमकन्नु

(श्रीराम के बगल में, सुमन्त्र द्वारा चालित रथ में सुस्मित, स्वयंवर वधू बनकर विराजमान सीतादेवी। मिथिला से हुई जुदा।)

1977 में प्रदर्शित बिच्चू तिरुमला–देवराजन का फ़िल्म 'ऊञ्जाल'–

तृप्परयारप्पा श्रीरामा वेरुं /तृप्पादपद्मत्तिलेन प्रणामम
श्रीमंगलांगलाल द्वारकापतिपंडु/पूजिच्च विग्रहत्तिलेन प्रणामम।

(तृप्परयार के स्वामी श्रीराम,तुम्हारे चरणों में मेरा प्रणाम। मंगलगीतों से द्वारकापति द्वारा पूजे आपकी मूर्ति को प्रणाम।)

मङ्कोंप की पंक्तियों को एम. एस. विश्वनाथ द्वारा संगीतबद्ध वाणी जयराम द्वारा आलापित 1977 की फ़िल्म 'ओर्म्मकल मरिक्कुमों' का यह गीत पूर्ण रूप से भक्ति केन्द्रित है।

1980 के फ़िल्म 'भक्तहनुमान' के लिए येशुदास द्वारा आलापित प्रसिद्ध रामस्तुति आज भी संगीत प्रेमियों के बीच लोकप्रिय है।

रामा रामा रामा ...लोकाभिरामा / रघुरामा रामा ...जयदाशराथे.रामा...

1973 की 'कलियुग' फ़िल्म में वयलार द्वारा रचित सुशीला और माधुरी द्वारा आलापित गीत–**भूमिपेटटा मकलल्लोसीतप्पेन्नु / रामन्टे पेण्णल्लो सीताप्पेण्ण**

रावणन्टे लंकयिले पोन्नशोकत्तोट्टत्तिल / तामसिच्चु तिरिच्चु वन्न गर्भिणीप्पेण्ण।

(भूमि देवी की बेटी सीता। राम की पत्नी सीता। रावण के लंका की अशोकवाटिका में वासकर वापस आयी गर्भवती सीता।)

'अरयन्नंगलुडे वीड' चलचित्र के लिए गिरीश पुत्तञ्जेरी की रचना में येशुदास और गायत्री युग्म द्वारा आलापित गीत–

दीनदयालो रामा ...जय सीतावल्लभरामा / सृतजनपालक रघुपतिराघवा
पीतांबरधरा...पावनरामा ... संगीत-रवीन्द्रन

1993 में 'वात्सल्य' फ़िल्म के लिए कैतप्रम और एस. पी. वेंकिटेश द्वारा तैयार किया गया गीत–

अलयुम काट्टिन हृदयम अरयाल्कोंपिल तूंगी
ओलप्पुड़व त्तुंपिल पाड़म कण्णीरोप्पी
रामायणम केल्क्कातेयाय, पोनमइनकल मिंडातेयाय।

(हवा की भाँति बहनेवाला हृदय बरगद में लटकता हुआ सा प्रतीत होता है। प्रकृति अपनी अश्रुधाराओं को पत्तेरूपी अम्बर से पोंछती है। रामायण सुनाई नहीं देता। तोता भी मौन है।)

परिवार की ओर रामायण को परिपक्व करनेवाला कविता सौन्दर्य यहाँ द्रष्टव्य है।

वैदेही पोकयाय...वनवासकालमाय / रामराजधानी वींडुम शून्यमाय विमूकयाय सरयूनदी।

(वैदेही प्रस्थान हुई वनवास के लिए। फिर से हुई राम राजधानी शून्य। सरयू नदी भी हुई मौन।)

1992 में प्रदर्शित फ़िल्म 'कमलदलम' के लिए कैतप्रम द्वारा रचित रवीन्द्र के संगीत में 'सुमूर्त्तमाय' से शुरू होनेवाले उज्ज्वल नृत्य रंग को दर्शानेवाला यह गीत रामकथा के मर्म को समग्रता में प्रतिफलित करता है।

सूर्यचंद्रनमार्क्किरिप्पिडमाकुमेन रामसाम्राज्यमे
देवकले ...मामुनिमारे स्नेहतारांगले...स्वप्नङ्गले ...पूक्कले...
त्रयंबकम विल्लोडियुम मंगलदुंदुभी नादवुमाय ...

(सूर्य-चन्द्र के लिए सिंहासन बना है मेरा रामराज्य। देवों, मुनियों, प्रिय जन, सपने, और पुष्प...त्र्यंबकम बाण तोड़ने पर मंगल दुन्दुभी नाद सुनाई दिये।)

जैसे शुरुआती गीत रामकथा के सन्दर्भों को पूर्ण रूप से पुन: आख्यायित करता है।

1971 के फ़िल्म 'अयलते सुन्दरी' में, मंकोंम्प गोपाल कृष्णन की रचना में येशुदास द्वारा आलापित सुन्दर गीत में 'सीता स्वयंवरम' एक रूपक बन जाता है।

"त्रयंबकम विल्लोडिंजू। त्रेतायुगम कुलिरनिंजू/मिथिलापुरियिले प्रियदर्शिनीयुड़े
मिषिकलिल हर्षाबाष्पम निरंजू/राजीवपुष्पशरमारिकलेट्टु
रामान्टे तिरुवुल्लम मुरीञ्जु/श्रीरामन्टे तिरुवुल्लम मुरिंजू।

(त्रयंबकम बाण टूटा। त्रेतायुग पुष्पित हुआ। मिथिलापुरी की प्रियदर्शिनी की आँखें अश्रुओं से भर गयीं। कमल पुष्प के बाणों से राम का हृदय घायल हुआ।)

1991 के फ़िल्म 'भरतम' में कैतप्रम और रवीन्द्रन द्वारा रचित प्रसिद्ध गीत एक मायने में रामसंघर्ष की तीव्रता को दर्शाता है।

रांकथागानलयम मंगलमेन तंबुरुविल। पकरुका सागरमे,श्रुतिलयसागरमे...
साकेतम पाडुकयाणु, हे रामा। / कातरयाय, शारिकयाय।
साकेतम पाडुकयाय वींडुम अरण्यकाण्डम तेड़ि, सीताहृदयम तेंगी /
वाल्मीकंगलिल एतो, तापसमौनमुणर्न्नु।

(हे सागर,रामकथा के गीतों का लय मंगलमय तंबुरु में अन्तरित कर श्रुति के सागर में भर दो। हे राम पुकारते हुए साकेत विरह में रोने लगा। सीता का मन अरण्य की ओर जाने के लिए इच्छुक है। वाल्मीकों में किसी तपस्वी का मौन जाग उठा।)

आशान की 'चिन्ताविष्टयाय सीता' से प्राप्त आलोचना बोध, जिसकी शुरुआत शताब्दी पहले हुई थी,उसका केरल की कविता और जीवन की भावना पर गहरा प्रभाव पड़ा है। कविता और जीवन, और इसके अनुक्रमों का हमारी लोकप्रिय संस्कृति के खुले गीतों पर गहरा प्रभाव पड़ रहा है। इसका उज्ज्वल स्वरूप ओएनवी द्वारा रचित एक ललितगीत में मिलता है। ललितगीतों का पहला एल्बम अस्सी के पहले दशकों में येशुदास की तरंगिनी बैनर से निकला।

हे रामा ...रघुरामा .../ हे रामा...
अटवियिल निन्ने अनुयात्रा चेयतवल / मनस्विनी मैथिली एविडे...
हे रामा ...रघुरामा ...रामा.../ अटवियिल तन्ने अवलेवेडिंजा निन
मनस्वोरु वनशिलयल्ले ...हे रामा...
अवलुड़े रोदनम केट्टिटल्ले नी.../ अबलुड़े कन्णुनीर तुड़च्चिल्ले नी...
ओरु पावम मुनिमात्रम अतुकेट्टू / ओरु पर्णशालयिल अवल पेट्टू
रामा...रामा...रामा.../ अवलुड़े वेदना अरिंजिल्ला नी...

अवलुड़े उन्निकले अरिंजिल्ला नी.../ ओरु पावम मुनिमात्रम अथु पाडी
ओरु पेन्निन कण्णुनीर कवितयाय.../ रामा...रामा...रामा...।

(हे राम, रघुराम। वन में तुम्हारे संग चलनेवाली वह मनस्विनी मैथिली कहाँ है। फिर से वन में उसका परित्याग करनेवाला निर्मम तुम्हारा मन वनशिला के समान है। क्या तुमने उसका रुदन नहीं सुना। क्या तुमने उसके अश्रु पोंछे नहीं। मात्र एक कृपालु मुनि ने सुना। एक पर्णकुटी में उसने बच्चे दिये। राम...राम...राम... क्या तुमने उसकी वेदना को पहचाना नहीं। उसके बच्चों को पहचाना नहीं। मात्र एक कृपालु मुनि ने उसे गाया। एक अबला के अश्रु काव्य बन गया। राम...राम...राम...।)

जनप्रिय कला में आज राम की यह अवधारणा है जो हमारे नवजागरण और आलोचना से मुक्त जीवन की भावना का निर्माण करती है। मेरा मत यह है कि स्तुति और भक्ति की आड़ में इस अवधारणा को कोई परिवर्तित करने का प्रयास करे तो भी यह असम्भव कार्य है।

अनुवाद : **डॉ. ए. के. बिन्दु**

मलयालम नाटकों में रामकथाएँ

●

डॉ. चन्द्रदासन

मलयालम की नाटक परम्परा में राम केन्द्रित नाटकों की संख्या कम है। इस श्रेणी के अच्छे नाटकों में ख्याति प्राप्त साढ़े पाँच नाटक हैं, जिसमें स्वीकृति प्राप्त तीन नाटक 'साकेतम्', 'लंकालक्ष्मी' और 'कांचनसीता' हैं। और एक नाटक 'मायासीतांकम' है, जो पाठकीय ध्यान आकृष्ट करने में इतना समर्थ नहीं हुआ है, जिसकी रचना पी. बालाचन्द्रन ने की है। बाकी डेढ़ नाटकों की रचना कावालम् नारायण पणिक्कर द्वारा हुई है, जिनमें एक प्रमुख रचना 'निष़लायनम्'(छाया यात्रा) विशेष ध्यान देने योग्य है। यह मलयालम के बेहतरीन रामायण नाटकों में एक है। इसकी प्रस्तुति दो बार हुई है। 'निष़लायनम्' पणिक्कर जी का अन्तिम नाटक है। इस रचना के पुस्तकीय प्रकाशन को लेकर जानकारी नहीं है। बाकी आधे नाटक की रचना भी कावालम् जी ने ही की है। वह 'तेय्यातेय्यम' नामक नाटक के आधे कथ्य का रामायण है। श्रीराम को प्रतिवादी बनाकर नाटक रचना करनेवालों में सी. एन. श्रीकण्ठन नायर और बालाचन्द्रन प्रमुख हैं। इसी कारण इन्हें प्रतिनाटककार के रूप में स्वीकृति मिली है। इस सन्दर्भ में इस प्रकार के नाटकों की रचना पर भी सवाल पैदा हुआ है। इन प्रतिनाटकों की शुरुआत आदिम नाटककार द्वारा हुई है। हम कालिदास आदि को पूज्य रूप से देखने को आती हैं। शायद कालिदास ने ही पहली बार मूल स्वरूप की परिवर्तित प्रस्तुति का प्रतिमान पेश किया होगा। महाभारत कथा पर आधारित 'पंचरात्रम्' नाटक में बिना महाभारत युद्ध के दूत रूप में आये कृष्ण से आधा राज्य देने को पूछता है, जहाँ दुर्योधन इस प्रस्ताव को सहर्ष स्वीकारता है। ऐसे सन्दर्भ में कुरुक्षेत्र युद्ध की सम्भावना के साथ भगवतगीता पाठ भी असाध्य मालूम पड़ता है। तत्कालीन युग में ही कालिदास ने महाभारत की तथाकथित नयी सम्भावनाओं का परिचय दिया था। कालिदास ने अँगूठी को आधार बनाकर 'शाकुन्तलम' की मूलकथा पर नाटक रचना की है। अँगूठी की कहानी असल में महाभारत में नहीं है, इस प्रवृत्ति के लिए उनका राजनैतिक, काव्यपरक या भावनात्मक कारण रहे होंगे।

इस प्रकार रचनाकार के लिए मूल ग्रन्थ का पुन:पाठ या पुनर्लेखन अपने प्रति, समाज के प्रति और सर्ग साहित्य सृष्टि के प्रति गहरा उत्तरदायित्व बोध का परिचायक बनता है। इसी पक्षधरता की प्रधानता इन दो-चार नाटकों में पर्याप्त रूप से विद्यमान है।

श्रीकण्ठन नायर ने तीन नाटकों के सम्मिश्रण से एक नयी रामायण का निर्माण ही किया है। इन नाटकों के माध्यम से कई समस्याओं की प्रस्तुति हुई है। प्रथम नाटक साकेत में श्रीकण्ठनजी ने दशरथ को आधार बनाया है, जिनकी अनेक पत्नियाँ हैं। दशरथ की सन्तानहीन स्थिति से मुक्ति एक यज्ञ द्वारा होती है। वह शापग्रस्त होने से नि:सन्तान हो गया। एक अन्धमुनि को पानी लेनेवाले पर तीर चलाने के कारण शाप से ग्रसित हो गया है। राम संकल्प हमारा विषय है। साकेत में परीक्षणों का सामना करनेवाला मुख्य पात्र दशरथ है। 'लंकालक्ष्मी' में राम का पात्र उपस्थित नहीं है। इसमें राम सम्बन्धी एकमात्र उल्लेख राम और सेना का लंका के बाहर तैनात होने की सूचना रावण तक पहुँचने मात्र से होती है। इसके अतिरिक्त विभीषण रावण का साथ छोड़कर चले जाने पर रावण व्यथा व्यक्त करता है। इस सन्दर्भ में वह राम-लक्ष्मण के अद्वितीय भाई-प्रेम की स्मृति दिलाता है। रावण इस भाई-वियोग में तीव्र दुख प्रकट करता है। रावण का यह तीव्र दुख कपटता होने की भी सम्भावना है। सी.एन. श्रीकण्ठन नायर द्वारा राम की सशक्त अभिव्यक्ति 'कांचनसीता' में हुई है। सबसे बड़ी बात है कि भाषा और भावनाओं के गहरे वैभव के पक्षपाती सी.एन. श्रीकण्ठन नायर ने और उत्तर-आधुनिकता की अलक्ष्य मान्यताओं को इच्छानुसार स्वीकार करनेवाले बालाचन्द्रन ने अपने नाटकों के माध्यम से जिन विचारों का परिचय दिया है, वे एक ही हैं।

'साकेत' नाटक में समस्याकर्ता मन्थरा है। मन्थरा के उपदेश को जब कैकेयी स्वीकार करती है तब से ही संघर्षों की शुरुआत होती है। मन्थरा का उपदेश इस प्रकार है–"भाग्यहीन केकेय पुत्री, तुम आज एक पुरानी कथा हो। तुम्हारा सौन्दर्य किसी मूर्ख का स्वप्न था। गर्मी की नदी के समान तुम सूख गयी हो। तुम्हें घमण्ड था कि तुमने विश्व को जीत लिया है। मगर तुम्हारे मांसल छाती के निधिकुम्भ में विषैले साँप थे। उन्होंने तुम्हारी आत्मा को डस लिया है। अब तुम्हें रक्षा नहीं है। शापग्रस्त, सर्वों से घृणित आज या कल तुम सुनसान भूमि में अनाथ बनकर भटकोगी। यह मन्थरा तुम्हारी ज्ञान दासी है। जो तुम्हारी भलाई के लिए आयी है। तुम्हारा प्रेमी है न, उस कामचोर वृद्ध ने तुम्हें, तुम्हारे पिता और बेटे को वंचना का पात्र बनाया है। तुम्हारे मधुर चुम्बनों का पुरस्कार।" इसके बाद मन्थरा के आग्रह पर कैकेयी दशरथ के पास जाकर भरत को राजा बनाने का प्रस्ताव रखती है, जिससे समस्याओं की शुरुआत होती है।

बालाचन्द्रन की ओर से 'माया सीतांकम' में नाटक का एक संक्षिप्त कथन है। माया सीतांकम एक पुण्य पुराण समस्या नाटक है। यह जो है आज की इस रामायण चर्चा में उद्धरित होने के लिए योग्य है। इसमें भी समस्याओं की सृष्टिकर्ता मन्थरा है। माया सीतांकम में मन्थरा के ज्ञानोपदेश संवाद कैकेयी से न होकर सीता से हैं।

माया सीतांकम की समस्या इस बात में निहित है कि मारीच का किरदार निभानेवाला अभिनेता हिरण का वेश धारण करके जंगल में भागने को तैयार होकर बैठा है। मंच में आने का समय हो गया लेकिन निदेशक का प्रवेश नहीं हुआ। इस सन्दर्भ में अभिनेता कई विचारों में डूब जाता है। वह सोचता है कि उसका जंगल जाने पर, राम द्वारा पीछा करने पर और सीता अपहरण के बाद जब राम उसकी हत्या कर देता तो वह जल्द ही इस वेश का त्याग कर सकता है। सीता और हिरण की मुलाक़ात जंगल में ही सम्भव है। मगर प्रस्तुत सन्दर्भ में सीता जंगल नहीं जाती है। वहाँ है समस्या। इसका कारण मन्थरा है। यानी कि नाटककार इसमें मुख्य पात्र हैं। वे बीच में आकर प्रधान कथावस्तुओं का संक्षिप्त विवरण देते हैं। नाटककार के शब्दों में– "इस नाटक की समस्या यहीं पर है। यह एक पुण्य पुरातन समस्या नाटक का आकार यहीं से प्राप्त करता है।" वे इस बात को दोहराते हैं। कारण इसके सुनने पर दूसरे अभिनेता का प्रवेश होना है। मगर ऐसा नहीं हुआ। तभी नाटककार कहते हैं "देखिए अभी से समस्या की शुरुआत हुई है। मेरे वक्तव्य के बाद एक का नकाब के साथ प्रत्यक्ष होने का समय है। यह एक पुण्य पुरातन समस्या...नहीं आ रहा है। कोई जाकर मन्थरा का नकाब लेकर आइए। नहीं तो क्या कर सकता है। रामायण के समान कई बार इसके रिहर्सल करने के बाद भी कुछ भी ठीक से नहीं हो रहा है। अन्त में मन्थरा आकर सीता से कहती है–"तुमसे गलती हो गयी। तुम्हें तुम बनाकर हराने के लिए मैं आयी थी। तुम में ऐसी ताक़त है जो अग्नि से भी अछूती हैं। तुम में चैतन्य और शुद्धि है। तुम्हें यह जानना है। राम दाशरथी है। दशरथ का पुत्र है। बाद में तुम्हारा पति है। मगर वह तुम्हारा भाग्य नहीं होना चाहिए। चौदह वर्षों के वनवास के लिए दाशरथी को जाना है। वह उसकी नियति है। त्याग और सहन शक्ति की अनश्वर कीर्ति के लिए उसको यह नियति स्वीकारनी ही होगी। दशरथ के अयोध्या से दशग्रीव के लंका तक की यात्रा में वह लोकाराधना का पात्र बन जायेगा। लोकाधिराम बन जायेगा। आदर्शमूर्ति बन जायेगा। और तुम? अपहरण एवं अवहेलना का पात्र और चारित्र्य के नाम पर उपहास एवं संशय की पात्र बन जाओगी। अन्त में भूगर्भ में वापस जाने के अतिरिक्त कौन तुम्हें आश्रय देगा?" संक्षिप्त रूप में मन्थरा सीता को जाने से रोकती है।

नाटककार दोहराते हैं–"सीता द्वारा कहे जानेवाले अति पुरातन वक्तव्य मैं यहाँ दे सकता हूँ। पति के भाग्य– दौर्भाग्य में भागीदार बननेवाली पत्नी है तो मेरा वास भी वन

में होना चाहिए। स्त्री को इह एवं परलोक में पति ही आश्रय है। अगर आप क्लेश समेत वन के लिए रवाना हो रहे हैं तो मैं वन के काँटों एवं जड़ों को मुलायम करके आगे चलूँगी।" इन काँटों और जड़ों का प्रयोग साकेत की सीता के माध्यम से श्रीकण्ठन नायर कहलवाते हैं। "चाहे जंगल में हो आपका चरण मेरे लिए परमाश्रय है। यमनियमादि के ब्रह्मचर्य का पालन करके मैं आपकी सेवा में वन में रह लूँगी। मैं आपको किसी भी तरह का दुख नहीं पहुँचाऊँगी। साथ ही सुंन्दर कमलों के तालाब में हंस-केलि देखने की मेरी बड़ी इच्छा है। इसी कारण मैं भी आ रही हूँ कहकर सीता को वन के लिए रवाना होना चाहिए था। मगर माता-पिता की सेवा के ख़ातिर सीता को न लेकर जाने का निर्णय राम लेता है जिसकी सहर्ष स्वीकृति सीता करती है। यहीं से समस्याओं की शुरुआत होती है। उस सन्दर्भ में राम दोहराएगा–"हे सीता, मैं वन के लिए रवाना हो रहा हूँ", "ठीक है, हो के आयेगा" उत्तर सीता देगी। तब राम थोड़ा क्रोधित हो कर कहेगा– "हे सीता, मैं वन के लिए रवाना हो रहा हूँ", "हाँ" ऐसे ही संघर्ष की शुरुआत होती है। इसी बीच राम नाटककार से पूछता है –"क्या मुझे इस पुराण पात्र का भार उतारकर संवाद करने की अनुमति है? कुछ समय तक की अनुमति मिलने पर दुबारा पूछता है– "क्या मैं इस रामत्व का दिव्य भार उतार सकता हूँ ?" उतना असहनीय है तो थोड़े समय के लिए उतारने की अनुमति देने पर सीता की ओर मुड़ते हुए कहता है –"तुम्हारा कोई भी नाटक मेरे साथ नहीं चलेगा। अगर तुम सीता हो तो राम के साथ वन या पहाड़ जहाँ भी हो जाना ही है। उस सन्दर्भ में सीता को भी नाटककार को जो सूझा उसको कहने की अनुमति देते हैं। उत्तर में सीता भी "मैं कहूँगी", तब राम–"बोलो कमीनी", तभी सीता "तुम्हारे साथ तो मेरा कुत्ता चलेगा।" इतना होने पर नाटककार अनुभव करते हैं कि इन पात्रों को इतनी स्वतन्त्रता देना उचित नहीं है। वे दिव्यभार युक्त संवाद कहने का दायित्व पुनः इन पात्रों पर सौंपते हैं। इस प्रकार नाटक पुनः संस्कार युक्त भाषा में परिवर्तित हो जाता है। साकेत में नियति के सामने पराजित होना प्रमुख समस्या है। नियति से प्रताड़ित दशरथ का परिचय होता है तो कांचनसीता के पात्र राम की पेशी करते दिखते हैं। इसमें आर्य द्रविड़ राजनीति की सूचना प्रबल रूप से है। लंकालक्षी का रावण मुनि-गुहा में उपेक्षित बदसूरत राक्षसी का साँवला बेटा है। जंगली लताओं की हार तक उसे उपलब्ध नहीं थी। जंगली नदी का गन्दा पानी पीकर, गिद्ध को पत्थर मारकर वह बड़ा हो गया। बड़े होने पर सेवा भाव से दासी वर्ग उसके चारों ओर प्रस्तुत नहीं थे। पत्नी को भी ख़ुद की ताक़त और श्रम से प्राप्त किया है। जब वह तारों पर चलकर आकाश छूने लगा तो यशोगान के लिए अनेक कवि लोग जुड़ गये थे। आज वे कविताएँ इतिहास बन चुकी हैं। "सीढ़ियाँ चढ़ते वक़्त अपने साथ अन्य होते एक वंश की रक्षा मैंने की है"

रावण विभीषण से पूछता है कि क्या तुम्हें इस बात का गर्व नहीं है क्या? इसमें एक दस्यु का विकास है। दूसरी जगह पर दस्यु और काले बन्दरों को मनुष्य समान न मानने की सूचना सी. एन. देते हैं। जिस आर्य द्रविड़ राजनीति के भीतर द्राविड़ स्वत्व को महत्त्व देने की कोशिश लंकालक्ष्मी में हुई, उसका अधिक स्पष्ट वर्णन कांचनसीता में है। रावण पक्ष की प्रधानता युक्त कांचनसीता में रावण के वक्तव्यों पर पूर्ण विश्वास शंका उत्पन्न कर देता है। मन्दोदरी द्वारा राम की पेशी पर यह बात शामिल है। इस संवाद में रावण द्वारा युद्ध के बाद विन्ध्य के तटों में जाने का और गीत सुनने की बात करते वक़्त सीता का सान्निध्य और रावण के भय आदि पर भी मन्दोदरी प्रश्नचिह्न लगाती है।

आर्य द्रविड़ संस्कार की प्रधानता से युक्त इन नाटकों में सबसे व्यक्त रूप से राम की अवधारणा की चर्चा कांचनसीता में हुई है। साकेत में दशरथ और लंकालक्ष्मी में रावण पात्र हैं तो कांचनसीता में मुख्य पात्र राम है। यहाँ सभी पात्र राम की पेशी कर रहे हैं। शुरुआत उर्मिला से होती है। सी.एन. द्वारा प्रस्तुत अनेक सम्भावनाओं में से कांचनसीता सिनेमा में अरविन्द की ओर से किये जानेवाला पहला सवाल है–"वाल्मीकि आश्रम से गुज़र के ही आप लोग आये थे न? तब सीता से मुलाक़ात नहीं हुई ?" उत्तर राम और लक्ष्मण दोनों के पास नहीं है। सिनेमा में दण्डकारण्य से होकर हुई यात्रा को विस्तृत रूप में दिखाया गया है। मगर यह पहला सवाल करनेवाली उर्मिला होती है।

कांचनसीता का एक वक्तव्य इस प्रकार है –"वे काले वानर आज आर्यों के गुलाम हैं।" यह आर्य द्राविड़ संस्कृति का सीधा यथार्थ है। आर्य द्राविड़ संस्कृति के माध्यम से भारत की वर्ण्य व्यवस्था की सूचना देने के लिए कांचनसीता का प्रयोग हुआ है। ब्राह्मण और क्षत्रिय के बीच का सम्बन्ध क्या है? ब्राह्मण के अधिकार क्षेत्र पर आश्रित शासन व्यवस्था, धर्म पर अधीन क्षत्रिय बोध का ही राष्ट्र है। धर्म पर अधिष्ठित शासन व्यवस्था के बारे में उर्मिला भी कहती है कि अद्भुत पराक्रमी वीर क्षत्रिय, ब्राह्मण सत्ता के आज्ञाकारी बनकर रहते देख दुख के कारण कहना पड़ा था। शास्त्र विधि के आधार पर वेद शिक्षा ब्राह्मणों तक सीमित हो गयी है। अधिकार का प्रत्यक्ष क़ब्ज़ा न करने पर भी अधिकार से पूरित है ब्राह्मण सत्ता। इस ब्राह्मण सत्ता के दास के रूप में रहने के लिए अभिशप्त है राम। साया बनकर भरत भी है। यह भारत के वर्ण या जाति बोध की समस्या है। इस समस्या का अन्त कांचनसीता में नहीं होता है। श्रीकण्ठन नायर की सबसे बड़ी खासियत इस बात में है कि अपनी इष्ट बात को वे कई बार दोहराते हैं। कांचनसीता में शम्बूक की कहानी असल में नहीं है। कहानी में धर्म का राजनीतिकरण की प्रस्तुति के लिए अन्त के थोड़े पहले शम्बूक पत्नी यह विषय लेकर आती है। शम्बूक-निग्रह ब्राह्मण वसिष्ठ के आग्रह पर हुआ था। राम पर इस घटना के कारण भरत और उसके साथ कई लोग

प्रश्नचिह्न लगाते हैं। इसी सन्दर्भ में शम्बूक पत्नी आकर शूद्र के अधिकार पर अपनी बात रखती है। भारत में प्रचलित वर्ण व्यवस्था के प्रतिपादन के लिए यहाँ रामायण और राम का उपयोग हो रहा है। इन नाटकों में किस प्रकार राम जाति एवं वर्ण बोध का गुलाम बन जाता है, यह सूचित किया गया है।

राम का साथ देनेवाले सभी राम पर प्रश्नचिह्न लगा रहे हैं। माँ कौसल्या भी इस श्रेणी में शामिल है। कौसल्या इस बात से चिन्तित है कि स्त्री शाप से मृत्यु आज परम्परा का भाग बन गयी है। पिता समान तुम भी इस शाप से मृत्यु वरण करने को तैयार हो रहे हो? यहाँ सीता की वन में उपेक्षा की बात होती है। प्रस्तुत सन्दर्भ में सी.एन. स्त्री विषय को उठाते हैं। राम से ही बुलवा देते हैं कि पत्थर और काँटें कानन में नहीं हैं बल्कि अयोध्या में हैं। राम अपने जीवन को किस नज़रिये से देखता है, यह सवाल भी सी.एन. उठाते हैं। कृति में एक जगह लव-कुश रामकथा गाकर घूमते हैं तो दूसरी ओर राम पूछता है कि यह शोक गाथा सुनने को किसको रुचि होती है। यहीं पर राम रामराज्य की मिथ्या होने की शंका प्रकट करता है। रावण भी अपने जीवन की व्यर्थता पर सवाल करता है। यानी कि उसको उस पर सन्देह होता है। राम और रावण एक समान अपने जीवन में त्रासदी हैं। दोनों में अपने साथ हो रही स्थितिगतियों की पहचान से छोटे-छोटे सवाल उठते हैं। यह रामायण की अन्त:सत्ता में नये प्रश्नों के लिए रास्ता छोड़ देता है। तब यह मनोहर, उदात्त, गुणगान युक्त सर्वों द्वारा सुनने की रुचि प्रकट करनेवाली विलाप रचना में रूपान्तरित हो जायेगा। इसी कारण से यह मृत्यु के समय गाने योग्य सिद्ध होता है।

बाद में राम से सवाल पूछनेवाला भरत है। भरत अपनी शासन निपुणता से राम को भी चकित करानेवाला है। भरत पूछता है– "क्षत्रिय ने अन्त में अपने को समर्पित कर दिया है न? महाराज? युद्ध करके,कई दिशाओं को जीतने के बाद अपनी आत्मा और सब कुछ ब्राह्मण के चरणों पर समर्पित किया है।" भरत राम की आलोचना करता है जिसने सीता की उपेक्षा की है। लेकिन वसिष्ठ के लिए समर्पित किया है। सबसे बड़ी ताज्जुब की बात यह है कि कांचनसीता में यज्ञ के समय राम दूसरे विवाह के बारे में सोचता है। पत्नी के बिना यज्ञ सम्पन्न नहीं होता है। सीता को बुलाने को कहने पर राम सीता को अन्य मानने वाली बात कहता है। सीता के बच्चों की भी स्वीकृति राम नहीं करता है। इस सन्दर्भ में वसिष्ठ द्वारा राम के दूसरे विवाह की आलोचना भी होती है। काशी महाराज की पुत्री के साथ रिश्ता तय हुआ है। काशी महाराज विवाह सम्पन्न कराने के लिए रवाना हो चुका है और राम भी इसके लिए तैयार है। सी.एन. के माध्यम से कांचनसीता में बहुपत्नीत्व की प्रथा का अंकन इस घटना के माध्यम से हुआ है। कैकेयी और भरत की मनाही के अतिरिक्त भी राम वसिष्ठ के आदेश का ही पालन करता है। यज्ञ के सम्पन्न होने के

लिए विवाह एक अनिवार्यता है। मगर इस बात पर सख़्त अतृप्ति हनुमान भी करता है। हनुमान राम को जानकीराम कहकर अभिहित करता है। देश से निष्कासित सीता का स्मरण उस समय निषिद्ध है। हनुमान इस तथ्य को मानता है कि जानकी के बिना राम नहीं है। वनवास के समय और लंका में होते समय आपके अन्दर जानकी हुआ करती थी। तब मैं आपको जानकीराम पुकार सकता था। यहाँ हनुमान के लिए वही राम स्वीकार्य है जिसके हृदय में जानकी है। राम के गलत निर्णय को गहराई से समझाने का प्रयास हनुमान द्वारा होता है। यहीं से कहानी में दूसरे संघर्ष की शुरुआत होती है।

शम्बूक पत्नी दर्शन के लिए अनुमति माँगती है। उसे अन्दर जाने की आज्ञा नहीं मिलती है। उस समय नेपथ्य से आवाज़ निकलती है–"शाप से ग्रसित राजा, महाकवि ने 'यत् क्रौंचमिथुनादेकमवधी' कहकर आपका स्मरण किया है। आप निषाद हैं। तारा और मन्दोदरी के शाप के बारे में आपको स्मृति है, राजा? आर्यवंश के सतीरत्नों के हृदयों का टूटना आपको याद है? इन शापों से मुक्ति कहाँ सम्भव है! एक हज़ार अश्वमेध यज्ञ से ख़त्म हो जायेगा क्या यह शाप? भर्तृघातक राजा तुम्हें कभी भी पत्नी सुख प्राप्त नहीं होगा।"

शम्बूक पत्नी के शब्दों में यदि 'मानिषादा' से शुरू होनेवाले चार पंक्ति के श्लोक से रामायण विकसित हुआ है तो उसमें जो निषाद है वह राम ही है। उर्मिला भी इस बात को स्वीकृति देती है। ब्राह्मण की बातें मानकर क्यों इसे विधवा बना दिया? इसी कारण से तो यह शोक गीत बन गया है। यह प्रश्न भी यहाँ प्रासंगिक है। यहीं पर राम विवाह न करने का और सीता की कांचनप्रतिमा को यज्ञ के लिए उपयोग करने का निर्णय लेता है। बहुत ही सुन्दर सी प्रस्तुति इस सन्दर्भ की हुई है। हनुमान कहते हैं– "हे आश्रितवत्सल राजाधिराज, मैं जो यहाँ देख रहा हूँ, एक ओर सीता की लौह प्रतिमा दूसरी ओर राम की लौह प्रतिमा। हे राज, कोसल राज्य में मानव नहीं हैं क्या? यहाँ लौह या शिला प्रतिमा मात्र हैं क्या?" सब शिलाओं में रूपान्तरित होनेवाला और सभी का लौह प्रतिमा बननेवाला मनुष्यत्व हीन समाज की ओर ही कांचनसीता की रामायण इशारा करता है।

इस प्रकार सी.एन. श्रीकण्ठन नायर और बालाचन्द्रन के नाटक आदि विद्यमान रामायण कथा की नयी व्याख्याएँ हैं। यह आधुनिकता एवं उत्तराधुनिकता में आकर रामायण का पुनःपाठ है। कावालम् का 'निष्लायनम्' इन सबसे भिन्न एक नयी नाटकीय प्रस्तुति है। इसमें कावालम् ने थल एवं काल के सम्मिश्रण से नयी पात्र प्रस्तुति एवं नयी रामायण कथा बुनने का प्रयास किया है। जैसे राम के राज्याभिषेक के समय चिता से आधा जले हुए शरीर से आनेवाला रावण, घाव भरी नाक और स्तन के साथ शूर्पणखा,चौदह वर्षों से न सोनेवाला लक्ष्मण, उसी प्रकार चौदह वर्षों से बिना पलकें बन्द किये लक्ष्मण का इन्तज़ार करती उर्मिला, स्वप्न सुन्दरी या कालमाता समान पात्र आदि 'निष्लायनम्'

के पात्र हैं। यह कहानी साकेत, लंका, दण्डकारण्य आदि की मिलती-जुलती जगह पर होती है। थल एवं काल के मेल से एक नयी अनुभूति का निर्माण है, जिसमें यथार्थ एवं मिथ्या धारणाओं की पहचान में कठिनाई का अनुभव होता है। इसमें सरयू नदी भी एक पात्र है। शूर्पणखा के अधीनस्थ होनेवाला लक्ष्मण एक नया पात्र है। संक्षेपतः नयी पात्र संयोजनाओं, नयी शैलियों और काल संयोजन ने कावालम् के नाटकों को नयी अनुभूति प्रदान की है। सृजनात्मकता और मंचीयता की दृष्टि से इस नाटक की चर्चा जितनी हुई उतनी और किसी की नहीं हुई।

अनुवाद : **अभिरामी एम.एस.**

कर्णाटक संगीत में राम

●

प्रो. जयलक्ष्मी

दशावतारों में सबसे श्रेष्ठ अवतार है श्रीराम अवतार। मानव के समान लौकिक एवं आध्यात्मिक अनुभूतियों से ज़िन्दगी बिताकर, अवतार पुरुष श्रीराम ने तथा लक्ष्मी देवी का अवतार सीता जी ने जनमानस में अपनी अलग पहचान बना ली है।

अनेक गीतकारों ने श्रीराम जी की महिमा तथा रामायण कथा का गुणगान करते हुए गीतों का सृजन किया है, एतद् द्वारा संगीत की दुनिया को काफ़ी सम्पन्न बना दिया है। संगीत के त्रिदेवताओं के नाम से जानेमाने त्यागराज स्वामी, मुत्तुस्वामी दीक्षितर और श्यामाशास्त्रिकल के समय को संगीत के सुवर्णकाल के रूप में माना जाता है।

1. **इसमें त्यागराज स्वामी** द्वारा रचित नब्बे प्रतिशत रचनाएँ श्रीराम पर आधारित हैं। उन्होंने श्रीराम को भाई, मित्र, अपना सब कुछ मानकर रचनाओं का सृजन किया है।

उदाहरण हैं–

दिव्यनामकीर्तन

शब्द को ज़्यादा महत्त्व तथा उसके अर्थ को प्रस्फुटित करने के लिए एक माध्यम के रूप में संगीत को अपनाकर, सुन्दर भक्ति की अभिव्यक्ति के लिए लिखी गयी रचनाएँ हैं ये।

कुछ उदाहरण हैं–

'जो जो रामा' नामक रीति गौला आदिताल का कीर्तन। पल्लवी[1] तथा समान लय के कई चरणों[2] से सम्पन्न गीत है यह। यह श्रीराम जी को सुलाने के लिए लिखा गया कीर्तन है। इसमें रघुकुलतिलक, फणिपरशयन आदि नामों से श्रीराम जी को सम्बोधित किया जाता है। इस कीर्तन का हर एक भाग एक व्यक्ति द्वारा गाकर, अनेक लोगों द्वारा दोहराने में सक्षम है।

'वंदनमु रघुनन्दना
सेतुबन्धना भक्तचन्दना रामा'

यह शहाना राग में लिखित कीर्तन है।

हे, रघुनन्दन, सागर को पार करनेवाले, भक्तों की इच्छाओं को पूर्ण करनेवाले और सुख प्रदान करनेवाले आपको सहस्र प्रणाम। आप क्यों मुझसे नफरत करते हो, क्या मैं आपके लिए अनजान हूँ? लक्ष्मी देवी के हृदय में निवास करनेवाले हे भगवन्, क्या मेरी परीक्षा करने में ख़ुश हो? हे राम आप करुणासागर हो, जल्दी ही इस त्यागराज के हृदय में आकर वास करो। इस रचना का अर्थ यह है।

कृतियाँ–

'रामनी समानमेवरु'–खरहरप्रिया (राग), रूपक (ताल)

हे राम आपके समान दूसरा कौन है? राम क्या आप सीता देवी की भक्ति से भरे उर में निवास करनेवाली चिड़िया हो? आप सुमधुर सुन्दर मृदुभाषी हो, त्यागराज के परिवार के पूजनीय बिम्ब हो। यह है इस रचना का सारांश।

'रामबाण'–सावेरी (राग), आदिताल (दुगुना)

'रामबाण त्राण शौरे'

राम का तीर अमूल्य है, इसके बारे में मैं क्या कहूँ? सीता को चाहनेवाले रावण की सेना का नाश करनेवाला है राम का तीर। इन्द्रजित के तीर से लक्ष्मण बेहोश हो गया है। उस लक्ष्मण को जगाने के लिए राम ने बिजली की कड़कड़ाहट से तीर चलाया। इस रचना में राम के तीर की महत्ता के बारे में बताया गया है। गाने के ढंग में आनेवाले बदलाव, तीर चलाने की भिन्नता के समान क्रमशः लम्बा और ज़्यादा सुन्दर स्वर के द्वारा प्रकट होनेवाला भाव, इस रचना को ज़्यादा आकर्षणीय बनाता है।

'उपचारमु' – भैरवी (राग), आदिताल (दुगुना)

'उपचारमुलनु चेकोनवय्या

उरगराजा शयना'

भक्ति आन्दोलन के साथ जुड़कर, मुख्यतः माघ तथा फाल्गुन के महीनों में चलनेवाले 'राधाकल्याणम', 'सीताकल्याणम' और 'दिव्यनामम' के अवसर पर भगवान से प्रार्थना करनेवाला गीत है यह।

हनुमान तथा भाई लक्ष्मण आपकी सेवा में हैं, लेकिन यह सोचकर मुझे और मेरे साथियों को मत भूलिए, हमें छोड़िए मत। आपकी आशीष की कामना से मैं आपका

गुणगान करता हूँ। पहरेदार हनुमान, कवच के समान तेरी रक्षा के लिए तेरे निकट रहनेवाले भाईगण, तेरे अकेलेपन में तुझे खुश करनेवाली सीता देवी की उपस्थिति में और किसी सेवक की ज़रूरत नहीं है, तेरी यह सोच सच है।

एक सगे मित्र के साथ बात करने के समान त्यागराजस्वमिकल ने इस रचना का निर्माण किया है।

चक्कनी राजा—खरहरप्रिया (राग), आदिताल (दुगुना)

'चक्कन्नी राजमार्गमुलुण्डहा'

इस कृति का सारांश यह है कि अच्छे मार्ग का होते हुए सँकरी गली को अपनाने की क्या ज़रूरत है? त्यागराजस्वामिकल की ज़्यादातर रचनाएँ अनमोल रत्न के समान हैं।

2. श्री सदाशिव ब्रह्मेन्द्र द्वारा रचित **'चेतः श्रीरामं'** नामक रचना से सब लोग परिचित हैं। मेरी माता श्रीमती गोमती कृष्णमूर्ति ने इस कृति को सारमति राग में रचा है। इस कृति में ऐसा बताया गया है कि भगवान श्रीराम जी नवरत्न से ज़्यादा तुलसी के हार को पसन्द करते हैं। तुंबुरु के गान तथा हनुमान की उपस्थिति चाहने वाले भगवान श्रीराम जी के चरणस्पर्श से अहल्या को मोक्ष मिला है।

3. रामनाटक-अरुणाचल कवि द्वारा लिखित एक सुन्दर गीतिनाट्य है रामनाटक। यह एक नवरस काव्य है। इसमें श्रीराम जी के जीवनचरित को सुन्दर गीतों के ज़रिये आकर्षक बनाया गया है। इसकी सबसे बड़ी विशेषता यह है कि सभी पात्रों की बातचीत संगीत के ज़रिये प्रस्तुत की गयी है।

उदाहरण–

हुसेनी राग के 'एप्पटि मनम तुनिन्ततो' नामक कृति मन को हल्का करने में सक्षम है। इस कृति का सृजन यों किया गया है कि श्रीराम जी के चौदह साल के वनगमन की ख़बर सुनकर सीता देवी बहुत अफ़सोस होकर उनसे पूछती हैं कि मुझे छोड़कर जंगल में जा रहे हो यह कहने की हिम्मत आपको कैसे मिली? आपने वादा किया था कि अगले जन्म में भी मुझे नहीं छोड़ेंगे, कभी अलग नहीं होंगें, क्या यह सब बेकार हो गये? आप इस निरालन्ब सीता को गतिहीन होकर छोड़ देंगे? ईख के काटने के समान क्या आप यह कहते हो स्वामी? कभी नहीं छोड़ेंगे, यह वादा क्या व्यर्थ हो गया? इतना कटुवचन कहने के लिए आपका मन क्या पत्थर बन गया है?

इस कृति की विशेषता यह है कि अर्थ की गम्भीरता रागभाव की वजह से गानेवाले तथा सुननेवाले दोनों को रुलाने की क्षमता है, यह सत्य भी है।

‘यारो इवर यारो, एन्न पेरो अरियेन’–भैरवी राग

यह जनप्रिय कृति है। श्रीराम जी विश्वामित्र ऋषि के साथ मिथिला के रास्ते से चलते वक़्त सीता देवी श्रीराम को तथा श्रीराम जी सीता को देखते हैं। श्रीराम की शोभा में आकृष्ट होकर सीता देवी अपनी सखी से पूछती हैं। वह है इस कृति में।

‘कणवेणुम लक्षम कणकल’–शुरुट्टि राग

रावण की बहन शूर्पणखा ने आकाश में चलते वक़्त यह देखा है कि नीचे पर्णकुटीर से कुछ दूर लक्ष्मण समिधा तैयार कर रहे हैं। उन पर आकृष्ट होकर शूर्पणखा ने एक खूबसूरत नारी का रूप धारण किया और उनके पास आकर शादी का प्रस्ताव रखा। लक्ष्मण ने उसकी योजना समझकर श्रीरामजी को इशारा करते हुए यह बताया है कि, तेरे लिए योग्य पुरुष ज्येष्ठ श्रीराम हैं, जाकर उनसे पूछो। श्रीराम ने मुस्कुराकर उन्हें वापस लक्ष्मण की ओर भेजा। दो-तीन बार ऐसा हुआ। फिर शूर्पणखा श्रीराम के पास आयी और सीता को देखकर बहुत रुष्ट हुई। राक्षसी का रूप धारण करते हुए वह सीता को खाने के लिए तैयार हुई। तब लक्ष्मण ने उसकी तलवार से उसकी नाक और वक्षस्थल को काट दिया। बहते हुए ख़ून के साथ वह रावण की सभा में पहुँचकर झूठ बोली। सीता के सौन्दर्य का वर्णन करते हुए उसने ऐसा बताया है कि उसने सीता को रावण के पास पहुँचाने की कोशिश की, तब उसके साथ ऐसा अन्याय हुआ।

सीता देवी को देखने के लिए लाखों आँखों की ज़रूरत है। दुनिया भर को भयभीत करनेवाले, सभी दिशाओं से यश हासिल करनेवाले हे रावण, तुम्हारी ये बीस आँखें क्या इसके लिए काफ़ी होंगी? विल्वपत्र जैसी उसकी दृष्टि तीर के समान तीक्ष्ण है। उसकी वाणी अवर्णनीय एवं सुन्दर है। उसका कुण्डल नवरत्न तथा सोने से निर्मित है, उसकी चाल हंस के समान है। इस दुनिया में उसके समान सिर्फ़ वे ही हैं।

‘रामर स्वामी दूतन’–मोहनम (राग)

सीता देवी को ढूँढ़ने के लिए लंका में हनुमान पहुँचता है। कई जगहों पर ढूँढ़ने के बाद उसने अशोक वृक्ष के नीचे राक्षसियों की पहरेदारी में देखा। वह छोटा आकार धारण करते हुए पेड़ के पत्तों के बीच से उसे देख रहा था। राक्षसी गण के सोने के बाद जय श्रीराम जपकर वह नीचे उतर आया। छद्मरूप से आनेवाला कोई राक्षस समझकर सीता देवी भयभीत हो गयीं। तब उसने श्रीराम द्वारा सौंपी गयी अँगूठी दिखाई। सीता श्रीराम के लिए अपना चूड़ामणि उनको देती है। वापस जाने के पहले रावण को देखकर सलाह देने की इच्छा से हनुमान ने बाग बगीचे को झकझोर दिया। वह अन्त में रावण की सेना के चंगुल में फँस गया। रावण की सभा में एक दूत को मिलनेवाला उचित आदर सम्मान हनुमान को नहीं मिला। उस पर रुष्ट होकर हनुमान अपनी पूँछ लपेटकर उसके ऊपर, रावण से ऊँचे

स्थान पर बैठा। कुपित होकर रावण ने पूछा कि–अरे बन्दर तू कौन है?[3] इसके जवाब के रूप में हनुमान यह कृति सुनाता है।

'रामवर स्वामी दूतर नानटा अटटा रावणा एन पेर हनुमानाटा'

एक बार 'टा' के प्रयोग करने के बदले व्यंग के रूप में हनुमान ने तीन बार 'टा' का प्रयोग किया है। यह हास्य प्रधान कृति है।

4. महाराज स्वातितिरुनाल का योगदान–'भावयामि रघुराम' नामक रागमालिका में सम्पूर्ण रामायण कथा की चर्चा विभिन्न भागों में उचित रागों द्वारा की गयी है।

सरस्वती राग में लिखित **'सादरमवा'** नामक कृति–**'रामचन्द्र प्रभु तुम बिन प्यारे कौन खबर ले मेरी'** नामक हिन्दुस्तानी भजन से मात्र केरल के लोग नहीं बल्कि पूरे भारत तथा विदेशी लोग परिचित हैं।

5. हरिकेशनल्लूर डॉ. एल. मुत्तय्या भागवतर द्वारा लिखित कृतियाँ–

'संगीता लनकुशा' नामक सिनेमा के लिए मुत्तय्या भागवतर द्वारा लिखित तथा संगीत दी गयी कृति बहुत खूबसूरत है। श्री राम जी की सभा में लव-कुश द्वारा गायी गयी कृति है यह। इसका सृजन शंकराभरणम राग में पाश्चात्य ढंग से किया गया है।

'पिता पदम पणिन्तीटों कुमारर एमैमु आलुम देवने सदा उदमु पादमे पणिन्तीटों'।

6. तुलसीदास भजन–यमुनाकल्याणी (राग)

'श्रीरामचन्द्र कृपालु भजमन
हरण भव भय दारुणम्
नव कंज लोचन कंज मुखकर
कंज पद कंजारुणम'

'कंज' शब्द का प्रयोग कमल, सुन्दर, मुलायम जैसे अनेक अर्थों में अनेक बार किया गये है। यह यमक अलंकार है।

संगीत सागर है। उदाहरणों को पूर्ण करना सभी लहरों को पार करने के समान असम्भव है।

अनुवाद : **डॉ. हेमा नारायणन**

सन्दर्भ

1. प्रारम्भिक पंक्तियाँ
2. अन्तिम पंक्तियाँ
3. 'कौन है' के लिए इस गीत में 'आरेटा' शब्द का प्रयोग किया गया है।

संगीत में राम

श्रीवत्सन जे. मेनोन

कर्नाटक संगीत में अभिव्यक्त राम संकल्पना के बारे में सोचते हुए दो प्रश्न मन में उभर आये। पहला प्रश्न है–श्रीराम यानी रामायण-कथा ने संगीत को किस तरह प्रेरित किया है? या स्वयं संगीत ने ही श्रीराम के विभिन्न भावों को अपने में समेटा है? दूसरा प्रश्न यह है कि केरल में पली कर्नाटक संगीत परम्परा में किस हद तक राम संकल्पना की अभिव्यक्ति हुई है? कर्नाटक संगीत का विकास, विशेष रूप से केरल में संगीत के विकास के बारे में अध्ययन करनेवाले एक विद्यार्थी के लिए संगीत पर श्रीराम के प्रभाव को ढूँढ़ना उतना आसान नहीं होगा क्योंकि केरल में श्रीराम पर केन्द्रित रचनाएँ कम ही रची गयी हैं। स्वातितिरुनाल की कुछ रचनाओं में राम को हम देख सकते हैं, लेकिन उनके इष्टदेव तो श्री पद्मनाभ ही हैं।

मलयालम भाषा साहित्य की विकास यात्रा में रामायण की देन अत्यन्त महत्त्वपूर्ण है। 13वीं सदी के कवि चीरामन द्वारा रचित 'रामचरितम्' को मलयालम की सर्वप्रथम श्रीरामकथा मान सकते हैं। 'रामकथापाट्टु' का रचना काल क़रीब 14वीं सदी माना जा सकता है। ऐसा कहा जाता है कि 'रामकथापाट्टु' का गायन बाद में तिरुवनन्तपुरम पद्मनाभस्वामि मन्दिर, में हुआ करता था; वह भी स्वातितिरुनाल के क़रीब 400 वर्ष पहले। 'चम्पू युग[1]' के बाद 15वीं सदी के निरणं कवियों की 'कण्णश्श रामायण' तथा 16वीं सदी में तुञ्जत्तेषुत्तच्छन् की 'अध्यात्म रामायण' तक के मलयालम भाषा के इतिहास से तो हम अवगत हैं। इस दौर में कहीं भी रामायण पर आधारित होकर या अन्य प्रकार से एक भिन्न विधा के रूप में संगीत का विकास नहीं हुआ था। मलयालम संगीत की लोकगीत शैली तथा सोपान शैली[2] से तो हम परिचित हैं। परन्तु सोपान शैली के होते हुए भी, केरल में श्रीराम मन्दिर विरले ही होते थे। आज भी उस स्थिति में ज़्यादा परिवर्तन तो नहीं हुआ है। मेरा मानना है कि आज भी केरल में 10 से कम राम मन्दिर ही पाये जा सकते हैं। ऐसी स्थिति में, सोपान संगीत के होने का दावा करते हैं तो उसका काल 9वीं सदी के आसपास ही होगा क्योंकि उसी कालखण्ड में ही केरल में मन्दिरों

का आगमन हुआ था। कुलशेखर आळ्वार के समय से लेकर केरल में मन्दिरों का आविर्भाव हम देख सकते हैं। इन तथ्यों के आधार पर देखते हैं तो 'एषुत्तच्छन्' के युग तक संगीत में रामकथा का आविर्भाव हम नहीं देख सकते। कर्नाटक संगीत परम्परा का उल्लेख किये बिना ही मेरा यह उल्लेख है। संगीत में भी, लोक संगीत की एक धारा बरकरार रही है, उसका निषेध मैं नहीं कर रहा हूँ। लोक गीत की एक समृद्ध परम्परा मलयालम में रही है। उस धारा के आविर्भाव की ओर देखें तो पता चलेगा कि लोकगीत यानी सोपान संगीत का आदिम रूप माने जानेवाली 'तमिष् पण्ण' (तमिलनाडु के पण्ण का अर्थ होता है राग) रागों का ही अविकसित रूप है। 'पुरनीरा' या 'खण्डार', 'कानन कुरिंजी' जैसे मात्र कथकली में प्रयुक्त होनेवाले सभी राग तमिल पण्ण के अन्तर्गत ही आते हैं। तमिल की इस पुरानी परम्परा में भी रामायण का उल्लेख नहीं के बराबर है। लेकिन आगे तुञ्जत्तेषुत्तच्छन के युग तक आते हुए हम देख सकते हैं कि दक्षिण केरल में आषाढ़ (कर्किटक) के महीने में रामायण पाठ की एक परम्परा का आविर्भाव किसी न किसी प्रकार हुआ था और उत्तर और मध्य केरल में तो यह पाठ संगीतात्मक शैली में, रागबद्धता से हुआ करता था।

आगे मराठा, नायक जैसे शासकों के शासनकाल तथा उसके बाद इस्लाम उपनिवेश के दौरान तंजावूर से अनेक महान संगीतज्ञ तिरुवतांकूर में तथा, पोल्लाच्ची-पालक्काड़ सुरंग से होकर पुतुनगरम, कोडुवायूर, कलप्पात्ति, गुरुवायूर तक के प्रदेशों में आकर बसने लगे। इस प्रकार विजयनगर साम्राज्य के अन्त तक केरल के दो प्रदेशों में ये स्थानान्तरित ब्राह्मण जड़ें जमाने लगीं। वास्तव में शास्त्रीय संगीत यानी दक्षिण भारतीय संगीत को केरल तक ले आने का श्रेय इस ब्राह्मण समाज को है। आगे स्वातितिरुनाल के युग तक आते-आते कर्नाटक संगीत का प्रचार बढ़ने लगा और मोहिनियाट्टं[3], भरतनाट्यं[4] जैसी कलाओं का भी प्रभाव इस पर होने लगा। स्वातितिरुनाल की सभा कलाकारों और कलाकाराओं का एक बड़ा संगमस्थान हुआ करती थी। आज की महान नर्तकी बालसरस्वती की प्रपितामही कामाक्षियम्माल, तंजावूर से वटिवेलु के साथ स्वातितिरुनाल की सभा में आकर 10 साल तक वहीं रहा करती थीं, ऐसा माना जाता है। इस दौरान ब्राह्मणों के दो विभाग पलक्काड़-कलप्पात्ति प्रदेशों में जड़ें जमाते गये। यहाँ से आये पलक्काड़ परमेश्वर भागवतर, नूरणि परमेश्वर भागवतर जैसे संगीत के विद्वानों ने स्वातितिरुनाल की सभा से जुड़ते हुए ख्याति प्राप्त कर ली। यहाँ तक आते-आते हम श्रीराम कीर्तनों का आविर्भाव देख सकते हैं। लेकिन इसके ठीक पहले 16 वीं सदी से ही इससे अलग संगीत की एक धारा भी जन्म लेने लगी—वह है रामनाट्टं[5] से सम्बद्ध संगीत की धारा। कृष्णनाट्टम[6] की कथा से आप लोग अवगत होंगे। कृष्णनाट्टम की प्रस्तुति के लिए कोट्टारक्करा के महाराजा

(कोट्टारक्करा तंपुरान) सामूतिरि सभा के कलाकारों को निमन्त्रण दिये तो सामूतिरी ने कई बहाने बनाते हुए उनको भेजने से मना कर दिया। ऐसी स्थिति में कोट्टारक्करा तंपुरान ने 'रामनाट्टम' के नाम से आठ आट्टक्कथाओं[7] की रचना की। 'रामनाट्टम' रामायण पर ही आधारित है। आज कथकलि में जिन आट्टक्कथाओं को हम देखते हैं, वे रामनाट्टम के लिए बनायी गयी थी। रामनाट्टम् में राम-रावण युद्ध तक के सन्दर्भों को कथा के रूप में प्रस्तुति मिली है। इसके आगे कोट्टारत्तिल शंकुण्णी ने रामायण को आधार बनाकर पट्टाभिषेक, उत्तर रामायण, लव-कुशों के आगमन, लवणासुरवध जैसी आट्टकथाओं की रचना की। इस प्रकार रामायण पर आधारित कथकलि की एक सशक्त धारा आगे आती है। यहाँ केरलीय शैली से युक्त संगीत की एक धारा का विकास हम देख सकते हैं। संक्षेप में कहें तो तमिल पण्ण तथा यहाँ पर प्रचलित अन्य एक विधा 'कोट्टिप्पाड़ि सेवा[8]'–इन सब के प्रभाव और परिणाम से ही कथकलि संगीत का आविर्भाव हुआ है। यदि पूछा जायें कि यह कर्नाटक संगीत के क़रीब है या उससे दूर, तो इन दोनों के बीच ही मान सकते हैं। सुनने में कर्नाटक संगीत के बहुत क़रीब होते हुए भी दोनों में कुछ अन्तर ज़रूर हैं।

यहाँ मैंने संगीत के विकास को रामकथा के सन्दर्भ में प्रस्तुत करने की कोशिश की है। इसको राम पर आधारित एक मोड़ देने में कोई आपत्ति नहीं है, क्योंकि रामनाट्टम् को केन्द्रित करते हुए, वहाँ से कथकलि के आविर्भाव को हम देख सकते हैं। 19-20 सदी तथा 20-21 सदी के आस-पास कथकलि संगीत में अनेक परिष्कार आये। इस पर भी हमारे मन में अनेक शंकाएँ उत्पन्न हो सकती हैं। मात्र कथकलि संगीत में प्रयुक्त केरल के अपने इन रागों के बारे में सुनते हुए हमें गर्व का अनुभव तो होगा ज़रूर। लेकिन इनके पीछे की तमिल परम्परा को हम नज़र अन्दाज़ नहीं कर सकते। यह स्वाभाविक भी है क्योंकि, हम जानते हैं कि भौगोलिक अलगाव तो हाल ही में हुआ है। अतएव एक प्रदेश विशेष के चारों ओर होनेवाले सांस्कृतिक लेन-देन भी तो स्वाभाविक है।

अब यह देखते हैं कि स्वातितिरुनाल को राम केन्द्रित रचनाएँ करने की प्रेरणा कहाँ से मिली होगी?।

"रामा रामा पाहि, रामा रामा पाहि" यह कीर्तन 'देवगांधारि' राग में लिखा गया है। वैसे ही "राम राम गुणसीमा" यह कीर्तन राग 'सिंहेन्द्रमध्यम' में रचा गया है। स्वातितिरुनाल की सौ रचनाओं को लेते हैं तो उनमें से पाँच श्रीराम स्तुतियाँ हैं और बाकी श्री पद्मनाभ पर केन्द्रित हैं। एक अन्य मुख्य कीर्तन है "**भावयामि रघुरामं भव्य सुगुणा रामं**"– जिसमें सम्पूर्ण रामायण को उन्होंने बीस-पच्चीस पंक्तियों में समेटा है। स्वातितिरुनाल के ही दशावतार वर्णन भी काफ़ी प्रसिद्ध हैं। प्रत्येक व्यक्ति के इष्ट देव या इष्ट देवता होते

ही हैं, स्वातितिरुनाल के इष्ट देव श्री पद्मनाभ होने के कारण राम पर आधारित रचनाएँ कम रची गयी हैं।

तंजावूर के तिरुवैय्यार में त्रिमूर्तियों के नाम से प्रसिद्ध संगीताचार्यों में अग्रणी थे श्री त्यागराज स्वामिकल। दक्षिण भारत के कर्नाटक संगीत के विकास की शुरुआत त्यागराज स्वामिकल, श्यामशास्त्री तथा मुत्तुस्वामि दीक्षितर–इन तीनों के माध्यम से हुई थी।

ये स्वातितिरुनाल के समकालीन ही थे। इनके अलावा केरल में विकसित शास्त्रीय संगीत की परम्परा में षड्काल गोविन्द मारार और इरयिम्मन तम्पि भी हैं। इरयिम्मन तम्पि के बारे में कुछ विचार करते हुए हम त्रिमूर्तियों की ओर आ जायेंगे। जहाँ तक मेरी जानकारी है, इरयिम्मन तम्पि ने श्रीराम पर कोई भी कीर्तन नहीं रचा है। शायद मैं गलत भी हो सकता हूँ, क्योंकि उनकी बहुत-सी रचनाएँ विनष्ट हो गयी हैं। इसलिए ही हम निश्चित रूप से यह बता भी नहीं सकते। लेकिन श्रीकृष्ण पर आधारित बहुत-सी रचनाएँ उनकी हैं–

करुणा चैवान एन्तु तामसं कृष्णा...
ओमनत्तिङ्गल किड़ावो...
अड़िमलरिण तन्ने कृष्णा अडियनोरवलम्बम...

ये सब इरयिम्मन तम्पि की रचनाएँ हैं। इस दृष्टि से देखते हैं तो पता चलेगा कि स्वातितिरुनाल ने ही मलयालम के संगीतज्ञों की इस लीक से हटकर श्रीराम पर केन्द्रित कीर्तनों की रचना की हैं। तंजावूर संघ का प्रभाव इसका मुख्य कारण हो सकता है, इसके अलावा त्यागराजकृतियों का भी पर्याप्त प्रभाव इन पर हुआ होगा। त्यागराज स्वामी के बारे में बताएँ तो उनका इष्ट देवता श्रीराम ही है। उनके लिए कृष्ण, देवी, ब्रह्मा–सब श्रीराम हैं। संगीत के क्षेत्र में त्यागराज स्वामी के योगदान को परखें तो पता चलेगा कि उनकी अधिकांश रचनाएँ नवधा भक्ति के आशय से ओतप्रोत हैं–

श्रवण–रामकथासुधा (मध्यमावती)
कीर्तन–नयी भक्तिभाग्यसुधा (जयमनोहरी)
स्मरणं–स्मरणे सुखमु श्रीरामचन्द्रा
पादसेवनं–रघुनायका नीपादयुग राजीवमुलने
अर्चनं–कोलुवमरगता कोदण्डपाणी (तोड़ी)
वन्दनं–वन्दनामु रघुनन्दना सेतुबन्धना नित्य चन्दना (शहाना)
दास्यं–तव दासोहं तव दासोहं तव दासोहं तव दासोहं दाशरथे
सख्यं–दयराणी दयराणी दयराणी (मोहनं)

आत्मनिवेदनं-कलहरमेलारा हरे श्रीरामचन्द्रा (शुद्ध सावेरी)

इस नवधा भक्ति के अलावा प्रेम भक्ति से भरी (माधुर्य भक्ति की संकल्पना में राम को अपने प्रेमी के रूप में पाया जाता है) अनेक रचनाएँ उन्होंने की हैं-

एडी जन्ममीदिह ओ रामा

एडी जन्ममीदिहा। ... (वराली)

राम की सुन्दरता का वर्णन करनेवाली "लावण्य रामा, सुन्दर रामा"–जैसी अनेक रचनाएँ हैं।

वात्सल्य भक्ति से युक्त रचनाएँ राम को पुत्र के रूप में देखते हुए रची हुई हैं–

सीतम्म मायम्म सीतम्म मायम्म श्रीरामुडु मातंगी

–इस कीर्तन में वात्सल्य भक्ति झलकती हैं।

त्यागराजस्वामी अपने सम्पूर्ण भौतिक जीवन तथा समस्त सांसारिक व्यवहार में श्रीराम से निरन्तर वार्तालाप करते हुए दिखाई देते हैं। ऐसी एक शैली दीक्षितर, श्याम शास्त्री या स्वातितिरुनाल तक में नहीं देख सकते। अपने इष्ट देव या देवी का वर्णन ही अन्य संगीतज्ञों ने किया है। विशेष रूप से दीक्षितर की ज़्यादातर रचनाएँ इस प्रकार की हैं। नवग्रह कीर्तन, नवावरण कीर्तन–इन सब में वर्णनात्मक शैली है। लेकिन त्यागराज स्वामी द्वारा रचित कीर्तन मुख्य रूप से श्रीराम के साथ उनके वार्तालाप ही हैं।

त्यागराज स्वामी द्वारा रचित कीर्तनों में श्रीराम के साथ बातचीत करने की शैली हम देख सकते हैं। उदाहरण के लिए "निधित्साला सुखमा, रामुनि सन्निधिसेवा सुखमा ... "जिसको मैं अपनाऊँ, निधि को या श्रीराम की सन्निधि को?", ऐसा प्रश्न करते हैं वे। आगे वे पूछते हैं–"द्वैतमो सुखमा अद्वैत सुखमा..." द्वैत या अद्वैत जिस मार्ग को मैं स्वीकारूँ?–ऐसे दार्शनिक प्रश्नों के साथ साथ, "मैं कब से आपके इन्तज़ार में हूँ, क्यों मुझे मिलने नहीं आते?" ऐसे भी वे अपने मन को श्रीराम के सम्मुख प्रस्तुत करते हैं। इसके अलावा धार्मिक पाखण्डियों पर भी उन्होंने प्रहार किया है–"भस्म धारण करते हुए रामभक्ति का दिखावा करनेवाले बहुत सारे ब्राह्मण हैं। आप क्यों उन पर कृपा करते हैं? इस त्यागराज को ही क्यों आशीर्वाद नहीं देते"–इस प्रकार की रचनाओं के माध्यम से राम के प्रति अपनी श्रद्धा व्यक्त करने के साथ-साथ वे तत्कालीन सामाजिक स्थिति का चित्रण करते हैं और धार्मिक पाखण्डों तथा अनाचारों के ख़िलाफ़ आवाज़ उठाते हैं। त्यागराज स्वामी के लेखन में विद्रोह का स्वर गूँज उठता है। जैसे हम समझते आये हैं, उन्होंने मात्र भक्ति रस से आप्लावित रचनाएँ ही नहीं कीं, बल्कि, समय के अनुसार सही राजनैतिक दृष्टिकोण को भी प्रस्तुत किया। दूसरी तरफ़ उनकी रचनाओं में एक

मनोवैज्ञानिक बिम्ब के रूप में राम उभरकर आता है। त्यागराज स्वामी के लिए संगीत, भक्ति की अभिव्यक्ति के साथ-साथ मनोवैज्ञानिक संवेदनाओं को प्रस्तुत करने का सशक्त माध्यम है; इसको हम मात्र आत्मबोध से उभरी अभिव्यक्ति के रूप में देख सकते हैं। राम की आलोचना या उनसे संवाद से भी परे हैं यह। व्यक्ति सत्ता के परे की एक अतीन्द्रिय सत्ता को पहचानते हुए, उनमें आश्रय लेकर स्वयं को पहचानने का एक तरीक़ा। त्यागराज स्वामी के लिए तो संगीतरूपी वैयक्तिक अनुभूति की परिपूर्णता में परमात्मा से आत्मा के संवाद का विशिष्टानुभव ही प्राप्त हो रहा था।

व्यक्ति किस प्रकार से स्वयं का उद्धार कर सकता है? एक कलाकार किस प्रकार कला या संगीत के माध्यम से औन्नत्य को प्राप्त कर सकता है? व्यक्ति को अपने आप का परिष्कार, संस्करण, प्रगति–इन सब को धीरे-धीरे जीवन में लाते हुए आगे बढ़ना है। भक्ति, आत्मसमर्पण आदि चरण इसकी ओर ले जानेवाले पथ हैं। अपने आप पर बरतनेवाली ईमानदारी से ही ये सब जन्म लेते हैं। जिस कला की हम उपासना करते हैं, स्वयं हमें वही बनना चाहिए। कला के प्रति समर्पण की पराकाष्ठा में ही यह सम्भव हो सकता है। यह एक प्रकार की अद्वैत भावना है, जहाँ तक पहुँचना उतना आसान नहीं।

त्यागराज स्वामी तथा उनके पूर्व श्री पुरन्दर दास जैसे महात्माओं ने यही किया था। वे ईश्वर के साथ संवाद करते थे। इस संवाद को जन साधारण भी सरलता से समझ सकते हैं। इसके लिए कभी भाषा ज्ञान या अर्थ ज्ञान भी ज़रूरी नहीं होता है। भक्ति आन्दोलन की एक विशेषता के रूप में भी इस शैली को हम देख सकते हैं। राम, कृष्ण, आदि को हमारे ही बीच का एक व्यक्ति समझते हुए बात करने की, संवाद करने की यह शैली अन्य भारतीय भाषाओं में भी देख सकते हैं। तुलसीदास, पूँतानं (मलयालम के प्रसिद्ध भक्त कवि) कबीर, त्यागराज–ये सब इसी पथ को अपनाये हुए थे।

इस शैली में जन साधारण को हठात आकर्षित करने की क्षमता है; इसमें कोई बुराई भी नहीं है। मेरे कहने का मतलब है कि द्वैत की संकल्पना में मैं और आप हैं, यानी भगवान् और मैं हूँ। उसी संकल्पना से ही हम भगवान् का भजन कर सकते हैं। 'भागवतर[9]' शब्द का प्रयोग भी यहीं से आता है। किसी दूसरे का गुणगान करते हैं, इसीलिए भागवतर है। मैं अपने ही बारे में गायन नहीं कर सकता। मैं एक महान व्यक्ति हूँ, इस प्रकार कभी भी नहीं बोल सकता। इन सभी संकल्पनाओं को त्यागराज स्वामी ने अपनी रचनाओं के द्वारा सुन्दर ढंग से प्रस्तुत किया है। इतना ही नहीं राम को अपने इष्ट देवता के रूप में स्वीकारते हुए सबसे अधिक रचनाएँ उन्होंने ही की हैं।

दीक्षितर द्वारा रचित राम कीर्तन बहुत कम हैं। राग 'मणिरंग' में 'मामवा पट्टाभिरामा'– इस बोल से शुरू होनेवाली एक रचना है। "रामं रविकुलाब्धिसोमं"–राग 'नारायणगौला'

में रचा हुआ एक अन्य कीर्तन है। उनकी अधिकतर रचनाएँ देवी तथा नवावरण के ऊपर हैं। और एक बात यह है कि वे त्यागराज स्वामी से बिल्कुल भिन्न थे। उन्होंने सम्पूर्ण भारत की यात्रा करते हुए बद्रीनाथ, कैलास के अद्वितीय सौन्दर्य, केरल के गुरुवायूर और शबरीमला–इन सबके बारे में लिखा। लेकिन इन त्रिमूर्तियों में सबसे ज्येष्ठ यानी पुराने हस्ति श्री श्यामशास्त्रिकल ने कभी भी श्रीराम के बारे में कुछ भी नहीं लिखा है। इसका मतलब है कि त्यागराज स्वामी के समान रामकथाओं के गायन करनेवाले अन्य कोई भी विद्वान नहीं हैं।

त्यागराज में भद्राचलम रामदास का बहुत बड़ा प्रभाव है। वे भद्राचलम प्रदेश के रहनेवाले थे। प्रसिद्ध कीर्तन 'क्षीरसागर शायना' के चरण में भद्राचलम रामदास का उल्लेख किया गया है। भद्राचलम रामदास ने ज़्यादातर श्रीराम कीर्तन ही लिखे हैं, लेकिन पुरन्दरदास तो कृष्णभक्त थे। त्यागराज स्वामी के बाद आनेवाले, उनके ही शिष्य–जैसे पट्टनम सुब्रमण्य अय्यर, और उनके बाद, मैसूर वासुदेवा आचार्य जैसे बाद में आनेवाले सभी संगीतज्ञ राम के बारे में बहुत लिखते हुए दिखाई देते हैं। मुझे लगता है कि केरल के मन्दिरों में 'कोट्टिप्पाटि सेवा' की प्रधानता होते हुए भी श्रीराम मन्दिरों में सोपानसंगीत गायन की परम्परा विरले ही है। आजकल इसका प्रचार दिखता है तो, हाल ही में शुरू हुआ होगा। कोट्टिप्पाटि सेवा भी गुरुवायूर से होकर राममंगलं तक ही प्रचलित है। षड्काल गोविंद मारार जैसे अनेक महान संगीतज्ञ राममंगलम से हैं। आज-कल कलरकोड जैसे प्रदेशों में भी सोपानसंगीतालापन करनेवाले मिलते हैं और हाल ही में उसमें बहुत परिष्कार भी होते हुए देख सकते हैं।

देवी-देवताओं के बारे में विचार करते वक़्त यह भी हमें सोचना चाहिए कि एक संगीत विद्यार्थी के नाते हमारा सम्बन्ध तथा समर्पण राम या कृष्ण से नहीं, बल्कि संगीत कला से होता है। इसका मतलब है, यदि हम एक राग को स्वीकार करें–चाहे वह राग तोड़ी, कल्याणी या अन्य कोई भी हो–उसका सही आलाप कैसे हो, यही मुख्य बात है। उसमें, श्रीराम, कृष्ण, देवी या कोई भी अन्य देवता हो सकता है। कभी श्रृंगार पद भी हो सकता है; श्रृंगार पद का आलाप करते हुए भी हमारे मन में प्रेम की भावना नहीं जागती, बल्कि उस राग के प्रति प्रेम जागता है। यही एक फ़र्क़ संगीत में हम देख सकते हैं। यह ज़रूरी नहीं है कि संगीत का विकास किसी भी मिथक या पुराणकथा से ही हो। लेकिन साहित्य के बारे में ऐसा शायद नहीं बता सकते, परन्तु संगीत की स्थिति साहित्य से भिन्न है। स्वयं त्यागराज स्वामी एक बड़े उदाहरण के रूप में हमारे सामने हैं। वे तो मात्र राम स्मरण में मग्न, एक अलग पहचान रखनेवाले संगीतज्ञ हैं। इस दृष्टि से देखें तो हम यही निष्कर्ष पर पहुँच सकते हैं कि देवी, श्रीकृष्ण, श्रीराम इन देवताओं का प्रभाव

संगीत पर पड़ा है। इस मत के विरुद्ध कोई भी सबूत हमारे सामने नहीं है। अत: ऐसा हम मान सकते हैं कि केरलीय कलाओं में राम संकल्पना की शुरुआत स्वातितिरुनाल से लेकर तथा उससे कुछ पहले कथकलि के आगमन के साथ हुई थी। बाद में इसके विकास की गति बढ़ती ही गयी। इसलिए 16 या 18 वीं सदी में ही संगीत का चरम विकास हुआ होगा। तुल्लल[10] केरल के मन्दिरों से जुड़ी एक अन्य नृत्त रूप जिसमें गीत की भी प्रधानता है और तीखे व्यंग्य के माध्यम से सामाजिक विमर्श इसकी विशेषता है। तुल्लल तीन प्रकार के हैं और कुंजन नम्बियार इसके उपज्ञाता हैं। कथाओं में तो चाहे वह कुंचन नम्बियार के 'ओट्टम तुल्लल' हो या 'शीतंगन', 'हनुमदुद्भव', तथा बाली उद्भव की कथा प्रचलित है। इसके अलावा 'परयन तुल्लल' में भी एक रामकथा हम देख सकते हैं। इनको छोड़कर तुल्लल में रामकथाएँ नहीं हैं, लेकिन कथकलि में हम सबसे अधिक रामकथा को पा सकते हैं।

अनुवाद : **डॉ. अंजली एस.**

सन्दर्भ

1. काव्य लेखन की पुरानी शैली जिसमें गद्य और पद्य मिश्रित होकर आता है।
2. शास्त्रीय संगीत का एक रूप जिसका विकास दक्षिण भारत के मंदिरों में हुआ था। सोपान संगीत मुख्य रूप से जयदेव कवि के गीत गोविन्द के पद यानी अष्टपदी पर आधारित है। मदिर के गर्भ गृह की सीढ़ियों के नीचे खड़े होकर ही गायक सोपानसंगीतालापन करते हैं।
3. केरल में प्रचलित एक शास्त्रीय नृत्त रूप।
4. तमिलनाडु में प्रचलित शास्त्रीय नृत्त परम्परा जो भारत की सबसे पुरानी नृत्त परम्परा मानी जाती है।
5. केरल में विकसित एक नाट्य रूप, जिसमें रामायण कथा को आठ अंकों में प्रस्तुत किया जाता है। मन्दिरों से ही कथकलि का विकास हुआ। कोट्टारक्करा के राजा वीर केरला वर्मा (1653–1694) ने इसकी रचना की।
6. केरल में विकसित एक अन्य नाट्य रूप, जिसमें कृष्ण कथा को आठ अंकों में प्रस्तुत किया जाता है। यह भी मन्दिरों से सम्बद्ध कला की कोटि में आता है। कोषिककोड प्रदेश के सामूतिरि राजा मानदेव (1585-1658) ने इसकी रचना की।
7. संगीत, साहित्य तथा अभिनेयता से युक्त आट्टक्कथा के आधार पर ही कथकलि का दृश्याविष्कार होता है।
8. कोट्टिप्पाड़ि सेवा सोपान संगीत का ही एक रूप है। 'मारार' जाति सोपान गायक मन्दिर में पूजा के समय सोपान (गर्भगृह की सीढ़ी) के नीचे खड़े होकर 'इडक्का' नामक एक विशेष ढोल को बजाते हुए 'सोपान' गाते हैं। इसमें पहले मन्दिर की प्रधान मूर्ति की स्तुति करते हुए एक कीर्तन का आलाप होता है और बाद में अष्टपदि (गीत गोविन्द के पदों) का गायन होता है। यह द्राविड़ संगीत का ही एक परिवर्तित रूप है।
9. कर्नाटक संगीतज्ञ को 'भागवतर' नाम से बुलाया जाता है
10. केरल के मन्दिरों से जुड़ी एक अन्य नृत्त रूप जिसमें गीत की भी प्रधानता है और तीखे व्यंग्य के माध्यम से सामाजिक विमर्श इसकी विशेषता है। तुल्लल तीन प्रकार के हैं और कुंजन नम्बियार इसके उपज्ञाता हैं।

मट्टांचेरी राजमहल के चित्र

●

साजू तुरुत्तिल

अपने पूरे गौरव के साथ सीना तानकर खड़े पुरातन भण्डारों से भरे मट्टांचेरी के यहूदियों की गलियों से कुछ दूरी पर स्थित एक चारदीवारी है। उसके अन्दर आकार में छोटा होने के बावजूद अपनी पूरी गम्भीरता के साथ स्थापित है पलयन्नूर देवी माँ के मन्दिर का गर्भ स्थान। इसके ठीक बगल में डच वास्तुकला में निर्मित है केरल में शेष एक आदर्श मन्दिर। एक ऐसी इमारत जो अपने अन्दर समाहित गौरव का बिल्कुल भी दिखावा नहीं करता। मट्टांचेरी डच पालस के नाम से मशहूर इस महल के अन्दर जाने के लिए पहले आनवातिल (हाथी समान बड़ा दरवाज़ा) नामक प्रवेश-द्वार से होकर जाना होता है। यह एक एकाकी खड़ा दो मंज़िला महल है। एक ऐसा स्थान जो उस ज़माने का इकलौता गवाह है जब कोच्चि के राजघराने द्वारा वैभव एवं ऐश्वर्यपूर्ण ऐतिहासिक निर्णय लिया जाता था। किन्तु गुज़रते समय के साथ इस महल का गुणगान इन विशेषताओं से नहीं किया गया। आज मट्टांचेरी का यह महल कला के संग्रहालय के रूप में जाना जाता है। समय के साथ धीरे-धीरे लुप्त हो रही केरलीय शैली के भित्तिचित्र की कोठरी के रूप में जाना जाता है। इन्हीं चित्रों को भित्तिचित्र कला शैली के लिए उत्तम उदाहरण के रूप में देखा जाता है।

भित्तिचित्र कला क्या है? इसे कहाँ देखा जाता है

यह एक ऐसी चित्र कला शैली है जिसकी नींव 8वीं शताब्दी में केरल राज्य में हुई। इस कला का विकास किसी भी अनुष्ठान या परम्परा के आधार पर नहीं हुआ था। तब भी केरल में इसके बीज को अजन्ता/एल्लोरा युग से होकर गुज़रने वाले किसी चित्रकार या बौद्ध साधुओं द्वारा आरम्भ किया गया था। और इसका रोपण एक बहुत ही उर्वर भूमि पर ही हुआ था। क्योंकि 8वीं शताब्दी तक शुरुआत किये गये इस कला अभियान को, अब तमिलनाडु का हिस्सा एवं पहले केरल प्रान्त के अन्तर्गत आने वाले तिरुनंदिकरा नामक गाँव के एक गुफा मन्दिर में सबसे पहले इस प्रकार का चित्र बनाया गया था। उस दौरान इसे अजन्ता चित्रों

के समकक्ष के क्रम में देखा गया था। केसरी बालकृष्ण पिल्लई द्वारा लिखी गयी 'नवीन चित्र कला' नामक पुस्तक में स्थाविरा अचला-अजन्ता के 31वीं गुफा में चित्र बनाने के सम्बन्ध में उल्लेख मिलता है। इस अनुमान को सच मानना पड़ेगा कि तवन्नूर वाले अचलन एक केरल वासी बौद्ध साधु थे और उनकी केरल यात्रा के दौरान शायद केरल के गुफा मन्दिरों में इस प्रकार के चित्र बनाये गये होंगे, क्योंकि श्रीलंका के सिग्रीई में भी इस तरह के अजन्ता से प्रभावित चित्रलेखन हुआ है। इसका चित्रण भी बौद्ध साधुओं द्वारा ही हुआ है। (केसरी बालकृष्ण पिल्लई 'नवीन चित्र कला'–केरल ललित कला अकादमी, तृश्शूर)

पूर्णतया प्राकृतिक स्रोतों से एकत्रित रंगों से दीवार पर बनाये जाने वाले चित्र को भित्तिचित्र कहा जाता है। इसके चित्र में सबसे प्रमुख माने जाने वाले पाँच-छः रंग का ही प्रयोग देखा जाता है। यानी केसर-लाल, पीला, गेरुआ-लाल, गेरुआ-हरा, काला, सफ़ेद, इसी के साथ 16वीं शताब्दी तक प्रयोग में आया इन्द्रनील/नीलम के नीला रंग भी भित्तिचित्र में प्रयुक्त किया हुआ पाया जाता है। इस रंग को अफ़ग़ानिस्तान से आयात लापस लेसूली नामक इन्द्रनील के रत्न से बनाया गया है। लेकिन शुरुआत से ही केरल के चित्रकार द्वारा कॉपर सल्फेट से बने नीला थोथे के घोल का प्रयोग करते हुए देखा गया है। गेरुआ-पीला एवं गेरुआ-लाल लेटाराइट से बनाया जाता है। पत्थर फोड़कर उसे साफ करके, पीसकर उसे पानी में मिलाकर लौह की मात्रा को पूरी तरह से हटाकर परिष्कृत करके पाउडर बना लेते हैं।

गेरुआ हरा, नीला, इन्डिगोफेरा टिंक्टोरिया (नील) के पत्ते को कूटकर उससे रस निकालने के बाद उसे सुखाकर/या बिना सुखाए भी इसका उपयोग किया जाता है। काले रंग को चिराग जलाने से प्राप्त होने वाली कालिख से बनाया जाता है। इन सारे रंगों से दीवार पर चित्र बनाने के लिए उसमें थोड़ा पानी के साथ-साथ नीम के रस को भी सही मात्रा में मिलाकर उपयोग किया जाता है। 'एरुविककरा' नामक पेड़ के गोंद से अलग-अलग प्रकार के पीले रंग बनाये जाते हैं। किन्तु चित्र बनाने के आरम्भ में चूने एवं नारियल के पानी को गाय के दूध की तरह महीन रूप से छानकर ब्रश से दीवार के चहुँओर रंग भरकर उसके बाद ऊपर चित्रकारी की जाती है। इस तरह लगभग 27 बार चढ़ाये जाने वाली सफ़ेदी (इमली के पत्ते की मोटाई में) ही चित्र में देने वाला सफ़ेद रंग है। चित्र में अलग रूप से सफ़ेद रंग नहीं चढ़ाया जाता है।

यहाँ पर दीवार इन सभी रंगों को सोख लेती है। इस उद्देश्य हेतु निर्मित दीवार का निर्माण भी विशेष ढंग से किया जाता है। लेटाराइट से बनाई गयी दीवार पर सबसे पहले चूना, रेत, 'उल्लिञ्जावल्ली' नामक पौधे को पीसकर मिलाया पानी, 'पालयनकोडन' नामक कच्चा केला आदि को पीसकर मिलाये चूने से लीपापोती करके उसके ऊपर

एक विशेष अनुपात में चूने, कपास एवं रेत को तीन पापड़ की मोटाई में मक्खन जैसे पोतकर चमकाने के बाद उसके ऊपर से भित्तिचित्र बनाने के लिए आवश्यक सफ़ेदी की जाती है। इसी के ऊपर चित्र खींचा जाता है। चित्र बनाने का ब्रश आरो ग्रास/ कुंदालन दूब/ घास/ 'स्नेहपुल्लू'(एक प्रकार की घास) आदि नामों से जाने वाले स्थानीय दूब से बनाया जाता है। अपनी ज़रूरत के अनुसार चित्रकार द्वारा स्वयं बाँस के डंडे पर इसे बाँधकर बनाया जाता है।

भित्तिचित्रों का स्वरूप रज, तम एवं सत्व जैसे तीन गुणों का सम्मिश्रित रूप होता है। हम देखते हैं कि गेरुआ-पीला/लाल जैसे रंग रजो गुण, सफ़ेद रंग तमो गुण एवं हरा रंग सत्व गुण के लिए नियोजित किया गया है। इसी के साथ प्रत्येक दिशा भी इन तीनों गुणों में मिलती है। पश्चिमी दिशा रजो गुण के लिए, उत्तरी दिशा सत्व गुण एवं दक्षिण दिशा तमो गुण के लिए निर्धारित की गयी है। इसी के साथ प्रत्येक दिशा के लिए अलग-अलग ईश्वर संकल्पना की अभिकल्पना भी देख सकते हैं। भित्तिचित्र को ध्यान श्लोकों के चित्रबिम्बों में बनाया जाता है। इन सबको केरल के भित्तिचित्र कहा जाता है।

केरल में प्राय: भित्तिचित्र मन्दिर की दीवार, (मन्दिर के गर्भ स्थान की दीवार, गोपुर की दीवार), गिरिजाघर के मदबहा के अन्दर, महलों के अन्तर्गृह में देखा जाता है। कभी-कभार हवेलियों में भी इस तरह के चित्र पाये जाते हैं। किन्तु आज कॉर्पोरेट ऑफ़िस, प्रासाद जैसी कई जगहों पर इन चित्रों का अन्तरण हुआ है।

मट्टांचेरी राजमहल का इतिहास

सन् 1552 में पुर्तगालियों ने पुराने महल के नक़्शे में कुछ मरम्मत कार्य किया। इसी के दौरान मट्टांचेरी हवेली डच महल के नाम से जाना गया। शायद केरलीय इतिहास में बन्दरगाह नगर के रूप में कोच्चि को प्राप्त गौरव के कारण ही मट्टांचेरी महल को कई ऐतिहासिक प्रसंगों की गवाही देने का अवसर प्राप्त हुआ।

इस महल को इतिहास के मोड़ पर आकर कई शुभ और अशुभ प्रसंगों की आग से होकर गुज़रना पड़ा है। 22 फरवरी 1662 को कोच्चि के राजा रामवर्मा (1658-1662) का मट्टांचेरी महल के सामने बेरहमी से क़त्ल हुआ था। वह महल जो तब तक कोच्चि राजाओं के राजतिलक एवं राज्याभिषेक के लिए बना था बाद में डच लोगों के अधीन में हुआ। उन्होंने वहाँ की प्रत्येक वस्तु पर अपना डच प्रभाव जमाया। इसके पश्चात राजा शक्तन के शासन काल (1760-1805) के दौरान समग्र परिवर्तन के साथ इस महल की राजकीय शान लुप्त हो गयी।

तथापि सदैव अक्षुण्ण रहने वाला कला गौरव महल की उस चारदीवारी के अन्दर ही बना रहा। हालाँकि कई लोग इससे अनभिज्ञ थे, किन्तु पाल्यम खानदान के चित्रकार एवं पुरातत्त्ववेत्ता अनुजन अच्छन ने इसके प्रति अपने रुझान के कारण लोकोत्तर स्तर पर इस कलासम्पत्ति की दुनिया भर से पहचान करायी।

इस प्रकार विश्व प्रसिद्ध चित्रकार अमृता शेरगिल द्वारा 'काँच की जाली में उलझी रंगीन तितली' कहलाये गये मट्टांचेरी महल के चित्रों ने कला संसार में अपनी दस्तक दी। कदाचित मट्टांचेरी के चित्र केरल का ही सबसे बड़ा भित्तिचित्र केन्द्र हैं। ये चित्र तीन युगों का प्रतिनिधित्व करते हैं। इन चित्रों में से सबसे मन आकर्षित करने वाले चित्र रामायण के चित्र ही हैं।

रामायण के चित्र

राजाओं का विश्राम कक्ष राज्याभिषेक उत्सव वाले कक्ष की पश्चिमी दिशा में होता है। इस कक्ष के 31 गज की लम्बाई एवं 17 गज की चौड़ाई वाली खिड़की को छोड़कर शेष चारों ओर चित्रों से भरा हुआ है। उस कक्ष में जाकर ऐसा प्रतीत होगा जैसे कि हमने अजन्ता के किसी विहार में प्रवेश किया है। वहाँ नीचे के पूरे आधे भाग में वीरों के कीर्तिगान से सम्बन्धित डिज़ाइन एवं ऊपर के भाग में रामायण के कथा सन्दर्भों का चित्र बनाया गया है। इस पूरे कक्ष के सन्दर्भ में इन चित्रों को लगभग 300 वर्गफुट के विस्तार में बनाया गया है। यहाँ पर चित्रकारों द्वारा लगभग 60 पैनलों में रामायण के प्रख्यात प्रसंगों को चित्र के रूप में दर्शाया गया है। हमने रामायण के कई प्रसंगों को केरल के मन्दिरों/महल में बनाये गये चित्रों के रूप अवश्य देखे हैं। किन्तु एक पूरे कक्ष को रामायण के कथा प्रसंगों के रूप में परिणत किया दृश्य मात्र यहाँ देखने को मिलता है। यहाँ पर कलाकार द्वारा अध्यात्म रामायण के वीर राम की मोहकता एवं वीर रस को बड़ी तन्मयता के साथ दर्शाया गया है।

यहाँ महाराजा दशरथ द्वारा कराये गये पुत्र कामेष्टि यज्ञ से लेकर सियाराम के लंका से अयोध्या एवं पुन:प्रवेश तक के सारे प्रसंगों का चित्रांकन हुआ है। पूर्वी भित्ति पर महाराजा दशरथ द्वारा सुमन्त्र को पुत्र कामेष्टि यज्ञ कराने के निर्देश देने के चित्र के साथ इसका आरम्भ होता है। मनुष्य के शरीर एवं हिरण के सर वाले ऋष्यशृंग ऋषि द्वारा हवन कराया गया है। हवन की पराकाष्ठा पर पहुँचकर अग्नि कुण्ड से तसले में खीर के साथ बाहर आये अग्निदेव के चित्र का दर्शन पहले हुआ तो इसके ठीक बगल में भगवान विष्णु का चित्र भी देख सकते हैं। अगले चित्र में खुशी के साथ हाथ में खीर लिए अपनी पत्नियों सहित खड़ा महाराजा दशरथ का है। कलाकार ने महाराजा दशरथ के समक्ष मौजूद कौसल्या, सुमित्रा, कैकेयी जैसे स्त्री रत्नों के लिए त्रिगुण रूपी वर्ण संकल्पना

को आधार बनाकर रंग दिया है। गहरा नीला रंग/सफ़ेद/पीलापन लिये लाल जैसे रंग देखे जा सकते हैं। अगले पैनल में केरल के अन्य भित्तिचित्रों में अनदेखे एक प्रसंग को बहुत खूबसूरती के साथ बनाया हुआ है। वह चित्र है महाराजा दशरथ की पत्नियों के प्रसव का चित्रांकन। इस भित्तिचित्र की सौन्दर्य संकल्पना को माधुर्य रूप में नहीं दर्शाया गया है। प्रत्युत कलाकार ने यहाँ स्त्री की कामुकता में माँ की संकल्पना में निहित शरीर विज्ञान के सम्पूर्ण परत को अलग करके स्त्री का पूर्ण रूप दृष्टिगोचर करने वाली मूर्ति जैसी कल्पना करने का कार्य किया है। प्राय: भूतमालाओं में प्रसव का चित्रांकन बहुत देखने को मिलता है। उसी भाँति काष्ठ मूर्तिकला में भी दिखाई पड़ता है। किन्तु इतनी सहजता के साथ प्रसव का चित्रांकन विरल है।

आगामी चित्र 'पिल्लतीनी'(बच्चों को खानेवाली) नामक एक लोक संकल्पना का स्मरण कराता है। यह ताड़का नामक असुर स्त्री पात्र के सर्वनाश के लिए कुमारों को विदा करने का प्रसंग है। ताड़का नामक राक्षसी के चित्र में जिस प्रकार असुर भाव के पराकाष्ठा की स्थिति दर्शायी गयी है उसके सन्निकट पितृ स्नेह के श्रेष्ठरूप को पूर्णता से दर्शाते हुए महाराजा दशरथ का चित्र भी है, बाल्यावस्था के भोलेपन की सुन्दरता में लिप्त रामलक्ष्मण को भी देख सकते हैं। तीनों भावों के सम्मिश्रण को कलाकर ने अपनी पूरी प्रतिभा के साथ प्रस्तुत किया है। आगामी चित्र शैवचाप को तोड़कर सीता से विवाह करने के लिए उन्मुख श्रीराम का चित्र है। गुह की नाव में बैठकर यात्रा करने वाले सीतारामलक्ष्मण का चित्र देखने लायक एक मनोरम चित्र ही है। यह चित्र गंगा को भी पीछे छोड़ देता है। हमें आयोध्या काण्ड से सम्बन्धित मात्र यही एक चित्र देखने मिलता है।

आगामी चित्र है विराध की हत्या करने का है। अगला चित्र है एक सुन्दर नर्तकी के रूप में आकार प्रेम की अभिव्यक्ति एवं विच्छेत नाक और वक्ष के साथ असुर भाव में प्रस्तुत की गयी शूर्पणखा का चित्र। आगामी प्रमुख चित्र सुग्रीव के साथ मित्रता का ही है। यहाँ का अन्य मनोरम चित्र बाली एवं सुग्रीव के मध्य का युद्ध एवं बाली की हत्या करने का है। इस प्रकार हनुमान, सुग्रीव, बाली, अंगद जैसे वानर रूपी मनुष्यों का अद्वितीय चित्रण केरल में अन्य कहीं भी नहीं देखने को मिलता है। रामायण के प्रत्येक पंक्ति, कथा प्रसंग, सन्दर्भ एवं पात्रों के नियोजन को सम्पूर्ण रूप से ज्ञात किसी चित्रकार द्वारा ही मट्टांचेरी के इन चित्रों का प्रस्तुतीकरण हुआ है। उनके द्वारा भित्तिचित्र सौन्दर्य को मन्त्रमुग्ध कर देने वाले ताल एवं चित्रों के प्रवाह एवं शक्ति को तनिक भी नष्ट किये बिना एक शैलीगत प्रत्युत्पन्नमतित्व के भाव को बनाये रखना सम्भव हुआ है। लंका की दिशा में हनुमान का कुदान, इसमें बाधा उत्पन्न करने वाली सुरसा के मुँह के अन्दर

से अपने आकार को छोटा बनाकर कान से निकाल जाने वाले हनुमान का चित्रण भी बखूबी से बनाया गया है। इससे ख़त्म नहीं होता है। हिम्बिका, लंकालक्ष्मी इत्यादि का भी खूबसूरत चित्रण हुआ है।

किन्तु चित्रकार द्वारा सुन्दरकाण्ड के सेतुबन्धन, रामायण का युद्ध, रावण का वध, सीता की अग्नि शुद्धि, सीतारामादि की वापसी इत्यादि को जोड़कर रामायण के चित्रों की श्रेणी को समाप्त कर दिया गया है। न जाने क्यों, यहाँ पर श्रीराम के राज्याभिषेक का चित्र नहीं बनाया गया है। यह एक मनोरम चित्र नष्ट होने का आभास कराता है। वस्तुतः यह दृश्य एक ऐसी कलानिधि है जिसे न ज़माना देख पाया और न मिल सका। मट्टांचेरी के चित्रों की पूरी आत्मा को आत्मसात करने वाला कोई भी व्यक्ति ऐसा ही कहेगा।

रामायण के कक्ष के एक कोने से दर्शक को ले जाते वक़्त यह देखने की आवश्यकता नहीं है कि वह कोई सौन्दर्योपासक है या कलाकार या कोई भक्त। मात्र उसे एक सामान्य व्यक्ति के रूप में देखा जाता है। यदि उनमें भावात्मकता का बोध है तो सदियों पहले दीवार पर बनाये गये उन चित्रों की मन्त्रमुग्धता का आनन्द लेकर, उन चक्राकार आकृति के चित्रों के साथ जुड़कर उनका संचारण आगे बढ़ता है। कहानी की प्रस्तुति ख़त्म होने तक वे किसी अन्य दुनिया में रहते हैं।

यह कला-भ्रमण चित्र में निहित कुतूहलता, कला मूल्य, चिन्तन, वस्तु इत्यादि में किसी प्रकार की त्रुटि लाये बिना ही किया जाता है।

श्रीरामचन्द्र का चित्रण पंचपुरुषमहायोग की पराकाष्ठा में पाँच ग्रहों के स्नेह एवं वात्सल्य को अनुभव करने वाली मर्यादा पुरुषोत्तम संकल्पना के रूप में किया गया है। निकट में लक्ष्मण का चित्र भी पुरुष सौन्दर्य का दूसरा रूप मानना ही पड़ेगा। यहाँ रामायण के कई अन्य कथा प्रसंग भी देखने को मिलते हैं। सप्तवृक्ष, हाथी से छाती पर लात पड़ने पर भी नींद से न जागने वाला कुम्भकर्ण, मन्त्रों का जाप करते हुए ध्यान में मग्न श्रीराम, सुग्रीव, अंगद जैसे वानर रूपी मनुष्य वर्ग, इसी प्रकार राम और रावण के युद्ध प्रसंग का चित्रीकरण भी अतिमनोरम अभिव्यक्ति प्रस्तुत करता है। रामायण के युद्ध के प्रसंगों को कई जगहों पर चित्रित किये देखने को मिलता है। किन्तु मट्टांचेरी में चित्रित रामायण के युद्ध के प्रसंगों में दिखाई देने वाली महानता अन्यत्र देखने नहीं मिलती है। कई लोगों द्वारा जगह की कमी को एक त्रुटि के रूप में अवश्य बताया गया है, किन्तु मेरा मानना है कि कलाकार ने उस कमी में अपने बड़प्पन को दर्शाया है। मात्र एक उँगली की नाप वाली जगह पर एक महायुद्ध को क्रिएट करने के कलाकार के वैभव ने मुझे विस्मित कर दिया। श्रीराम द्वारा रावण की हत्या बहुत अनासक्त रूप से की गयी है। किन्तु रावण अपनी भीषण आसुरी ताक़त का पूरा प्रदर्शन करता है। गहरा चमकदार नीले रंग की

गहराई के साथ हनुमान का ऐसा चित्रण किया गया है जैसा कहीं और नहीं देखा गया है। निस्सन्देह ऐसा कहा जा सकता है कि केरल का यही स्थान है जहाँ पर हनुमान के भित्तिचित्र की संकल्पना का सबसे अच्छा चित्रण हुआ है, इतना सुन्दर बनाया गया है।

श्री शशिभूषण एम.जी. नामक भित्तिचित्र के शोधार्थी द्वारा अपनी पुस्तक 'केरलतिले चुवर्चित्र कला' (केरल की भित्तिचित्र कला) में यह बताया गया है कि मट्टांचेरी के चित्र 16वीं सदी के उत्तरार्ध में बनाये गये थे। मट्टांचेरी के चित्र तीन युगों में बनाये गये हैं, जिसे तीन अलग-अलग शैलियों का प्रयोग करके बनाया गया है। वे समान गुरुपरम्परा के अन्तर्गत आनेवाले चित्र भी नहीं हैं। रामायण के चित्र वक़्त की प्रौढ़ता और एक श्रेष्ठ गुरु के कौशल का बोध कराता है।

भले ही मट्टांचेरी के रामायण के चित्रों के सम्बन्ध में बहुत कुछ बता दिया गया किन्तु इस स्थान के बाकी चित्रों का परिचय न देना उचित नहीं होगा।

सोपान कोष्ठ में बनाये गये वे चित्र जिन्हें इसी युग में माना जाता है, उनको भी विग्रह शास्त्र के आधार पर ही बनाया गया है। एक प्रकार से देखा जाये तो इसे ध्यान श्लोक बिम्ब कल्पना ही मानी जा सकती है। यद्यपि इन्हें मट्टांचेरी के चित्रों में से सबसे ख़राब चित्र के रूप में देखा जाता है। योग करने में लीन श्रीकृष्ण, अष्टाक्षरीगोपालम, गणेश जी की पूजा इत्यादि राजाओं के विश्राम कक्ष में बनाये गये चित्र हैं।

18 गज़ की लम्बाई एवं 17 गज़ की चौड़ाई वाले इस कक्ष के चित्रों में सभी ईश्वर संकल्पनाएँ निहित हैं। (श्री शशिभूषण एम.जी.–केरलतिले चुवर्चित्र कला, अध्याय-मट्टांचेरी के चित्र, पृष्ठ–68)

सोपान कोष्ठ से सीढ़ी उतरकर एक छोटे क़द वाले आराम कक्ष पर प्रवेश होता है। यह कक्ष एक इन्सान को खड़े होने लायक क़द के होने के बावजूद कक्ष विशाल होता है। ऊपर के रामायण कक्ष के चित्र एक प्रकार के गम्भीर वातावरण का माहौल बनाते हैं। किन्तु सोपान कोष्ठ के विश्राम कक्ष के चित्र एक प्रकार की श्रृंगारिकता का आभास दिलाते हैं।

जितना खूबसूरत पार्वती का श्रृंगार का चित्रण हुआ है उससे उत्तम भित्तिचित्र पूरे संसार में कभी मिल नहीं सकता। लेकिन यहाँ के सारे चित्र मात्र रेखाचित्र माने जाते हैं। यह गेरुआ लाल की गहरी रेखाओं के साथ पार्वती एवं उनकी सखियों के अंग लावण्य की शोभा तौलने वाला चित्र है। वाल्कण्णाडी में अपने आपको देखने वाली पार्वती का चित्र और एक-एक करके सखियों द्वारा आभूषण पहनाये जाने का चित्र भी है। यहाँ पर सखियों को अष्टसखियों के रूप में दर्शाया गया है।

अगला चित्र शिव जी एवं सप्तर्षियों का है। पार्वती से विवाह करने के आग्रह से लेकर शिव जी से मिलने जाने वाले सप्तर्षियों का चित्र और पार्वती के शृंगार चित्र के नाप एक समान हैं। यह चित्र लगभग 6 गज़ की लम्बाई एवं 3 गज़ तक की चौड़ाई का होगा। रेखाओं की विशिष्टता की अभिव्यक्ति प्रस्तुत करने के लिए कोई अन्य चित्र ढूँढ़ने की आवश्यकता नहीं पड़ेगी।

आगामी चित्र शिव जी और विष्णु माया का गेंद खेलने का चित्र है। यह मानना पड़ेगा कि इस चित्र में निहित रस सिद्धान्त अनन्त है। एक ओर विष्णु माया के साथ शिव जी के काम सम्बन्ध देखकर क्रोध, रोष, द्वेष आदि एवं दूसरी तरफ़ शृंगार भाव को देखने पर स्त्रियों में उत्पन्न होने वाले संकोच, लज्जा और काम वासना को भी दिखाया गया है। यह एक ऐसा चित्रकार है जो इन सभी संवेदनाओं को एक ही चित्र में ला पाने में सफल रहा है। इस चित्रकार का ही तुरवूर मन्दिर का कोई एक चित्र इसी चित्र के साथ अटूट सम्बन्ध अवश्य रखता है।

दूसरा चित्र गोवर्द्धनोद्धार का चित्र है। इस चित्र में कुतूहलता, वैचारिकी एवं कलाश्रेष्ठता एक साथ मिली हुई हैं। यह चित्र इसके आकार के आधार पर भी ध्यान आकर्षित करता है। लेकिन मदनगोपालम नामक चित्र काम वासना की सारी सीमाओं को लाँघते हुए दिखाई देता है। उस चित्र में पन्द्रह गोपिकाओं को काम वासना की पराकाष्ठा की स्थिति में अपने चारों ओर खड़ा करने के दृश्य को दिखाया गया है। इसमें हृदय को छू लेने वाली अनुभूति भी देखी जा सकती है। संभोग शृंगार को इतने मनमोहक ढंग से चित्रित कोई अन्य चित्र केरल में शायद देखने को नहीं मिलेगा।

मन्दिर के चित्रों की तुलना में महलों के चित्र उसके विशाल आकार के कारण अधिक महत्त्वपूर्ण हैं। दूसरी बात है कि महल के चित्रों की रचना की विशेषता में ध्यानश्लोकों से अलग एक प्रकार की नयी स्वतन्त्र रचना का सौष्ठव दृष्टिगोचर होता है। मन्दिर के चित्र जो 'पंचरत्तूण'(साढ़े पाँच खंभे) एवं पंचमालाओं के मध्य में सिमटकर महत्त्वहीन बनते हैं तो ये चित्र विशाल दीवार पर उतारे जाने पर उनमें एक प्रकार का नवजीवन आ जाता है।

महल के चित्र चाहे वह पद्मनाभपुरम महल के हों या पुन्नत्तूर महल के, या कृष्णपुरम महल के हों या फिर मट्टांचेरी महल के ही चित्र क्यों न हों, वहाँ पर बनाये गये चित्रों का आकार ही ध्यान आकर्षित करने लायक तथ्यात्मक यथार्थ है।

यद्यपि चित्र तीन ज़माने में बनाये गये थे तथापि प्रत्येक ज़माने के श्रेष्ठ कलाकारों द्वारा ही मट्टांचेरी के चित्र बनाये गये हैं। इसी कारण यह कहने से पूर्व पुनर्विचार करने

की अपेक्षा नहीं की जाती कि भित्तिचित्र की संकल्पना में सबसे उत्कृष्ट चित्र मट्टांचेरी में बनाये गये चित्रों में देखा जाता है।

अनुवाद : **सोनिता सेराफ**

ग्रन्थ सूची

1. मुल्कराज आनन्द, रोनाल्ड बर्नियर–स्लेंडर्स ऑफ़ केरला।
2. एम.जी. शशिभूषण–केरलतिले चुवर्चित्र कला (केरल की भित्तिचित्र कला)।
3. वी.आर. चित्रा, टी.एन. श्रीनिवासन–कोच्चिन म्यूरल्स (1940)।
4. स्टेल्ला क्रमरिश जे. कसिन्स।
5. आर.पी. पोतुवाल–आर्ट्स एंड क्रॉफ्ट ऑफ़ केरला।

राम की अवधारणा केरल की भित्तिचित्र कला में

एम. नलिन बाबू

केरल में चित्र कला की परम्परा में देखा जाता है कि श्रीराम को ज़्यादा प्रमुखता दी जा रही है। मध्वाचार्य के द्वैतवाद के बाद ही वैष्णव भक्ति का प्रचार ज़्यादा हो गया था। उसमें श्रीराम को अधिकतर राजा लोग मुख्य स्थान देते थे। यदि जनता को श्रीराम का राजबिम्ब प्रदान किया जाता तो रियासतों के शासकों को श्रीराम के समान पद प्राप्त होता। श्रीराम को प्रमुखता मिलने का कारण यही होगा, ऐसा हम अनुमान कर सकते हैं। 16वीं सदी तक लिखित भाषा और दृश्यभाषा में बड़े परिवर्तन आये। लिखित भाषा में एषुत्तच्छन की रामायण आयी। निरणम कवियों की 'कण्णशरामायण' जैसी रामकथाएँ तो पहले उपलब्ध थीं, लेकिन मलयालम भाषा में एषुत्तच्छन की रामायण के द्वारा ही प्रवेश हुआ।

मन्दिरों के निर्माण और उनकी दीवारों पर भित्तिचित्रों से सजाने की प्रथा 16-17वीं सदियों में प्रचलित हो गयी थी। उसी प्रकार दारुशिल्पों को भी मन्दिरों को सजाने के लिए बनाया गया। केरल से ही हमें ताड़पत्रों में खींचे रामायण चित्र मिले थे जिनमें दो सौ से ज़्यादा चित्र हैं। वह आलप्पुषा से मिले थे। केरल विश्वविद्यालय ने 'चित्र रामायण' नाम से इसका प्रकाशन किया है।

केरल की भित्तिचित्र कला में रामायण को प्रमुख स्थान मिला है। 16-17 वीं सदियों के चित्रों में श्रीराम को मुख्य स्थान दिया गया है। रामायण की लगभग सभी घटनाओं को इन्हीं चित्रों में खींचने में उन दिनों के कलाकार सफल हो गये हैं। भित्तिचित्र रचना की अपनी शैलियों को छोड़े बिना रामायण की कथाओं को उनके सूक्ष्म भावों के साथ चित्रित किया गया है।

भित्तिचित्रों की खासियत है उनके मूर्तिसमान (Iconographical style) रूप। उनमें रंग, रेखाएँ आदि को समान स्थान दिया गया है। भित्तिचित्रों में विषयानुकूल भाव खींचा जाता है। कृष्णनाट्टम के मुख भाव, मुद्राएँ आदि से इनकी समानता है। भित्तिचित्र कला का पूर्वरूप है 'कलमेषुत्त'। इसमें पाँच रंगों की धूलें बनाकर उनसे ज़मीन पर देवता रूप चित्रित किया जाता है और उसके लिए पूजा-मनौती भी की जाती है। कलमेषुत्तु में

तात्कालिक चित्र बनाया जाता है तो प्राकृतिक रंगों के सहारे चिरस्थायी चित्र बनाने की कला है भित्तिचित्र कला। कलमेषुत्तु नैमिषिक कला है।

केरल में इन्हीं चित्रों को जल्दी मिटाया जाता है। श्रीकोविल की बाहरी दीवारों पर चित्र अंकित किया गया है। चित्रों का निर्माण पंचमाला क्रम (भूतमाला, मुखमाला, क्षिमाला, वनमाला, चित्रमाला) में किया गया था। प्राकृतिक रंगों में भित्तिचित्रों का निर्माण करने के लिए शिल्परत्न, तन्त्र समुच्चय आदि किताबों के नियमों को आधार बनाया गया था। गेरुआ पीला, गेरुआ लाल, हरा, काला, सफ़ेद आदि पाँच रंगों का उपयोग किया जाता था। हरे मन्दिर में सत्व, रज, तम गुणों के आधार पर चित्रों को रंग दिया जाता था। सत्व गुण के लिए हरे रंग से मिश्रित नीला, रजोगुण के लिए पीले रंग में लाल रंग की छाया, तमोगुण के लिए सफ़ेद रंग दिया जाता था। भित्तिचित्र कला में सत्वगुण प्रधान देवताओं में श्रीराम, श्रीकृष्ण, इन्द्र, रजोगुण प्रधान देवताओं में गणपति, सीता, मोहिनी और तमोगुण के लिए नटराज, बलराम, लक्ष्मण, दक्षिणामूर्ति आदि को विभिन्न रंग दिये जाते थे। केरल की भित्तिचित्र कला में श्रीराम पर सत्वगुण का आरोप किया गया है। इसलिए हरे रंग से मिश्रित नीला रंग दिया गया है। कई मन्दिरों में राम के चित्र वीरराम के हैं जिनके हाथों में धनुष और शर हैं। इनमें श्रीराम का रूप सत्वगुण प्रधान है।

कोट्टयम ज़िला के तलयोलपरम्बु के पास पुण्डरीकपुरम नामक एक मन्दिर है जहाँ श्रीराम के कई रूपों के चित्र बनाये गये हैं। वीर राम, श्रीराम का अभिषेक, लक्ष्मण की युद्ध सज्जा जैसे सभी चित्र इधर मिलते हैं। अभिषेक के चित्र में श्रीराम के साथ सीता और सदस्यों के चित्र हैं, और इसमें सीता रजोगुण प्रधान है। चित्र में श्रीराम का रूप धनुष, शर और चिन्मुद्रा सहित है। भरत, लक्ष्मण, शत्रुघ्न आदि के चित्र भी इधर हैं। लक्ष्मण का रंग तमोगुण का सफ़ेद और श्रीराम का रंग सत्वगुण का हरा है। यहाँ के चित्रों में हनुमान, सुग्रीव, विभीषण, गुह आदि का वर्णन भी रामायण के कथा सन्दर्भों के अनुसार किया गया है।

फोर्ट कोच्चि के निकट मट्टांचेरी में डच महल में लगभग साठ चित्र हैं जिनमें रामायण के महत्त्वपूर्ण सन्दर्भ का वर्णन है। दशरथ के पुत्रकामेष्टि यज्ञ से शुरू होकर लंका से अयोध्या लौटनेवाले सीता और राम के दृश्य तक के कथा सन्दर्भों को हम मट्टांचेरी महल में देख सकते हैं। पुत्रकामेष्टी याग के प्रबन्ध करने के लिए सुमन्त्र को आदेश देनेवाले दशरथ, खीर स्वीकार करके कौसल्या, कैकेयी, सुमित्रा आदि पत्नियों के साथ खड़े होनेवाले दशरथ, विराध की हत्या, नर्तकी के रूप में आकर राम से प्रेम प्रकट करनेवाली शूर्पणखा, शूर्पणखा के स्तन काटनेवाला लक्ष्मण, सुग्रीव के साथ राम की सन्धि, बालीवध आदि प्रमुख चित्र हैं। कोट्टयम के निकट तृक्कोडित्तानम मन्दिर में

श्रीराम के अभिषेक की तैयारियाँ और अभिषेक के चित्र हैं। इतिहासकारों की राय है कि सत्रहवीं सदी में इनका निर्माण किया होगा।

तृशूर ज़िला के तृप्रयार श्रीराम मन्दिर में श्रीराम कथा पर आधारित चित्र हैं। यहाँ अभिषेक और वीरराम के चित्र हैं। कण्णूर ज़िला में तलश्शेरी के निकट मुषप्पिलङ्ङाड् चीरुम्पकाव मन्दिर में श्रीराम और सीता के चित्र लोककला की शैली में खींचे गये हैं। केरल में केवल एक ही मन्दिर में लोककला की शैली अपनायी गयी है वे हैं मुषप्पिलङ्ङाड् चीरुम्प काव के चित्र। यहाँ के चित्रों में थोड़ा गहरे हरे रंग की रेखाओं को प्रमुखता दी गयी है। मशहूर कला-इतिहासविद् ए.डी. मोहनराज ने इन्हीं चित्रों को कला की दुनिया में परिचित करा दिया।

रामायण की कथाओं को ज़्यादा प्रमुखता देते खींचा है रविवर्मा ने अपनी रियलिस्टिक शैली में जटायुवध, अभिषेक, सीता और राम की शादी, लवकुश, श्रीराम और लक्ष्मण आदि के चित्र बनाये थे। रविवर्मा के चित्रों के द्वारा भारत में ही नहीं विदेशों में भी ये चित्र बहुत प्रसिद्ध हो गये। इनके चित्रों में श्रीराम का रूप एक गरिमामय वीर पुरुष का है उसी प्रकार सीता का रूप भी केरल की सुन्दर महिला जैसा है। उन्होंने श्रीराम को राजा और सीता को रानी का पोशाक दिया है।

केरल की चित्र कला में राम के पात्र ज़्यादातर रामायण के कथा सन्दर्भों के अनुसार निर्मित हैं। कण्णूर ज़िला तलश्शेरी के निकट मुषप्पिलङ्ङाड् चीरुम्प-काव नामक मन्दिर में राम का पात्र वीर और पौरुष युक्त है। वैसे देखें तो हम समझ सकते हैं कि केरल की चित्र कला में रामायण कथा और राम के पात्र को समान प्रधानता दी गयी है। इसलिए 'राम की अवधारणा' का यह विषय अत्यन्त विचारणीय है। नवजागरण के इस ज़माने में राम के पात्र और रामायण की कथाओं के चित्रों द्वारा नयी शैली और नये आशय प्रदान किये। राम का धनुष प्रयोग, हनुमान की पीठ पर खड़े होकर राम का युद्ध, अशोकवन की सीता, हनुमान का कदलीवन, श्रीराम और सीते के प्रणय आदि कई कहानियों के चित्र आज बन गये हैं। इन्हीं के आधार पर हम समझ सकते हैं कि इस युग में भी राम और रामायण अत्यन्त सार्थक निकले हैं। हम आशा कर सकते हैं कि आगे के दिनों में भी इसका महत्त्व नहीं खो जायेगा।

अनुवाद : **डॉ. मनोज. एन**

सन्दर्भ

1. केरल के भित्तिचित्र–डॉ. एम.जी., शशिभूषण।
2. भारतीय कला का इतिहास–विजय कुमार मेनोन।
3. Painted Abode Gods : Mural Tradition of Kerala–A. Ramachandran.

कवित्रय और बाद की कविताओं में राम

श्रीकुमार मुखत्तला

राम की अवधारणा की जड़ें बहुत गहरी और विस्तृत हैं। वह सिर्फ़ रामायण पढ़ने से प्राप्त नहीं होता है। भारत में रामायण का बहाव तो हवा के साथ रहा और फैलता रहा लेकिन वह सिर्फ़ एक आवाज़ नहीं बल्कि अनेक आवाज़ें बन गया। कहीं साहित्य बन गया है तो कहीं वह नाटक बन गया और कहीं अनुष्ठान। कुछ जगहों में वह दृश्य कलाओं का रूप धारण करता है और कुछ जगहों में खेल के रूप में भी मौजूद है। बिना रामायण के बारे में जाने भारत में जन्मे प्रत्येक का मरना सम्भव नहीं है क्योंकि इतना वह प्रासंगिक है। ऐसी हालत हो चुकी है कि बिना ऐतिहासिकता को लिए न रंगमंच और न लेखनी में कुछ कर सकता है। भारत में वह सृजनात्मकता का नियम बन गया है। वैसे ही वह आज भी मौजूद है।

इसे केन्द्र बनाकर संवाद में जय-पराजय, मेलमिलाप और विभाजन सब सम्भव हुए। अभी भी ऐसा हो रहा है। इसलिए केरल में राम की अवधारणा विषय बहुत प्रासंगिक है। राम साहित्य के बाहर राजनीति के क्षेत्र में भी एक प्रमुख विषय बन चुका है, इसीलिए उसकी प्रासंगिकता भी बढ़ रही है। राम को केन्द्र बनाकर लिखित महाकाव्य हमारे सामने हिमालय सदृश्य खड़े हैं।

रामकथाप्पाट्टु, रामचरित, कण्णश रामायण और अन्त में नित्य यौवन प्राप्त अध्यात्म रामायण और इसके अलावा अन्य कृतियाँ जिसमें चम्पू और रामायण को उपजीव्य बनाकर लिखित अनेक ख्यात-विख्यात कृतियाँ शामिल हैं। मैं सीधे कवित्रय की ओर जा रहा हूँ, वे हैं आशान, उल्लूर और वल्लत्तोल (जन्म के अनुसार)। कविता में नयी चेतना, नयी सोच की स्वीकृति, अभिव्यक्ति के स्तर की विशेषता आदि से उन्होंने मलयालम कविता को एक नया क्षितिज प्रदान किया। इन्होंने जो खण्डकाव्य लिखे वे अत्यन्त प्रौढ़ होकर चमके। इसके साथ हमारे समकालीन काव्य के क्षेत्र में भी अनेक महत्त्वपूर्ण कविताओं का जन्म हुआ।

मलयालम कवित्रय में राम की अवधारणा विषय पर दृष्टि डालने पर पहले यह याद आती है 'चिन्तामग्न सीता'(चिन्ताविष्टयाय सीता) या यही याद आना चाहिए। मेरी दृष्टि

में कवित्रय ने राम को केन्द्र पात्र बनाकर कविता नहीं लिखी थी। लेकिन आशान द्वारा लिखित अपूर्ण बाल रामायण को नहीं भूलना चाहिए। बाल रामायण वाल्मीकि रामायण के आधार पर बच्चों के लिए लिखित है इसलिए उसमें चमत्कार से पूर्ण, आसानी से कथा का आनन्द लेने की ओर आशान का ध्यान है।

आशान के काव्य की लगभग सभी विशेषताओं से पूर्ण कृति है 'चिन्तामग्न सीता'। आशान ने जिस मानसिक संघर्ष को झेला है उसके निवारण के लिए जो भी औषधि है वह सीता में मौजूद है। सीता में प्रकट होने वाली राम की अवधारणा तो राम पर आलोचना ही है। जब भी भारत में रामायण के बारे में चर्चाएँ हुई हैं तो यह बात भी सामने आती है। हमारा लोक साहित्य, मौखिक साहित्य और गाँव की साधारण चर्चाओं में भी इतिहास के पात्र आलोचना के पात्र बन चुके हैं। लेकिन आशान से पूर्व मलयालम साहित्य में इतनी गहरी और अर्थपूर्ण आलोचना तो नहीं हुई थी। इसलिए आशान ने जिस सन्दर्भ को लिया उससे अभिव्यक्त अन्त:संघर्ष आदि तीव्र रूप से राम की आलोचना की ओर कवि को ले चला। कितना सही है वह पल जब अश्वमेध यागशाला के आमन्त्रण पर सीता अधिक सोच का भार लेकर आगे बढ़ रही थी। वहाँ राजनीति, व्यक्तिनीति और सामाजिक नीति भी परीक्षा का पात्र बने राम को सामने खड़ा करके सवाल पूछना जैसा हमें आभास हो जाता है। आशान की सीता तो अनेक तरीक़ों में अनेक जगहों में चर्चा का विषय बन चुकी है। हमें सन्देह होगा कि उससे सम्बन्धित कुछ नया कहने के लिए है या नहीं। वाल्मीकि रामायण का कठिन पुन:पाठ तो आशान ने 'तरुणीपादजगहरणी' श्रुति को आधार बनाकर किया। जिसमें राम की क्रियाओं के बारे में आशान की सीता याद करके मन-ही-मन राम से सवाल करती भी है।

आख्यान में नाटकीयता की सृष्टि से आरम्भ होने वाली 'चिन्तामग्न सीता' तो अति गहन चिन्तनों के ख़ुद को सान्त्वना देने वाले ओजपूर्ण वांग्मय से पूर्ण है। इसलिए इसमें निहित राम की आलोचना की ताक़त भी ज़्यादा है। रामायण के पात्रों को इस प्रकार के विचारों की कड़ियाँ विधिवत् बनाने के लिए आशान ने जिस शिल्प विशिष्टता को अपनाया उसी प्रकार किसी और में नहीं दिखाई देता है। हम देख सकते हैं कि अधिकतर आख्यान कविताएँ निराशाजनक थीं। कुछ तो पुरस्कारों की मिथ्या ताक़त से खड़ी हुई हैं।

कुछ ने तो मुकुट की इच्छा से
अपने पुत्र को तापस बनाया
ऐसे में संकोच नहीं

परिशुद्ध पत्नी को वन छोड़ने को
सिर्फ़ यह नहीं है राजा का

'क्रिपणोचितावृत्ति' (सीता कहती है यह मिथ्याहंकारियों का काम है।)

आशान की सीता एक साधारण स्त्री नहीं है। वह कालातीत नारी का रूप बन गयी। हमें याद करना चाहिए कि आशान के राम की अवधारणा इस प्रकार थी। कहीं मुझसे आशान का सीताकाव्य यहाँ छूट रहा है। मन न होते हुए भी मन में याद रखना चाहिए कि यह एक बड़ा विषय है।

वल्लत्तोल ने राम के बारे में कोई कविता नहीं लिखी थी न उनकी कविता में राम पृष्ठभूमि बना। एक-दो कविताओं में राम के सन्दर्भ पाये जाते हैं।

'रावण का अन्त:पुर गमन' नामक कविता में तो मन्दोदरी के पास जाने वाला रावण ही नायक है।

राम तन प्रतियोगि रावणभक्तात्मावाकिंचिल्क्करण

यहाँ ख़ुद की ही निन्दा है। 'अकिंचिंचिकल' का अर्थ है कुछ भी नहीं करने वाला। मन्दोदरी के पतिप्रेम के सामने त्रिलोक के वैभव रखने पर भी रावण तो भक्ति से रिक्त और किसी भी कार्य न करने वाला इसलिए बन गया कि वह राम का प्रतियोगी है। फिर 'किलिकोंचल' (चिड़ियों की चहचहाहट) नामक कविता में इसका सन्दर्भ है।

श्रीमद् दशरथ राम तनुजा रामा
रामा निस्सर्गाभिरामरूपवान
जानकी से शादी करने को कहा
ज्ञानवान वाल्मीकि वही भाग्य है वही भाग्य है।

आगे

प्यारे पूछते हैं क्यों वाल्मीकि राम से मेरी शादी करवाते हैं।

बच्चे का यह सवाल, इन दोनों सन्दर्भों के आधार पर राम की अवधारणा को बनाने में मैं तत्पर नहीं हूँ। उल्लूर की कविताओं का निरीक्षण करें तो समझ में आता है कि उसमें भी राम को बहुत कम सन्दर्भों में लिया गया है। पहले से ही माफ़ी माँगता हूँ कि हो सकता है मेरी आँखों से ओझल होने वाले भी हो। 'चित्रशाला' नामक कविता में ही प्रकट रूप में एक सन्दर्भ पाया जाता है। वह मिस मेयो द्वारा मदर इंडिया को लिखे उत्तर के रूप में है। वे चित्रशाला में भारत के पौराणिक आदर्शों से पूर्ण स्त्रियों का चित्र दिखाते हैं।

हम देखें! राजा बनकर दिखाई देता है
कभी राघव तो स्वार्थ चिन्तन वाले हैं तो
कभी पुरुष अपनी दिव्यता की पूर्ति नहीं, दाग
तू सूरज में भी अनेक दिखाई देते हैं, ध्यान से देखते हैं तो
भिन्नता से बनी वधू दुख की आग में
सोने की अशोक बाड़ी में बैठी है
वह न बुझने वाला दीप है
कुमकुम फूल के समान न मुर्झाने वाली
माला समान है धरती लिए वह।

उल्लूर कहते हैं कि राम की भूमिका अधिपति और स्वार्थी के रूप में रामायण में कई सन्दर्भों में देखते हैं। लेकिन यह रामोपालम्ब नहीं है। बल्कि यहाँ रामायण की कथा को मानव की कथा जैसे समझने से प्राप्त प्रकाश को हम तक पहुँचाने का प्रयास है। अगर सूक्ष्म दृष्टि से देखा जाये तो सूरज में भी कलंक पाया जाता है। यह बात हमारी समझ में आती है। ऐसे में राम में दिखाई देने वाली बलहीनता को उतना बढ़ा-चढ़ाकर कहने की आवश्यकता नहीं है, ऐसा शासन भी इसमें है।

इटश्शेरी की कविताओं पर नज़र डालें तो उनकी शुरुआती रचनाओं में 'लवणासुर वध में हनुमान' कविता है। उन्होंने अट्टकथा के अनुभव से ही काव्य की रचना शुरू की। अश्वमेध के लिए अश्व को छोड़ने के बाद लवकुश ने उसे बाँधा। उसे खोलने के लिए हनुमान पहुँचने वाला सन्दर्भ है–

श्यामल वन तो रामचन्द्र का कोमल तन है क्या

कविता का प्रारम्भ यह है। हनुमान के राम की अवधारण को सूचित करते हुए कविता शुरू होती है। कवि कहते हैं कि बच्चे ने राम को किस प्रकार सुना–

राम हमेशा राम या उन्होंने
पुण्य सोम को सुना है
भारगव धनुष को तोड़ने वाला नहीं
न भारगव धनुष जीतने वाला
अन्वेषण मार्ग में
जय प्राप्त करनेवाला नहीं
रावण को मारने वाला नहीं

साधू जन की रक्षा करने वाला नहीं
लड़की की हत्या किया गया पापी है
स्वर्ण हिरण को खोजने वाला बेवकूफ
वानर को छुपकर शिकार करने वाला वनवासी भी है
शांत! पाप ये पागल तो
कुछ भी कह सकते हैं

इसमें कोई सन्देह नहीं है कि यह इटश्शेरी के राम की अवधारणा है। यह कहानियों के आधार पर है लेकिन इसमें निहित राम की आलोचना को अनदेखा नहीं करना चाहिए। इस कविता में और भी प्रमुख बातें हैं। वे भी गम्भीर हैं–

पच्चास रावण को मारे
एक दृष्टि से एक जगह जीत ले
करे सौ अश्वमेध
इन छोटे राजकुमारों को
सीने से न लगाने वाले किसी को
किस्मतवाला कैसे कहे
ठण्डी चन्दन की हवा लगने से
शरीर में पड़ने पर
मर्म को फाड़ने पर भी आत्मधर्म
कभी पथभ्रंश भीतात्मधर्म डरपोक है नाथ

वात्सल्य देकर न जीत पानेवाले पिता के रूप में नहीं बल्कि कर्म से विचलित होना ही मुख्य रूप से उसकी शक्ति और पराधीनता है। राम के पात्र के स्वभाव को केन्द्र में रखकर इसपर बल दिया गया है। इसके पीछे हनुमान तो पश्चात्ताप से विवश बन जाता है–

अहो! दुख है जीवन नामक तलवार से
ऐसी बुरी बात पर वह दुखी होता है

आगे बोलता है–

अब आश्वासन नहीं दिया मैंने
आश्वासन को ख़त्म किया।

यहाँ ख़ुद की निन्दा भी है। 'हनुमान सेवा तुंचन की ज़मीन' में कविता में तो राम पात्र के रूप में सामने नहीं आता है।

बालामणि अम्मा तो 'विभीषण' नामक कविता में विभीषण के माध्यम से राम को दिखाती हैं। उसकी गहराई तो पढ़ कर ही समझ सकते हैं। शत्रुओं के बीच जब विभीषण आश्रय के लिए निवेदन लेकर जाते हैं तब राम इस प्रकार दिखाई देता है।

बन्द अधर बड़ी माथा कमल का रंग
पतला शरीर हिरण-चमड़ा पहनकर
उदय सूर्य के समान आँख
जाते वक़्त रास्ता दिखाने लायक है

एक सवाल है कि विभीषण क्यों राम के साथ जुड़ता है। उसका एक जासूस का वेश नहीं है, यह बताने के लिए ही वह राम को आधार के रूप में प्रतिष्ठित करता है।

कुल रहस्य, जय प्राप्ति के मार्ग
मन्त्र का प्रयोग आदि राम को सुनाया
क्योंकि राम ने तो धर्म रक्षार्थ धनुष लिया
माया में पराजय नहीं होनी चाहिए
धर्म ही कुलदेवता है, उसी के लिए है जीवन।

युद्ध के बाद सीता आती है।

जब सीता प्रेम दीप्त होकर सामने आती तो
राम अप्रसन्न रहा, उनके चेहरे में कालापन छा गया
आग में डूब कर तू शरीर की शुद्धि को
समाज के सामने साबित कर

यही असल में मूल्यांकन है।

मेरे मन में भी उसी वक़्त बिजली खटकी
धर्म भी अधर्म के समय निर्दय हो गया"

यह एक साधारण कथन नहीं। सदैव राष्ट्रीयता में मौजूद एक बड़े संकट को ही बालामणि अम्मा अपनी राम की अवधारणा के माध्यम से ज्वलन्त करती हैं।

एक और सन्दर्भ में बहुत समय बाद विभीषण एक ख़बर सुनता है–

रास्ते के लोगों से सुना विभीषण
कि सीता को वन में छोड़ा राम ने
लोगों के सवाल पर हुए अपमान से

वह कहानी सुनकर दुख लगा
मनुष्य की यही नीति निष्ठुर है
किसी भी अनीति से

सीता परित्याग को इस प्रकार किसी भी कविता में तोला नहीं होगा। किसी भी नीति की निष्ठुरता किस प्रकार स्त्री के ऊपर पड़ती है इस बात के सूत्रवाक्य हैं ये पंक्तियाँ।

बालामणि अम्मा आगे लिखती हैं–

मैं अपने राम को इन सभी मनुष्यों में देखता हूँ
प्रज्ञा से अर्जित करने वाले संस्कृति रूपी प्रतीक को
प्रेम को तलवार की तरह म्यान में रखने वाले
नाम से पुनीत नाम को खोजनेवाला
इसे पूरी दुनिया में सुनते हैं वह धर्मयुद्ध है
परमाणु बम में भी उसके धनुष की आवाज
सुनाई देती है

इस प्रकार की अर्थपूर्ण पंक्तियाँ राम के बारे में मलयालम में नहीं लिखी गयी हैं।

ओ.एन.वी. की कविता 'सरयू की ओर' में राम के शरीर का त्याग, जल समाधि आदि सन्दर्भों की अभिव्यक्ति है। शोक को केन्द्र बनाने वाली उसकी अभिव्यक्ति इसमें प्रमुख है। सूर्य जैसा राम सूर्य के समान सरयू में अस्त होते हुए हमारी आँखों के सामने दिखाई देता है। वह राम के आत्मसंघर्ष को लिखने का प्रयास करता है–

हज़ारों प्रश्नबाण जिगर को छेदते हैं
टिट्टी के समान मुझे ओढ़ते हैं
अब नहीं सहा जाता शास्त्रशर नहीं
आत्मा शर है मुश्किल

ऐसे राम कहते हैं–

छाया खेल में अँगुलियों से खेलने वाला
एक कठपुतली छाया था मैं

फिर सोच कर दुखी होता है–

अब से प्रार्थना गीत नहीं
स्तुतिपाठक की वाणी नहीं, सुमन्त्र श्रवण नहीं

अब छोड़ना है मुद्रा अँगूठी की
छोड़ना है रत्नयुक्त ज़ेवर और आभूषण

सब का त्याग करते हुए

प्रिय सरयू मेरी शरीर-आत्मा को
प्रसन्नता के साथ तुम्हारे साथ मिला दो

राम सरयू में अप्रत्यक्ष हो जाता है।

तिरुनल्लूर करुणाकरण ने 'ग्रीष्म संध्या' शीर्षक कविता संग्रह में रामायण नामक एक लम्बी कविता लिखी है। यह रामायण को क़रीब और गहराई से देखने वाली एक कविता है। इसमें भी राम का सरयू गमन ही सन्दर्भ है। कविता में रामायण की सभी प्रमुख घटनाओं को चित्रित किया गया है।

इसमें राम का आगमन है–

राजा के आगमन से अद्‌भुत रहे सब
खुली आँखों पर विश्वास नहीं हुआ
कहीं पहनना भूल गये अपना मुकुट
मणिकुण्डल और अलंकार भी
आधा शरीर एक कपड़े में ढँका है
पवित्र शरीर और पैर भी नग्न हैं

यह आगमन कितना ठिठुरानेवाला है। अपने जीवन की सारी घटनाओं को एक एक करके देखता है। अन्त यों हैं–

सरयू अब राम की कमर तक है
सरयू अब राम की छाती तक है
सरयू अब राम के कण्ठ तक है
अब सरयू शुद्ध शून्यता तक है।

इससे भी गहन रूप में उस जल समाधि को हमारे सामने कैसे प्रस्तुत करें। (सीता नामक अपूर्ण काव्य) और भी कुछ मलयालम कविताएँ हैं। पी. कुंजिरामन नायर द्वारा लिखित दो लम्बी कविताओं में राम की अवधारणा प्राप्त है।

'सीतादेवी या वरभिक्षा', 'श्रीरामचरितम्' आदि सीता परित्याग के बाद की सोच है। जब अयोध्या के गाँव और नगर शान्ति और निद्रा में डूबे हैं तब श्रीराम तो निद्राहीन लेटा है। अनेक लोकोक्तियों और आलोचनाओं से पूर्ण है यह कृति। 'पी' का सहज हाथ

इसमें भी दिखाई देता है। इससे ज़्यादा इसमें कुछ कहने के लिए नहीं। 'श्रीरामचरितम्' से तात्पर्य श्रीरामकथा का आविष्कार है।

राजनीति को मुख्य विषय बनने के बाद राम का अस्तित्व,व्यक्तित्व, कर्म में भागीदारी आदि को दिखानेवाली कई कविताएँ आ चुकी हैं। लेकिन उसकी ठीक से जाँच नहीं हो पायी। बात यही है कि इतने कम समय में उन्हें ढूँढ़ न पाया।

राम की अवधारणा के पुनः सृजन करने के लिए कवि का प्रयास थी वायलार की 'ताटका नामक द्रविड कुमारी'। यह मलयालम में सबसे ज़्यादा गायी जानेवाली कविताओं की कोटि में आती है। द्रविड़ राजकुमारी का राम के प्रति जो प्रेम है जिसे हम गूढ़ प्रेम कह सकते हैं। यही कालिदास ने रघुवंश में ताटका की स्वर्गीय प्राप्ति के रूप में चित्रित किया–

राममनमथा शरेणताढित
दुस्सहेना हृदये निशाचरी
गंधवद्रूतिता चंदनोक्षिता
जीवितेश वसितम जगामस।

यही काफ़ी है। शूर्पणखा तो अनेक कवियों के लिए काव्य विषय बनी है। वी एम गिरिजा द्वारा लिखित 'शूर्पणखा' नामक लम्बी कविता तो राम के प्रति उसके प्रेम को व्यक्त करती है। नागरिकता से मुक्त स्वतन्त्र और स्वच्छन्द प्रेम शूर्पणखा में गिरिजा जी को दिखाई देता है। राम जैसा पुरुष इसे किस प्रकार दिखाई देता है इसका सूक्ष्म दृश्य तो इसमें है। कविता का सृजन ही स्वच्छन्द है और उसकी अभिव्यक्ति भी–

राम तुम तो
नगर का प्राण है
तुम्हारी शिराओं में डर
अविश्वास
अनजानी छलनाएँ
गहराई में
भँवर भी डरने वाली सुरक्षा
प्रेम में भी गुरु सूक्तियाँ
लय रातों में रति विद्याज्ञान
चुम्बन में मुद्रा का सौन्दर्य

ऐसी कविता तो राम को देखने का एक अलग मार्ग है। वह उतना परिचित रास्ता तो नहीं।

राम तो अनेक दरवाज़ों वाला घर है। अनेक रास्तों से पूर्ण भूखण्ड है। अब भी खोज न ख़त्म होने वाला समुद्रान्तर भाग है। इसमें अनेक मनुष्यों का संचार होगा। कारण यह है कि यदि ऐतिहासिक पात्र तो एक या अनेक बनकर सब में जीवित है। उसको खोजना चाहिए। उनके आविष्कार के लिए अभिनन्दन और प्रार्थना है।

अनुवाद : **काव्या नायर बी.**

तुळळल् की कथाओं में राम

●

कलामण्डलम् प्रभाकरन्

'तुळळल् कथाओं में राम की अवधारणा'–इस विषय पर निबन्ध तैयार करने के लिए मैंने श्रीरामविलासम् प्रेस द्वारा प्रकाशित 'कलक्कत्तु कुंचन् नम्पियार की साठ तुळळल् कृतियाँ' नामक ग्रन्थ को आधार के रूप में अपनाया है। इन साठ कथाओं से लगभग पचास कथाएँ जो हैं 'भागवत्', 'महाभारत्' पुराणेतिहासों से ली गयी हैं। केवल दस ही कथाएँ 'रामायण' की हैं और इनमें से कुछ कथाओं के कर्तृत्व के बारे में भी विद्वानों के बीच मतभेद हैं। अभी हम उस मतभेद की ओर ध्यान नहीं देते। निःसन्देह कह सकते हैं कि तुळळल् की कृतियों में सबसे पहली कृति 'कल्याण सौगन्धिकम्' है। तुळळल् कला की प्रथम प्रस्तुति के लिए कलक्कत्तु कुंचन् नम्पियार द्वारा विरचित 'कल्याण सौगन्धिकम् कथा'–'महाभारत' के आरण्य पर्व से चुना गया हिस्सा है। 'महाभारत' तथा 'रामायण' दोनों कथाओं का प्रतिपादन अपनी पहली प्रस्तुति में ही परिलक्षित करने के लिए कुंचन् नम्पियार ने 'कल्याण सौगन्धिकम्' की रचना प्रक्रिया में विशेष कौशल प्रकट किया है।

पाण्डवों के वनवास के दौरान पत्नी पांचाली की इच्छा की पूर्ति करने के लिए भीमसेन सौगन्धिक पुष्प की खोज में जंगल जाता है। पेड़ और पत्थर को तोड़-मरोड़कर कदलीवन के अन्दर बैठे भीमसेन के बाहुबल की परीक्षा करने के लिए तथा उनके गर्व का शमन करने हेतु उनके बड़े भाई श्रीरामभक्त हनुमान निर्णय लेता है। हनुमान एक बूढ़े बन्दर के वेश में रास्ते में अपनी पूंछ फैलाता सोता है। भीम और हनुमान बहस करते हैं। भीम बूढ़े वानर की पूँछ उठाने की कोशिश कर रहा है, लेकिन असफल होता है। बूढ़ा अपना मूल रूप श्रीहनुमान् में बदल जाता है। भीम अपने भाई को नमन करता है। ऐसे सन्दर्भ में हनुमान–

"हे महावीर भीम, मेरी बात सुनो। मार्तण्ड वंश में राजा दशरथ के पुत्र के रूप में भगवान नारायण का रामावतार हुआ है। उस रामायण कथा को संक्षेप में कह देता हूँ। उस श्रीरामभद्र स्वामी को ध्यान करते हुए और जैसे ही बिना देर किये चले जाने से, तेरी इच्छा निर्बाध पूर्ण हो जायेगी।"

...इसी तरह रामायण कथा को सारवत् रूप में दो सौ पंक्तियों में वर्णन करता है।

रामायण कथा की समाप्ति कुंचन् नम्पियार ने यों की–

"हे वृकोदर, हमसे विदा लेते हुए भगवान रघूत्तम्, निर्मम विष्णुस्वरूप को धारण करके क्षीरसागर में फणीन्द्र–शय्या में आमोद से लोकपालन करके बसते हैं।" यह कहने के बाद, कुंचन् नम्पियार श्रीहनुमान के माध्यम से बताते हैं कि रामायण की कहानी के प्रति उनका कितना भक्ति विश्वास है। "हे वृकोदर, जो लोग इस कथा को सुनते हैं उनके सारे के सारे दुख दूर हो जाते हैं और साथ ही साथ अन्तरंग में ज्ञान की लब्धि भी होती है।" इस प्रकार हनुमान न केवल रामायण की कथा सुनाता है बल्कि रामायण की कथा सुननेवालों को भी ज्ञान की लब्धि हो जाने का आशीर्वाद देकर भीम से विदा लेता है। यहाँ एक बात और बता दूँ। मलयाळम् अध्यात्म रामायण में कर्ता तुंचत्त एषुत्तच्छन् ने कहा है–

"इस ग्रन्थ का नाम अध्यात्म रामायण है और इसका अध्ययन करने से अध्यात्म ज्ञान की लब्धि होती है। साथ ही पुत्र सन्तान तथा धन सौभाग्य, दीर्घायु, सच्चे मित्र, यश और रोगों से मुक्ति आदि भी मिलते हैं।" रामायण कथा की महानता का वर्णन करने में तुंचन और कुंचन आपस में मेल खाते हैं; क्या बात है!

आइए कुंचन नम्पियार की 'स्यमन्तकम्' तुळ्ळल् कहानी देखें। स्यमंतकम् तुळ्ळल् की कहानी में रामायण को एक अलग अन्दाज़ में बताया गया है। अन्त से लेकर आरम्भ तक की दुर्लभ शैली यहाँ अपनाई जाती है।

स्यमन्तकम् मणि के कारण हुई दुष्कीर्ति को ठीक करने के लिए भगवान कृष्ण जंगल में जाते हैं। स्यमन्तकम् मणि को लेकर जंगल गये प्रसेनन् को मरा पड़ा और दूर एक शेर की लाश पड़ी हुई देखते हैं। भगवान ने लाश के पास एक वानर के क़दमों को देखा और क़दम के नक़्शे से चलकर एक गुफा-द्वार पर पहुँच गये। प्रभु ने गुफा में प्रवेश किया। गुफा की दीवारों को रामावतार की कहानियों को दर्शाने वाले चित्रों से सजाया गया है। भगवान के मन में पूर्वस्मृति जाग उठती है।

"तस्वीरों को देखकर प्रसन्न होते हूए सुन्दर चेहरे वाले भगवान गुफा के अन्दर प्रवेश करते हैं और दशकण्ठ रावण के निधन को देखते हैं।"

भगवान जो पहली छवि देखते हैं वह रावणवध की है। फिर लक्ष्मण द्वारा इन्द्रजीत का वध देखते हैं। इस प्रकार सेतु बन्धन, लंका का जलना, सीता का अपहरण, सीता स्वयंवर और रघुपति का जन्म देखकर भगवान जाम्बवान महल में आते हैं। कुंचन नम्पियार ने एक सौ दस पंक्तियों में रामायण का उल्टा वर्णन किया है। नम्पियार ने ऐसा साहसिक कार्य किया है जो किसी अन्य कवि ने नहीं किया है।

अगली कहानी 'रामानुचरितम्' है। 'रामानुचरितम्' भगवान कृष्ण की ख़ुद को भगवान राम के रूप में प्रच्छन्न करने और हनुमान को दर्शन देने की कहानी है। यद्यपि इस कहानी में नारद परीक्षा, रुक्मिणी गर्वभंग और गरुड़गर्वभंग जैसी उप-कथाएँ हैं तथापि कुंचन नम्पियार श्रीराम-हनुमान की बैठक को महत्त्व देते हैं। हनुमान और राघव के संगम का वर्णन नम्पियार इस प्रकार करते हैं–

"रघुकुल का नायक सीता सहित श्रीराम के चरण सरोज में प्रणिपात करके नमन करते हुए कीर्तन करने से मारुत पुत्र अपने अहंकार को दूर करता है।"

हरे! राम! जय रघुकुल नायक
रावण नाशक राघव जय जय
जनक तनूजे देवी नमस्ते
मनुकूलपुंगव जाये माये

इस प्रकार कई स्तुतिगीतों से गौरव गान करके विचित्र चरितयुक्त सीतापति से हनुमान विदा लेता है।

'ऐरावण वध' कहानी में भगवान राम की प्रशासनिक उपलब्धियों का वर्णन करता है।

भगवान राम के राज्याभिषेक के बाद, भगवान राम और सीता के शासनकाल के दौरान, ऋषियों ने भगवान राम के सुशासन की प्रशंसा की है–

देवी लक्ष्मी के मानसराम
फूल कमल जैसा अभिराम

इस प्रकार मुनियों ने राम की प्रशंसा करते हुए उनके शासनकाल का वर्णन किया।

"अनेक गुणों से युक्त इस रामराज्य में कोई कष्ट है ही नहीं। जनता जो है खुशी से जी रही है। यात्रियों को भी भोजन मिलता है और दुख का नाम ही कहीं नहीं मिलता है। दुर्भाग्य की कोई उपस्थिति नहीं है और बच्चों की मौत अनसुनी है।" ऐसा वर्णन अन्य कहानियों में नहीं मिलता। आइए अब 'सीतास्वयंवरम्' की कहानी देखें। बालक श्रीराम का परिचय इस प्रकार दिया है..."कामदेव के तेज को पीटने वाले सुन्दर बालक राम, मुनींद्र की आज्ञा के अनुसार धनुष के प्रयोग करने के लिए तैयार हो जाता है।"

उस भाग का विवरण जहाँ भगवान राम तीर चढ़ाते हैं–

"जिस मण्डप में धनुष कोदण्ड को रखा है वहाँ जाकर मनुकुल के बालक राम उस भारी धनुष को नमन करके शिवजी का कीर्तन करके उस भारयुक्त चाप को उठाते हैं। महल के सारे राजाओं के सामने उसका तीर को चढ़ाने लगा। धनुरारोप के पहले ही

जल्दी ही गम्भीर एवं भीषण शब्द से उस भीमाकार चाप टूट गया और ज़मीन पर गिर गया। उस भयावह ध्वनि में धरती, समुद्र, आठ दिशाएँ प्रकम्पित होने लगे।"

सीतास्वयंवर का वर्णन–

अथ वह भीमधनुष टूटा
अतः वे लोग सारे चौंक गये
जनकराज को हो गयी तुष्टि
जनकसुता की मंगल पुष्टि
हो गयी महोत्सव शादी
श्रीमति महामयि सीता
राम के गला को सजाती
कोमल मंगल की वनमाला।"

स्वयंवर समाप्त होते ही जनकमहीपति गौतम मुनि से कहते हैं–

"मुनिकुल पुंगव! आप स्वयं, दया से मेरी बात को सुनिए। आज ही अयोध्या जाकर राजा दशरथ और पुत्र भरत और शत्रुघ्न आदि को आदर सत्कार से यहाँ आमन्त्रित कीजिए।"

इस प्रकार शाही फरमान के अनुसार, अयोध्या के सभी लोगों के साथ शादी समारोह भव्य तरीक़े से आयोजित किया जाता है। यह देखा जा सकता है कि कुंचन नम्पियार ने इस कहानी में विवाह समारोह और भोजन सामग्री के वर्णन के लिए और अधिक पंक्तियाँ समर्पित की हैं। इसी प्रकार कुम्भकर्ण की हत्या की कहानी में कुम्भकर्ण की नींद और भोजन का वर्णन करने के लिए अधिक ध्यान दिया गया है। अन्तिम भाग में केवल इतना ही कहा गया है कि श्रीराम ने लक्ष्मण से एक धनुष ख़रीदा और अपनी बाँहों से राक्षस को मार डाला।

यह कहा जा सकता है कि रावण का उद्भव, बालीविजय, कार्तवीर्यार्जुन विजय, हनुमदुद्भव, बाली का उद्भव जैसी तुळ्ळल् कहानियों में भगवान राम का कोई उल्लेख नहीं है। लेकिन ये सभी रामायण कथाएँ हैं।

प्राप्त तुळ्ळल् कहानियों को कुल मिलाकर देखते हुए, यह माना जाना चाहिए कि कवि ने कृष्णमहिमा को उजागर करने का प्रयास किया है। केरल के अंपलपुषा देश के भगवान कृष्ण के मन्दिर में उपस्थित होकर ही उन्होंने तुळ्ळल् नामक आधुनिक कला आन्दोलन के बारे में सोचा, पहली तुळ्ळल् कहानी लिखी और अपनी शुरुआत की।

“अम्पलपुषा मन्दिर में रहनेवाले पार्थसारथी हरिनारायण कृष्ण भगवान सारी बाधाओं को जल्दी ही दूर करके अपनी रक्षा कीजिएगा।”

इस प्रकार की प्रशंसा अधिकांश कहानियों में देखने को मिलती है।

कुंचन नम्पियार जब त्रावणकोर देश के राजा के आश्रित के रूप में तिरुवनन्तपुरम् पहुँचे, तो उन्होंने कहा–

“पद्मनाभ, जो तिरुवनन्तपुरम् में चमकता है! नमोस्तुते!”

इस प्रकार भगवान विष्णु की खूब प्रशंसा की गयी है। साथ ही सभी कार्यों में, नम्पियार अपने घर-परिवार किल्लिक्कुरिश्शि मंगलम् के देवता, किल्लिक्कुरिश्शि महादेव की प्रशंसा करते हैं–

“धरणीमंडले किल्लिक्कुरिश्शि श्रीमहादेव, अपनी रक्षा हेतु जल्दी ही कृपा वरदान कर दे।”

साथ ही केरल के अन्य श्रेष्ठ मन्दिरों के देवताओं जैसे तकषी धर्मशास्ता, कंटनकरी देवी, कुटमालूर के वेट्टक्कोरुमकन्, मात्तूर अम्बिका, श्रीपूर्णत्रयीशन् और श्रीगुरुवायुपुरेशन् आदि की भी विविध कृतियों में प्रशंसा की है।

हालाँकि, कुंचन नम्पियार ने तिरुविल्वामला मन्दिर में स्थित श्रीरामस्वामी के बारे में कहीं भी उल्लेख नहीं किया है, जो कि किल्लिक्कुरिश्शि मंगलम् से बहुत दूर नहीं है। कुंचन नम्पियार का यह मौन क्यों सम्भव है? यह सवाल उठाते हुए ‘तुळ्ळल् कथाओं में राम की अवधारणा’ नामक निबन्ध की इतिश्री।

अनुवाद : **प्रसाद एम.**

वाल्मीकि रामायण का वाल्मीकि

●

आर. हरी

वाल्मीकि के रामायण में शापग्रस्त होकर अहल्या कभी शिला नहीं बनती है। सीता की रक्षा के लिए लक्ष्मण 'लक्ष्मण-रेखा' नहीं खींचता है। जूठन बनाया गया अमरूद शबरी श्रीराम को नहीं देती। उसी प्रकार वाल्मीकि कभी हिंसाचारी डाकू नहीं था। रामायण में आद्यन्त अपने बारे में वाल्मीकि विरले ही बोलते हैं। शायद इसी वजह से आदि कवि के क़दम से क़दम मिलाकर या उसी संस्कृति को आत्मसात करके चलने वाले आगामी भारतीय कवि-महाकवियों ने आत्मकथन का तिरस्कार किया है। इसलिए ही उन कवियों के बारे में चाहे वह वाल्मीकि हो या कालिदास, बाद में आये साहित्यिक सज्जनों को यथोचित इतिहास रचने का अवसर मिला। भगवद्गीता में 'अमानित्व एवं अदंभित्व (13/7) से प्रेरित मौन' को सही ज्ञानियों की विशिष्टता माना गया है। इसी मौन की वजह से ही शायद उनके जैसे आत्मविलोपियों को लेकर आगामी प्रतिभाशालियों को अपनी कल्पना के अनुसार गाथाएँ करने का अवसर मिला होगा।

महाग्रन्थ रामायण के प्रथम काण्ड के प्रथम श्लोक में वाल्मीकि 'तपस्वी' होकर ही प्रकट हैं। एक तरफ़ नारद खड़ा है तो दूसरी तरफ़ वाल्मीकि। अपनी जिज्ञासा के शमन के लिए वाल्मीकि नारद से विस्तार से पूछते हैं। वह भी कोई मामूली प्रश्न नहीं, बल्कि गम्भीर समस्या है। (परिप्रच्छ-बा. का. 1-1) ये नारद कौन हैं? वे 'मुनिपुंगव' हैं, 'वाग्विदांवर' हैं। शब्दार्थ-विशारदों में अग्रगण्य हैं साथ ही साथ 'तपस्वाध्यायनिरत' भी। यानी तप एवं स्वाध्ययन में निरत हैं। ऐसे व्यक्ति से तर्क वितर्क करने योग्य हैं वाल्मीकि भी। वे 'तपस्वी' हैं नारद के समान मोक्षगामी हैं। यानी तपस्वी और तपस्वाध्यायनिरत के बीच का भाषण है यह। 'तपस्वी' भगवद्गीता में श्रीकृष्ण द्वारा उद्धरित सोलह गुणों से सम्पन्न नरोत्तम के बारे में पूछते हैं। लेकिन उससे भी तिगुने गुणों से सम्पन्न पुरुषोत्तम का परिचय दिलाते हुए 'वाग्विदांवर' जवाब देते हैं। आगे गुरु या परम आचार्य की हैसियत से प्रामाणिकता के साथ 'तपस्वाध्यायनिरत' उस महापुरुष की जीवन-गाथा को

यथाक्रम प्रस्तुत करते हैं। उस पुरुषोत्तम द्वारा एक धर्मराज्य की स्थापना और उसके बाद सफलतापूर्वक सुदीर्घकालों तक राज्यभार को सँभालने तक का इतिहास बताकर नारदजी शान्त होते हैं। लोकापवाद की वजह से अपनी गर्भवती धर्मपत्नी के परित्याग की कहानी नारदजी ने नहीं कही। यह इतिवृत्त तपस्वी शिष्य भक्त्यादरपूर्वक अपने अन्तरंग में समेटते हैं। काम पूरा होने पर गुरु का अभिवादन करके शिष्य विदा लेते हैं।

यह अंक भी ध्यातव्य है...''नारद की वाणी सुनने के बाद वाक्यविशारद एवं धर्मात्मा मुनि ने शिष्यों के साथ उस महामुनि की पूजा की"(बा. का. 2/1) यानी महामुनि की कृतज्ञतापूर्वक पूजा करनेवाले वाल्मीकि 'वाक्यविशारद' हैं। प्रारम्भ में 'वाग्विदांवर' नाम से अभिहित मुनिश्रेष्ठ की तरह वे तपस्वाध्यायनिरत भी हैं। उसके अलावा 'सह-शिष्य' भी हैं अत: उनके भी अपने शिष्यगण हैं और वे भी गुरु के पद पर आरूढ़ हैं। (नारदस्य तू तद वाक्यम श्रुत्वा वाक्य विशारद:, पूजयामास धर्मात्मा सहशिष्यो महामुनिम.–बा. का. 2/1)

अन्य बातें चाहे कुछ भी हों बालकाण्ड के प्रथम एवं द्वितीय सर्ग के दो मुनियों के नाम 'नारद' और 'वाल्मीकि' हैं। वाल्मीकि भी नारद के समान सिर्फ़ एक नाम है। जैसे बाद की रचनाओं में बताया गया है वैसा नहीं है–तपानुष्ठान के दौरान वाल्मीक में फँस जाने की वजह से उन्हें यह नाम नहीं मिला था। उसके लिए रामायण की रचना के पूर्व का प्रमाण हमें मिलता है। तैत्तरीय प्रातिशाध्य में एक वैयाकरणिक वाल्मीकि है। यानी वाल्मीकि की संज्ञा हमारे कथाविद् वाल्मीकि के जीवन काल के पहले भी प्रयोग में है। रामायण काल के बाद महाभारत के उद्योगपर्व में एक विष्णु-भक्त वाल्मीकि है और अनुशासन पर्व में एक शिव-भक्त वाल्मीकि भी है। उसके शताब्दों के बाद लिखे गये विष्णुपुराण में बताये गये 24वाँ व्यास एक वाल्मीकि है। वे ऋषभार्गव नाम से भी जाने जाते थे। इसलिए राम के समान वाल्मीकि भी केवल एक उपाधि है–ऐसा सोचना गलत नहीं है। वाल्मीकि संज्ञा को लेकर उसमें व्युत्पत्ति मिलाकर एक नये इतिहास का निर्माण बाद में ही हुआ होगा। आदिकाव्य-मूल रामायण में उसके लिए कोई सबूत नहीं मिलता। उसके बारे में आधुनिक वेद-व्याख्याता वेदमूर्ति विद्यावाचस्पति पण्डित श्रीपाद सातवलेकर की बातें ध्यातव्य हैं–"सीमाविहीन अत्युक्तियों से ही पौराणिकों ने ऋषियों का वर्णन किया है। दीमकों की बाँबी के माथे तक उभर आने के बरसों गुज़रने के बाद भी बिना हिले-डुले एक ऋषि ने तपस्या की ऐसा पुराण में बताया गया है। इस तरह की बातें कभी सच नहीं होतीं। इसे सच मानना बुद्धिमानों के लिए अस्वीकार्य है।" ('ऋषियों के तप से राष्ट्र का निर्माण' नामक ग्रन्थ से। भाषा-मराठी)। दरअसल स्कंदपुराण और ब्रह्माण्डपुराण जैसी रचनाओं ने ही वाल्मीकि को अग्निशर्म, रत्नाकर जैसे अलग-थलग

लोककथा में प्रवेश करते ही आद्यन्त उसके व्यक्तित्व की विकास-यात्रा भी विस्तार पाने लगती है। बीचोबीच उससे जुड़ती भिन्न-भिन्न घटनाओं के भी असाधारण विस्तार होने लगते हैं। अगर किसी कुबेर की कहानी कह रहे हैं तो उसकी बाल्यावस्था में अप्रत्याशित गरीबीपन की कपोलकल्पित गाथाएँ जानबूझकर कथाकार पिरो देता है, जो चाहे उसने कभी नहीं भोगा हो। महान कवि कालिदास की महत्ता स्थापित करने के लिए पहले उसे मूर्खता के अन्धकूप में उतारकर खड़ा करना चाहिए था! शब्दोच्चारण तक में अशुद्धियों से पुष्ट, 'अंभटराभणा' कहनेवाला मूर्खशिरोमणी स्थापित करना चाहिए था! अध्यात्मिकता की चरम सीमा तक पहुँचे गोस्वामी तुलसीदास की महत्ता को द्योतित करने के लिए उस महात्मा को अपनी प्रारम्भ काल में कामान्धता से नदी में बहने वाले शव को लकड़ी और काले सर्प को रस्सी तक करने वाला लम्पट दिखाना चाहिए था! प्राचीन हो या अर्वाचीन बिम्ब रूपायन की प्रक्रिया सर्वत्र समान है। +3 और 0 के बीच का अन्तर केवल 3 ही है। लेकिन +3 को बदले बिना इस अन्तर को बढ़ाने के लिए 0 के पीछे–3 की जगह से गिनती शुरू करनी चाहिए बस। तब–3 और +3 के बीच का अन्तर 6 मात्रा हो जायेगी। महात्माओं के इतिहास निर्माण में इतिहासकारों ने इसी नियम का प्रयोग किया है। आदिकवि वाल्मीकि के व्यक्तित्व रूपायन के विभिन्न सन्दर्भों में इसी नियम का पालन करते हुए उन्हें सुदीर्घ कराने के लिए 'राम' शब्द का भी उच्चारण करने में अयोग्य एक मूर्ख शिरोमणी स्थापित करना था! काननवासी तपस्वी की जगह उन्हें जंगली डाकू बनाना था! दो वर्णों की भी जानकारी जिन्हें नहीं थी उन्हें पथिकों के हाथों के रत्नों की श्रेणियाँ तक पहचानने वाला दुर्मोही स्थापित करना था! इन दन्तकथाओं में सबसे ज़्यादा मानुष्य की श्रमशक्ति को नकारा जाता है। वे मनुष्य को केवल भाग्य का पुतला बना देते हैं। इस तरह की दन्तकथाएँ चाहे वे पौराणिक हों या अन्य किसी तरह की,पौरुष एवं सर्गात्मकता से परिपक्व समाज के रूपायन में ज़रूर असमर्थ ही रहेंगी।

अनुवाद : **डॉ. जोयस टॉम**

भारतीय फ़िल्मों में राम

●

डॉ. राजेष एम.आर.

रामायण समकालीन भारत में अनेकानेक विचारधाराओं को पैदा करती है। साहित्य, कला ही नहीं, बल्कि सभी क्षेत्रों में इसका प्रभाव प्रत्यक्ष या परोक्ष रूप से नज़र आता है। रामायण की समकालीनता की सूचना इनसे मिल रही है। सिनेमा, सीरियल, कार्टून, एनिमेशन, गेम आदि बच्चों के मनोरंजन कार्यक्रमों में भी रामायण आ जाती है। जनमाध्यमों और नवीन तकनीकियों की दुनिया में रामायण एक बड़ा-सा उत्पाद्य है, बाज़ार है। सिनेमा की शुरुआत से लेकर ही रामायण जैसे पौराणिक इतिहास की अभिव्यक्ति हुई है। एक राष्ट्र की संस्कृति के मिथकों को लेकर, उनकी पुनर्व्याख्या करके फ़िल्मी दुनिया नये सिरे से आविष्कार करती आयी है। सूक्ष्म दृष्टि से देखें तो ये सब अलग-अलग थे। वे भिन्न-भिन्न विचारों को पेश करते रहे। कहा जाता है कि रामायणों की संख्या क़रीब 300 है, जो उनकी विभिन्नता का सूचक है। एक मिथक के अनुसार एक नहीं अनेक 'राम' होते हैं।

दुनिया के भिन्न देशों में रामायण के विभिन्न पाठभेद या आख्याएँ नज़र आती हैं। इंडोनेशिया, बर्मा, मलाया, जापान जैसे कई देशों में रामायण के अलग-अलग पाठभेद हैं। इसलिए रामायण को एकशिलात्मक या एकपाठ समझना ठीक नहीं। भिन्न-भिन्न सौन्दर्य तथा विचार क्षेत्र में रामायण बसती है। लेकिन स्वातन्त्र्योत्तर भारत में हिन्दू सवर्ण धर्मावलम्बी लोग रामायण को अपने रवैये के अनुसार व्याख्या करने और एकमात्र पाठ के निर्माण करने का प्रयास कर रहे हैं। ब्राह्मण-प्रभुत्व के दर्शनों को रामायण जैसी हिन्दू-पौराणिक कथाएँ समर्थन देती थीं, इसलिए केरल के नवोत्थान-सांस्कृतिक-राजनैतिक नेता रामायण की प्रभुत्व-राजनीति को खोल कर दिखाने का प्रयास करते रहे। केरल के साहित्य और कलाओं में जो राम नज़र आता है वह एकमुखी नहीं। राम के विभिन्न चरित्र यहाँ देख सकते हैं। राम की प्रतिष्ठा यहाँ ज़्यादा मुख्य नहीं, सांस्कारिक क्षेत्र में यह प्रभुत्व का प्रतीक भी नहीं। नब्बे के बाद हिन्दू-पुराण सीरियल, बाबरी-मसजिद मुद्दा आदि ने राम को एक सत्ता-केन्द्र बना कर प्रतिष्ठित किया। रामायण अथवा राम को केन्द्र

एन.टी.आर. से अभिनीत 'सम्पूर्ण रामायण' (1958/तमिल/तेलुगु) और लवकुश (1963 तेलुगु/तमिल) इनमें मुख्य हैं। उन दिनों की 'बिगबजट फ़िल्मों' को तमिल में डब्ब कर के पेश किया था। 'सम्पूर्ण रामायणम्' (तेलुगु /1971/निर्देशक-बाबु) का आगे चलकर तमिल और मलयालम भाषाओं में भाषान्तरण करके पेश किया गया। जनप्रिय फ़िल्मों का लक्ष्य व्यावसायिक लाभ था। ऐसे विषयों की स्वीकृति और बाज़ारीकरण दर्शकों और आम चेतना के सौन्दर्यबोध तथा सांस्कृतिक युक्ति के अनुसार थे। तेलुगु में हाल ही में निकाली गयी फ़िल्म 'श्रीरामराज्य' (जिसमें नयनतारा सीता का वेश करती थी) (तेलुगु/2011) ने भारी सफलता पायी। इसकी तमिल और मलयालम डबिंग भी निकाली गयी। नये काल की तकनीकी और सौन्दर्य चेतना के अनुसार ऐसी रामायणों का पुनर्निर्माण हो रहा है। ऐसी बृहदाकार फ़िल्मों को राम रूपी मिथक को समाज में ब्राह्मणिक प्रभुत्व की निशानी जमाने का श्रम होकर पहचाना गया।

रामसंकल्पना मलयालम फ़िल्मों में

'सीता' (1960/निर्देशक कुंचाक्को), 'श्रीरामपट्टाभिषेकं' (1962, निर्देशक पी. सुब्रह्मण्यं) 'कांचनसीता' (1977/निर्देशक अरविन्दन)–इन्हीं फ़िल्मों में राम-संकल्पना उकेरी गयी। 'भक्तकुचेला' (1961), 'कृष्णकुचेला' (1961), 'शकुन्तला' (1965) जैसी भक्ति फ़िल्में मलयालम में हुई हैं। इन्हीं फ़िल्मों से हिन्दू-भूतकालीन परम्परा के निर्माण का श्रम हुआ।

आज़ादी के पूर्व हिन्दी में निकाले गये सिनेमाओं के अन्य भारतीय भाषाओं में अनुकरण हुए–जैसे 'हरिश्चन्द्र', 'कालिय मर्दन' (1921), 'भक्त प्रह्लाद' (1929) आदि भारतीय स्वतन्त्रता संघर्ष से प्रतीकात्मक ढंग से प्रतिक्रिया स्वरूप निकाले गये। अतिक्रमणकारी कालिय से युद्ध करते कृष्ण, त्यागमयी राजा हरिश्चन्द्र, भारी दुखभोग के ज़रिये आदर्श जीवन बिताये प्रह्लाद आदि गांधीजी के सहन-संघर्ष और त्याग के सन्देशवाहक हुए होंगे।

'सीता' नामक फ़िल्म में पति-प्रेम से भरी सीता तथा सत्तापरक जनहित अमल में लाने का प्रयास करते राम हैं। सीता के राम के प्रति प्रेम आधुनिक प्रेम-कुटुम्ब व्यवस्था पर आधारित है। धोबी ने सीता पर शंका प्रकट की और किंवदन्तियाँ सुनाईं तो समाज में वह एक समस्या बन गयी। माँ को सीता बेटी-समान है। यद्यपि राम के मन में सीता के प्रति मुहब्बत है तथापि प्रजाओं की इच्छा का पालन करना राजा का कर्तव्य मानते हैं। राम में ईश्वर-केन्द्रित अधिकार होता है। सन्तानों को ज़्यादा प्यार करने वाली माता का रूप भी यहाँ सीता में पाया जाता है। राम के बेटे अयोध्या आये और वे सीता की उपेक्षा के प्रति अपने पिता की आलोचना करते हैं। आख़िर प्रजा राम से माँगती है कि सीता को स्वीकारें। जब राम सीता को स्वीकारने आगे आये, तो अचानक सीता पृथ्वी के अन्दर

छिप जाती है। एक परिवार-गढ़न की सौन्दर्य चेतना पर यह फ़िल्म चालू है। चरित्रहीन पत्नी को स्वीकारना मना है, यह आधुनिक पारिवारिक मूल्य 'सीता' नामक सिनेमा में गूँज उठता है। कल्याण राष्ट्र-परिवार संकल्पना इस रामायण के ज़रिये सँभाली जाती है। बेसहारा व्यक्ति (घर का मालिक) और त्यागधर्मी, न्यायनिष्ठ शासक (राजा) एक ही साथ राम में प्रकट होते हैं। आज़ादोत्तर नेहरूवी शासन की आशंका, शायद यहाँ नज़र आती है।

'श्रीरामपट्टाभिषेकं' नामक सिनेमा में पुत्रकामेष्टि और राम-जन्म प्रथम दृश्य में पेश किये हैं। फिर ताटका-वध से लेकर पट्टाभिषेक तक के दृश्यों का आविष्कार हुआ है। अहल्यामोक्षं, सीता-स्वयंवरं, परशुराम के साथ संघर्ष, वनवास, सेतुबन्धन, राम-रावणयुद्ध, सीता-राम-पुनर्मिलन आदि मुख्य दृश्य इस सिनेमा में जुड़े हुए हैं। सत्ता पर बैठने और परिवार-पुनर्मिलन के दर्शन इस सिनेमा की बुनियाद है। राष्ट्र और परिवार की अखण्डता इसमें दर्शायी गयी है। देश और समाज के अस्तित्व और शासन के लिए परिवार की सुरक्षा मुख्य है, इसका आभास भी प्रस्तुत फ़िल्म में है। राम के पट्टाभिषेक के ज़रिये राष्ट्र के भविष्य की ओर यह फ़िल्म दृष्टि लगाती है। स्वातन्त्र्योत्तर भारत में कांग्रेस धर्मनिरपेक्षता के पथ पर चलती है, तो भी मृदुहिन्दुत्व की मदद भी करता था, इस हक़ीक़त को हम न भूलें। पुराण-कथाख्यान अध्यात्मिक अभिव्यक्ति ही नहीं, बल्कि देशभक्ति की व्याख्या भी है।

'कांचनसीता' मलयालम फ़िल्म और संस्कृति में कई संवादों का कारण बनी है। रामायण के कथा पात्रों के परम्परागत चरित्र को हटाकर 'कांचनसीता' अलग परिप्रेक्ष्य देती है। इसके राम और लक्ष्मण एक गोत्र वर्ग के प्रतिनिधि हैं, जो सोचते हैं कि हम सूर्यवंश की पीढ़ी के हैं। रामायण की विश्वप्रकृति रूपी सीता को बाह्य प्रकृति के रूप में कल्पना करके सीता के हर्ष-दुख आदि प्रकृति के विभिन्न भाव-बदलाव होकर 'कांचनसीता' में आविष्कार किया गया है।

यद्यपि राम-लक्ष्मण गोत्रवर्गों के वेश-भूषा में नज़र आते है, तथापि बातचीत में उनकी शैली नहीं अपनाते हैं। इसकी सूचना है कि रूप, भाव और भाषा के ज़रिये सिनेमा जो विचार पेश करता है, इसमें वैरुद्ध्य है। इस वैरुद्ध्य को निचले तबके के लोगों का मुखौटा पहने सवर्ण मध्यवर्ग की ढोंगी राजनीति के रूप में समझ सकते हैं। सत्तर की मलयालम फ़िल्मों में जो सवर्ण मध्यवर्गीय चेतना और अस्तित्व की घबराहट थी। वह यहाँ भी दूसरे ढंग से प्रकट होती है। नेहरूवी विकास योजनाओं की कमज़ोरियाँ समझ कर स्त्रीवादी-दलित-पर्यावरणिक संगठन इन्हीं दिनों में प्रचार-कार्य में तल्लीन थे। दलित मुद्दों की उपेक्षा करते हुए सवर्ण मध्यवर्गीय सौन्दर्य-चेतना और कलाओं को आगे बढ़ना मुश्किल है,

खेलों का उत्पाद्य है। राम-द-रिवेंज, राम-द-योद्धा, हनुमान-द-अल्टिमेट गेम, डिस्कवर रामायण, लोर्ड ऑफ़ थ्रोंस रामायण थ्रीडि; सेवन्थ अवतार, राम : गार्डियन ऑफ़ द फ्लेयिम् रामायण वार्स : द ओशनलीप, रामायणा-किल रावण जैसे गेम-अप होते हैं। 'राम-द योद्धा' नामक गेम में हम देखते हैं कि राम का बाण लग कर असुर के शरीर से ख़ून बह कर, वह मर जाता है। इस प्रकार मारते-मारते आगे बढ़ते हैं और ख़ज़ाने का बक्सा अपना सकते हैं। यह भी इस गेम की खासियत है। दूसरों को मार कर धन कमाने वाले को यह गेम पेश करता है और ऐसी कामना जगाते हुए गेम आगे बढ़ता है। अर्थात् रामवाला बिम्ब इस गेम में पहुँचता है, तो वॉयलेंस के ज़रिये धन कमाने की आदत से लैस व्यक्तियों को बनाने का श्रम करते-फिरते हैं। कहा जा सकता है—राम-संकल्पना का सबसे नया पाठ यह है। हर समय और हर माध्यम के अनुसार राम-संकल्पना बदलती रहती है। काले रंग के होकर, राक्षस बन कर आयें और मारा जायें, आमतौर पर ऐसे व्यक्ति निचले तबके के होते हैं, यह एक दलित आलोचना है, जो ऐसे गेमों को लेकर उठ रही है। रामानन्द सागर का 'रामायण' सीरियल (1987-88) भारत भर में रामभक्ति-राजनीति फैलाने का मुख्य योगदान कर चुका है। वाल्मीकि का रामायण, तुलसीदास का रामचरितमानस—इन दो कृतियों के आधार पर प्रस्तुत सीरियल निर्मित हुई। अरविन्द राजगोपाल ने 'पोलिटिक्स आफ्टर टेलीविज़न' नामक ग्रन्थ में प्रस्तुत धारावाहिक द्वारा निर्मित नवहिन्दू राजनीति के बारे में वर्णन किया है। आप ने राय प्रकट की कि भाजपा की राजनैतिक प्रगति के पीछे इस धारावाहिक का योगदान निर्णायक रहा।

संक्षेप में 'राम-कल्पना' भिन्न कालों में विभिन्न अनेकानेक सौन्दर्यात्मक, राजनैतिक पहलुओं का संवहन करती है। स्वातन्त्र्य-पूर्व फ़िल्मों में विलायती औपनिवेशीकरण के विरुद्ध सजीव रामायण-सन्दर्भ मौजूद थे। हिन्दू-परम्परा तथा देशीयता को प्रारम्भकालीन राम-संकल्पना के बाद आयी राम-फ़िल्मों में ईश्वर के राज्य की प्रजाओं की तुलना आधुनिक राष्ट्र-संकल्प के नागरिकों से की गयी है। भारतीय राष्ट्रीयता का यहाँ हिन्दू-राष्ट्रीयता के रूप में सीमित करने का श्रम इन्हीं फ़िल्मों के द्वारा हुआ, यह कहा जा सकता है। अलग राम को जिस फ़िल्म में चित्रित किया, उसमें भी वरेण्य और दलित-विरोधी राजनीति सूक्ष्मांश में जुड़ गयी थी, यह कहना भी समीचीन है। रामायण धारावाहिक नवहिन्दू-सत्तात्मक राजनीति तथा उसके विकास का पथ प्रशस्त कर रहा था, जो आज सुव्यक्त हो चुका है। एनिमेशन, गेम जैसे रामायण भी हिन्दू-भक्ति तथा निचले तबके के लोगों और दलितों के विरुद्ध अत्याचार की सौन्दर्य-चेतना और विचार का निर्माण कर रहे हैं।

सन्दर्भ

1. रामास्वामी पेरियार इ.वी. 1994, पेरियार इ.वी. रामास्वामी की चुनी हुई कृतियाँ–भाग 3, दिल्ली, इंडियन एतिस्ट पब्लिशर्स।
2. डॉ. पी.एस. राधाकृष्णन, 2010, इतिहास और सिनेमा : (चरित्र और चलचित्र) देशीय भावना के ह्रास मूल्य, केरल भाषा इंस्टिट्यूट।
3. डॉ. राजेश एम.आर., 2016 मलयालम सिनेमा : अनुवर्तन का सांस्कारिक अध्ययन, चिन्ता पब्लिशर्स, तिरुवनंतपुरम्
4. Rajagopal, Aravind, 2001 Politics after Television–Hindu–Nationalism and the Reshaping of the public in India, Cambridge, Cambridge Univerisity press.

की विरह वेदना आकर गिर पड़ती है, यह राम पहचानता है। जो बिना किसी उपेक्षा के चौदह साल तक सुख-दुख का साझा करने के लिए तैयार हुई थी, उसे निर्दयतापूर्वक जंगल में छोड़ दिया गया है। राम याद करता है कि तब से चन्द्र की रोशनी भी हमेशा के लिए चली गयी। शत्रु बाणों से भी तीव्र आत्मघावों को सहने की ताक़त अब राम में नहीं है, यह एहसास उसके अन्दर प्रहार भी कर रहा है। पश्चात्ताप से विवश राम के लिए अब एकमात्र शरणस्थली सरयू का हृदय था, यह जानकारी कुछ हद तक सन्तोषदायक भी थी। सीता का रोदन जब तीव्र उत्तेजना के साथ राम के हृदयान्तर में गूँजता है तो उसे शान्त करने के लिए जो प्रयत्य करता रहता है, वह सब हमेशा आग बनकर अधिक तीव्र बनता जाता था। शैवचाप चलाकर अपनी ताक़त दिखानेवाला राम अब सीता विरह से थका हुआ है।

छाया नृत्य के अंगुली चालित दृश्य समान
चलनेवाली पवित्र छाया था मैं

इन पंक्तियों में मानव जीवन का सार ही दिखाई देता है। यहाँ मनुष्य केवल किस्मत के स्पर्शवाले मंच पर अपनी भूमिका निभानेवाला पात्र मात्र है। ये पंक्तियाँ इसी वैश्विक तत्त्व को दर्शाती हैं। रहस्यमयी तरीक़े से कैकेयी को प्राप्त वर से राम का जीवन ही बदल जाता है। इसी कहानी को यहाँ सूचित किया गया है। जिस छोटी माँ ने इन्द्रलोक की लड़ाई में रथ को गिरने से रोकने के लिए पहिये को सँभाला और पिता की रक्षा की है, उसी छोटी माँ की उँगलियों के इशारों से नियन्त्रित नाटक की एक कठपुतली मात्र है राम। यह संकेत इन पंक्तियों को उत्कृष्ट बनाता है।

अब से दूसरों द्वारा रचित मधुर गीत के साथ नाचने के लिए राम तैयार नहीं है। पश्चात्ताप विवशता में राम अपने आप रचे गीत के साथ नृत्य करना चाहता है। यह राम मृत्यु से पूर्व अयोध्या से विदाई माँगता है। राम के मन में जो तीव्र वेदना थी अब वह कम होती दिखाई देती है।

तुरन्त राम क्षण भर में आदिकवि को याद करके दण्डनमस्कार करने का प्रयत्न कर रहा है। यहाँ राम मृत्यु के सामने अपने आपको आत्मसमर्पित करने से पूर्व आदि गुरु को प्रणाम करना चाहता है–

दूसरों के दुख को स्व दुख मानकर
गायन की गयी है पवित्र आत्मा! तेरा प्रणाम करता हूँ

राजा द्वारा वन में उपेक्षित स्त्री और बच्चों को अभयदान देनेवाले आप तो बहादुर हैं और सच में राजा लोगों को कायर कहने की ताक़त राम में है। यहाँ राम खुलेआम कहता है

कि गुरु से सीखे गये महाकाव्य का आलापन जब लव-कुश ने किया तो शत्रु पर वार किये गये राम बाण से भी वह तीखा प्रहार था। मातृत्व नामक महानियोग को पूरा करने की वेला में, पत्नी को जंगल में छोड़नेवाला राम ख़ुद मौत की सज़ा का हक़दार है। सीता का भरण-पोषण करनेवाले वाल्मीकि महर्षि की वंशावली सरयू के समान अनादि काल तक बहते रहें, यह प्रार्थना भी ऋषिवंश के लिए राम करता है।

जिस सरयू की गहराई में अन्धे माता-पिता के इकलौते पुत्र श्रवण की आत्माविलीन हुई, उसी सरयू में अपने को विलीन करने के लिए राम तैयार है।

सरयू, समय आ गया है, ले लो मुझे
जैसे सागर हज़ारों कर लेकर
अब से मेरे जीवन के मुक्ति-हर्ष सब
तुम्हारे नीरव गौरव गहराई में।

जैसे छोटे भाई लक्ष्मण की बात सच निकली, अपनी ही चेतना को नष्ट करके राम ने सरयू में आत्महत्या कर ली।

सर्वे क्षयन्ता निचयाः
पतनान्ताः समुच्छयाः
संयोगो विप्रयोगान्तः
मरणान्तं च जीवितम्

भाई! यह संसार का स्वभाव है। जो कुछ भी संयुक्त है वह विभाजित हो जायेगा। जो ऊपर जाता है वह ज़मीन पर गिर जायेगा। साथ रहनेवाले अचानक बिछुड़ जायेंगे। हर जीवन का अन्त मृत्यु में होता है।

ओ.एन.वी. कुरुप अपनी कविता में राम के मन में दबे हुए दुख को उजागर करते हैं। मन की गहराई में नींद में दबे पड़े दुख को ही कविता में प्रकाशित करने की क़ोशिश कवि ने की। निद्रावस्था में पड़े पश्चात्ताप को मन में प्रतिफलित करने को कवि चाहते हैं। साधारण राम को भगवान श्रीराम की कोटि तक पहुँचाने का श्रेय सीता को दिया गया है। सीता एक ऐसा मोती थी, जिन्हें पारलौकिक संस्कृति के हल से जनक ने अपनाया था, धैर्य और सहनशीलता की प्रतिमूर्ति भूमि माता की बेटी को। निर्दोषी पत्नी के प्रति सन्देही चरित्र रखनेवाले राम का दुख, आत्म हनन के पूर्व, बारिश की तरह गिरता दिखाई दे सकता है। सरयू नदी यहाँ एक ही क्षण में जीवन और मृत्यु दोनों के प्रतीक सी नज़र आती है।

अनुवाद : **डॉ. प्रत्यूषा एस.**

पाठ-भेदों में राम का पठन

●

डॉ . बिन्सी डोमिनिक

गायन परम्परा की श्रेणी में बहुलता और व्यापकता में समृद्ध एक अलग राम-संकल्पना ही रामायण को विशेष स्थान देती है। इस तरह के मौखिक रूपों में राम को एक अवतार इतिहास चरित्र के रूप से अलग तरीक़े में चिह्नित किया गया है। बेल्जियम के कामिल बुल्के कई देशों से लगभग 300 रामायण खोज पाये हैं। 'ताई रामायण', 'फिलिपीन रामायण', 'जापान रामायण' आदि इनमें से कुछ हैं। लिखित और मौखिक रूपों में प्रचलित रामायण पाठ बुद्ध, जैन, मुसलमानी धर्मों के साथ-साथ आदिवासियों की और निम्न जातियों की संस्कृति से भी सम्बन्धित हैं। लेकिन फ़र्क़ यह है कि भक्ति साहित्य के श्रद्धेय और उत्तम राजा राम इसमें दिखाई नहीं देता। सच्चिदानन्द का 'सारायण', से रामायण का आधिकारिक इतिहास माना जाता है, रामायण की एक महान परम्परा की निरन्तरता को प्रस्तुत करता है। रोमिला थापर के शब्दों को उद्धृत करके सच्चिदानन्द लिखते हैं कि रामायण एक ऐतिहासिक क्षण मात्र नहीं बल्कि कई पाठ-भेदों की ऐतिहासिक घटना है। तुलसीदास रामायण और अध्यात्म रामायण जैसी रचनाएँ जो बन्धनों से बन्धित जनता को सांस्कृतिक रूप से नवीकृत करने के उद्देश्य से लिखी गयी थीं, भक्ति साहित्य के रूप में प्रस्तुत की गयीं। भगवान विष्णु का अवतार भगवान राम यहाँ नायक है। ईश्वर के कार्यों के उद्देश्य होंगे। अवतार रूप के लक्ष्य को पूरा करने में कार्य-कारण वहाँ अप्रासंगिक हैं। यह उल्लेखनीय है कि महाभारत में कर्तव्य शब्द को किस प्रकार की परिभाषा दी गयी है–

'धारणात धर्म मित्याहु: धर्मोधार यति प्रजा''

(धर्म वह है जो ब्रह्माण्ड के स्थायी अस्तित्व का आधार है।)

इस लेख में रामायण ग्रन्थों में कुट्टिकृष्णमारार के 'वाल्मीकि का रामन', कुमारनाशान के' चिन्ताविष्टयाय सीता' ('चिन्ताग्रस्त सीता'), सारा जोसफ के 'पुतु रामायण' (नवीन रामायण) पर चर्चा की गयी है, जो राम को भगवान की छाया से हटाकर मानवीय परिवेश देकर मर्यादापुरुष रूप का आलोचनात्मक मूल्यांकन करता है। ये रचनाएँ मूल

रामायण में नारद द्वारा प्रस्तुत उत्तम पुरुष की अवधारणा की वास्तविकता पर सवाल उठाती हैं। इन्हें मौखिक परम्परा की निरन्तरता के रूप में पढ़ा जाना चाहिए, जो रामायण के साधारण धर्म पालन के लक्ष्य से परे होकर अपने को चिन्तित करती है। रामायण की बहुलता इसमें देखी जा सकती है। सारा जोसफ भी कुट्टिकृष्णमारार और कुमारनाशान की सवाल उठाने वाली शैली का पालन करती हैं।

कुट्टिकृष्णमारार ने जिस प्रकार से रामायण का मूल्यांकन किया, वह एषुत्तच्छन ने जो देखा उससे बिल्कुल भिन्न है। 'वाल्मीकि रामायण' में राम के निजी जीवन की विफलता स्पष्ट होती है, भले ही राजा अपनी व्यक्तिगत भावनाओं से मुक्त होना चाहिए। राम के सन्दर्भ में यह भी उचित नहीं ठहरता है। अपना कर्तव्य सिर्फ़ राज्य और राजा के प्रति ही नहीं बल्कि अपनी माता और पत्नी से भी समान रूप से होना चाहिए, यह राम को ख़ुद अपमानित और निम्न स्तर पर पहुँचाता है। मारार, आशान और सारा जोसफ हमें बार-बार याद दिलाते हैं कि पिता के आदेशों का पालन करने के लिए दिखाये गये खुले विचार और धर्म निष्ठा सीता को इन्साफ़ दिलाने में नहीं दिखाई देता है।

सीता, उर्मिला, कौसल्या और शूर्पणखा शासक वर्ग की शिकार हैं। शासकीय व्यवस्था द्वारा हाशिएकृत राजशाही के बेहद कार्यान्वयन के वक़्त नाइन्साफ़ी का शिकार बनने वालों में सबसे प्रमुख है सीता। राजकुमारी होते हुए भी उसे शासक वर्ग की कोई रियासत नहीं मिली।

मूल रामायण, वाल्मीकि रामायण और अध्यात्म रामायण में राम को सन्देही व्यक्ति की निन्दनीय तस्वीर मिल जाती है। राम को इसमें कोई सन्देह नहीं था कि रावण के महल में रहने से मृत्यु दण्ड ही बहतर है। यहाँ राक्षसियों का भी परिहास पात्र बनना पड़ा राम को।

> **रावण महाराज की फुलवारी में**
> **बहुत समय बिताया, इसलिए**
> **अग्नि कुण्ड बनाकर कूदने को कहा** (तायकुल, 336)

"विभीषण की महिलाओं ने उसे सहारा दिया। यह सही नहीं है। यह जीतनेवालों का आदेश है। आँसू बहाने में असमर्थ सीता की जलती आँखों में उन्होंने स्तन दूध देकर आश्वस्त किया।" (अशोक 2010 : 306)

राम के विचारों के संकुचित भाव इस बात को स्पष्ट करते हैं कि जहाँ 'असभ्य' कहकर दूर रखने वाले राक्षसी वर्ग भी सीता के व्यक्तित्व को पहचानते हैं, वहाँ राम अपनी पत्नी सीता को दूषित कहता है। एक नहीं बल्कि दो मौक़ों पर राम के भीतर का सन्देही इन्सान सीता को मौत के लिए छोड़ देता है। दोनों राज्य (स्वयं) की कीर्ति के

लिए है। राम द्वारा सीता को तिरस्कृत करने की व्यर्थता वाल्मीकि ब्रह्मदेव के माध्यम से स्पष्ट करते हैं–

विश्व जगत का स्रष्टा श्रेष्ठ ज्ञानी
लेकिन क्यों छोड़ा अग्नि में कूदने वाली सीता को (वाल्मीकि का राम)

आशान एक क़दम आगे ख़ुद सीता के माध्यम से राम की आलोचना कर रहे हैं–

कैसे बनी मैं भ्रष्ट
मनु वंश में जन्मी मैं (96)
अपमानित दण्ड से मैं
कैसे इन पापों से मुक्त हो जाये राजा (106)

'अशोका' में सारा जोसफ ने राम को एक सन्देही व्यक्ति की दयनीय स्थिति में चित्रित किया, "अपने अधीन रहने वाली सुन्दरी को कितने दिनों तक रावण देखकर शान्त रह सकता है। तुम तो इज़्ज़त खोकर मेरे सामने खड़ी हो। (अशोका 309) स्त्रीत्व के प्रति राम-लक्ष्मण का दृष्टिकोण दुर्भाग्यपूर्ण है। यहाँ तक उन राक्षसों ने भी जिन्हें असभ्य कहा है।

"रावण ने माता की देह को नष्ट करने के लिए तलवार नहीं उठाई। मेरे वंश में कोई भी स्त्री की इज़्ज़त लूटकर नायक नहीं बना।" (तायकुल 332)

लक्ष्मण के द्वारा नाक और स्तन काटी गयी एक और राक्षसी 'अयोमुखी' भी इसमें आलोचना का पात्र बन कर आती है। दानव वर्ग में मातृत्व के प्रतीक 'शूर्पणखा' और 'अयोमुखी' दोनों पितृसत्ता की शिकार हैं। उनके स्तन छेद के द्वारा स्त्रीत्व का ही नहीं बल्कि वंश का भी अपमान किया जाता है। ख़ुद सभ्य मानने वाले राम और लक्ष्मण को ऐसा कोई विवेक ही नहीं हुआ। यहाँ उच्च स्त्री की सुरक्षा के लिए निम्न वर्ग की स्त्री के अंगों का विच्छेद करने वाली प्रवृत्ति पर सवाल उठाते हैं लेखक।

सीता हमेशा स्थितप्रज्ञ दिखाई देती है। जब दशरथ की आज्ञा के पालनार्थ वन की ओर निकलने वाले पति का अनुघावन करते वक़्त, रावण के महल में अचल खड़े होते वक़्त, लक्ष्मण द्वारा तैयार किये चिता के सामने आत्मसंयम के साथ खड़े होते वक़्त, गर्भवती होकर मृत्यु वक्र की ओर फेंकने के सन्दर्भ में भी सीता आत्मधैर्य को छोड़ती नहीं है। बिना किसी सवाल-जवाब के अकारण सीता को दो बार राम छोड़ता है। उस राम के बाद के निमन्त्रण को अस्वीकार करने वाली सीता का व्यक्तित्व सबसे महत्त्वपूर्ण दिखाई देता है। आदिकवि ने भी राम को ऐसे अवसरों में कैसे महत्त्व दिया, यह देखने लायक है। यहाँ एक सवाल उठता है कि पिता की आज्ञा का पालन करने वाला राम माँ,

सीता और अन्य स्त्रियों की इज़्ज़त करता है या नहीं? यह न भूलना चाहिए कि भारत जैसे देश में महिलाओं के साथ के व्यवहार के आधार पर किसी को सभ्य और सुसंस्कृत निर्धारित किया जाता है।

रावण की राजधानी में रहने वाली सीता पर भरोसा न करने वाले राम की गन्दी मानसिकता की ओर संकेत करती हुई सारा जोसफ कहती हैं–

"ज़्यादा घी डालने से जलने वाली अग्नि के समान विजेता का क्रोध जलने लगा। इज़्ज़त खोयी हुई सीता गन्दी नज़र की शिकार हुई, पराजित की गोद में बैठी हुई, उसके घर में सोयी हुई।" (अशोका 308)

मारार ने यों लिखा–

हे मेरे प्रभु! गात्र का स्पर्श मेरे वंश का नहीं
मेरी इच्छा से नहीं, गलती ईश्वर की है
मेरे अधीन मेरा चित्त है

किसी सवाल-जवाब के बिना सीता को छोड़ने वाले राम के बारे में कुमारनाशान लिखते हैं–

लम्बे अर्से तक वन में रहना पड़ा
क्या मेरी गलती है ?
उस दुष्ट राक्षस ने मेरा
तन चाहा, क्या मेरी गलती है ?

अग्नि परीक्षा के बाद सीता को पुन: छोड़ने की प्रवृत्ति को 'राजनीति' कहकर न्याय रखता है। लेकिन वह राजनीति पूर्ण गर्भवती सीता पर भी लागू होना चाहिए या नहीं, उसका जवाब नहीं मिलता।

नवीन रामायण की आदिवासी परम्परा को पारिस्थितिक नारीवाद और मातृ संस्कृति की कड़ी के रूप में चित्रित है। 'अशोका' में सीता के प्रतिरूप में यों चित्रित है–

"मैं सीता, अग्नि को बुझाने में समर्थ मिट्टी अनादि काल से मिट्टी पर बरसने वाली बारिश को गर्भ में लेने वाली, आने वाली बारिशों की अपरिवर्तनीय सपने में मन लगाने वाली। बारिश और बीज को अग्नि के साथ मिलाकर जीवन की सिहरन भरी हरियाली बिखेरने वाली।'' (2010.311)

शूर्पणखा को भी प्रकृति की बेटी के रूप में 'तायकुलम' में प्रस्तुत है–"तीव्र विरह के बाद दौड़ आयी शूर्पणखा को अपनी छाती में लगाने के लिए हाथों को पसारकर खड़ी

पंचवटी की बूँदें उसकी क्रोध की अग्नि में तेल बनकर फैल गयी। जंगली लताओं से खेलकर शूर्पणखा पंचवटी की छाती में आकर गिर पड़ी।" (2010:334)

पूरी कहानियों के दौरान स्त्री और प्रकृति के आत्मीय भाव को पहचानकर उन्हें पृथक् बनाने की कोशिश करने वाले पुरुष को हम देख सकते हैं। प्रकृति का प्रतीक स्त्री का अपमान करके राम प्रकृति का दुश्मन बन रहा है। राम द्वारा छोड़ देने वाली सीता को 'आदर्श नारी' और 'पवित्रता' की महिमा देने के पीछे का मनोविज्ञान सामान्य ज्ञान से ही समझा जा सकता है।

एक और बार राम के साथ जाने के लिए तैयार न होने वाली सीता के दृढ़ विचार के सामने राम पराजित हो जाता है। राज्य-लक्ष्मी के प्रति उनकी चाहत भी वहाँ ख़त्म हो जाती है। सीता को सहिष्णुता के प्रतीक के रूप में प्रस्तुत करके उसको दबाने के शासक वर्ग की कोशिश यहाँ दिखाई देती है। यहाँ मिथक के पुन:पाठ से स्त्री के व्यक्तित्व के विकास का नया मार्ग खुलता है। जाति, वर्ण और वर्ग व्यवस्था की समाप्ति ही रामायण पाठ-भेद की विशेषता है। नवीन रामायण इस तरह के अलग पाठ प्रदान करती हैं।

सहायक ग्रन्थ :

1. कुट्टिकृष्ण मारार, राजान्गणम मारार साहित्य प्रकाशम, कोषिकोड, I, 1978
2. सारा जोसफ, सारा जोसफ की सम्पूर्ण कहानियाँ, करंट बुक्स, त्रिशूर, 2010
3. 'चिन्ताविष्टयाय सीता', कुमारनाशान

अनुवाद : **डॉ. जेस्ना रहीम**

वायनाड के लोकसाहित्य में प्रचलित विविध रामाख्यान

डॉ. के. रमेशन

महाकवि एषुत्तच्छन कहते हैं कि श्रेष्ठ कवियों द्वारा रचित रामायण के विविध रूपों का अध्ययन करने का सौभाग्य उन्हें प्राप्त हुआ है। अध्ययन के पश्चात वे इस निष्कर्ष पर पहुँचते हैं कि जानकी को लेकर ही रघुनन्दन वन के लिए प्रस्थान कर गये थे।

रामायण भारतीय संस्कृति का अप्रतिम हिस्सा है। अत: समस्त भारतीय जनमानस की संस्कृति पर एकपक्षीय नज़रिया रखना लाज़िमी नहीं है। परन्तु होता यही है कि जन समूह की संस्कृति के नाम पर खोखले संस्कारों की पट्टी पढ़ाई जाती है, जिनका यथार्थ से दूर-दूर तक का नाता नहीं रहता। वास्तविकता तो यह है कि लघु संस्कृतियाँ ही सामान्य जन संस्कृति में ऊर्जा का संचार करती हैं। सामान्य जनजीवन में लयात्मकता का समावेश करने वाली इन लघु संस्कृतियों पर वास्तविक होने की मुहर लगाना गलत न होगा। इनको हाशिए में धकेल कर किया जाने वाला सांस्कृतिक अध्ययन, खोखले दृष्टिकोणों के संग्रह से बढ़कर कुछ भी नहीं है। किसी भी जनसमूह की ज़िन्दगी को पटरी पर लाने में उसकी भौतिक, सामाजिक तथा साहित्यिक संस्कृति का बहुत बड़ा हाथ रहता है। इन तीनों में भौतिक संस्कृति शीघ्र गति से परिवर्तित होती है, जबकि सामूहिक एवं साहित्यिक संस्कृतियों में यह परिवर्तन बहुत धीरे दृष्टिगोचर होता है। इनमें भी साहित्यिक संस्कृति अपनी बहुलता की वजह से विशेष महत्त्व रखती है। साहित्य श्रेष्ठ एवं उदात्त कृतियों के माध्यम से, संवेदना एवं ज्ञान से भरपूर एक ऐसे अनुभव सम्पन्न लोक से साक्षात्कार कराता है जो पाठक को न केवल सुव्यवस्थित दृष्टि प्रदान करता है, अपितु जीवन को लेकर उसे नये सिरे से सोचने के लिए भी विवश करता है। अत: साहित्य को हमारी संस्कृति की थाती कहना अतिशयोक्ति नहीं होगी क्योंकि इसमें रचनाएँ, मौखिक-लिखित रूप में एक ऐसे लोक का निर्माण करती हैं जो अनुभवजन्य ज्ञान के ज़रिये संवेदना के तार छेड़ती हुई मानवता के उच्च धरातल पर विचरण करती हैं।

कुछ रचनाएँ ऐसी होती हैं जो अपनी कलात्मकता के बल पर जनता के मानस पटल पर घर कर, मन्त्रमुग्ध करती हुई उसकी संस्कृति का अभिन्न हिस्सा बन जाती हैं। रामायण की गणना भी इन्हीं उत्कृष्ट कृतियों में की जाती है। रामायण के अनेकानेक पाठ, मौखिक तथा लिखित रूप में विद्यमान हैं। ज़िन्दगी को सही ढंग से जीने का सलीका समझाने वाला यह महाकाव्य गीत, कथा, नाटक, चम्पू आदि कई विधाओं में अपनी उत्कृष्टता प्रमाणित कर चुका है। लेकिन आज भी महर्षि वाल्मीकि द्वारा संस्कृत भाषा में रचित रामायण को मूल कृति का दर्जा देते हुए शेष प्रादेशिक भाषाओं में रचित रामायण को उसका अनुवाद समझने की परम्परा चलती आ रही है। प्रादेशिक भाषाओं में रचित रामायण को मात्र रूपान्तर समझकर अध्ययन एवं आलोचना करने की पद्धति कहाँ तक समीचीन है? इस बात की दो राय नहीं है कि मूल रामायण के ऐसे अनेक मौखिक उप पाठ बने हैं जिसमें से उक्त प्रदेश की माटी की सुगन्ध बह निकलती है। अत: यह कहना वाजिब लगता है कि मौखिक-लिखित रूपों में विद्यमान ये प्रादेशिक राम आख्यान अपनी स्वतन्त्र अस्मिता रखते हैं।

रामायण से जुड़े कुछ आख्यान तो भारत की सीमा को लाँघ कर सुदूर दक्षिण एशियाई राज्यों में भी अपनी धाक जमाने में सफल हुए हैं। यही उसकी विशिष्टता भी है। वाल्मीकि कृत रामायण के उन अमर चरित्रों को लेकर कथा अपना अलग ही रास्ता बनाती हुई आगे बढ़ती है। भारत भूमि से उत्पन्न इस महाकाव्य की अस्मिता उसकी इसी बहुलता की ऋणी है। रामायण विविध रूपों में ढलकर अपनी एक निराली पहचान कायम कर चुकी है कि उसका एकांगी अवलोकन निरर्थक बन जाता है। मौखिक-लिखित रूप के अतिरिक्त दृश्य कला रूपों में भी रामायण की कथा अपनी इस बहुलता को बरकरार रखती है। ऐसे में, उसके किसी एक पाठ को ही सटीक एवं सार्थक होने का श्रेय नहीं दिया जा सकता क्योंकि रामायण से जुड़ा हर एक आख्यान केवल उसकी पुनर्रचना नहीं है अपितु एक स्वतन्त्र कृति की हैसियत रखती है।

रामायण के मौखिक रूप को सुरक्षित रखने में लोकसाहित्य के योगदान को नज़रअंदाज़ नहीं किया जा सकता। लोकगीतों एवं दन्तकथाओं के रूप में अपने पूर्वजों से प्राप्त इन रामाख्यानों में एक पूरे जनसमूह की धड़कन सुनाई पड़ती है। दिलचस्प बात तो यह है कि इन लौकिक कथाओं में रामायण के चरित्र अवतारवाद से सर्वथा मुक्त होकर आम जनजीवन का हिस्सा बन कर आते हैं। विविध जनजातियों की सांस्कृतिक परम्पराओं को बरकरार रखने वाला वायनाड, केरल राज्य का एक अति सुन्दर ज़िला है। लोक संस्कृति से सम्पन्न वायनाड में बसने वाले प्रत्येक गोत्र की जीवन शैली, वेशभूषा एवं भाषा तक में विविधता नज़र आती है। वयनाड की कई जनजातियाँ ऐसी भी हैं

जिनके कला रूपों में रामाख्यान का नामोनिशान तक नहीं है। यहाँ के सबसे बड़े गोत्र पणियर, फिर अडियर, काटुनायकर जैसे गोत्रों में प्रचलित लोकगीत अथवा कथाओं में रामायण के कथा प्रसंग बिल्कुल भी नहीं है। परन्तु मुल्लुकुरुमर, कनलाडीकल जैसी जनजातियों के गीतों एवं मिथकों में रामायण की कथाओं की भरमार है। उनके लोकगीत जैसे कोलकली पाटु तथा कावल पाटु में राम से जुड़े कई मनोहर आख्यान द्रष्टव्य हैं।

वायनाड में अनेक ऐसे स्थान भी हैं, जिनका नामकरण रामाख्यान आधारित है। यहाँ के दक्षिणी भाग में स्थित कई जगहों के नाम रामायण की कथा के किसी खास प्रसंग पर पड़े हैं। इनमें सीता परित्याग विशेष उल्लेखनीय है। केणिचिरा वह जगह है जहाँ राम द्वारा परित्यक्त सीता ने बैठकर विलाप किया था। तटबन्ध के समीप यों विलाप करती सीता को वाल्मीकि अपने आश्रम लेकर जाते हैं। ऐसा माना जाता है कि आश्रम पहुँचने के पहले वे एक जगह रुक गये थे क्योंकि तब तक रात हो चुकी थी। यह जगह इरुलं के नाम से जानी जाने लगी। फिर वे दोनों पर्णकुटी पहुँचते हैं। यह जगह आश्रमकोल्ली के नाम से प्रसिद्ध है जो पुलपल्ली के समीप पड़ती है। आश्रमकोल्ली महर्षि वाल्मीकि के आश्रम के लिए आज भी विख्यात है। कहते हैं कि यहाँ से होकर बहने वाली नदी पीली है क्योंकि सीता हल्दी लगाकर यहीं पर स्नान किया करती थीं। इसी प्रकार आश्रम के निकट स्थित दो पहाड़ियों के नाम हैं–शिशु मला एवं सीतामड़ी। स्थानीय लोगों की यह धारणा है कि शिशु मला लवकुश का क्रीडा-स्थल हुआ करता था। आज की तारीख में यह नाम बदलकर शशि मला के नाम से जाना जाता है। इस पहाड़ी की ख़ासियत यह है कि यहाँ पर उगने वाली एक ख़ास किस्म की वल्लरी के पत्तों को तोड़ने पर दूध के समान सफ़ेद तरल पदार्थ निकलता है। किंवदंती है कि लवकुश इसी वल्लरी के पत्तों में दूध पिया करते थे। सीतामड़ी आज सीता माउंट के नाम से जानी जाती है। पुलपल्ली में स्थित सीता-लवकुश का मन्दिर यहाँ के प्रमुख तीर्थस्थलों में आता है। यहाँ से तक़रीबन एक किलोमीटर की दूरी पर स्थित है—चेडाट्टिन काव्। रामायण की कथा के अनुसार परित्यक्त सीता भूमि में अन्तर्धान हो जाती है। यहाँ के निवासियों की यही धारणा है कि चेडाट्टिन काव् उसी जगह पर बना है जहाँ सीता भूमि में समा गयी। धरती के ऊपर सीता की कुछ जटाएँ ही शेष रह जाती हैं, जिसे राम जी अपने चारों ओर बिखेर देते हैं। बालों के गिरने के जगह मानीवयल नाम से प्रसिद्ध है। यहाँ के लोगों का विश्वास है कि इस जगह पर लहलहाने वाली पतली व मृदुल मानी नामक घास सीता जी की जटाएँ ही हैं। इस प्रकार सीता परित्याग से जुड़ी अनेकानेक किंवदंतियाँ वायनाड की इन जनजातियों के बीच प्रचलित हैं।

वायनाड का दक्षिणी इलाक़ा मुल्लुकुरुमर तथा कलनाड़ी जनजातियों का निवास स्थान है। जनश्रुति है कि मुल्लुकुरुमर गोत्र, त्रेता युग में वनवास के दौरान राम व सीता की हर प्रकार से सहायता करने वाले आखेटकों के वंशज हैं। यहाँ तक बताया गया है कि राम-रावण युद्ध के वक़्त राम जी को शस्त्र देकर सहायता देने वाले भी मुल्लुकुरुमर के पूर्वज थे। इनका प्रमुख तीर्थस्थल है–सीता-लवकुश मन्दिर तथा चेडाट्टिन काव्। इनके रीति-रिवाज़ों में भी रामायण के कई आख्यान दृष्टिगोचर होते हैं। उदाहरणार्थ, श्रावण मास की 14 तारीख को मुल्लुकुरुमर 'रावण वध' का उत्सव मनाते हैं। पूजा-पाठ आदि धार्मिक अनुष्ठानों द्वारा यह उत्सव मनाया जाता है। क़बीले के सभी लोग एक भवन में एकत्रित होते हैं, जिसे दैवपुरा कहते हैं। दरअसल, इस भवन में देवी-देवताओं की पूजा से लेकर विवाह जैसे मंगल कर्म भी सम्पन्न होते हैं। रावण वध का उत्सव मनाने के लिए सभी सदस्य दैवपुरा में एकजुट होकर पूजा करते हैं। तत्पश्चात दोपहर को एक विशाल दावत का आयोजन किया जाता है। दावत में केकड़े एवं मुर्गे का सालन अवश्य बनाया जाता है। इन लोगों के लिए केकड़ा कबन्ध का प्रतीक है जबकि मुर्गा रावण का। मुर्गे के चूड़ में रावण के दस सिरों की कल्पना करके प्रत्येक को काटा जाता है। इस गोत्र में राम आख्यानों के प्रचलन की गवाही देने वाले ऐसे और भी कई प्रसंग देखने को मिलते हैं। जैसे कि ये लोग कौए के स्पर्श को अशुद्ध मानते हैं। अशुद्धि को मिटाने के लिए सात बार स्नान करने की परम्परा है। इस विश्वास के पीछे की कथा यही है कि वनवास के दौरान जब सीता और राम किसी वृक्ष के नीचे विश्राम कर रहे थे, तब एक कौआ आकर सीता मैया के स्तनाग्र को चोंच से ज़ख्मी करता है। अपनी प्रियतमा को ऐसी हालत में देखकर श्रीराम क्रोधित हो जाते हैं और बाण चलाते हैं। यह तीर कौए की आँख पर जा लगता है। काक् दृष्टि के टेढ़ी होने की वजह भी यही मानी जाती है। इस प्रकार सीता को चोट पहुँचाने वाले कौए का स्पर्श इनके लिए अशुद्ध बन गया।

मुल्लुकुरुमर तथा कलनाड़ी जनजातियों में प्रचलित लोकगीतों में भी रामायण की कथा के विविध सन्दर्भ दृष्टिगोचर होते हैं। रामायण से गिने-चुने आख्यानों को आधार बनाकर य़े गीत रचे गये हैं। अत: इनमें रामायण की सम्पूर्ण कथा के क्रमिक विकास को ढूँढ़ने की कोशिश करना असंगत है। मुल्लुकुरुमर गोत्र में प्रचलित प्रमुख लोक नृत्य है–वट्टकली। इस नृत्य की ख़ासियत यह है कि इसमें केवल पुरुषों की ही भागीदारी होती है। गोलाकार में खड़े होकर गीत के सुर ताल के अनुसार ये नृत्य करते हैं। गोत्र के सभी विशेष उत्सवों में यह नृत्य किया जाता है। वट्टकली के गीतों में रामायण से उद्धृत कई कथा प्रसंग विद्यमान हैं। जैसे–राम-लक्ष्मण का विश्वामित्र के साथ गमन, सीता स्वयंवर, परशुराम से भिड़न्त, राम द्वारा वन गमन के लिए ज़िद्द करती सीता को

समझाना, मारीच का स्वर्णमृग रूप धारण, बाली की कथा, जटायु के मोक्ष की कथा, त्रिजटा से भेंट, हनुमान व लंकालक्ष्मी संवाद, सीता की हनुमान से भेंट, हनुमान का रावण की महासभा में प्रवेश, मेघनाद द्वारा युद्ध की तैयारी एवं मृत्यु, मन्दोदरी-विलाप, सीता को रावण की क़ैद से मुक्त करना आदि। वट्टकली के गीतों की रचना बहुत छोटे-छोटे वाक्यों में की गयी है। इसी प्रकार कोलकली भी मुल्लुकुरुमरों का लोक नृत्य है, जिसका लक्ष्य मनोरंजन प्रदान करना है। इसके गीतों में भी ताटका का वध, शूर्पणखा का मोहिनी वेश धारण, बाली-तारा की कथा, हनुमान एवं रावण का तर्क आदि विषय के रूप में आये हैं। परन्तु इन रामाख्यानों के अलावा ग्रामीण जीवन शैली एवं महाभारत की कथाओं के अंश भी इनके लोकगीतों की शोभा बढ़ाते हैं। कामदेव के शर से आहत, शूर्पणखा एक ग्रामीण युवती की अंग-भंगिमा लिए चित्रित हुई है–

माथे पर बिन्दिया सुन्दर
नैन नक्ष हैं काले-काले
हिल-डुल करती बालियाँ
लाजवंती बन राम के आगे
जाल बिछाती सुमुखी...

रावण एवं हनुमान के बीच का तर्क प्रसंग भी बोलचाल की भाषा में अभिव्यक्त कर इन लोकगीतों ने अपनी अलग पहचान बनाने की कोशिश की है। नृत्य के लय-ताल के मुताबिक ही ये गीत रचे गये हैं। इन लोगों की रोज़मर्रा की ज़िन्दगी में होने वाले बहस की तर्ज़ पर ही यह संवाद चलता है। हनुमान जी रावण से कहते हैं–

ऐ रावण! लौटा दे राम को तू सीता
चुरा कर लाया है तू जिसे
है किस बात की अकड़ तुझे आँखें तेरी क्यों तनी हुईं
क्या प्रपंच रच रहा है तू,बता क्यों पाप करे है तू

सीता स्वयंवर के अवसर पर राम द्वारा शिव जी के धनुष को तोड़ना तथा उस पर वहाँ उपस्थित अन्य राजाओं की प्रतिक्रिया का बखान इस प्रकार किया गया है—

धनुष तोड़ा राम ने धड़ाम से
रह गये हक्के-बक्के राजा-मन्त्री
बोली जनता
सौंप दे राम को यह कुँवारी अभी

वनवास के लिए साथ चलने की ज़िद्द पर अड़ी सीता को रोकने की कोशिश में लगे राम द्वारा प्रयुक्त भाषा में भी इनकी अपनी अस्मिता झलकती है—

हे सीते! मत अइयो हमरे साथ
हैं चोर-उचक्के, विषैले सर्प भी
जंगली हाथी, भालू भी हैं
भूख मिटावन कन्दमूल
प्यास बुझावन दरिए का पानी
पहनन वास्ते पत्ते पेड़ के
ओढ़न वास्ते चमड़ी बाघ की
सोने के लिए सेज चट्टान की

ऐसी ही ग्रामीण भाषा शैली को बरकरार रखा गया है हनुमान एवं लंकालक्ष्मी के संवाद में–

ऐ लड़की! कौन है तू?
रखवाली कर रही है तू किसकी?
पहरा दे रही है किसे? है रखा तुझे यहाँ किसने?
ऐ लड़की! बोल भी दे
किसकी पहरेदारी में, हैं तैनात ये लड़कियाँ?

मुल्लुकुरुमर गोत्र में प्रचलित रामाख्यानक गीत वाल्मीकि रामायण की कथा से अलग न होकर भी अपनी स्वतन्त्र पहचान बनाने में कामयाब हुई हैं क्योंकि कथा इनके निजी परिवेश में ढलकर ही गीतों का रूप लेती है। उदाहरण के लिए यहाँ चम्पक के पेड़ सुलभ हैं। अतः सीता को शिंशप वृक्ष के बजाय चम्पक वृक्ष के तले विराजमान बताया गया है-

कितना विशाल है यह चम्पक का वृक्ष
विराजमान है सीता छाँव में इसकी
बगिया उजाड़ी तक-धिना-धिन
उखाड़े पेड़, टूटी डालियाँ चम्पक की,
नचइयो मारुति तक—धिना-धिन

इस प्रकार वाल्मीकि कृत रामायण में प्रयुक्त शिंशप वृक्ष की जगह चम्पक को प्रतिष्ठित कर इनकी अपनी प्रकृति से जुड़कर गीत आगे बढ़ता है। चेडाट्टिन काव्, जिसका पहले

भी ज़िक्र किया गया है, की पृष्ठभूमि पर जटायु एवं सम्पाती की कथा का बखान करते हुए प्रस्तुत लोकगीत की शुरुआत होती है—

जटा बिखरकर बना पावन तीरथ
स्थित है घने वन के बीचोबीच
उसी वन में
था बसेरा दो पक्षियों का..

कहने का तात्पर्य यही है कि इन लोकगीतों में कथाएँ तो रामायण से उद्धृत दिखाई देती हैं, परन्तु ये घटित होती हैं इनके अपने प्रकृति-परिवेश में।

वायनाड के दक्षिण भाग में रहने वाले कलनाड़ी गोत्र के लोकगीतों में उल्लेखनीय कोलकली पाट तथा कावल् पाट में भी रामायण की कथा से जुड़े सन्दर्भ मिलते हैं। जंगली जानवरों से अपनी खेती के बचाव हेतु ये लोग रात भर पहरेदारी देते हैं। ख़ुद को जगाए रखने के लिए गीत बनाकर गाते हैं, जिन्हें कावल् पाट कहा जाता है। आस पड़ोस की पहरे की मीनारों पर बैठकर रखवाली करने वाले एक-दूसरे से प्रश्न के रूप में गीत गाते हैं। सवाल-जवाब का पूरा सिलसिला गानों में चलता रहता है,मसलन—

लक्ष्मण सीता संघ राम का वनवास काल
राक्षस मारीच पहुँचा बन सोने का हिरण
मारीच का किया वध राम ने बाण से
तो बता
लक्ष्मण पुकार हाहाकार मचाई क्यों उसने?
कैसी थी उस ज़माने में नगरी लंका की?
रावण दसानन क्यों कहलाया?
हरण हुआ था सीता का किस दिन?
जलाया था लंका को बजरंगबली ने किस दिन?
है चतुर? तो दे जवाब इन सवालों का

इस प्रकार रामायण से जुड़े आख्यान प्रश्नोत्तर की शैली में इन लोकगीतों में पाये जाते हैं। कलनाड़ी गोत्र ने भी मनोरंजन प्रधान कोलकली एवं वट्टकली के लोकगीतों में रामायण की कथा को अपने परिवेश के अनुसार प्रस्तुत किया है।

मुल्लकुरुमर एवं कलनाडी गोत्र के लोकगीतों का अध्ययन करने पर यह साफ़ ज़ाहिर हो जाता है कि इनमें रामायण का आदि-मध्य-अन्त समेत पूरी कथा कहीं भी प्रयुक्त

नहीं हुई है। नगरनिवासियों के धार्मिक विधि-विधानों से इनका कोई विशेष नाता भी नहीं है। अपने लोक नृत्य की लय-ताल के अनुसार इन गीतों की रचना हुई है। रामायण की कथा के साथ-साथ महाभारत की कथाओं के अंश भी इन गीतों में देखने को मिलते हैं। गाँव के जीवन की शैली को भी विषय के रूप में ये गीत प्रस्तुत करते हैं। इसलिए इन लोकगीतों की आलोचना करते हुए उसे सम्पूर्ण रामायण के कथा की कसौटी पर कसना गलत है। इन जनजातियों के लोकगीतों एवं मिथकों के अध्ययन करने के पश्चात यह सिद्ध हो जाता है कि इनमें रामायण के सीता परित्याग से जुड़े सन्दर्भों को ही अधिक महत्त्व दिया गया है।

मुल्लुकुरुमर, कलनाड़ी गोत्र के अलावा भी वायनाड कई जनजातियों का निवास स्थान है। इन इतर गोत्र वालों के लोकगीतों में रामायण-महाभारत से जुड़े कथांशों का नितान्त अभाव है। ऐसे में, मुल्लुकुरुमर एवं कलनाडी गोत्र में ही ये पौराणिक कथाओं का प्रचलन हुआ? मुल्लुकुरुमर गोत्र की व्युत्पत्ति से जुड़े इतिहास में यह बताया गया है कि कुंबल के क्षत्रिय नरेशों के दास बने आखेटक वंश का एक भाग मुल्लुकुरुमर कहलाये। इन्होंने क्षत्रियों का दास बनकर रहना स्वीकार किया। जबकि इन आखेटकों का दूसरा दल गाँव की ओर प्रस्थान कर गया। उन्हें ऊराली कुरुमर पुकारा गया। और इनका तीसरा खण्ड जंगलों की ओर पलायन कर गया। ये तेनकुरुमर कहलाये। ऊराली एवं तेन कुरुमर गोत्र के लोकगीतों में रामायण-महाभारत आख्यान लेश मात्र भी नहीं है। अतः यह निष्कर्ष सही प्रतीत होता है कि मुल्लुकुरुमर गोत्र में ये कथांश कुंबल के क्षत्रिय राजाओं के अधीन रहने की वजह से ही आया है। इनसे प्राप्त इन कथाओं को अपने मनोरंजन के लिए बखूबी इस्तेमाल करने में मुल्लुकुरुमर सफल हुए। इन्होंने अपने रीति-रिवाज़ों में ढालकर इन कथाओं को लोकगीतों के रूप में एक नया आयाम प्रदान दिया है। कलनाडी गोत्र का मुल्लुकुरुमर से काफ़ी क़रीबी रिश्ता है। इनके निवास स्थान भी बहुत पास हैं। अतः इनके लोकगीतों में भी उपर्युक्त प्रभाव परिलक्षित है। यह कहना गलत न होगा कि कई रूपों एवं भावों में प्रवाहित रामायण की कथा का लोक बहुत ही विस्तृत है। रामायण के इस विशाल कथा लोक में ऐसे छोटे-छोटे क़बीलों में प्रचलित रामाख्यानों की महत्ता को नज़रअन्दाज़ नहीं किया जा सकता। रामायण के पाठों के अध्ययन में इन लोकगीतों को सम्मिलित करना बहुत ज़रूरी है। तभी इस महाकाव्य का सांस्कृतिक अध्ययन सार्थक होगा।

सहायक ग्रन्थ सूची

1. ए.के. रामानुजन (अनु. पी.एन.गोपीकृष्णन्),300 रामायण, इनसाइट पब्लिकेशन, कोषिक्कोड, 2015

2. ए.एस.प्रशांतकृष्णन (डॉ.) ओषिच्चुनिर्त्तपेट्टवर, केरल भाषा इन्स्टिट्यूट, तिरुवनन्तपुरम, 2013
3. मनु जोस,मुल्लुकुरुम्बरुडे कलीपाटुकल, आदिवासी मुन्नेट्टसंघं, गूडल्लूर, 2001
4. एम.वी.विष्णु नंबूतिरी (डॉ.) नाडनपाटुकल खण्ड तीन, केरल फोकलोर अकादमी, त्रिशूर,1989
5. मनोज मातिरपल्ली, केरलत्तिले आदिवासिकल कलयुं, संस्कारवुं, डी.सी.बुक्स, कोट्टयम, 2013
6. एम. जी. अजयन, गोत्रतालं, वेट्टकोस, सुल्तान बत्तेरी, 2009

अनुवाद : **डॉ. सुस्मिता पद्माँगदन**

केरल के तन्त्रशास्त्र में श्रीराम की अवधारणा

नेत्तल्लूर हरिकृष्णन

तन्त्रशास्त्र भारतीय संस्कृति का एक अभिन्न पहलू है, धार्मिक क्षेत्रों और मन्दिरों की स्थापना में इस तन्त्रशास्त्र की अहम भूमिका रही है। उपासना की विविध क्रियाओं और रीति-रिवाज़ों के कारण ही भारत में तन्त्रशास्त्र ने अपनी एक अलग जगह बनाई है। अतीत के पन्नों में इसके कई चिह्न प्राप्त होते हैं। इसका विकास धीरे-धीरे हुआ, यह देश और वंशीयता के अंशों को तथा एक विशाल दर्शन को समाहित करता हुआ रूपायित हुआ है। तन्त्रशास्त्र का आधार तत्त्व गहरा है, यह आस्था से कहीं ऊपर उठकर, क्रमातीत अनुष्ठानों के ज़रिये, जैविक व अजैविक प्राकृतिक तत्त्वों को मानव की समरसता में एकीकृत करता है। इसमें दैविक आराधना ही प्रमुख मायने रखती है। आर्य संस्कारों और वैदिक संस्कारों से भी पहले द्राविड़ संस्कारों में तन्त्रशास्त्र की मान्यता रही है। गोत्र वर्ग की चेष्टाओं, संवादों और आचार-विचार के विनिमय में तान्त्रिकता की सौन्दर्य भंगिमा प्राथमिक रूप में मिलती है। तान्त्रिकों ने इस विद्या को अपनी आजीविका के रूप में स्वीकार किया था। मन्दिरों के अनुष्ठानों में भी इन्हीं आदर्शों का पालन होता था। तान्त्रिक मूर्तियों में अपने चैतन्य का आवाहन करते हैं और उन्हें पितृस्थान का दर्जा भी देते हैं।

यह शास्त्र शारीरिक धर्म को प्रतिपादित करने वाला होता है, इसलिए इस शब्द की उत्पत्ति 'तनु' शब्द से मानी जाती है। साथ ही मन्त्रों के उच्चारण संगीत से भी 'तन्त्र' नाम की उत्पत्ति की सम्भावना पर भी बल दिया गया है। तन्त्रों की संख्या चौंसठ बताई गयी है और इसकी रचना अत्रि मुनि ने की थी। भारत में श्रुति, स्मृति, पुराण के बाद तन्त्र को चौथे स्थान पर रखा गया है।

तन्त्रशास्त्र के संस्कारों में भिन्नता पायी जाती है। इसमें वेदाचार, वैष्णवाचार, शैवाचार, दक्षिणाचार आदि आचार संहिताओं का वर्णन मिलता है। भारत में केरलीय, कश्मीरी, विलास, गौढ आदि चार तन्त्र सिद्धियों का प्रयोग मिलता है। प्राचीनकाल में पंचोपासना पर आधारित तन्त्रशास्त्र कार्य करता था। इसमें पहले विष्णु, शिव, शक्ति, सूर्य, गणपति

आदि देवताओं को प्रमुख स्थान दिया गया था और बाद में यह वैष्णव, शैव, शाक्त आदि रूपों में परिवर्तित हो गया। तन्त्रशास्त्र की आधारशिला पूजा-पाठ मानी गयी है, यह एक प्राचीन वैदिक क्रिया है। इसमें किसी विशेष अतिथि को आमन्त्रित किया जाता है और सेवानिवृत्ति के बाद सस्नेह विदा की प्रक्रिया की जाती है। इस क्रिया को ही देवपूजा कहा जाता है। पूजा की यह क्रिया द्वापर युग से चली आ रही है। हवन महायज्ञ का एक प्रमुख रूप है, वेदयज्ञ में मूर्ति आराधना होती है।

तन्त्रकौमुदी, शक्ति संगम तन्त्र, रुद्र्यामला तन्त्र, ब्रम्ह्यामला तन्त्र, कालिका तन्त्र, कुलर्णव तन्त्र, महानिर्वाण तन्त्र, तन्त्रतत्त्व, तन्त्रसमुच्च्य, शेषसमुच्च्य, कुलिकाडुपंचा आदि को प्रमुख ग्रन्थों की श्रेणी में रखा गया है। सृष्टि, प्रलय, आराधना, साधना, क्रिया, ध्यान, आदि को इसमें प्रतिपादित किया जाता है। देवीभागवत और मत्स्यपुराण में तन्त्रों को वेदों का अंग माना गया है।

आगे तन्त्रशास्त्र को सात्विक, राजस, तामस, आदि भागों में विभक्त किया गया है। वामाचार की क्रिया तामस का एक तत्त्व है। इस क्रिया को अपनानेवाले विभिन्न नाम से जाने जाते हैं, जैसे कापालिक, कालमुखी, पाशुपतन, भांडिकेर, दिगम्बर, अघोरी, चिन्नाचार, कालाचार आदि। ये पंचकारक को प्रमुखता देते हैं, शराब, मांस, मत्स्य, मुद्रा, मैथुन आदि ही पंचकारक तत्त्व कहलाते हैं, ये क्रियाएँ देशकाल के अतिरेक से परे होकर चलती हैं। शिव ने जिस तन्त्र विद्या की शिक्षा पार्वती को दी थी उसे आगम कहते हैं और पार्वती ने जो विवरण शिव को दिया था उसे निगम की संज्ञा दी गयी।

बी सी 5000 और 3000 के बीच तन्त्रसिध्दि का प्रचार अधिकाधिक हुआ था। गोत्र विश्वासों में प्राकृतिक शक्ति को मिलाकर, आदिम जनता में पनपे विभिन्न कारकों से उपजी तान्त्रिकता की संकल्पना अपने रूप में बहती चली गयी। दृष्टि बोध और विश्वास से ऊपर उठकर पंचभूतात्मकता एवं प्रपंच निर्णय के बारे में व्याकुलता रुद्ध हुई, और चिन्ता शक्ति में बदली।

सर्वप्रथम जल, भूमि, आकाश, वायु, अग्नि आदि पंचभूतों को मिलाकर उसके बाह्य दैविक घटकों के पक्षों को मिलाया गया। तत्पश्चात एक संकल्प दृष्टि की परिकल्पना तैयार की गयी। साथ ही भूमि, आकाश वायु तत्त्वों को अमानवीयता का रूप देकर, यथार्थ की शक्ति से जोड़ा गया। इनमें सर्वप्रथम अग्नि को आराध्य तत्त्व माना गया। तन्त्रशाखा जब अपनी दार्शनिकता के साथ रूपायित हुई, तब तत्त्वमींमासा और दार्शनिकता को एकीकृत किया गया। इस प्रकार प्राकृतिक तत्त्वों का भय, बाद में आराधना के घटक बनकर तन्त्रशास्त्र में विलीन हो गये।

पारस्परिक, व्यावहारिक तन्तुओं के सम्बन्ध को अंगभंगिमाओं के परिवर्तन से, तथा तन्त्रशास्त्र की विशेषताओं को लिए हुए, नवमुद्राओं का विकास हुआ। मुट्‌ठी, उँगलीक्रिया आदि मुद्राओं का विकास हुआ। बाद में आशय-विनिमय ने शब्द विन्यास को मिलाकर मन्त्रोच्चार का रूप ले लिया। इन बीजमन्त्रों में मन्त्रों की प्रधानता थी। ह्रीं, क्लीं, सौं, श्री, आदि बीजाक्षरों का प्रयोग तन्त्रशास्त्रों में होने लगा। तन्त्रशास्त्र में देवावस्था के माध्यम से छन्द परिकल्पना से होते हुए [प्रकृति, पुरुष, देव, देवी] चेतना की व्याख्या हुई। यह दृष्टि समष्टि बोध से ऊपर लिंगातीत होकर विलीन हुई। इसमें आत्मबोध की संतृप्ति तत्त्वों को मिलाकर, सौन्दर्य की अनुभूति का भी निर्माण हुआ। इस प्रकार तन्त्रशास्त्र की एक क्रमातीत लम्बी अनुष्ठान प्रक्रिया का पुनर्निर्माण सम्भव हो पाया।

प्राचीन शैव, गोत्र, शाक्त, आराधना को मिलाकर द्राविड तान्त्रिकता का विकास हुआ। शक्ति देवी की संस्कृति में ढले, शिव स्वरूप का रूपायन हुआ। इसे प्राचीनतम शैविक, गोत्रों का विलयन माना जाता है। यह शैव-शाक्त छन्द परिकल्पना का ही एक रूप है और स्त्री-पुरुष, प्रकृति-पुरुष संकल्पना की योजना भी इसी पर आधारित है। इसके आधार पर ही प्रथम तन्त्रशास्त्र का विकास हुआ। इसलिए मन्त्रदीक्षा अनुष्ठान के लिए स्त्री-पुरुष अभेद पर, एक नवपद्धति की निर्मिति हुई। स्त्री-पुरुष के सामंजस्य में ही संसार का हित छिपा है, इस तथ्य का उद्‌घाटन तन्त्रशास्त्र करता है।

तन्त्रशास्त्र में जैविक विशेषताओं की समरसता को प्रकृति से जोड़ा गया और छन्द परिकल्पना में मन्त्रोच्चारण आदि उपासनानिष्ठा को लेकर आचरण विधि एंव साधना को परिलक्षित किया गया। मूर्ति आवाहन की क्रिया में स्त्री-पुरुष अभेद आधारित विधि पर बल दिया गया। शक्ति शब्द का प्रयोग स्त्री [देवी] के लिए और शिव शब्द का प्रयोग पुलिंग [देव] के लिए किया गया। ब्रह्म दृष्टि में लिंगभेद की परिकल्पना में मनुष्य की नैसर्गिता तक पहुँचने और जैविकता में सूक्ष्मता से मानवीकरण की क्रिया को तन्त्रशास्त्र में दिखाने का प्रयास हुआ। तन्त्रशास्त्र में इसी आचरण विधि का अवबोध मिलता है।

आर्य समाज पर आधारित दैविक संस्कार में निम्न वर्ग के समाज को केन्द्रित कर, शुद्ध-अशुद्ध का विवेचन किया जाने लगा। इसको आम समाज स्वीकार नहीं कर पाया। वैदिक आचरण विधि को तन्त्रशास्त्र में शामिल किया गया।

'वैदिकी तान्त्रिकी चैव;/त्रिविधा श्रुति रीतित; [कल्लुक भट्‌ट]

कल्लुक भट्‌ट मानते हैं कि श्रुति दो प्रकार की होती है—वैदिक और तान्त्रिक। तन्त्रशास्त्र में तत्त्वमींमासा मूर्त रूप [सगुणावस्था] में विद्यमान है। स्वामी विवेकानन्द के अनुसार 'सभी मन्त्रों में तन्त्र भावों की आवश्यकता पड़ती है।' [विवेकान्द साहित्य सर्वस्व]

आदिम द्रविड़ संकल्प की तान्त्रिकता बाद में आर्य संकल्प की तान्त्रिकता में विलीन हो गयी। इस बात की पुष्टि हुई कि तान्त्रिकता आर्यों की अधिकारिणी है। इसलिए तान्त्रिकता उच्च वर्ग की हो गयी। बाद में तान्त्रिकता का विकास हुआ और यह ब्राह्मण वर्ग से अलग हो गयी। अब इस तन्त्र विद्या का प्रयोग आम व्यक्ति भी कर सकता है और इस तन्त्र सिद्धि को अपनी आजीविका भी बना सकता है। संकल्प शास्त्र में घटनाओं, मानवीय मूल्यों, समाजसम्बन्धी घटकों को अध्ययन के रूप में तन्त्रशास्त्र के साथ जोड़ा जा रहा है। समकालीन साहित्य इस विषय पर विचार कर रहा है। 'सौन्दर्य लहरी' के अध्ययन में कामबीज के सूक्ष्म दर्शन मिलते हैं। काम शैवपद, इष्ट अथवा लगाव इससे जुड़े अंग हैं। रति तान्त्रिकता को तन्त्र का एक भाग माना गया है। यह मनुष्य में निहित स्त्रैण भाव और पुरुष भाव को एकीकृत करता है। इसमें स्वत्व, मूल्य केन्द्रित व्यक्ति निष्ठापूर्ण होकर स्वभाव रूपीकृत करता है और एक नया मार्ग चुनता है। तन्त्रशास्त्र विविध शास्त्र शाखाओं को परिवर्धन कर एक नवीन आशय का रूपायन करता है। दर्शन और संस्कृतियों को स्वीकार कर तन्त्रशास्त्र समय-समय पर परिवर्तित होता रहता है। प्राकृतिक परिवेश में रूपायित हुई द्रविड़ तान्त्रिकता, बाद में परिवर्तित हो कर एक नव तान्त्रिक इतिहास बनाती है। वैदिक धर्म के कुछ बाह्य अंशों को स्वीकार करने और साधारण लोगों की समझ से परे होने से तान्त्रिकता उच्च वर्ग में ही संकुचित हो कर रह गयी। भय, शुद्ध, वर्ग, लिंग, अस्तित्व आदि ऐसे कई तत्त्व थे जो साधारण जनता और तान्त्रिकता के बीच एक खाई पैदा कर रहे थे। इसने तान्त्रिकता के साथ संवाद करने में कठिनाई पैदा की। लेकिन समकालीन सन्दर्भ में तान्त्रिकता की योग्यता निष्ठा है।

तान्त्रिकता में श्रीराम

श्रीराम को वैष्णव तान्त्रिक आचारों में प्रमुख स्थान दिया गया है। ध्यानभेद के कारण मूलमन्त्र में भी थोड़ा फरक दिखाई देता है। प्राचीन तान्त्रिक ग्रन्थ 'शारदा तिलकं' में श्रीराम पूजा का वर्णन मिलता है। 'राम रामाय नम;' नामक मूल मन्त्र का जाप तान्त्रिकता का प्रमुख अंग है। 'षटाक्षरि' नामक मन्त्र में पुरुषार्थ के धर्म, अर्थ, काम और मोक्ष का वर्णन मिलता है। इस मन्त्र में ऋषि, ब्रह्मा, छन्द, गायत्री, देवता और राक्षस विजयी श्रीराम की पूजा का जिक्र मिलता है। 'ऋषियादि' सभी तान्त्रिक मन्त्रों के आरम्भ से पहले मृग मुद्रा के द्वारा सिर, नासिका, हृदय, आदि अंगों को छूने की क्रिया है। यह मन्त्रों के द्वारा उपजे द्रष्टा, गुरुत्व, संकल्प, का आचरित तत्त्व है। ऋषियादि में सिर; सृष्टि-बोधन-ऋषि/नासिका; प्राण-भाव-छन्द/हृदय; संकल्प-ध्यान-देवता जैसे क्रमानुसार विकसित ज्ञानविचार है। इसमें उपस्थित देवता के ध्यान की क्रिया रहती है। मूल मन्त्र का भाव ध्यान में प्रकट हुए देवता

पर आधारित होता है। तन्त्रशास्त्र में ध्यान का अर्थ निश्चित देवता के स्वभाव एवं स्वरूप के अंग-प्रत्यंग के द्वारा वर्णित श्लोक का उच्चारण व विचार करना है। श्लोक में देव मनन के बाद ही ध्यान का आरम्भ होता है।

कालाम्भोधर कान्ती कानमनिशम् वीरसनाध्यासितम्
मुद्रां ज्ञानमयी दधानमपरंहस्ताबुजम जानुनि
सीताम पार्श्वगाताम् सरोरुहकराम् विच्युन्निभाम् राघवम्प
शयन्तीं मुकटाम गदादि,विविधाकल्पोज्ज्वलांग भजे

[लक्षणादेशीकेन्द्रन-2010-446]

यह सीता समेत श्रीराम का जाप है। 'शारदा तिलकं' के पन्द्रह पदों में विष्णु विधान में श्रीराम की तान्त्रिकता और उपासना मिलती है। विष्णु के अष्टाक्षर मन्त्र में द्वाद्क्षर मन्त्र, लक्ष्मी-वासुदेव मन्त्र, दधवामन मन्त्र, हयग्रीवागोपाल मन्त्र, आदि के बाद ही राम मन्त्र की गणना होती है। इस मन्त्र का बारह लाख बार जाप और वैष्णव अग्निपीठ की स्थापना के साथ हवन की प्रक्रिया का विस्तार माना गया है। श्रीराम की अर्धांगिनी सीता को प्रधानता देते हुए, तान्त्रिक आचरण विकसित होता है। शारदा तिलकं में हनुमान, सुग्रीव, विभीषण, लक्ष्मण, अंगद, शत्रुघ्न, जाम्बवान, जयन्त, विजय, सुराष्ट्र, राष्ट्रवर्ध, आकोपा, सुमन्त्र आदि पात्रों को भी श्रीराम पूजा में शामिल किया गया है। राम मन्त्र जाप के साथ इस जन्म के कर्मफल भी इसमें निहित हैं। राममन्त्र जाप में आये उपासक यदि राम मन्त्रों का जाप करके जलपान करें तो उसे एक संवत के भीतर कवितत्त्व की सिद्धि और अन्न ग्रहण करें तो स्वास्थ्य लाभ की प्राप्ति होती है। इसी मूल मन्त्र की यन्त्र विधि 'शारदा तिलकं' में विश्लेषित है। श्री राममन्त्र की रचना में, षट्कोण छन्द/अष्टदल/दोमार्ग/छन्द आदि के क्रम में यन्त्र निर्मिति है।

वर्णनात्मकता को प्रधानता देते माला जाप के मन्त्र तन्त्रशास्त्र में विलीन हुए। श्रीराम भी माला मन्त्र का जाप करते थे।

'ओम नमो भगवते रघुनन्दनाय रक्षोघ्न,
विष्दाय मधुरा प्रसन्न वद्नाय अमित तेजसे
बालाय रामाय विष्णुवे नम'

इस मन्त्र का जाप श्रीराम करते थे, 'हूं जानकी वल्लभाय स्वाहा' नामक मन्त्र श्रीराम के दशावतार मन्त्र के रूप में प्रसिद्ध है। केरल के तन्त्रोच्चारण में अन्य राम मन्त्रों का उल्लेख भी मिलता है। यहाँ वीर राम संकल्प की, राम पूजा में बाणधारी लँगोट, दंडधारी, जटामुकुटधारी देवता की संकल्पना की जाती है। जलदग्नि, दर्पहारी, श्रीराम मन्त्र के उद्भवी ब्रह्म है। इसकी रचना त्रिष्टुप छन्द में मिलती है। महाविष्णु के तान्त्रिक

आचरण में भूषण, संकल्प, जमदग्नि दर्पहर का समावेश हुआ है। मुकुट, कर्णकुण्डल, वनमाला, श्रीवल्लभव, श्रीकौस्तुभ, श्रीपुष्टि आदि वैष्णव भूषणों की उपासना में आते हैं। भरद्वाज ऋषि के दर्शन में रामभद्र मन्त्र अनुष्टुप छन्द में मिलता है। रत्नकिरीट, मुकुल, मणिकुण्डल, कपूरहार, अंगद, कंगन, कडा, रत्नाकुलियम, रत्नकंच, मणिनपुर आदि आभूषण धारी सीतासहित प्रतिष्ठित राम की पूजा इस तन्त्र विधि में होती है। अन्य रामभद्र संकल्पों में मन्त्रों के छन्द विराटा हैं। इसमें ज्ञान मुद्रा,जानुनाहस्त आदि मन्त्रों के विभिन्न रूप मिलते हैं। सीतापति मन्त्र जैसी पूजा में श्री राम के साथ सीता देवी की पूजा भी होती है। लक्ष्मीनारायण पूजा, उमामहेश्वर, लक्ष्मीनरसिंह पूजा आदि देवताओं की भक्ति में देवियों के साथ वाली पूजा भारतीय मन्त्रों में दिखाई देती है। वैष्णव भक्ति समाज के प्रचार के साथ ही श्रीराम मन्त्र का भी प्रचार हुआ। प्राचीन काल से ही राम सान्निध्य की उपासना में सीता, लक्ष्मण, हनुमान की प्रधानता रही है। विभिन्न प्रकार के प्रसाद, पुष्पों और सूक्तों का प्रयोग रामपूजा में होता है।

एषुत्तच्छन्न की रामायण भक्ति से ही केरल में रामायण आख्यान की रीति आरम्भ हुई। केरलीय मन्दिरों में वैष्णव चैतन्य के श्रीराम मन्दिर ही प्रमुख मिलते हैं। यहाँ चतुर्भुज विष्णु से उत्पन्न श्रीराम स्वरूप में विश्वास की रीति दिखाई देती है। लेकिन इशाना शिव गुरु पद्धति {बारहवीं सदी} की तान्त्रिकता में श्रीराम तान्त्रिकग्रन्थ का उपयोग नहीं मिलता। लेकिन आठवीं सदीं में शंकराचार्य के समकालीन लक्षणादेशी ने अपने ग्रन्थ 'शारदा तिलकं' में तन्त्रशास्त्र का विश्लेषण किया था। तन्त्रशास्त्र के रूपायन में प्राचीन रामनिदान की विशेषता मानी गयी है। रामसंकल्प की अवधारणा विष्णु के तन्त्रोच्चारण में रूपायित हुई। साथ ही दक्षिण में शैव-वैष्णव समन्वय की शाश्ता भक्ति समाज का और शैव-शाक्त के समन्वय स्कान्देय भक्ति समाज का भी प्रचार हुआ। अब एक अलग भक्ति की रीति सामने आयी। भागवत भक्ति के साथ ही श्रीकृष्ण संकल्प की पूजा को प्रमुखता मिली, लेकिन अधिकाधिक श्रीकृष्ण मन्दिरों में महाविष्णु की मूर्ति, मन्त्र और ध्यान का उपयोग होने लगा। किन्तु केरलीय तान्त्रिक शोधकर्ता इस रीति को सही नहीं मानते थे। उनके अनुसार एक ही मूर्ति में अन्य अवतरित देवों का आवाहन कर, मन्त्रोच्चारण करना अन्यमन्त्रयजनदोष का कारण बन सकता है। मन्त्रों में वचनों की अर्थकल्पना की एक प्रबल दृष्टि होती है। 'अन्वेषाम मन्त्र मूर्तिनाम मैत्रैरयजनां' और 'अन्येशाम पुजकनाम मन्त्रैरयनमं' [नारायणन नंबुत्तरि, कक्काड 2018,8]। तत्पश्चात् कृष्ण, राम, नरसिंह आदि मूर्तियों को वैष्णव संकल्प में एकीकृत किया गया। इसलिए श्रीराम के मन्दिरों में चतुर्भुजबाहु विष्णु के स्वरूप को तान्त्रिकता के माध्यम से अनुष्ठानों में शामिल किया जा रहा है।

सूचनाएँ

1. काले बादलों में, कान्ति बिखेरते, शोभा सहित, कड़ा-कंगन विभिन्न आभूषण, रानी के समान मुकुट्धारी, बाई हस्त में ज्ञान मुद्रा, दायें हस्त में बादल की कान्ति लिए, एक कुहनी कमल पर टिकाए, श्रीराम को निहारते हुए लेटी, वामभाग को अलंकरित करती सीता सहित, वीर मुद्रा में बैठे श्रीराम का ध्यान करते हैं [लक्ष्मण देशीकेंद्रन–2006-446]
2. विविध शास्त्रों की संस्कृति में रचित कृतियों का समय के प्रवाह से जन्मी मलयालम परिभाषाएँ केरल इतिहास में रची समरसता की सूचक हैं। तन्त्रशास्त्र में कुषिकाट परमेश्वरन, भट्टतिरिपाट द्वारा रचित कुषिकाट पच्चा, पुटयूर इल्लत वासुदेव द्वारा मणिप्रवाल भाषा में रचित पुटयूर भाषा का भी प्रकाशन हुआ। केरल में वैदिक वाङमय को ब्राह्मणीकरण और सांस्कृतिक प्रक्रियाओं के साथ मिलाकर देखना चाहिए। [डॉ. रामनकुट्टी वी,वी[डॉ.], 2006;80 वेद और अन्तर्वैज्ञानिक पठन, त्रिशूर, केरल साहित्य अकादमी।

अनुवाद : **डॉ. जी. सुगिदा**

ग्रन्थ सूची

1. लक्ष्मण देशीकेन्द्र 2006–शारदा तिलकं–त्रिशुर-सम्राट पब्लिकेशन।
2. मधुसूदन सरस्वती 1993–भक्ति रसायनम, तिरुवनंतपुरम केरल भाषा संस्थान।
3. उण्णिकृष्णन नायर पी 2002, तिरिपुलियुर ग्रन्थावली, कोट्टयम।
4. नारायण नम्पुतिरी कक्काड, त्रिशूर पंचागं–पुस्तकशाला सपरिवाराम् पूजकल।
5. Pierre Grimal 1989.World Mythodology, London: The Hamlyn Publishing Group Ltd.
6. Unni N.B 2006. Thantra Literature of Kerala. Delhi. New Bharatiya Book Corporation.
7. Cotteral Arathur.1986 World mythodology, New York : Oxford University.
8. John Woodroffe.1960,Principles Tantra : Ganesh and Co.Madras.

सारा जोसफ के उपन्यास में राम : ऊरुकावल (देश का पहरा) पर आधृत

सौम्या जोस

'ऊरुकावल' रामायण को आधार बनाकर लिखा गया सारा जोसफ का उपन्यास है। रामायण को बने बनाये ढंग से अलग होकर एक नयी दृष्टि से देखने का प्रयास इसमें है। उपन्यास का मुख्य पात्र है अंगद। राम बाण से मरे किष्किंधा का राजा है बाली। बाली और तारा का पुत्र है अंगद। जिस राम को वाल्मीकि ने रामायण के माध्यम से श्रेष्ठता के शिखरों पर बिठाया, उसी राम से इस उपन्यास में अंगद आदि से अन्त तक प्रश्न करता रहता है। उपन्यास की पृष्ठभूमि किष्किन्धा है। अतिबलवान, शक्तिशाली राजा बाली की हत्या के बाद किष्किन्धा देश अनाथ हो गया। उपन्यास में राजा के वियोग में अनाथ हुआ देश, पिता की मृत्यु से अनाथ हुई सन्तान और पति के वियोग में अनाथ हुई पत्नी, यहाँ तीनों की दशा एक समान शोचनीय है।

सुग्रीव ने एक सुनियोजित ढंग से राम की सहायता से बाली की हत्या की है। सुग्रीव ने छल से बाली का राज-भार हथिया लिया था। राम और लक्ष्मण सीता की खोज में भटक रहे थे। तब सुग्रीव बाली को सिंहासन से हटाने के लिए मदद की तलाश में था। ये लोग आपस में मिले और राम इस बात के लिए तैयार हो गया कि वह बाली की हत्या करके सिंहासन से हटाने में सुग्रीव की मदद करेगा। बदले में सुग्रीव और उनकी सेना सीता को खोजने में राम की मदद करेंगे। मदिरा और नारी के शौकीन सुग्रीव ने अपने देश और सम्पत्ति वैभव सब कुछ विदेशी शक्तियों के सामने समर्पित किया। इस प्रकार पूर्ण रूप में किष्किन्धा शोषण का अड्डा बन गया। सीता की तलाश में अंगद को दूत के रूप में राम ने लंका भेजा है। राम-रावण युद्ध के बाद जिस राम ने सीता का उद्धार किया, उसी ने सीता के चरित्र पर अपवाद का आरोप लगाया है। अग्नि-शुद्धि के लिए तैयार होने वाली सीता, राम से सवाल करती है कि क्या इसके लिए लाखों लोगों की

जान गँवा दी। ऐसी अनीति और अपमानजनक हालत को देखने में असमर्थ अंगद वहाँ से ग़ायब हो जाता है।

बाली की हत्या करने के बाद आसन्न मृत्यु की प्रतीक्षा करनेवाले बाली से राम कहता है कि कामविवश होकर अनुज की पत्नी के साथ रमनवाले बाली को मृत्युदण्ड करणीय ही है। लेकिन राम द्वारा बताई गयी बातें किष्किन्धा के लोगों की समझ में नहीं आयीं। क्योंकि वहाँ के रीति-रिवाज़ और रहन-सहन में ऐसी प्रथा चालू है कि एक ही व्यक्ति को एक से अधिक पत्नियों का होना। देश से निष्कासित व्यक्ति की पत्नी को (सुग्रीव की पत्नी कमा) बाली ने संरक्षण प्रदान किया और उसे सुरक्षित रखा। यह देश की नीति है। अपने देश के अनुशासन को अपनाने से कैसे अधर्मी होगा? अधार्मिकता के नाम पर ही बाली की हत्या राम ने की है। बाली की हत्या की ख़बर सुनने पर देश भर अनेक समस्याएँ होने लगीं। जनता अपने ऊपर होनेवाले अनाथत्व और बाली के साथ हुई अनीति से क्रुद्ध हो गयी। गली-गली भयानक कलाप से जलने लगी।

बाली को माननेवाले लोगों का मत है कि राम ने बाली की हत्या करके जिस धर्म की बात की है वह सिर्फ़ रामराज्य में चालू है। यह बाली का देश हैं। सुग्रीव के पक्षधर अपनी सफ़ाई यों देते हैं कि किष्किन्धा को मुसीबतों से बचाना सिर्फ़ राम के वश की बात है, औरों से यह काम नहीं हो पायेगा। राम सही है। राम का न्याय सही है।

उपन्यास कहता है कि एक वीर योद्धा और शक्तिशाली व्यक्ति बाली के अनुशासन में चले आ रहे देश में राम की नीति ने अराजकता और असन्तुष्टि ही पैदा कीं। राम ने अतिशक्तिशाली योद्धा बाली और रावण को मिटाने के लिए एक ही उपाय अपनाया था। राम राजा की हत्या करने के बाद बदले में जो आनेवाला है उसको वश में कर देता है। भय उत्पन्न कर अपने वश में करने की राम की नीति से अंगद असन्तुष्ट है।

सुग्रीव का दल इस बात का प्रचार-प्रसार देश के कोने-कोने में फैलाने की कोशिश करता रहता है कि बाली की हत्या किष्किन्धा के लोगों के लिए अनिवार्य थी। इस खबर को फैलाने के लिए भाषण में प्रवण पवनपुत्र ने जिस पण्डिताई भाषा का उपयोग किया उसने तारा को चकित किया। क्योंकि किष्किन्धा की भाषा के प्रयोग के बदले राम द्वारा प्रयुक्त भाषा का इस्तेमाल मारुति ने किया है। भाषा के माध्यम से जनता को अपने अधीन रखने का प्रयास भी राम ने किया। अस्त्र-शस्त्र से भयभीत करने के बाद अपनी गलती को सफ़ाई देने के लिए उच्च कुल की भाषा का प्रयोग राम ने किया।

उनका मानना है कि नये सही के लिए पुराने सही की हत्या करनी पड़ती है। यह देखकर किष्किन्धा की युवापीढ़ी ने सवाल किया कि क्या बाली सही नहीं था। एक पुराना

सच्च है बाली। पुराना सच समय के बदलने के साथ बुराई में बदल जायेगा। इसलिए बुराई को मिटाने का काम राम ने किया। किष्किन्धा के लोग इससे सहमत नहीं हैं कि बाली गलत था। शायद बाली का नया ज्ञान नहीं होगा। वह गोत्र नीति को लागू करने को अडिग रहा होगा। फिर भी जिस बाली ने किष्किन्धा का निर्माण किया वह कभी भी गलत नहीं है।

तारा राम से पूछती है कि "वियोग की पीड़ा जाननेवाले हैं न आप? बाली को मेरे अभाव में खुशी और शान्ति कभी नहीं होगी। इसलिए जिस बाण से बाली की हत्या आपने की थी उसी बाण से मुझे भी मारना चाहिए। बिना बाली से मेरा जीवन अधूरा है। मुझे कभी भी सुख और शान्ति नहीं होगी। इसके जवाब में राम ने जो कहा वह बिल्कुल अजीब है। जो कुछ हुआ वो सब जीवन की नियति है। नियति के अनुसार चलनेवाले हैं हम सब। हमारे सुख-सुविधाएँ, उत्तरदायित्व सब कुछ पूर्वनिर्धारित हैं। दुख भी ऐसा ही है। रोने से और विलाप करने से नियति में परिवर्तन करना असम्भव है। मनुष्य को अपनी नियति को परास्त करके उसमें विजयी होना मुश्किल है। बाली की नियति से यह सब उसको भोगना पड़ा। समस्त चराचर इससे अलग नहीं हो सकते। जो गलती राम ने की उसकी सफ़ाई देने के लिए राम ने ख़ुद जीवन की नियति का क्षुद्र रास्ता चुन लिया।

भाषा एक सामाजिक शक्ति है। भाषा किसी भी समाज की संस्कृति का वाहक होती है। अर्थात् एक भाषा को मिटाने का मतलब है एक संस्कृति को मिटाना। भाषा नष्ट होने के साथ-साथ अपने रीति-रिवाज़, विश्वास, परम्परा और अस्तित्व सब के सब नष्ट होने की सम्भावना है। एक देश की अपनी भाषा यदि नष्ट होती है तो वहाँ की जनता का अस्तित्व भी ख़तरे में होता है। अस्तित्व को गँवा देनेवाली जनता दुर्बल एवं कायर होती है। अपने आप को दुर्बल समझने वाले को अधीन करना आसान है। औपनिवेशिक शक्तियों ने इस मार्ग के द्वारा अपने अधिकार को जमाया। किष्किन्धा के सम्बन्ध में राम-लक्ष्मण औपनिवेशिक शक्तियाँ हैं।

बाली का वध करते हुए अपने कार्य को न्यायसंगत बताते हुए राम अपनी सफ़ाई बाली से करता है कि नर को पशुओं के सम्बन्ध में धर्म का पालन करना आवश्यक नहीं है और उसने इस आधार पर बाली की हत्या कर दी कि बाली ने विवेक पूर्ण आचरण नहीं किया जो करना चाहिए था। एक श्रेष्ठ राजपुरुष की हत्या करने पर राम ने सफ़ाई देते हुए कहा कि हिंसक पशु को मारने में धर्म के नियम का पालन करना आवश्यक नहीं है। राम कहता है कि मनुष्य धोखेबाज़ी से शिकार कर अनेक पशु-पक्षियों को अपने जाल में फँसाता है। उसमें कुछ शिकारी लोगों से डरनेवाले होगों, कभी जीवन के लिए लड़नेवाले होंगे, नहीं तो चुपचाप सब कुछ सहनेवाले निरीह भी होंगे। मनुष्य सभी प्रकार

के पशुओं को मारता है। अनेक ऐसे महान राजाओं ने भले ही वह धर्मिष्ठ व्यक्ति क्यों न हो अपने मनोरंजन के लिए निरीह पशुओं का शिकार करके पकड़ते हैं। इसमें उनकी कोई गलती नहीं। राम बाली से कहता है कि "मैं आगे जो बातें कहनेवाला हूँ यह सुनकर तुम नाराज़ मत हो। मेरे लिए तुम केवल एक वानर हो। सिर्फ़ एक जानवर। इसलिए तुम्हारी हत्या करने से मुझे कोई पछतावा नहीं है।"

राम के हरेक कार्य-कलाप से यह पता चलता है कि उसकी अपनी स्वार्थ-सिद्धि और नीच मानसिकता के अतिरिक्त औरों के प्रति चिन्ता उसमें नहीं थी। आम जनता से दूर उच्च भाषा के प्रयोग करते हुए निर्विकार रूप में कहनेवाले राम की हरेक ध्वनि में भी धोखेबाज़ी छिपी है। वह अपनी इच्छापूर्ति के लिए सभी का इस्तेमाल करता है। उदाहरण के लिए रावण से लड़ने के लिए किष्किंधा की सम्पूर्ण जनता का इस्तेमाल करता है। देश की पूरी जनता को अपने स्वार्थ के लिए एकजुट करता है वह।

अंगद कहता है कि "युद्ध कभी भी शान्ति के लिए नहीं होगा। किष्किंधा के निवासियों के लिए भी नहीं होगा। युद्ध यहाँ के निवासियों के ऊपर थोपना राम चाहता था।

असल में बाली और रावण दोनों में आपसी मित्रता थी। लंका कभी भी किष्किन्धा की जनता के लिए शत्रु देश नहीं था। मित्र देश के साथ लड़ना किष्किंधा के लोगों के लिए अधर्म है। युद्ध के उपरांत देश में होनेवाली हानियों से किष्किंधावासी परिचित हैं। युद्ध से सबसे बड़ी त्रासदी झेलनेवाले स्त्री और निरीह बच्चे होंगे। युद्ध का परिणाम है पिता के कष्ट सहनेवाली सन्तान और पति के वियोग में विधवा बननेवाली स्त्रियाँ। युद्ध के साथ गरीबी और तरह-तरह की बीमारियाँ भी होंगी। राम-रावण युद्ध में भी ये सब होने की सम्भावना है। इसलिए अंगद लक्ष्मण से आख़िरी निवेदन के रूप में पूछता है कि "क्या यह युद्ध अनिवार्य है? इससे बचने का कोई उपाय है क्या?" जवाब में प्रश्नों के तिरस्कार के अलावा कुछ भी नहीं मिला। फिर तो राम की प्रीति और आशीष देश के लिए अनिवार्य है, यह बात कहने के लिए वहाँ के लोगों को प्रेरित भी करता है।

एक सन्दर्भ में लक्ष्मण राम से पूछता है कि "भाई... आप क्यों इतने परेशान हैं? हम तो आपके लक्ष्य तक पहुँचानेवाले हैं ना?" तब राम जवाब यों देता है, "वह (सीता) मुझसे अलग होने से मुझे कोई दुख नहीं, सीता का अपहरण भी मेरे लिए दुख की बात नहीं है। लेकिन उसका यौवन वह मेरे लिए चिन्ता की बात है, वह तो मेरे लिए असहनीय है। सीता को लंका में झेलने पड़े दुख, दर्द, पीड़ा, शारीरिक और मानसिक व्यथाएँ राम के लिए कुछ भी नहीं हैं, वह उसके प्रति कभी भी चिन्तित नहीं है। बल्कि सीता का जो यौवन है उसके खो जाने की चिन्ता में वह दुखी है। याने कि इन शब्दों से ज़ाहिर है कि राम के लिए सीता केवल शरीर मात्र थी।

अंगद पूछता है कि क्या यह युद्ध अनिवार्य है? यहाँ के लोगों को युद्ध की दशा से बचाने का उपाय है? मेरे लिए युद्ध के उपरान्त होनेवाले विनाश की दशा असहनीय है। क्योंकि राम या रावण में किसी के अन्त तक का युद्ध है। लंका, किष्किन्धा, दक्षिण प्रान्त, वनों, नदियों और झरनों के तहस नहस होने पर भी किसी एक की जीत तक युद्ध होता। सागर में सेतु बनाना अजीब कार्य है। लेकिन वह युद्ध के लिए है, इसलिए वह आक्रामक है। सेतु बनाने से प्रकृति का सन्तुलन नष्ट हो जायेगा। सेतु के निर्माण के लिए जी तोड़कर मेहनत करने वाले किष्किन्धा वासियों के प्रति कोई चिन्ता राम के मन में नहीं थी। इसके बीच हज़ारों वानर गरीबी और बीमारी से मर गये थे। यह भी नहीं यात्रा के बीच जो भी बुखार या बीमारी से तड़पते थे उनके प्रति तनिक भी दया के बिना रास्ते पर ही छोड़ने का आह्वान राम ने दिया है। दस उम्र के ऊपर वाले सभी पुरुषों को सीता की खोज में भाग लेने की घोषणा को अपनाना पड़ा। अंगद को अपने पिता की हत्या जिन लोगों ने की उनके गुलाम की तरह उनका साथ देना पड़ा। यह उसके लिए बड़ा त्रासद कार्य है। इसके अलावा दूत के रूप में लंका में जाना पड़ा। इस बात को लेकर राम की सेना में भी मनमुटाव हुआ। रावण के मित्र बाली के पुत्र को राम का दूत बनकर लंका में भेजना सही है क्या? लेकिन ऐसे प्रश्नों को मिटाते हुए राम अपनी बातों पर अडिग रहता है।

राम सदा से सीता के चरित्र के बारे में सन्देह रखता था। युद्ध में विजय प्राप्त होने के बाद अपनी पत्नी से कहने वाली बात चौंकानेवाली है। "मैथिली..! रावण ने तेरा अपहरण किया, यह तो ईश्वर की इच्छा होगी। लेकिन इससे मुझे बदनामी ही मिली। मैंने अपना सम्मान वापस पाया है और अपने दुश्मन को सज़ा दी है। लोगों ने मेरे पुरुषत्व की ताक़त को देखा है। मुझे ख़ुशी है कि मैं यहाँ रावण को मारकर उस अपमान को मिटाने आया था। मैंने यह सब मुसीबत तुम्हारे लिए नहीं उठाई।" राम आगे कहता है, "तुम्हारे चरित्र पर शक है। तुम्हें ज़रूर रावण ने बर्बाद कर दिया होगा। तुम मेरी पहलेवाली सीता नहीं हो।" रावण की बुरी दृष्टि, वाक्, स्पर्श सब कुछ तुम्हारे जिस शरीर पर पड़े उस शरीर को मैं कैसे वापस ले लूँ? मुझे नहीं लगता कि रावण ने तुम जैसी सुन्दर स्त्री का फायदा उठाने का मौक़ा छोड़ा होगा। इसलिए सीता! तुम जहाँ चाहे जा सकती हो, चाहे लक्ष्मण के साथ या भरत के साथ या मेरे दोस्त सुग्रीव के साथ भी जा सकती हो। नहीं तो यहाँ लंका में रहना चाहो तो विभीषण के साथ भी रहो।" जिस तरीक़े से राम ने सीता से बात की थी उस पर किसी भी सामान्य इन्सान के लिए विश्वास करना मुश्किल है। क्योंकि उतनी भयानक निर्दयता है राम के शब्दों में। यह उसकी स्वार्थ सिद्धि और नीच मानसिकता के अतिरिक्त कुछ नहीं था। राम आगे कहता है कि मेरा अब तुमसे कोई वास्ता नहीं। मैं कैसे तुम्हें अपना लूँगा। मेरे सामने तुम्हारा खड़ा होना भी मेरे लिए असहनीय

है। नेत्र के मरीज़ के लिए दीपक देखना कितना मुश्किल है उसी प्रकार है मुझे तुम्हारा दर्शन। कोई भी कभी भी इस प्रकार की अधार्मिक बातें सुनना नहीं चाहता। लाखों जनता के जीवन नष्ट कर देशों को विनाश के कगार पर धकेलकर सीता को रावण से छुडवा दिया। लेकिन वह सीता से अन्त में कहता है, "मैंने तुम्हारी प्राप्ति के लिए नहीं बल्कि अपने यश के लिए यह सब किया था।"

आगे यह प्रश्न खड़ा है कि राम के यश के लिए दो देशों को तहस-नहस करना क्या उचित है? अपने पुरुषत्व को दिखाने के लिए समस्त जीव-जन्तुओं के जीवन को गँवा देने की क्या ज़रूरत थी? सीता के ये प्रश्न आज भी गूँज रहे हैं।

उपन्यास में मर्यादा पुरुषोत्तम और धार्मिक माननेवाले राम के अन्त:करण में हुई अधार्मिकता और आत्मरति पर प्रकाश डाला गया है। निज जीवन और सामाजिक जीवन में हारे गये अंगद के आगे की जीवन के प्रति आशंकाएँ और असन्तुलन की दशाएँ उपन्यास के मोड़ को नया आयाम देती हैं। राम की विजय और राम पक्ष में खड़े होनेवाले नीति-न्याय, नियम सब पर प्रश्न खड़ा किया गया है।

अनुवाद : **डॉ. राधिका सी.आर.**

आत्मबोध के रामनाम

सिमि के विजयन

इतिहास एवं समूह

संस्कृति की निरन्तर गति में विभिन्न रूप लेकर रहने वाले हैं महाकाव्य। असाधारण रख-रखाव से वे मानव जीवन को व्याख्यायित करते हैं। कभी-कभार वे स्वयं ढल जाते भी हैं। वे कला और संस्कृति के क्षेत्र में जनसामान्य के साथ अपनी उपस्थिति जताते हैं। दो हज़ार से अधिक साल पूर्व रचित माने जाने वाले रामायण, महाभारत जैसे महाकाव्य भारत के सामाजिक-सांस्कृतिक जीवन में डालनेवाला प्रभाव तर्क रहित हैं। महाभारत से भिन्न वैविध्यपूर्ण आख्यान शैली के कारण रामायण अलग खड़ा है। देश, काल और देशवासियों के अनुरूप रामायण का नया रूपधारण भी नियमित है।

किसी भी अन्य पौराणिक कृतियों के समान रचनाकार, काल एवं भाषा के आधार पर मूल्यांकन करने की प्रवृत्ति महाकाव्य में भी चलती है। आस्था और आराधना के परे इन्हें देखने का कार्य हाल ही में हुआ। बाद में अनेक अर्थ-संकेतों के ख़ज़ाने के रूप में महाकाव्य व्याख्यायित हुए। मिथकों के लिए वे अजस्र स्रोत बने। जीवन की समग्र और ईमानदार व्याख्या करने में वे हर पहर हमारे साथ हैं। व्यक्ति और देश के यथार्थों को मूल्यांकित एवं विश्लेषित करने में वे सक्षम निकले हैं, इसमें कोई मतभेद नहीं है।

रामायण और महाकाव्य दोनों को पाठकों ने दो तरह से स्वीकारा है। विभिन्न शाखाओं में पल्लवित महाभारत की गम्भीरता के परे नित्य पठन के लिए सुयोग्य एक पुनीत ग्रन्थ के रूप में रामायण को अपनाया गया है। इसी कारण से ही रामायण के मुख्य पात्र सभी दैवी चेतना से भरपूर निकले। इसी परिवेश में श्रीराम, सीता, हनुमान, लक्ष्मण, भरत आदि आराधना की मूर्तियाँ बने।

रामायण को एक काल्पनिक काव्य के रूप में देखने का मत होते हुए भी रामायण कई तरह से विश्लेषित हुआ। ख़ास करके मर्यादा पुरुषोत्तम के रूप में चित्रित श्रीराम की

प्रवृत्तियों पर समय-समय पर प्रश्नचिह्न लगे। भवभूति के 'उत्तररामचरित' में लव-कुश और स्वयं सीता देवी भी कई प्रसंगों पर राम से सवाल करते दिखाई देते हैं।

आदिकाव्य रामायण के काव्यगुणों के साथ काल के साथ बरतने वाली नीति के बारे में हमने विचार किया। कविता क्या है इस प्रश्न का पाश्चात्य एवं पूर्वी देशों के विद्वानों के कई उत्तर हमारे सामने हैं। कवि के बोध-अबोध विचार कविता में प्रवेश करते हैं इसके भी दो पक्ष नहीं है। पात्रों के द्वारा उठाये जानेवाले सवालों को जायज़ साबित करना भी है। पात्र पठन मात्र से बने कई रामायण अध्ययन हैं। भारतीय साहित्य में पाश्चात्य विद्वानों द्वारा किये विस्तृत अध्ययन महाकाव्यों के समीक्षात्मक अध्ययन का हेतु बना, यह तथ्य सर्वमान्य है।

मलयालम भाषा में कुट्टिकृष्ण मारार, ललिताम्बिका अन्तर्जनम, जोसफ मुण्डाश्शेरी, पी.के. बालकृष्णन, पी.गीता, एम.थॉमस मैथ्यू, वी.एस. शर्मा, एस. गुप्तन नायर आदि कई विद्वान लोगों ने इस प्रकार के गहन अध्ययन किये हैं। स्त्री विमर्श, दलित विमर्श और दार्शनिक दृष्टियों से रामायण का अध्ययन हुआ। बदल रही सामाजिक अवधारणाओं एवं विचारधाराओं के लिए वे ज़्यादा विश्लेषित हुए। सामान्य रूप से सबसे अधिक मर्यादा पुरुषोत्तम राम की प्रवृत्तियाँ चर्चित हुईं। रामायण के राजनीतिक पात्रों को आगे रखकर कई प्रकार से विश्लेषित किये गये।

इस परिवेश में खड़े होकर दो भिन्न कालखण्ड में रचित दो भिन्न कवियों की कविताओं की यहाँ जाँच की जाती है। पी. कुंजिरामन नायर का 'श्रीरामचरितम' और कल्पट्टा नारायणन का 'इरुट्टीलेक्कयच्चा अस्त्रं' (अन्धकार की ओर भेजा गया अस्त्र), इन दो कविताओं की यहाँ चर्चा की जाती है।

महाकवि पी. कुंजिरामन नायर का 'श्रीरामचरितम'

सन् 1993 में प्रकाशित 'श्रीरामचरितम' शीर्षक के समान श्रीराम की जीवन कथा को छह सर्गों में चित्रित करता है। रामायण के काण्ड-विभाजन के समान सर्गों का विन्यास हुआ है तो भी उत्तरकाण्ड को निकाला गया है। (यह प्रबल है कि उत्तरकाण्ड बाद में जोड़ा गया है) रामायण के बालकाण्ड, अयोध्याकाण्ड से शुरू होकर युद्धकाण्ड में समाप्त होनेवाले भागों को क्रमशः पहला सर्ग, दूसरा सर्ग जैसे छह सर्गों में कवि चित्रित करते हैं। आदि कवि की तूलिका के साथ देने की विनती से आरम्भ होनेवाली कविता कालिदास और एषुत्तच्छन दोनों कवियों को याद करके उनसे आशीष माँगती भी है। राजा दशरथ द्वारा शासित राज्य के सुख सम्पन्न जीवन के बारे में काफ़ी विशद वर्णन कवि ने किया है।

पुराण काव्यों के वर्णनों के समान ही पी. का अयोध्या वर्णन हुआ है। राम के जन्म का वर्णन ध्यान देने योग्य है–

विधिवत् जो यज्ञ किया गया उससे
निकले धुएँ जल्दी राजा को न्योता
देने के लिए उठे दशरथ पुरु पुण्य के सौरभ
राम के स्वागत के लिए धरती ने सारा इन्तज़ाम किया

इससे ज़ारी नौ से अधिक श्लोक में राम के जन्म के बारे में कवि का वर्णन किसी भी भक्ति काव्य से होड़ पकड़ने वाला है–

दशरथ राजा को भारत भूमि को
राम को देने का सौभाग्य हुआ
अच्छे शुभ नवमी में सूर्य लग्न में
शुभ समय में राजपत्नी को
सुन्दर बच्चा पैदा हुआ

भक्ति भाव की अभिव्यक्ति और प्रकृति चित्रण में कवि पी. हमेशा आगे हैं। शक्ति और बुद्धि से पूर्ण बालक राम को वर्णित करते समय भी रामभक्ति दर्शाने वाले अनेक सन्दर्भ कविता में आते हैं। इसके बाद ताटका वध, मारीच से बातचीत, अहल्या मुक्ति जैसी महत्त्वपूर्ण सभी घटनाओं को कवि उतार देते हैं। परशुराम से संवाद और सीतास्वयंवरम से पहला सर्ग समाप्त होता है। इन सभी जगहों में जब धरती में मर्यादा पुरुषोत्तम के रूप में अवतरित श्रीराम के गुणगान करता है तो कवि वाचाल बन जाते हैं। जब कथानक को आगे ले जाने के लिए घटनाओं का ज़िक्र करते वक़्त संक्षिप्तता अपनायी जाती है, यह ध्यान देने योग्य है।

सच्चाई का स्वर्ण झंडा उड़ा, मैत्री
पल्लवित खड़ी है सभी जगह
देखी अयोध्या में जननागारिकों ने

'सपने में वह सुन्दर रामराज्य'! इस प्रकार अयोध्या के अनिषेध्य नायक राम को वे चित्रित करते हैं।

श्रीराम के अभिषेक भंग के बाद कैकेयी पर दशरथ की भर्त्सना यों है–

मात्र दो ही मम पत्नियाँ
तू आज से मेरी पत्नी नहीं

मनु वंश का मैं अधम
हूँ तेरी दुष्टवृत्ति से ...

कैकेयी की बातें सुनते ही शिथिल बन जानेवाले या परिताप करनेवाले दशरथ को देखते आये पाठकों को यह नव्य अनुभव है। कवि के शब्द दशरथ को अलग कर ख़ुद कवि द्वारा की जानेवाली भर्त्सनाएँ लगती हैं।

पिता की आज्ञा को सिर पर लेनेवाले राम से कवि अपना आदर यों प्रकार प्रकट करते हैं –

सत्य जगत का नूर हो
सत्य महत जीवसार हो
सत्य धर्म का विकास हो
सत्य जगत का भी ईश हो

संयम के साथ धर्म के पालन करनेवाले राम का वर्णन कवि ख़ूब बढ़ा-चढ़ाकर करते हैं।

तीसरे सर्ग के दण्डक वन प्रवेश और उसके आगे के भागों के राम का विवरण यथार्थ में राम के अवतार का वर्णन है। वन में दानवों का सामना करके उनको ख़त्म करते वक़्त सीता सस्नेह राम से वहाँ चल रही अहिंसाओं के यथार्थ के बारे में पूछती है– 'स्मित के साथ राम ने बताया कि राम ने शस्त्र नहीं पहना, पहने क्षत्रियांकुर' ऐसा श्रीराम जवाब देता है। आश्रम की ज़िन्दगी के बीच राम जो हत्याएँ करता है उसकी सफ़ाई है यह। शूर्पणखा का आगमन और उसके बाद दानवों से हुए संघर्ष चित्रित करते वक़्त राम का वर्णन इस प्रकार है –

जितनी संख्या में दानव
उतने हैं राम अस्त्र भी
जितने दानव हैं
उतने ही बने राम भी

अवतार पुरुष के अद्‌भुत भाव यहाँ देखने को मिलता है। चौथे सर्ग में सीता के अपहरण के बाद भी राम यों सोचता है–

महि सँभालने में अशक्त
क्षत्रिय कुल में जन्मा मैं

एक नारी को सँभालने में असमर्थ
पुरुष बना मैं

पत्नी और राज्य नष्ट हुए राम को आम आदमी के रूप में चित्रित किया गया है। इस प्रकार के विरले सन्दर्भ भी कविता में आते हैं–

लहर समुद्र को समुद्र बनाती है,
धूप वृक्ष को वृक्ष बनाती है,
कई दुख दर्द भोगने से ही,
नर ज़रा सा मनुष्य बनेगा!

लक्ष्मण को ऐसा उपदेश देनेवाला भी राम ही है।

बाली वध के बाद कवि धर्म और अधर्म के बारे में महत्त्वपूर्ण विचार प्रस्तुत करते हैं–

अभिषेक जल देकर तुम
सहजन को समाचार पहुँचाना
तव बन्धु इस बन्दर की
खोपड़ी से बाल सँवारा राम ने
झगड़ालू बन्दरों का
झगड़ा करना कोई पाप नहीं
उनको बड़ा शत्रु बनानेवाला
तुम्हारा धर्म अत्यन्त नीच
बड़ों के पाप को
पहले से है एक लाड़ नाम
वही राज धर्म
यही कवि की गलती, गलती नहीं है

सामान्य जनों के मन में उदित होनेवाले धर्म भीति को भी नष्ट करने की कोशिश करनेवाले कवि ही हैं–

मनुवंश में जनमे मुझे
मैंने मनुष्य समझा था
सतियों की हत्या कर खानेवाले
इस दानव को क्यों रखा राम नाम ?

तारा के इस विलाप और बाण दोनों से राम का दिल दुखी हुआ, ऐसा कवि सूचित करते हैं।

छठे सर्ग में राम-रावण युद्ध और बाकि घटना-विकास को विस्तार देते समय सीता देवी की कौमार्य परीक्षा के बारे में इतना ही बताते हैं–

"आज्ञा तो दी गयी श्रीराम से
सीता को शुद्ध बनाने
अचम्भित हुए, भगवान
कौमार्य आग को बनाकर

इसमें जो न्याय-अन्याय है इसकी चर्चा करने को कवि उद्यत नहीं होते, यह ध्यान देने योग्य है। अयोध्या में प्रवेश और सीता परित्याग को कवि इस प्रकार चित्रित करते हैं–

पलट गये हवा में आज
स्वर्ण के साथ सभी
उस दिव्य नाटक के
पर्दा गिरकर समाप्त हुआ

पीछे की घटनाओं की अन्त:सत्ता में न जाकर राम के गुणगान करते हुए कवि पीछे जाते दिखाई देते हैं।

वह सत्यनिष्ठा और त्याग
निरतत्त्वादी सद्गुण
पुराण की मिथ्या बनी
शताब्दी आयी गयी
हमारे पूर्वजों को किसने
अँगुली से उठाया भूतकाल में
अशक्त बने हम
हृदय से वह उठाने

राम के सत्य, नीति, धर्मबोध पर सवाल करने वाली शताब्दी पर चिन्तित होकर कवि समाप्त करते हैं। आर्ष संस्कृति के उत्तुंग में शुभ्र नक्षत्र जैसे चमकनेवाले श्रीराम को हृदय में लेकर कवि समाप्त करते हैं।

कई सवाल उभरकर आने योग्य सन्दर्भों को निकालकर कम पंक्तियों में ऐसी धारणाओं को वर्णित करने और इसे मात्र दुर्बल हृदयवाली जनता के लक्षण के रूप में देखने की सूचना कवि देते हैं।

इस प्रकार एक सामान्य पाठक के अन्तरंग में श्रीराम पर सवाल उठानेवाले अनेक सन्दर्भों को एक विद्वान की कूर्मबुद्धि से लाँघने की कोशिश कवि द्वारा करती दिखाई देती है। माँ-बाप के वचनों के आज्ञाबद्ध पुत्र के रूप में, लक्ष्मण के प्रिय भाई के रूप में, सीता के प्रियतम आदि रूपों में पेश आनेवाले सभी सन्दर्भों में कवि वाचाल बनते हैं। अयोध्या और घने जंगल दोनों जगहों के राम को चित्रित करते समय राम के अतिमानव भाव ही बुलन्द हैं—

तपस्या के कमरबन्ध
पहनकर किसी भी अस्त्र को
जग में भी ख़ुद
जग देखे

सबसे ज़्यादा चर्चित बाली वध नामक अधर्म को राज धर्म के नाम से सफ़ाई करने से कवि यह सिद्ध करना चाहते हैं कि राम के नायक भाव के सृजन में कवि को गलतियाँ नहीं हुई हैं। आगे बाली वध के नाम पर राम पर शेष कलंकों को तारा की क्रूर भर्त्सनाओं से गम्भीर घाव पहुँचे राम हृदय को चित्रित करके समर्थन करते हैं कवि।

समकालीन मानव जीवन से तुलना करते वक़्त कवि का जीवन काल इतना संकीर्ण नहीं था। धरती के वसंत और ज़िन्दगी की कामनाओं में आकृष्ट होकर, उस सौन्दर्य भावनाओं एवं परम्पराओं में तल्लीन होकर उस दुनिया को कविता में प्रतिफलित करानेवाले कवि हैं वे। आर्ष संस्कृति और उस संस्कृति की कड़ियों में ज़्यादा पुलकित हैं कवि। वे सब नष्ट होने के भय से उसकी सौन्दर्यात्मकता बार-बार गाकर अमर बने कवि ने अपनी काव्यात्मक लड़ाई में श्रीराम को अवतार का हिस्सा बना दिया। भक्त कवि एवं भारत पैतृक संरक्षक आदि विशेषणों को अन्वर्थ बनाकर ही कवि पी. कुंजिरामन नायर ने प्रस्तुत कविता का सृजन किया है।

अन्धकार की ओर भेजा गया अस्त्र —कल्पट्टा नारायणन

बदलती भारतीय परिस्थितियों के अध्ययन से मिले अनुभवों से राम की यात्राओं का अध्ययन या रामायण को मूल्यांकित करनेवाली कविता है कल्पट्टा नारायणन की 'अन्धकार की ओर भेजा गया अस्त्र'। कवि का दृष्टिकोण है कि सज़ा देने या रोकने में असमर्थ व्यक्ति की भाषा की शापोक्ति है आदिश्लोक (कविता की जीवनी—कल्पट्टा नारायणन)। कवि पी. की कविताओं से तुलना करते वक़्त प्रस्तुत कविता जो है चन्द पंक्तियों में समाप्त की गयी है। वे रामायण को बेपरवाह भेजे गये एक तीर के प्रयाण के रूप में देखते हैं। व्यक्तियों या उपघटनाओं के फैलाव के बिना वह तीर सफ़र करता है।

अन्धकार में
मुरुड़ नदी में भिगोकर
पानी ले रहे
मुनि तरुण को वह लाँघकर चला
अन्धे माता पिता को पहले जीवित
फिर विधिवत् चिता में रखकर
दाह संस्कार किया...

इस प्रकार कविता आरम्भ होती है।

आज भी अँधेरे से
उसने अपनी गति ज़ारी रखी है
गिरने से पहले गांधी ने
वह अस्त्र पहचाना
राम राम...

इस प्रकार कविता समाप्त होती है। इस यात्रा के दौरान अनदेखने या अनदेख का दिखावा की गयी अधार्मिकता को जोड़कर किसी समय भेजा वह अस्त्र अपनी गति ज़ारी कर रहा है। ताटका और शूर्पणखा की वेदनाएँ, "राम, मैंने तुम्हारा क्या बिगाड़ा" इस प्रकार की बाली की बेबसी आदि से राम बाण की यात्रा की अनीति को पाठकों की सूचना मिलती है। दशरथ का पीछा करनेवाला अभिशाप आगामी पीढ़ी का भी पीछा करता दिखाई देता है।

पीछे से लगे अस्त्र से
छेद गयी ज़िन्दगी को गोद में रखे
सीता बैठी अकेली जंगल में

कवि का इस प्रकार कहने पर सीता परित्याग मात्र नहीं, न सुलझे तक़दीर का पापबोध भी हमारे आगे खड़ा होता है।

रामायण के प्रचार-प्रसार में तुलसीदास के समान, महाराष्ट्र में रामदास जैसी लम्बी परम्परा होती है फिर भी उसके इस छोर पर हरेक दिन दो बार ही सही अपनी प्रार्थना में राम की आवाज़ मिलानेवाले गांधी को खोज निकाले विद्वान भी हैं। डॉ.एच.डी. डंकालिया जैसे विद्वान ने इसका संकेत किया भी है। (रामायण के पाठ, डॉ. एच.डी. डंकालिया, अनुवाद; मैत्रेयन)

गांधीजी की राम-राम की प्रार्थना अकलंक भक्ति की याद दिलाने के साथ परम्परा से चलती आ रही हिंसा की भी याद दिलाती है। यह स्पष्ट है कि समकालीन भारतीय परिस्थितियाँ कविमन में भक्ति का धार्मिक विचार नहीं है अपितु उससे शुरू होनेवाली हिंसा की व्याकुलता है।

ये दोनों कविताएँ दो कवियों के आत्मबोध से सृजित एक ही व्यक्ति के दो भाव हैं। भिन्न परिस्थितियों में भिन्न समय में रचित ये दोनों कविताएँ आत्मबोध का अर्थ दे रही हैं।

सन्दर्भ ग्रन्थ

1. अय्यप्पा पणिक्कर के.—आख्यान कला, केरल विश्वविद्यालय, 1992
2. कामिल बुल्के–अभयदेव (अनु) रामकथा, त्रिशूर, केरल साहित्य अकादमी, 1978
3. कल्पट्टा नारायणन–कविता का जीव चरित्रम, मातृभूमि, 2015
4. कुट्टिकृष्ण मारार–चुने हुए लेख
5. जोसफ मुण्डाश्शेरी–अन्तरिक्षम, त्रिशूर, 1985
6. थॉमस मैथ्यू एम.–रेगिस्तान में बात करने वाले की आवाज़
7. वर्मा जी–रामायण का प्रभाव मलयालम में, 1998

अनुवाद : **डॉ. शिल्पा शिवन**

रामकाव्य का नायक राम : रामकथा पाट्टु पर आधारित

●

पवित्रा एं.वी.

'श्रीराम' सबसे शुरुआती बिम्बों में से एक है, जिन्होंने भारतीयों की चेतना को निर्धारित और प्रभावित किया है। प्रत्येक बिम्ब आदर्शों और विचारों का मूर्त रूप है। आदिकवि द्वारा लिखित 'रामायण' राम की यात्रा है।

रामायण का सारांश सीतापति श्रीराम की यात्रा है, जिन्होंने अयोध्या के राजा दशरथ पुत्र के रूप में मनुष्य का अवतार लिया और अधर्मों का उन्मूलन करने के लिए अनेक असुरों का नाश कर डाला। भगवान राम एकपत्नीव्रत, धर्म, सत्य और आदर्शों के अवतार हैं। कई लोगों की टिप्पणियों का मूल्यांकन करने पर, कई भाषाओं में लिखी गयी रामकथा मौखिक रूप से वाल्मीकि रामायण से पहले ही प्रसारित हो सकती है। महाकवि टैगोर भी यही मानते हैं कि रामायण की महत्ता का कारण उसमें राम को एक इन्सान के रूप में चित्रित करना है।

मलयालम में पूर्ण रूप से लिखी गयी पहली रामकथा अय्यप्पिली आशान की 'रामकथा पाट्टु' है। लेखक ने इसे 'रामकाव्य' नाम से सम्बोधित किया था, फिर भी 'चन्द्रवलयम' वाद्य यंत्र पर तालबद्ध गायन करने के कारण यह रचना 'रामकथा पाट्टु' नाम से प्रसिद्ध हो गयी। आशान की रामकथा वाल्मीकि रामायण पर आधारित एक मानवीय कहानी है, जबकि दक्षिण भारत की बाकी सभी रामकथाओं में भक्ति को प्रधानता दी गयी है। पाताल रावणकथा जैसे मामूली परिवर्तन, रामकथा को वाल्मीकि रामायण की मात्र पुनरावृत्ति से परे अपनी मौलिकता प्रदान करते हैं। रामकथा पाट्टु लीलातिलकम में दिये गये गीत के लक्षणों तक सीमित नहीं है, यह भी इसकी एक विशेषता है। प्रस्तुत काव्य का अनुमानित कालक्रम निरणम रचनाओं और अध्यात्म रामायण के बीच है।

ताटकावध के लिए निकलने से यह रचना राम केन्द्रित हो जाती है। मलयालम का एक प्रामाणिक राम काव्य है तुञ्चत्तेषुत्तच्छन का अध्यात्म रामायण जिसमें पूर्णत: ईश्वरीय राम को हम देख सकते हैं। परब्रह्म का पर्याय माने जाने वाले एषुत्तच्छन का राम एक इन्सान के रूप में रहने पर भी परब्रह्म ही बना रहता है। लेकिन आशान के रामकथागीत में राम

एक आम आदमी है। वाल्मीकि रामायण के सबसे क़रीब रहनेवाली राम की अवधारणा भी आशान की ही है। यहाँ राम अतीत, वर्तमान और भविष्य की अलौकिक क्षमता के बिना सामना करता है। रामकथाओं में अलौकिकता के आने का मुख्य कारण कथा में ईश्वरीय धारणाओं की अवधारणा और अतिरंजनापूर्ण आख्यान है। लेकिन रामकथागीत में भगवान की उपस्थिति प्रत्यक्ष रूप से द्रष्टव्य नहीं है। श्री रामादि की उत्पत्ति का कारण बताने वाले भागों में तथा चमत्कारिक कथा सन्दर्भों के लिए लेखक के द्वारा ही आरोपित दिव्य उपस्थिति के भागों में ही यह द्रष्टव्य है। श्रीराम भगवान विष्णु के अवतार हैं, इसको बहुत ही तर्कसंगत रूप से बताया गया है। रावण वध के लिए पैदा होने से भी श्रेष्ठता उनके हर कार्य में है।

दशरथ और उनके मन्त्रीगण द्वारा अयोध्या के राजा के रूप में राम को अभिषिक्त करने की चर्चा करते हैं–

तारैतनिलरं वलर्कुम
चंकणितकरन्मेस्तारे
करुतिनर् प्पलरुम नेशा
कमललोचननमेल वैत्तार

(पृथ्वी पर धर्म का प्रचार करने वाले, शंख चिह्न से आभूषित श्रीराम पर आशा रखने वाले प्रजागण उनके लिए अपना स्नेह समर्पित करते हैं। देव सदृश्य राजा दशरथ इस बात को समझ कर अपने पुत्र पर सन्तुष्ट होकर सिंहासन पर विराजित हुए।) (1)

कैटल मलल्लरवलर पुंकषनिरुपकला तिलकनिशयमुलवाय् (2)

(सागर और पर्वत के बीच आसेतु हिमाचल में प्रसिद्धि प्राप्त राजाओं में भी श्रेष्ठ श्रीराम पर आनन्दित हुआ।) (2)

कटलतिलनतिनवुम पटुंक्क
कावलनंतमेल पल्लिकोल्लुम
कैलेशनरसुरपति विधि सूर्यन
कलमकल तिरुमकलुम
इटयिल तुम्मुरुनारदर यक्षर किन्नररिन
मुरुकुम सभयिल...(1)

(हमेशा अनन्तन के ऊपर शयन करने वाले हैं विष्णु। शिव, सुरपति इन्द्र, ब्रह्मा, सरस्वती, लक्ष्मी, नारद मुनि, यक्ष, किन्नर सभी के बीच उपस्थित है कान्ति युक्त विष्णु। निर्मल विष्णु के समान ही हैं श्रीराम।) (1)

यहाँ सुमन्त्रर द्वारा राम के गुणों के लिए ही उनके वैष्णव रूप का गुणगान करते हैं। वे राम को युद्ध, ज्ञान और सदाचार में श्रेष्ठ मानते हैं। इस अवसर पर हम वैष्णव अवधारणा से अपनी श्रेष्ठता के माध्यम से तादात्म्य स्थापित करने वाले राम नामक एक व्यक्ति को देख सकते हैं। इसके अलावा यह भी इस अवसर पर देख सकते हैं कि राम के माध्यम से, दैविक, मानुषिक और राजा की धारणाएँ समरस हो जाते हैं।

उसके बाद रामलक्ष्मणादि की महानता प्रकट करने वाला एक अन्य प्रसंग किष्किंधाकाण्ड में हनुमान संवाद है। इस अवसर पर हनुमान को यह सन्देह हो जाता है कि ये त्रिमूर्तियों में से एक हैं या फिर इन्द्र ही हैं। उनको इतने महान रूप में पेश करने पर भी देवत्व या अतिसंवेदनशीलता का कोई तत्त्व यहाँ नहीं है। (पृष्ठ 580)

वाल्मीकि द्वारा रचित मूल रचना की मानवीय अवधारणा को प्राथमिकता देकर प्रस्तुत करते समय भी शायद दर्शकों की इच्छाओं को मद्देनज़र रखते हुए ही भगवान के विश्वरूप को राम संकल्प में शामिल करने का प्रयास किया गया है जिसको सन्दर्भानुसार युद्धकाण्ड के 'श्रीराम महत्त्व' खण्ड में देखा जा सकता है। (पृष्ठ 566-71) राम नामक व्यक्ति की कहानी को पढ़ते समय यह भाग असंगत लगता है। असुरों के नाश करने के लिए युद्ध भूमि में उतरने वाले राम के विश्वनाथरूप को देखकर शत्रु लोग घबरा जाते हैं। यही है उसका कथा सन्दर्भ।

वलंतुमुटुकिच्चेल्ल मन्नन चेरुतल्ला
वानम पुमितोट्टुम कालुम मय्युम पूमि
अलंतदेवन विष्णु अमलन चमरक्कलत्तिल
अखिलपूरणमाय चि्लयुमेंति निक्क
ओरुवन तनिये वारान (2)

(शत्रु पक्ष के लोग अहंकार और हठ के साथ राम के नजदीक पहुँचे। लेकिन वे छोटे नहीं हैं। उनके हाथ-पैर धरती और आकाश को छू रहे हैं। भूमि का नाप करने वाला महाविष्णु युद्ध भूमि में अपने साक्षात् विश्वरूप में धनुष धारण कर खड़ा है।) (2)

इसी गीत का अन्तिम भाग भी उल्लेखनीय है जहाँ उपर्युक्त अतिमानवता को स्वीकार कर पुन: इन्सानियत की ओर सीमित कर देता है।

विष्णुवोन्नल्ल विल्लियोन्नल्ल वेलायिरवेल्लमेंटनर
विल्लियुम पलतुंडु पोरिनु विलियिल वन्नु पिरंतिते(2)

(विष्णु एक नहीं है, धनुर्धर एक नहीं है। करोड़ों सागर के समान फैला हुआ है। बहुत सारे धनुर्धरों का जन्म युद्ध करने के लिए ही हुआ है।) (2)

अलौकिक रूप में प्रस्तुत राम को फिर से वैष्णव अवतारों में से एक, केवल मनुष्य के रूप में तब्दील किया जाता है।

रामकथागीत में राम की सबसे बड़ी विशेषता यह है कि अन्य पात्रों द्वारा उन पर सन्दर्भानुसार अलौकिक गुणों का आरोप लगाने पर भी केवल एक मानव के रूप में ही वह खड़ा रहता है। दक्षिण भारतीय रामकथाओं की सबसे बड़ी खासियत वीर रस रही होगी। इसी वजह से ही रामचरितकार (12 वीं शताब्दी) ने मात्र युद्धकाण्ड को ही प्रस्तुत किया था। रामकथागीत में बालकाण्ड से लेकर युद्धकाण्ड (उपलब्ध) तक के हिस्से शामिल हैं, लेकिन आधे से अधिक भाग युद्धकाण्ड के हैं। रचना का शिल्प विधान ही नहीं, रामकथागीत में राम की अवधारणा भी वीर रस प्रधान है।

आशान ने राम को एक वीरपुरुष के रूप में चित्रित किया है, जो बहुत ही अनायास के साथ वीर कृत्यों का निर्वाह करते हैं। राम सीता स्वयंवर में भाग लेनेवाले प्रसंग में–

विलवलिक्कयुटन तानशंततिल्लै
करनाटी कंटुतिल्लै-कविल
बिम्बी अतरमुरक्कविल्लै
शिरस्सुम विरुत्ततिल्लै-तीण
भुजत्तिल नरंबु तुटित्ततिल्लै
नेटुमुच्चटक्कमिल्लै-नीला
मालुटलेंकिलुम वीशत्तुतिल्लै
नटतान पुतत्तुमिल्लै-नम
शंकरे! नामोरनालुम
इतेप्पोले विलवलियै-येषु
पारिलुम कंडतिल्लेन्टे मारारे
स्तुतित्तारी राघवननै-टुच्चुम
कूटि मकिषितिटमायवनुम (3)

(धनुष धारण करने वाले श्रीराम थोड़ा-सा भी हिले नहीं। हाथों की शिराएँ उभरे नहीं, कपोल विकसित हुए नहीं, होंठो को भिंचे नहीं, सिर हिले नहीं, कन्धों पर सिराएँ उभरे नहीं, साँसों को रोके नहीं, शरीर पसीजे नहीं, पैर धरती पर गाड़े नहीं, इस प्रकार के एक धनुष को सातों लोकों में नहीं देखा है। इस प्रकार कहते हुए देव लोगों ने श्रीराम के चारों ओर इकट्ठे होकर उनकी स्तुति की।) (3)

श्रीराम किसी भी शारीरिक या मानसिक संघर्ष के बिना कई सामान्य सेवकों द्वारा लादे गये त्रयंबक को तोड़ते हैं।

जब हम इस पुस्तक का अध्ययन करते हैं, कई सन्दर्भ हमारे सामने आ जाते हैं जहाँ आशान हमें उस राम को दिखाता है, जो राम की अवधारणा के बजाय केवल द्रविड़ियन हैं। आशान ने बहुत ही अच्छी तरह से आर्य राम के द्रविड़ भाव का बयान किया है।

एटुत्त पोरुल वाषित्तुवैत्तिटुमताताने,
एन्ततुल्लु पोरुलिसमाँ कानकम् (4)

(पिताजी! उठाया हुआ धन सँभाल कर रखना। मेरे लिए वन ही धन है।) (4)

वनवास के लिए जाते समय दशरथ क़ीमती वस्तुएँ उपहार के रूप में रख देता है तो राम कहता है कि जंगल ही मेरा धन है। वन और प्रकृति का यह अहसास ही द्रविड़ अवधारणा का आधार है। रामकथागीत के सम्बन्ध में विद्वानों का निष्कर्ष यही है कि इसमें आर्य राम को द्रविड़ीकृत करके प्रस्तुत किया है।

मानवीय भावनाओं से परिपूर्ण राम सीता और लक्ष्मण के वियोग पर तीव्र भावुकता के साथ प्रतिक्रिया व्यक्त करता है–

तीयवनिन्नतुपेण्णे
आरुमिल्लात नेरम
कट्टवनंकिरिक्कै
चेरुमोयिनतु कीर्ती
दिनकरकुलत्तिनुक्केक्के (5)

(जब कोई नहीं थी उस समय मेरी स्त्री को चुराने वाले दुष्ट जब वहाँ जीवित हैं तो सूर्यकुल और मेरी कीर्ति किसलिए है।) (5)

ये वीर, भावनात्मक और मानवीयता से भरे, पूर्ण और उदात्त रामकथागीत में राम की अवधारणा को सिद्ध करने वाली पंक्तियाँ हैं।

द्रविड़ योद्धा राम एक ऐसे आदमी थे, जो अपनी पत्नी का अपहरण करने वाले रावण से बदला लेकर सीता को पुन: प्राप्त करना चाहते हैं।

इसके बाद आशान युद्धकाण्ड में राम की युद्ध वीरता के साथ-साथ संवेदनशील पलों को भी प्रस्तुत करता है। जहाँ कहीं राम भगवान के रूप में प्रस्तुत है वहाँ उन्हें तीनों लोकों का ज्ञान है। रामकथागीत में मानव का प्रतीक राम ने आनुषंगिक और आकस्मिक रूप से ज़िन्दगी का सामना करने के कारण ही शायद उन्होंने भावनात्मक रूप से प्रतिक्रिया व्यक्त की थी।

राम की कुलीनता का अतिशयोक्ति पूर्ण वर्णन करते समय कुछ सन्दर्भों के बारे में जैसे शूर्पणखा को रोकने का प्रयास, बाली वध और सीता नैराश्य आदि को लेकर सवाल उठाया गया था। उपर्युक्त सन्दर्भों में सभी के ज्ञाता राम की प्रतिक्रियाओं पर सवाल उठाये गये हैं। लेकिन मानव राम की प्रतिक्रिया तर्कसंगत है। शूर्पणखावध में, राम-लक्ष्मण से शूर्पणखा को मारने के लिए कहते हैं जो सीता को मारने के लिए वासनापूर्वक कूद पड़ती है।

पोरुंतवे उरक्कलुट्टान
पोक्किटु विनक्कलेन्टेन्टे (6)

(प्रेमपूर्वक श्रीराम लक्ष्मण से विपत्तियों को हटाने के लिए कहता है।) (6)

बाली वध के बाद राम सीता अपहरण पर दुखी होते हैं और उन्हें इसका अन्दाज़ा होता है कि उन्होंने कुछ गलत कार्य किया है–

एण्णामुट्ट राघवनुम
तुमोरनियायमान
मनस्सिलून्नि निन्टवेवे (7)

(यह भी एक अन्याय है ऐसा ध्यानमग्न राम ने मन में विचार किया।) (7)

सीता को पुनः पाने के लिए सुग्रीव के गठबन्धन की आवश्यकता होगी। एक इन्सान के तौर पर राघव इससे परे कुछ भी सोच नहीं सके।

सीता नैराश्य के दौरान, राघव विरह में डूबा हुआ था, उस समय पूरे श्रृंगार के साथ मैथिली को देखकर राघव के मन में स्वाभाविक सन्देह उत्पन्न होता है और वह प्रतिक्रिया व्यक्त करता है–

पंडरशे नीचेन्नै
वरुन्तियोयिरुन्तायन्त
कन्डकनतन्नैप्पुणन्त
कलवुकल कन्डेनुन्तन
तंडलरमुरत्तिलेन्टान (8)

(रानी तुम मेरे बारे में सोच कर व्यथित हो। उस दुष्ट रावण का तुमने आलिंगन किया है। इसका लक्षण तुम्हारे कमल जैसे मुख पर मैंने देखा है।) (8)

यह स्पष्ट है कि आशान ने रघुवंश के तिलक और आर्य-श्रेष्ठ वैष्णवावतार को सच्चे आदमी के रूप में ही प्रस्तुत किया है। रामकथागीत नाम से प्रसिद्ध रामकाव्य में वर्णित

राम की अवधारणा को तत्कालीन समाज के हितों और आदर्शों के ठोस रूप में समझा जा सकता है। क्योंकि प्रत्येक साहित्य अपने समय का प्रतिबिम्ब होता है। इसलिए, साहस के इच्छुक द्रविड़ समाज में राम की अवधारणा वीरतापूर्ण है। रामकथागीत में राम की अवधारणा अलौकिक दिव्य भावों की अपेक्षा अधिक भावनात्मक और स्पष्ट होती है।

सन्दर्भ

1. पृष्ठ : 257, (2) पृष्ठ: 258 (3) पृष्ठ: 259 अयोध्याकाण्ड, रामकथागीत Volume-1
2. पृष्ठ : 569, (2) पृष्ठ : 571 युद्धकाण्ड, रामकथागीत Volume-2
3. पृष्ठ : 219-220 बालकाण्ड, रामकथागीत Volume-1
4. पृष्ठ : 357 अयोध्याकाण्ड, रामकथागीत Volume-1
5. पृष्ठ : 27 युद्धकाण्ड, रामकथागीत Volume-2
6. पृष्ठ : 534 अरण्यकाण्ड, रामकथागीत Volume-1
7. पृष्ठ : 599-600 किष्किन्धाकाण्ड, रामकथागीत Volume-1
8. पृष्ठ : 705 युद्धकाण्ड, रामकथागीत Volume-2

अनुवाद : **डॉ. लैजा पी.जे.**

ग्रन्थ-सूची

1. अय्यप्पिल्ली आशान—रामकथागीत (Ed. पी.के. नारायण पिल्लै) Volume-1, नैशनल बुक स्टॉल, कोट्टयम, 1970
2. अय्यप्पिल्ली आशान—रामकथागीत (Ed. पी.के. नारायण पिल्लै) Volume-2, नैशनल बुक स्टॉल, कोट्टयम, 1970
3. कृष्णा पिल्लै इन.–कैरली की कहानी, डी.सी. बुक्स, कोट्टयम, 1958
4. परमेश्वर अय्यर एस. उल्लूर–केरल साहित्य का इतिहास–भाग-1, प्रकाशन विभाग, केरल विश्वविद्यालय, तिरुवनन्तपुरम, 1990
5. बालकृष्णन कलपेट्टा–मलयालम साहित्य का इतिहास, केरल भाषा संस्थान, तिरुवनन्तपुरम, 2000

विजयलक्ष्मी और वी.टी. जयदेवन की कविताओं में राम की अवधारणा : एक पुनःवाचन

●

जयश्री एस.

प्रत्येक पाठक उत्तराधुनिक समय में भी महाकाव्यों और मिथकों का पुन: पठन प्रत्यक्ष और अप्रत्यक्ष रूप से हरेक कृतियों का कर सकता है। इसका मुख्य कारण यह है कि वे काव्य भारत और केरल की सामाजिक चेतना में गहराई से समाए हुए हैं। आदि काव्य रामायण और इसके कई पाठों ने हमेशा मलयालम साहित्य को प्रेरित किया है। मलयालम काव्य भी इससे अछूता नहीं है। यह स्वाभाविक ही है कि नारीवाद और पारिस्थितिकवाद के विचारों को तब से सूक्ष्म राजनीति के उन पन्नों से लिया जाना चाहिए जब राम को नायक के रूप में सम्मानित किया गया था, जो उन दिनों से आगे बदल गये हैं। डॉ. एम. लीलावती लिखती हैं कि सीता के साथ तादात्म्य प्राप्त करने का अर्थ है आस्वादक मन में सीता की स्त्री चेतना का जागरण, यह चिन्तन लम्बे समय से भारतीय अलंकारशास्त्र में निहित है। (2009: 97)। इस सन्दर्भ में वी.टी. जयदेवन की 'हरितरामायणम्', विजयलक्ष्मी की 'कौसल्यम्', 'श्रीरावण', और 'मरणानान्तरम्' जैसी कविताओं को सामने रखकर स्त्री और प्रकृति के परिप्रेक्ष्य में देखना प्रासंगिक है।

हरित रामायण में हरित-स्त्री कल्पनाएँ

काटटील एकांतनायुलात्तवे
उल्लिले रतिसुषमकल उनरत्तुन्न
कुड़मुल्लपूविंटे सुगंधवुमाई
अवल वन्नु ;
आ इरुण्ड वनम
स्त्री शरीरं
पूँडेत्तियतुपोले

(हवा में अकेले टहलते वक़्त सुन्दर काम को उत्तेजित करनेवाली जुही की सुगन्ध के साथ वह आयी। ऐसा लगता था कि घना जंगल स्त्री के शरीर को धारण करके आया हो।)

कवि को उस क्षण की याद आ जाती है कि जब जंगल में रहने वाला राम एक स्त्री को उसकी विशिष्टता के साथ पहचानने के लिए भावुक बन जाता है। लेकिन साथ ही, जंगल के पानी के जोहड़ में बरसों बहने के बावजूद, महल की सहज तीक्ष्णता उससे दूर नहीं हुई है? युद्ध, विजय और विनाश ने राम के राजा और क्षत्रियकुल अहं को पराजित किया था। भले ही जंगल में सब कुछ राम का था, फिर भी उसे सत्ता या प्रेम से कोई नहीं रोकता था, लेकिन जब वह शहर पहुँचा तो वह राजा और पुरुष बन गया। वह केवल अपने देश और सीमाओं के बारे में सोचने लगता है। इसलिए सीता की पवित्रता चिन्ता का विषय बन जाता है और वे अग्नि परीक्षा के लिए अग्निकुण्ड तैयार करता है और उसमें सीता को फेंक देता है। तब कैकेयी से जो बातें राम ने कहीं वह उसके लिए लायक नहीं बनतीं। उन्हें अयोध्या के भीड़ भरा व्यापार केन्द्र पसन्द नहीं हैं, वन पसन्द है। विश्वामित्र ने राम के जिस बचपन को बुझा दिया था, वह उसे वापस लाना है। विश्वामित्र जंगल, पक्षियों की आवाज नम मिट्टी, फूलों और पानी की धारा आदि देख नहीं सकता था। इसलिए राम वन जाना चाहता था। कौन मुझे अयोध्या से मुक्त कर जंगल ले जायेगा? राम के इन शब्दों की शक्ति नष्ट होती दिखाई देती है।

कैकेयी : कैकेयी को लम्बे समय तक असूया के महिला रूप में आँका जायेगा। हर कोई उसे कृतघ्न कहेगा, फिर भी माँ कैकेयी राम को पूरे प्यार और स्नेह के साथ जंगल में मुक्त छोड़ देगी। कैकेयी राम से कहती है कि धरती माँ की गीली गोद में, अनन्त जंगलों में, जीवन की अनन्त यात्रा तक, मैं एक दिन अनजाने में इस सुनहरे पिंजरे का दरवाजा तुम्हारे लिए खोलकर रखूँगी। लेकिन राजधर्म के व्यापक पाठों के माध्यम से ही राम किसी भी जघन्य हिंसा को धर्महित और दिव्य बनाने की प्रतिभा में चला जाता है। यह ध्यान दिया जाना चाहिए कि राम कभी भी इस इच्छा के लिए अपना आभार व्यक्त नहीं करता है, और फिर कभी कैकेयी इस कहानी में प्रवेश नहीं करती है।

जितेन्द्रिय, जितक्रोध, जितकाम जैसे विशेषण राम को प्राप्त हैं। लेकिन कुलधर्म के अनुसार सिर काट देकर या छाती फोड़कर हत्या कर देना ही उसका लक्ष्य बनता है। इस तरह वह किसी राजपथ की ओर जाने का दीप बन जाता है। वी.टी. जयदेवन हमें दिखाते हैं कि उनका जीवन सिर्फ़ एक तेज तीर तक सिमट गया है। कवि राम को देख दुखते हैं कि जो एक छोटी चिड़िया की चहचहाहट तक सुनने में असमर्थ हो गया।

दूसरी ओर, सीता ने जंगल में पहुँचने पर महल के आभूषणों को छोड़ दिया था। तब वह जंगल के झोंपड़ी की सीता थी। घास से, चिड़ियों से, कीड़ों से यहाँ तक दर्द से भी

दोस्ती करनेवाली सीता को देखा जा सकता है। कवयित्री को लग रहा है कि वह मुझे हर हरकत में बता रही है कि मेरा जन्मस्थान कितना आकर्षक है (2010 : 44)। यह परम्परा आदिकवि की कल्पना 'पृथ्वी की पुत्री सीता' तक सीमित नहीं है। इससे यह अवबोध भी दिया जाता है कि स्त्री प्रकृति से अलग नहीं है और सत्ताधारी पुरुष एक ही समय में स्त्री और प्रकृति के प्रतिपक्ष में हो जाता है।

शूर्पणखा : किसी कारणवश राम ने शूर्पणखा की काली सुन्दरता को उत्सुकता से देखा है। कवि राम को तूफ़ान के पंखों के साथ सबको हिलाडुलाकर, उखाड़कर धर्म और अधर्म के विचारों से परे होकर नुकीले दाँतों, पंजों एवं नाखूनों वाला जंगली आदमी कह देते हैं और उसमें आरोपित वैष्णवत्व की कोमल सुकुमारता को वह छोड़ देते दिखाई देता है (2010 : 40)।

ताटका : 'ताटका नामक द्राविड राजकुमारी' में, वायलार राम वर्मा ने स्त्री हृदय को मुग्ध करनेवाली सुन्दरता को देखकर मन्त्रमुग्ध होकर रहनेवाली ताटका को वर्णित किया है। लेकिन रामबाण से आहत होकर गिर पड़ने वाली मृत्यु की कराह से भी मुक्त ताटका के आन्तरिक विस्फोट के समक्ष स्थगित रहने वाले राम को उसमें दर्शाया गया है।

केवल धनुष पर प्रत्यंचा चढ़ाने के बल पर सीता का वरण करने वाले राम क्षत्रिय बनकर सिमट रहे थे। कवि इस सन्दर्भ में पूछते हैं कि "हे राम क्या तुम मिथ्या के सेवक बनकर अन्धकार बुन रहे हो? समय से रामकथा को क्या कहना है? मेरे ही पीछे आओ? या रास्ता बदलकर जाओ ?" (2010 : 73)। क्या शूद्र, क्षत्रिय और ब्राह्मण सभी के जीवन में अलग-अलग लक्ष्य हैं? तब कवि का यह प्रश्न कि ये लक्ष्य किसकी अवधारणा है। ये सारे सवाल राम के लिए चेतावनी बन जाते है, जो आँख बन्द करके व्यवस्था को स्वीकार करता है। व्यवस्था पर प्रश्नचिह्न लगाते हुए कवि आगे सन्देह प्रकट करते हैं कि ये सभी देवता कितने लालची हैं इसी कारण से कवि ज़ोर से कहते हैं कि शम्बूक कहानी में प्रवेश करता है ज्ञान के आवाहन की गयी काली मिट्टी बनकर। शम्बूक से खुलकर कहलवाते हैं कि तेरी शहरीय कामना को और औपनिवेशिकता को अपनाने में मुझे ज़रा भी दुखने की ज़रूरत नहीं पड़ी। कवि शम्बूक के द्वारा राम से यह भी कहलवाते हैं कि मेरा व्रत कितना कोमल था।

इसलिए कवि की माँग है कि मुझे पता होना चाहिए कि आप किस जादू के अस्त्रों से इतनी सारी बेतुकी बातों के वैतालिक बन गये हैं (2010 : 78)। सीता के पास लौटकर कवि ने उन्हें सान्त्वना दी। कवि सीता को जताते है कि तू जानती है कि राम ने किसी की संकल्पना के अनुसार ज़िन्दगी जी थी, लेकिन तू अपने सभी सपनों और सभी मिथ्या को नम मिट्टी की तरह नम और खाद देकर नये अंकुर में बदल देनेवाली जीवित पृथ्वी

ही थी। कवि सीता को जताने की कोशिश कर रहे हैं कि तू क्षत्रिय की धरी हथेलियों के बीचोबीच से फैले पल्लव सदृश कोमल शरीरवाली थी।

'हरित रामायण' के शोककाण्ड, प्रवाज्यकाण्ड, अरण्यकाण्ड और उत्तरकाण्ड के बाद जब राम मोक्षकाण्ड में पहुँचते हैं तो राम अपने में जाग उठता है। मोक्षकाण्ड तब पूरा होता है जब नगरों, कर्मकाण्ड के सुगम रास्तों, खेतों, जाति व्यवस्था के शब्दार्थों और शाप के भय को पार करते हुए तथा अवतार कहानी की पेचीदगियों को तोड़ते हुए, किसी से अलग होनेवाले जंगली जानवर की तरह राम दौड़ता है। अन्त में वह सभी चेहरों को छोड़कर सीता के चेहरे को ही आत्मसात करता है। फिर जब एक बिखरे बादल की तरह वह सीता पर बरसता है तो मोक्षकाण्ड समाप्त होता है।

यहीं पर यह पहचान होती है कि अन्तिम शरण और शाश्वत मूल्य स्त्री और प्रकृति में ही है। मिट्टी और नारी एक निर्विवाद उपस्थिति का जीवन्त प्रतीक बन जाने से पाठक में एक नयी चेतना का उदय होता है। रामराज्य के लिए रोना अलिखित नियमों द्वारा शून्य हो गया है कि पारिस्थितिकीय अर्थव्यवस्था को ग़ैर-नारीवादी और तिरस्कृत होना चाहिए, और तब और अब सत्ता में आदमी की अप्राकृतिक और नारीवादी प्रकृति के लिए एक आख़िरी आह्वान के रूप में आना चाहिए।

विजयलक्ष्मी का प्रतिरोध

विजयलक्ष्मी एक ऐसी लेखिका हैं जो पारम्परिक विचारों की उपेक्षा करती हैं, रूढ़िवादी मूल्यों के साथ संघर्ष करती हैं, उन्हें अपने आस-पास के विचारों और उनके द्वारा अनुभव की जाने वाली सच्चाइयों तक ले जाती हैं। कवयित्री विजयलक्ष्मी पुरुष चेतना द्वारा बनाये गये वर्गों से बाहर निकलने और उस स्वतन्त्रता का जश्न मनाने के अपने उत्साह को दर्शाती हैं। 'मृग शिक्षक', 'तच्चनटे मकल्' (बढ़ई की बेटी) के माध्यम से मलयालम कविता में प्रवेश करते हुए, वह न केवल स्त्री मन की उदात्त अभिव्यक्तियों के चित्रण से, बल्कि अपनी जैविक मौलिकता से भी प्रतिष्ठित हुई।

कौसल्या : कौसल्या शीर्षक कविता स्त्री मन की अभिव्यक्ति है जिसे व्यवस्था के अनुसार सोचना और कार्य करना पड़ता है।

अर्चिता तस्य कौशल्या
प्रिय केकया वंशजा,

इस श्लोक के बहाने स्त्री वासनाओं को ठुकराने वाले दशरथ कौसल्या को माता के रूप में ही देखते हैं–

पिन्नेयुम निशीथत्तिल अंङ चोल्लुन्नु, चिल्ली—
विल्लुकल कुलय्क्कुन्न कामपत्निएपट्टी (2010 : 15)

(फिर भी रात में भौंहों रूपी धनुष को मारने वाली कामपत्नी के बारे में दशरथ कहता है।)

इस कविता में सपत्नी प्रथा को झेलनेवाली औरतों के दर्द को दर्शाया गया है। जब उसका पति उसमें केवल मातृभाव देखता है तब उसका कलेजा टूट जाता है। मन जवाब देता है कि भले ही राजा भुला दिया जाये, मौजूदा पारम्परिक व्यवस्था में धर्माधर्म का नैतिक बोझ याद करके वो चुप हो जाती है—

रामनम्मयाकुवानल्लो वन्नु ञान
मट्टेंनतुंड ई महिषीकक्कु अधिकारम ?

(राम की माँ बनने के अतिरिक्त इस औरत का अधिकार ही क्या है ?)

इस प्रश्न में बाकी सभी अधिकारों के नष्ट होने की पीड़ा है। माँ व्याकुलता से पहचानती है कि यह न केवल दशरथ की कहानी है बल्कि कल दाशरथी की भी कहानी बन जायेगी। यहाँ वह पीढ़ियों से विद्यमान पितृसत्ता का मौन विरोध करनेंवाली कोसल्या की मजबूरी को विजयलक्ष्मी ने उतार डाला।

श्रीरावण : सी. एन. श्रीकण्ठन नायर का 'लंकालक्ष्मी' एक ऐसा नाटक है जो रावण को केन्द्रीय चरित्र और रजो गुणों के प्रतीक के रूप में चित्रित करता है, जो नायक की रूढ़ियों को तोड़ता है। रामायण जब दर्दनाक अँधेरे के महान नाटक में तब्दील हो जाते हैं तो राम भी अँधेरे का खिलाड़ी बन जाता है। जब लंकापुरी को राक्षसों की राज्यसभा के रूप में वर्णित किया जाता है, तो अयोध्या ख़ामोश और ख़ाली हो जाती है। रावण जब अच्छी वीणा की धुन सुनता हो तो राक्षसीय भाव को छोड़कर उसमें भी स्त्रीत्व का रूप खिलता है। जहाँ रावण में यह स्त्रीत्व ग़ायब हो जाता है, वहीं राम और रावण अलग-अलग दीख पड़ते हैं। कवयित्री उसे यह भी याद दिलाती हैं कि जीवित मन्दोदरी का उल्लेख करके रावण उसे कुछ भी नहीं होने दे रहा है। रावण स्त्रीजित नहीं बल्कि श्रीजित के शब्द को सार्थक बनाता है जब वह बिना किसी छल-कपट के सब को तज देता है।

मरणानान्तरम् (मृत्यु के बाद)

इस कृति का मुख्य पाठ कुमारनाशान की कविता 'चिन्ताविष्टयाय सीता' से ज़्यादा समान न होने पर भी उसके अन्त में सीता की विदाई के विषय पर है। इस ब्रह्माण्ड को आश्चर्य से देखने वाली औरत पहचान लेती है कि यह केवल परछाइयों का नृत्य और उसके भी

परे केवल नीले जंगल हैं। जानू राजमहल की देहली को पार कर आनेवाली एक औरत की तरह बन जाती है। वह एक और सीता बन जाती है। उसमें जो शब्द बुलन्द है वह उसके ही उर का शब्द है। 'चिन्ताविष्टयाय सीता' की सीता उस सामाजिक व्यवस्था पर प्रश्न चिह्न लगाती है जिसमें स्त्री निन्दा और शूद्र की निन्दा विद्यमान है। सीता का जो विद्वेष है वह सिर्फ़ राम की नीतियों के ख़िलाफ़ मात्र नहीं है। यह मर्दाना ढाँचे वाले समाज के मूल्यों के ख़िलाफ़ भी है। जनता, नैतिक मूल्यों की क़ानूनी शक्ति, अधिकारों के ख़िलाफ़ चिल्लाने वाली हिंसक भीड़ में बदल रही है।

स्त्रीकले आरोरकुन्नु
ञङ्ल्क्कु वेणम राज्यम
कोयतु तीरक्कुवानुण्ड
कोट्टकल, मीनारांगल।
ञङ्कल्क्कु तकरक्काने
देव:गेहंगल अते
कलुकल, पडुककानुम
अषि़चु निरत्तानुम।

(स्त्री को कौन याद करेगा? हमें सिर्फ़ देश चाहिए, वहाँ हमें दुर्ग और महल बनाने हैं, देव गृहों को तोड़ने और फिर से उन्हें खड़ा करने के लिए वे ही पत्थर चाहिए।)

केवल सफ़ेद वस्त्र से ढँकी हुई एक संन्यासिन को ही अँधेरे में दुख ही उजाला लगेगा। केवल शुद्ध प्रेम को ही महाशक्ति के रूप में पहचाना जा सकता है। शायद वह संन्यासिनी वनवास पूरा करने के बाद ग़ायब होने से ठीक पहले की बूढ़ी सीता ही होगी। यहाँ कवयित्री एक बात याद दिलाती हैं कि निरन्तर कर्मरत राजा, शहर के रक्षक होने पर भी रामराज्य की बुनियादी समस्याओं से मुक्त नहीं है। हालाँकि, इन बुनियादी समस्याओं से मुक्ति केवल नारी और पृथ्वी को प्रधानता देने पर ही साध्य होगी।

हम एक ऐसी दुनिया में रहते हैं जो अपने दाँतों और नाखूनों के साथ नारीवाद और उसके बाद आये पारिस्थितिक नारीवाद के विचार को हराने की कोशिश कर रही है। नारीवाद और पारिस्थितिक नारीवाद को आज इतना दोष दिया जा रहा है। लेकिन यह लगातार उत्पीड़न और अपमान था जो उन्होंने सहा जिसके कारण स्त्री को लगा कि उसे पुरुष के उपहास करने की आदत विकसित करनी चाहिए। इस तरह से मर्दानगी स्त्री की पहचान और समानता की खोज का परिणाम बन जाती है। क्या आपने इतने लम्बे समय तक हम पर शासन नहीं किया? यह उसकी मूर्खता और कल्पनाशील शून्यता है

जो स्त्री द्वारा पुरुष के चेहरे को शब्दों और चालों से ढँकने की घटना को एक वास्तविकता बना देती है और स्त्री कहती है कि अब हमें शासन करने दो। प्रेम की मानवीय भावना सबसे पवित्र होती है जब वह समानता को स्वीकार करती है। जहाँ प्रेम है वहाँ प्रभुत्व की भावना नहीं है। केवल मानवता ही हो सकती है जहाँ आधिपत्य आज्ञाकारिता की मुहरें फीकी पड़ जाती हैं।

ऐसे विश्लेषणों में ऐतिहासिक शख़्सियत श्रीराम कठघरे में खड़ा है। राम ही समय की रूढ़ियों से प्रभावित एकमात्र व्यक्ति रहा होगा। हालाँकि एक धीरोदात्त नायक के रूप में वर्णित और प्रशंसित राम के कलंक को न देखने का नाटक करना, समकालीन दुनिया के साथ किया गया सबसे बड़ा अन्याय है। यहीं पर इस तरह के पुन:पाठ की प्रासंगिकता है। यह कहा जा सकता है कि इस तरह के कार्य इस बात को रेखांकित करते हैं कि आने वाला समय पारिस्थितिक जागरूकता और लिंग जागरूकता की माँग का है।

सन्दर्भ ग्रन्थ-सूची

1. वी.टी. जयदेवन–हरित रामायणम्, डी.सी. बुक्स, कोट्टयम, 2010
2. डॉ. एम.लीलावती–भारत स्त्री (भारतीय महिला), गुरुवायूर देवस्वोम, गुरुवायूर, 2009
3. डॉ. एम.लीलावती–नलकांतम, साहित्य प्रवर्तक सहकरण संघं (साहित्यिक सहकारी समिति),कोट्टयम, 2012
4. विजयलक्ष्मी–हिमसमाधि, डी.सी.बुक्स, कोट्टयम, 2001
5. विजयलक्ष्मी–विजयलक्ष्मी की कविताएँ, डी.सी. बुक्स, कोट्टयम, 2
6. शीबा दिवाकरन–पेण कविता मलयालत्तिल (मलयालम में महिला कविता), केरल भाषा इंस्टिट्यूट, तिरुवनन्तपुरम, 2014

अनुवाद : **डॉ. वीणा. जे.**

नया जमाना पुराने अर्थ

हरिकृष्णन के.एस.

लिखित और मौखिक दोनों रूपों में लोगों के बीच अपनी जगह स्थापित करने में अब तक सक्षम एक ही ग्रन्थ रहा है वह है वाल्मीकि का रामायण। वाल्मीकि से होते हुए अब इसकी पहुँच जनसंचार माध्यमों तक है। भिन्न-भिन्न देशों, वर्ग, समाज और समय के अनुसार रामकथा में बदलाव देखे जा सकते हैं। रामायण के 'रा' शब्द के लिए अन्धकार अर्थ दिया गया है, फलस्वरूप 'रामायणम्' अर्थात् अन्धकार दूर करना यानी अज्ञान को मिटाकर ज्ञान प्रदान करना इसका सामान्य अर्थ है।

नारद मुनि से वाल्मीकि महर्षि प्रश्न करते हैं कि सभी सद्गुणों से युक्त और सभी मानव के लिए उदात्त कोई मानव इस धरती में क्या जन्मा है? इस प्रश्न के उत्तर में इक्ष्वाकु परम्परा में जन्मे श्रीराम का चरित्र नारदमुनि महर्षि वाल्मीकि को सुनाते हैं। यही कथा बाद में रामायण के रूप में परिणत होती है। इस ग्रन्थ को आधार बनाकर दक्षिण भारत में अनेक रामकथाओं का जन्म हुआ। यह बहुस्वरता सिर्फ़ यहाँ पर ही नहीं बल्कि दुनिया भर में पायी जाती है। कुल मिलाकर रामायण की परम्परा बहुत व्यापक है। आगे मलयालम साहित्य को लें तो रामायण की एक उप परम्परा भी है जैसे चीरामन का 'राम चरित', निरणम कवि का 'कण्णश रामायण', अय्यपिल्ली आशान का 'रामकथाप्पाट्टु', एषुत्तच्छन का 'अध्यात्म रामायण किलिप्पाट्टु' जैसे राम से जुड़े आविष्कार अनेक हैं। आर.एस. वर्मा जी की सूची में 190 से ज़्यादा स्वतन्त्र रचनाएँ, 19 अनुवाद और 24 गद्य सिर्फ़ मलयालम में ही प्राप्त हैं।

केरलियों का जीवन साहित्य से भिन्न नहीं है ऐसे में राम मलयालम साहित्य में किस तरह उपस्थित होते हैं यह प्रासंगिक है। राम की अवधारणा उनके जीवन को नियन्त्रित करने वाला कारक बन जाता है। उसके उदाहरण हमारे रोज़मर्रा की ज़िन्दगी में अनेक हैं, जैसे हम शाम को दीप जलाकर ईश्वर के नाम का जप करते हैं और मलयालम महीना करकिटकम (आषाढ़) में रामायण पारायण। यह सभी हमारे मन के भीतर निहित उसी राम अवधारणा का सकारात्मक हस्तक्षेप हैं।

पूर्व राम परम्परा

मलयालम साहित्य में राम की अवधारणा को लेकर विचार-विमर्श करें तो हमारा ध्यान प्राचीन मध्यकाल की रचनाओं की ओर खिंचा चला जाता है। वाल्मीकि रामायण में यह नहीं बताया गया है कि श्रीराम भगवान विष्णु के अवतार हैं। श्रीराम को अवतार पुरुष के रूप में नहीं दिखाया गया है और न ही उन्हें दिव्यता की आड़ में दिखाने का प्रयास किया है। परन्तु उन्हें उदात्त मानव के रूप में ज़रूर प्रतिष्ठित किया है। एक सच्चा और यथार्थ मानव कैसा होना चाहिए यह वाल्मीकि राम के माध्यम से हमें दिखाते हैं। उनके श्री राम पुरुषोत्तम और धर्मावलम्बी हैं। वाल्मीकि का कहना है–

'रामो विग्रहवान धर्मः'

जिसका अर्थ है धर्मावलम्बी यानी धर्म के मार्ग से कभी भी न भटकने वाला। साधारण मनुष्य के जीवन में निहित सुख-दुख और मानसिक पीड़ा से राम भी प्रभावित दिखाई पड़ते हैं।

मलयालम की प्राचीन रचना 'चीरामन' के रामचरित में भी राम को धर्मपुरुष के रूप में चित्रित किया गया है। युद्धकाण्ड को प्रमुखता देकर लिखी गयी इस रचना में राम अस्त्र-शस्त्र में निपुण वीर शूर पराक्रमी हैं। पूरे राक्षस वर्ग को ख़त्म करके धर्म की स्थापना करने वाले हैं। 'कण्णश रामायण' में भी राम के इस बिम्ब में कोई क्षति नहीं पहुँची है। इसके समग्र रूप से अध्ययन करने पर ज्ञात होगा कि रामायण धर्म-अधर्म के बीच की लड़ाई और अन्त में धर्म की विजय है। लेकिन इन सबसे भिन्न राम को एक नये नज़रिये से प्रस्तुत करने वाले रचनाकार 'एषुत्तच्छन' ही हैं। महर्षि रामानन्द द्वारा अध्यात्म रामायण के अनुकरण में लिखा हुआ 'किलिप्पाट्टु' में राम विष्णु के अवतार हैं। यहाँ राम मनुष्य नहीं बल्कि स्वयं ईश्वर हैं। वहाँ मनुष्यत्व से ज़्यादा हमें दैविक तेजस्वी दिखाई पड़ता है। इसकी भूमिका में 'एषुत्तच्छन' कहते हैं कि साधारण जनता को श्रीराम भक्ति द्वारा परम पद की प्राप्ति के उद्देश्य से उन्होंने रामायण की रचना की है। अन्य रामायण और मूल रचनाओं में दिखाई न पड़ने वाले दर्जनों सारोपदेश भी इसमें जोडे गये हैं। औपनिवेशिक आधिपत्य और तत्कालीन सामन्तों के बीच की लड़ाई में क्षतिग्रस्त संस्कृति का परिष्कार ही श्रीराम के द्वारा उनका लक्ष्य है। "भक्ति से मुक्ति यही है उसकी पुष्टि।" लेखक की अपनी रचना 'किलिप्पाट्टु' के द्वारा पुख्ता की हुई वही दैविक राम अवधारणा और श्रीराम भक्ति धारा आज भी प्रवाहमान है। मलयालम में लिखित सभी रचनाएँ जैसे 'रामचन्द्र विलास' उपर्युक्त बातों को प्रमाणित करती हैं। दैविक राम से कोई सवाल नहीं कर सकता इसीलिए उसका उत्तर मिलना नामुमकिन है।

उत्तराधुनिकता और राम

उत्तराधुनिक परिप्रेक्ष्य में लिखी गयी रचनाएँ नये सोच-विचार से अपनी ही एक अलग पहचान हासिल करती हैं। इस समय की रचनाएँ हाशिएकृत और वंचितों के स्वर से मुखरित हैं। प्रकृति, स्त्री और वंचित वर्ग के लोगों द्वारा मुख्यधारा से जुड़ने का कार्य ही नहीं किया जा रहा है बल्कि अपनी कथनी और करनी को पुख्ता करने का कार्य भी उनके द्वारा किया जा रहा है। वाल्मीकि द्वारा नारद से किये गये प्रश्न का उत्तर राम हैं तो उत्तराधुनिकता के इस दौर में इस उत्तर पर पुन: विचार किया जा रहा है। उत्तराधुनिकता के नज़रिये से देखा जाये तो राम की मर्यादा पुरुषोत्तमवाली छवि फीकी पड़ जाती है, अन्य सामने उपस्थित होते हैं और अनेक रामायण पाठ का जन्म होता है। लेकिन इस तरह के आधुनिक सवाल पहले ही 1929 में 'चिन्ताविष्टयाय सीता' नामक रचना द्वारा आशान परम्परा से चली आ रही मर्यादा पुरुषोत्तम राम की संकलपना के ख़िलाफ़ अपना प्रश्न बाण छोड़ते हैं। बीसवीं सदी के पहले दशक में लिखी रचना 'सीतायन' मलयालम साहित्य के इतिहास में एक नयी अनुगूँज की शुरुआत क्ररती है। 'चिन्ताविष्ट' नामक शब्द में समूह के निचले स्थान पर खड़े होने को विवश एक स्त्री द्वारा सम्पूर्ण प्रभुत्व एवं सम्पूर्ण पितृसत्ता से पूछे गये सवालों में चिन्ताविष्ट शब्द का पूरा अर्थ समाहित हो जाता है।

सीता यह सवाल पूछती है कि "राक्षस चक्रवर्ती द्वारा मेरी देह को चाहना क्या मेरा दोष है? पतिव्रता धर्मी और स्वाभिमानी सीता ने ख़ुद को तमाम बन्धनों से मुक्त ही नहीं किया बल्कि राम ने सीता के साथ जो कुछ भी किया क्या वह धर्म है, शम्बूक वध क्या अधर्म नहीं था?" ऐसे प्रश्न भी उठाती हैं। इससे साबित होता है कि राम मर्यादा पुरुषोत्तम नहीं हैं। परम्परा से चली आ रही राम की इस छवि पर लेखिका प्रश्नचिह्न लगाती हैं। गत दशकों में ऐसे सवालों से ही रामायण की गतिशीलता पनपती रही है। सी.एन. श्रीकण्ठन नायर के 'रामायण नाटक त्रयम' इन्हीं सवालों से उपजा है। इसी श्रेणी का एक और मिसाल है सारा जोसफ की रचना 'पुतु रामायण'। सभी गुणों से युक्त वीर मानव क्या वाकई में राम है? यह प्रश्न सीता, शम्बूक, शूर्पणखा और प्रकृति एक साथ एक ही स्वर में पूछते हैं। इसी प्रश्न के कारण सारा जोसफ के राम हमारे बीच के ही सामान्य मनुष्य रह जाते हैं, और वाल्मीकि के उत्तम पुरुष राम कहीं और गुम हो जाते हैं।

सारायणों में राम-अवधारणा

सारा जोसफ की 'पुतु रामायण', रामायण की जितनी भी सूची है उनमें अपनी एक अलग पहचान रखती है। जो पूर्ण है उसे अपूर्ण और जो अपूर्ण है उसे पूर्ण बनाने की मनुष्य की

क्षमता सारा जोसफ के 'पुतु रामायण' में नज़र आती है। लेखिका की राय में वाल्मीकि रामायण अपूर्ण है, बीच में कुछ भूला सा–

"भूले पर स्मृतियों का विद्रोह होना ज़रूरी है।"

सारा जोसफ अपनी रचना के ज़रिये वाल्मीकि द्वारा छोड़े गये उपेक्षित-हाशियेकृत पात्रों के द्वारा उनके जीवन के पहलुओं को उद्घाटित करने का प्रयास करती हैं। यह वास्तव में लेखिका की ओर से हाशिएकृत लोगों की पैरवी ही है। यहाँ राम दोयम दर्जे के बन जाते हैं और रामायण जैसी महान कृति हमारे मन में कई सवाल पैदा करती है। पुतु रामायण में शामिल कहानी 'भूमि राक्षस' की शुरुआत ही पुरुषमेधा के अहं को दर्शाते हुए होती है। ज़मीन और स्त्री जीवन के पालक एवं संरक्षक हैं। लेकिन पुरुष मेधा समाज इन्हें उपभोग की वस्तु के रूप में ही देखता आया है। शुक्राचार्य की पुत्री अरजा का बलात्कार करने वाले इक्ष्वाकु के सौवें पुत्र दण्डक की परम्परा में जन्मे हैं राम, यह हमें याद दिलाते हुए सारा जोसफ अपने बालकाण्ड की रचना करती हैं। परिणामस्वरूप सूर्यवंश में जन्मे श्रीराम उतने धर्म पुरुष नहीं हैं इसका ठोस सबूत भी देती हैं। यह उनकी परम्परा पर प्रश्नचिन्ह लगाता हैं। 'कान्तारतारक' के सीता-राम दो विभागों के पक्ष में खड़े होते हुए दिखाये गये हैं। वाल्मीकि के राम और सारा की सीता आर्य गोत्र वर्ग के लिए खड़े होते हुए दिखाई दे रहे हैं। 'कान्तारतारक' में राम शत्रु नाश करने की इच्छा से ओतप्रोत विनाशकारी राम के रूप में चित्रित हुए हैं।

माँ अपने बच्चे को सीने से लगाये हुए है जैसे उसे अपनी देह से कसकर पकड़े हो। नींद में भी उसका हाथ छूटता नहीं। (सारा जोसफ–पृ. 38, 2016)

सीता पहले से ही दण्डकारण्य यात्रा से असन्तुष्ट थी। सीता प्रश्न पूछती है कि हम कानन देखने नहीं बल्कि महर्षि के निवेदनानुसार राक्षस वंश को ख़त्म करने के लिए जा रहे हैं न? लेकिन क्षत्रिय धर्म उसकी अनुमति नहीं देता है। अगस्त्य मुनि के वचन सुनने के बाद राम कहते हैं, "मैं उस राक्षस वंश को ज़िन्दा नहीं छोड़ूँगा।" राम का कथन सुनने के बाद सीता राम का विरोध करती है और पूछती है बिना कारण उनके वासस्थल में जाकर उन्हें मार डालने में क्या नीति है? (सारा 42:2016) राम कहता है कि यह सनातन धर्म है और दण्डकारण्य में यह राक्षस उनके लिए प्रतिबन्ध है। सीता समूह से प्रश्न करती है क्या यथार्थ में यह राक्षस धर्म के ख़िलाफ़ है? जंगल की अपनी धर्म-नीति है। अयोध्या देश के नीति-धर्म के मुताबिक धनुष बाण से जंगल की नीति तय करना वास्तव में हिंसा है।

"सनातन धर्म पवित्र है, इसे पूरी दुनिया में फैलाना चाहिए, यह मेरा कर्तव्य है। मैं ब्राह्मणों को दिया हुआ अपना वचन कभी नहीं तोड़ूँगा।" "मैं हथियार साधक नहीं बल्कि धर्म साधक हूँ।" जब राम इस प्रकार कहते हैं तब लक्ष्मण चुपचाप यह सोचते हुए चलते हैं कि सीता उनसे ज़रूर यही सवाल करेगी कि आपको किस धर्म का पालन करना है? यहाँ प्रकट हुए राम केवल क्षत्रिय धर्म का पालन करने वाले एवं वर्ण व्यवस्था को प्रमुखता देने वाले हैं। उत्तराधुनिक पाठ में राम आर्य संस्कृति के प्रवक्ता के रूप में हमारे सामने आते हैं। राक्षस वंश जो आदिवासी-दलित जनता का प्रतिनिधित्व करते हैं, उनके अधिकारों का हनन करने वाले भी हैं राम। शोषित वर्ग के प्रतिनिधि है जंगल के राक्षस वंश, तो राम शोषक या दमनकारी शक्ति के प्रतीक हैं।

"मैं युद्ध नहीं चाहता लेकिन रावण द्वारा मेरे वंश पर लगाये गये दाग को मिटाने के लिए युद्ध अनिवार्य है।" दण्डक ने अपने अहं से मधुमंत का विनाश किया। यहाँ लेखिका प्रश्न करती हैं कि ऐसी परम्परा पर क्या राम को गर्व करना चाहिए? यही प्रश्न आगे भी प्रबल रूप से लेखिका उठाती हैं। यही सवाल लेखिका बाली के पुत्र अंगद के द्वारा राम से पूछती हैं। बाली चाहे तो सुग्रीव को मार सकते थे लेकिन वे उसे हमेशा इस तरह–"जा जाकर कहीं मर या कहीं और चला जा" कहकर झकझोरते थे। अंगद की राय थी कि सुग्रीव ने कोई न्याय नहीं किया, उन्होंने राम के कहे अनुसार बाली को धोखे से मारा। राम बाली से कहते हैं कि अपनी काम पिपासा को शान्त करने के लिए अपने ही परिवार की बहू के साथ बदतमीजी करने के कारण तुम्हारे प्राण लिए जायेंगे। लेकिन अंगद पूछता है कि "जो उनके वंश के लिए सही है, वह कैसे राक्षस वंश के लिए सही हो सकता है क्योंकि दोनों के लिए न्याय दोहरे हैं। हम उनके मूल्यों को क्यों अपनाएँ ?" अंगद मारुति मामा से अपनी शंका का निवारण करते हैं–"हमारे अपने मूल्य और न्याय हैं जो कि उनसे भिन्न हैं।" मारुति मामा का उत्तर अंगद को चौंका देता है कि "हम अन्याय-अत्याचार करने वाले हैं, हमारी संस्कृति कुसंस्कृति है और बाली ने घोर अत्याचार किया है इसलिए वह अपराधी है और दण्ड के क़ाबिल है।" यहाँ न्याय-अन्याय कहाँ है?

इस बार अंगद सवाल उठाता है कि बाली ने अपने भाई की पत्नी के साथ जोर-ज़बरदस्ती की तो वहीं सुग्रीव ने उसे पत्नी का दर्जा देकर वही गलती दोहराई जो बाली ने की थी। यहाँ राम का बिम्ब अपने स्वार्थ के लिए न्याय-अन्याय को अपने तरीक़े से प्रस्तुत करने वाले की तरह रह जाता है। आदिवासी समाज पर अपने न्याय मूल्यों को थोंपकर सवर्णों द्वारा उनकी परम्परा को परास्त करने की साज़िश जारी थी। "उनके बीच में से ही धोखेबाजी, गद्दारी और चापलूसी/जासूसी करने वालों की खोज की जाती है

जो अपनों के ख़िलाफ़ ही आवाज़ उठाएँ।" यह कथन इसका समर्थन करता है कि राम समकालीन राजनेताओं के अग्रदूत हैं।

'अशोका' नामक रचना में घटित घटनाएँ रावण के पराजित होने के बाद सिंहासन में अगले राजा की गद्दी पर बैठाने के साथ दुखित लंका में होती हैं। युद्ध की विभीषिका सीता को पूरी तरह से तोड़ देती है। धोखेबाज विभीषण से सीता नफ़रत करती है। नहा-धोकर पवित्र होने के लिए जब विभीषण सीता से कहता है तब उसका जवाब था कि "मैं नहाये बिना ही अपने पतिदेव से मिलना चाहती हूँ" ऐसे दोहराते हुए सीता के मन में द्वन्द्व चलता है।

तब राम जवाब देता है कि "तुम्हें अपनाने के लिए नहीं बल्कि अपने एवं अपने वंश पर लगे धब्बे को मिटाने के लिए...।"

यहाँ लेखिका द्वारा उपर्युक्त व्यक्त राम के क्षत्रिय बोध का संकेत मिलता है। राम को शंका है कि उसकी पत्नी ज़रूर अपवित्र ही होगी। "तुम मेरे लिए अपवित्र हो, और मेरे लिए त्याज्य हो इसलिए तुम अब कहीं भी जा सकती हो। तुम चाहे तो लक्ष्मण, भरत या विभीषण के साथ रह सकती हो।" इस प्रकार राम सीता को अपमानित करते हैं। यह मात्र सीता का ही अपमान नहीं है बल्कि सम्पूर्ण स्त्री जाति का अपमान है। मात्र उसके ही कलंकित होने से सम्पूर्ण स्त्री जाति के प्रति ऐसी सोच उचित नहीं है। हमेशा स्त्रीत्व पर ही प्रश्नचिह्न लगाया जाता है, लेकिन पुरुष से कोई कुछ नहीं पूछता, ऐसा दोहरा मानदण्ड पितृसत्तात्मक समाज की नींव है जहाँ स्त्री सबसे निचले पायदान पर खड़े रहने को विवश है।

लेखिका उद्घाटित करती हैं कि पूरे रामायण की परम्परा में दोहरा मापदण्ड देखने को मिलेगा। अपनी पवित्रता की परीक्षा के बाद सीता, भूमि में ही समाहित हो जाती है। यहाँ राम पुरुष सत्ता के प्रतीक के रूप में सामने आते हैं। उनके मर्यादा पुरुषोत्तम होने की छवि यहाँ तहस-नहस होती है। अशोका की भूमिका में लेखक सच्चिदानन्द दर्शाते हैं कि राम आर्य, शोषित, पितृसत्ता के प्रतीक हैं। इसी प्रकार नीति-अनीति, युद्ध-शान्ति, स्नेह-अधिकार आदि सब विरोधाभास बन जाता है। लेखिका इस रचना के द्वारा पाठकों के मन में प्रश्न पैदा करती है कि क्या बेकसूर प्रजा की रक्षा करना राजा का धर्म है? नहीं है?

'तायकुलम' रचना के द्वारा सारा जोसफ सीतापहरण का मुख्य कारण बनी शूर्पणखा के अंग विच्छेद को एक नया आयाम प्रदान करती है। 'तायकुलम ' में शूर्पणखा के स्तन रूपक बन जाते हैं जो एक साथ स्त्रीत्व और मातृत्व का ही प्रतिनिधित्व करते हैं।

"उन्होंने मेरे स्तनों की जड़ों को काट दिया और मेरे परिवार की जड़ों को भी।" (सारा जोसफ 58.2006)

कई पीढ़ियों का पोषण करने वाले अपने स्तनों को याद करते हुए, अपने मातृत्व का नाश करने वालों को माफ़ी देने के लिए वह तैयार नहीं है। रावण ऐसा कृत्य कभी नहीं करेगा। यह सवाल उठता है कि क्या स्त्री पूजा को व्रत मानने वाले राम-लक्ष्मण के कार्य न्याय है या नहीं ? यहाँ शूर्पणखा केवल मातृत्व और स्त्रीत्व का ही प्रतीक नहीं है बल्कि एक आदिवासी का भी प्रतीक है जो प्रकृति से प्यार करती है और जानवरों से भी। आगे की मौखिक परम्पराओं में, सच्चिदानन्दन का मानना है कि रावण एक आदिवासी मुखिया है और शूर्पणखा एक आदिवासी स्त्री है जो सवर्णों के दमन से विधवा बनती है और अपमानित भी होती है। इस रचना में सवर्ण और अवर्ण के बीच के संघर्ष को चित्रित किया गया है। (सारा जोसफ 26,2006)। यहाँ राम सवर्ण मानसिकता के प्रतीक हैं। सीता की अग्नि परीक्षा की बात सुनकर शूर्पणखा हैरान होकर ठहाका मारते हुए हँसती है। उसकी यह हँसी लिंग, नस्ल, वर्ग के प्रति उस लिंग या वर्ग के प्रति प्रतिशोध का प्रतीक है।

'कथयिल्लात्तत' नामक कहानी में शम्बूक के वंशज शम्बूक की हत्या पर सवाल उठाते हैं। बाद में वाल्मीकि, लव-कुश, शम्बूक के पुत्र-पुत्री और वह ब्राहाण पुत्र जिसे राम ने शम्बूक की हत्या करके जन्म दिया था, एक साथ एक जगह मिल जाते हैं। शम्बूक पुत्री यह सवाल उठाती है कि "क्या हत्या द्वारा मृत्यु ऋण ख़त्म करना युग-धर्म है? बच्चे के बदले बच्चे की हत्या करके ब्राह्मण बच्चे को पुनर्जीवित किया जा सकता है ?" शम्बूक पुत्र पूछता है कि "दलित-दमित उन जैसे समाज का इतिहास अब तक क्यों नहीं लिखा गया? बच्चों की हत्या किये बिना वृद्ध शम्बूक की हत्या बड़ा अन्याय नहीं है।" जब वह ब्राह्मण पुत्र इस सच्चाई से अवगत होता है तब वह इस बोझ तले दब जाता है कि उसका जीवन शम्बूक का दान है।

जब शम्बूक की हत्या के लिए राम तैयार होते हैं तब उनके काँपते हाथों को देखकर एम. एन. विजयन सवाल करते हैं कि धर्म का पालन करने वाले के यह हाथ क्यों काँप रहे हैं? यह सबसे अहम सवाल है। ऐसे काँपने पर यह शंका उठ सकती है कि जो कार्य किया जाने वाला है, वह सही है या गलत। 'उत्तररामचरित' में प्रस्तुत यह भाग साबित करता है कि उस ज़माने में भी यही शंका जनों के मन में पैदा हुई थी। (एम. एन.विजयन 68-69,2007)

ब्राह्मण द्वारा निर्णय लेना, उसका पालन करने को विवश क्षत्रिय और अन्य निचले वर्ग के लोगों द्वारा सहन किया जाना,यही व्यवस्था थी जिसकी ओर विश्वामित्र वसिष्ठ से सवाल करते हैं। इनके बीच के संघर्ष की दास्तान को वाल्मीकि रामायण के बालकाण्ड में बयान किया गया है। उनसे जीतना असम्भव मानकर विश्वामित्र, घोर तपस्या करते हैं। देवताओं द्वारा विश्वामित्र महर्षि के क्षत्रिय होने पर यज्ञ में बैठना उचित नहीं माना गया।

लेखक का मानना है कि यह एक क्षत्रिय द्वारा ब्राहण बनने की साज़िश है। तब सबसे निचले जाति के द्वारा ब्राह्मण बनने की कोशिश किये जाने पर समाज में हंगामा उठ खड़ा हो सकता है। ऐसी सोच रखने वाले हैं राम भी। यानी कि वे नहीं चाहते कि सामाजिक व्यवस्था में कोई बदलाव हो ।

राम शिव और बुद्ध के समान नहीं हैं, क्योंकि बुद्ध दया और करुणा के प्रतीक हैं तो शिव परिवार को महत्त्व देने वाले हैं। इनकी कोटि में राम को शामिल नहीं किया जा सकता। इसका खुलासा उत्तराधुनिक पाठ के द्वारा हो रहा है। इन रचनाओं के द्वारा यह उघाड़ने का कार्य किया जा रहा है कि राम एक सामान्य व्यक्ति ही हैं। इन चुनौतियों के बीच भी राम को समाज में दैविक दर्जा ही दिया जाता रहा। इस हिसाब से देखा जाये तो आज भी मलयालम के रामसाहित्य में एषुत्तच्छन के राम ही आदर्श माने जाते हैं। राम के अनेक रूपों में मर्यादा पुरुषोत्तम रूप को ही अपनाया गया है। जैसे कि कबीर कहते हैं, "राम में समाहित होइए, वहाँ न हिन्दू है, न तुर्की; सबको अपने में ही समाहित करने वाले एकमात्र राम ही है।

ग्रन्थ-सूची

1. कुमारनाशान एन.–1960—कुमारनाशान्टे पद्य कृतिकल, पहला संस्करण, शारदा बुक्स डिपो, तोन्नक्कल।
2. कृष्णपिल्लै एन.–1958–कैरलियुटे कथा, डि.सी. बुक्स, कोट्टयम।
3. पुन्नूस एम. ए. (डॉ.), मिनि आलीस (डॉ.)–2C14–समकालिक मलयाला कविता–विद्वान पीजी नायर मेमोरियल रिसर्च सेंटर, आलुवा।
4. लीलावती एम. (डॉ.)–2015–इतिहासतिन्टे इतलुकल (भूमिका) मातृभूमि बुक्स,कोट्टयम।
5. विजयन एम. एन.–2007–एषुत्तुम प्रत्यय शास्त्रवुम।
6. सुकुमारन कुम्मिल (प्रो.)–2006–कण्णशरामायणम (व्याख्या), अगस्त्या पब्लिकेशन्स, अंचल।
7. सुकुमारन कुम्मिल (प्रो.)–2006–रामचरितम (व्याख्या), अगस्त्या पब्लिकेशन्स, अंचल।
8. सारा जोसफ–2006–पुतुरामायणम–रामायणकथकल वीटुम परयुंपोल, करेंट बुक्स, तृश्शूर।

इंटरनेट

1. काराश्शेरी एम. एन.–रामायणत्तिन्टे भिन्नभावङ् डल-2017-www.navamalayali.com
2. अध्यात्म रामायणम-2015-www.janmabhumidaily.com

अनुवाद : **डॉ. मेरली के. पोन्नूस**

कण्णशरामायणम का राम भाव

●

शान्तिनी एस. ली

रामकथा की लोकप्रियता और स्वीकृति

प्रारम्भिक कविताओं ने जीवन की रोशनी की धारणाओं पर ध्यान केन्द्रित किया और इस तरह भारतीय जीवन की भावना को मज़बूत किया। रामायण इस तरह से उभरे सर्वश्रेष्ठ महाकाव्यों में से एक है। भारतीय भाषाओं में रामायण के समान लोकप्रिय कोई अन्य कृति नहीं है। रामायण की महानता का कारण इस तथ्य पर है कि राम के इतिहास को मनुष्य के इतिहास में बदल दिया गया। रामकथा की विविधताएँ मलयालम साहित्य में भी देखी जा सकती हैं। केरल में रामायण कथा की लोकप्रियता का आधार उसकी परिष्कृत रामकथाख्यान कविताएँ हैं। आमतौर पर यह कहा जाता है कि मलयालम में सबसे पुराना रामकथा काव्य चीरामन कृत रामचरित है। एक और राय यह है कि 'पेरुमल तिरुमोषि' से है। 'पेरुमल तिरुमोषि' के अन्तिम तीन पद रामायण कथाख्यान हैं। कुलशेखर ने 'श्रीरामायणचुरुक्कम' के अन्तिम दस एपिसोड में रामायण की पूरी कहानी का सारांश दिया है। मलयालम में उल्लेखनीय रामकथा कविताओं में निरणम राम पणिक्कर का 'कण्णशरामायण', पूनम नम्बूतिरी का 'भाषारामायणम चम्पू', अय्यप्पिल्ली आशान का 'रामकथाप्पाट्टु', एषुत्तच्छन का 'अध्यात्मरामायणम किलिप्पाट्टु' और केरल वर्मा रामायण शामिल हैं। रामपणिक्कर का रामायण, जिसे कण्णशरामायण के नाम से जाना जाता है, वाल्मीकि रामायण का एक स्वतन्त्र संस्करण है। यह प्रबन्ध काव्य में राम की अवधारणा को निर्धारित करने का एक प्रयास है।

निरणम कवि और कण्णशरामायण

निरणम कवि/कण्णश कवि ऐसे कवि हैं जो 575 और 675 के बीच केरल के तिरुवल्ला तालुक में 'निरणम' क्षेत्र में रहने वाले थे और काव्य रचना करते थे। निरणम माधव पणिक्कर, निरणम शंकर पणिक्कर और निरणम राम पणिक्कर को निरणम कवि माना जाता है। रामायण-भारत-भगवद्–को संस्कृत के विद्वानों के लिए सुलभ बनाने के निर्णय ने कवियों

को संस्कृत भाषा के प्रचार के साथ-साथ विष्णु के प्रचार में भी मदद की। निरणम कवियों में, राम पणिक्कर की कृतियों को कण्णशरामायणम्, कण्णशभारतम् और कण्णशभागवतम् के नाम से जाना जाता है।

केरल में राम की अवधारणा का मलयालम साहित्य से गहरा सम्बन्ध है। संस्कृत काव्य मिथकों को रामायण के अलावा मलयालम में लिखे गये काव्यों के माध्यम से केरलीयों से परिचित कराया गया। कण्णशरामायणम् मलयालम में एक भगीरथ प्रयत्न है। इसके रचयिता निरणम रामपणिक्कर हैं। उल्लूर ने कण्णशरामायणम् को 'उत्कृष्ट और सार्वभौमिक प्रबन्ध' के रूप में प्रशंसा की। वाल्मीकि रामायण की तरह कण्णशरामायणम् में भी सात काण्ड हैं। सात काण्डों में कुल 3059 गीत हैं।

रामायण की प्रस्तावना में, निरणम रामन ने अपनी काव्य रचना के उद्देश्य को इस प्रकार बताया—

मन्द प्रज्ञन्मारक्करिवानाय मनुकूल तिलकनुडे वृत्तांतमी
—तन्घन आन केवलमेंकिलुम मोट्टाय प्रकारम् चोल्का तुनिन्जेन।[2]

कवि कहता है कि वह जो कविता लिखता है वह विद्वानों और प्रतिभाओं के लिए नहीं है, बल्कि मूर्ख के लिए है। उन्होंने उन आम लोगों के लिए काव्य रचा, जिनके पास महाकाव्य मिथकों के साथ संवाद करने के लिए जगह नहीं थी। कण्णश इसके माध्यम से लोगों को नैतिक चेतना में लाना चाहते थे। उन्होंने सोचा कि यह मानव शासक राम की कहानी सुनाने से सम्भव होगा। इस प्रयास की सफलता विद्वान के ई. नारायण पिल्लई की "कैराली साहित्य में अत्यन्त साधारण ढंग से कण्णशरामायण शोभित हो रहा है"[3] इस कथन में प्रतिफलित होता है।

कण्णशरामायण के संशोधित संस्करण और अध्ययन करने वाले डॉ. पुदुचेरी रामचन्द्रन कहते हैं, "कण्णशरामायण एक सोद्देश्य काव्य है जो मूल्यों को ध्यान में रखकर लिखा गया है। तत्त्व चेतन के उद्भव से काव्य शरीर को कलुषित करना कवि का उद्देश्य नहीं था। कण्णशरामायण अध्यात्म रामायण की तरह एक भक्ति काव्य नहीं है क्योंकि यह वाल्मीकि के नक़्शेक़दम पर चलते हुए एक स्वतन्त्र ध्वनि काव्य की रचना करते हैं। कण्णश का उद्देश्य अपने ध्वनिकाव्य की रचना के माध्यम से आदि कवि के आदर्श व्यक्ति को चित्रित करके केरल की मित्रतापूर्ण दुनिया के खोए हुए नैतिक मूल्यों को फिर से स्थापित करना था।"[4]

कण्णश 'राम' की अपनी अवधारणा के माध्यम से वाल्मीकि द्वारा रखे गये आदर्श व्यक्ति की अवधारणा का पुनर्व्याख्यान करते हैं। कण्णश ने बालकाण्ड में रामावतार को इस प्रकार प्रस्तुत किया है—

भुवि धर्म विरोधमोषिप्पान वन्तुला-
नाया, नरचनु संततियायेयखिला
जगत्पति नारायणनुम
नारायणनवतारम चेईतान्नलमोडु
कौसल्या सुतनाये:
ईरेषुलकिल निरन्नान पुनरवनीटिया राममहानामत्ताल[5]

पूरे काव्य में, कण्णश ईश्वर के चरित्र में मानव स्वभाव को व्यक्त करने का प्रयास करते हैं, जो 'राम' के नाम पर एक इन्सान के रूप में पैदा हुआ था। राम की दिव्यता के साथ मेल-मिलाप होने पर भी, कण्णश भक्ति के जुनून से राम के मानवीय प्रभाव को अस्पष्ट करने की कोशिश नहीं करते हैं।

केरलवासियों की भक्ति से राम के दिव्य प्रभाव को स्थापित करने के लिए कई कवियों को प्रेरणा मिली है। एषुत्तच्छन और अन्य इसके उदाहरण हैं। भक्ति के माध्यम से उनका पुनर्जागरण है। लेकिन यह कहना निरापद है कि कण्णश इस तथ्य को पार करने में सफल रहे हैं।

राम से सम्बन्धित कण्णश की संकल्पना युद्धकाण्ड के गीतों में ही प्रकट होती है।

आरणकारणमा यरिवानरुता—
यषियावटिवा, योरुनालुम
पूरणनाय पूमानखिलत्तिनु
भूतिवरुंपडि माययिनाले
पारिल मनोहरनालुलेनाय-
प्परन पुरुषन श्रीरामन तिरुवडी[6]

ब्रह्मा के अनुरोध पर, परशुराम को पता चलता है कि राम भगवान, नारायणन के सर्वोच्च व्यक्तित्व के अवतार हैं। यह आदिकाव्य नायक 'राम' के बारे में निरणम रामपणिक्कर की अवधारणा भी है। कण्णशकवि ने अपने काव्य में राम को एक सर्वश्रेष्ठ और राजकीय गुणों से युक्त पुरुष के रूप में चित्रित किया है। इसलिए, कण्णश ने भक्ति की स्वत: रचना नहीं, बल्कि मानवीय सहज भावनाओं, विचारों और कमज़ोरियों के साथ राम की अवधारणा का प्रस्ताव रखा। राम के माध्यम से, वह कृतज्ञता, स्नेह, क्रोध आदि के सभी मानवीय भावों को दर्शाता है। सीता की खोज की सूचना देने के लिए जहाँ भगवान राम हनुमान की स्तुति करते हैं, वहाँ स्नेही और असहाय भाव प्रकट होते हैं। राम हनुमान को कृतज्ञता पूर्ण शब्दों से कहते हैं—

अखिल गुणकरा! नीयिच्चेयततिनामो प्रत्युपकारम चेयवान्[7] (युद्धकाण्ड–4)

यहाँ साधारण मनुष्य की निस्सहाय अवस्था को प्रकट करता है। मनुष्य के रूप में, हम भी शब्दों से परे कृतज्ञता की अभिव्यक्ति के लिए ऐसे विचारों में पड़ जाते हैं। राम अलौकिक क्षमताओं वाला एक राजा है जिसे देश से निकाल दिया जाता है लेकिन उसकी प्रतिष्ठा होती है। यह भी भगवान का अवतार है। ऐसे राम के मानव सहज स्वभाव की बेचैनी और पवित्रता इस सन्दर्भ में उमड़ आती है। कण्णश के राम द्वारा बोले गये इन श्लोकों में सभी मानवीय पहलुओं की तीक्ष्णता है। इसलिए, डॉ. पुतुश्शेरी रामचन्द्रन कण्णशरामायण के परिचय में जो कहते हैं वह यहाँ प्रासंगिक है। "कण्णश मानवीय मूल्यों को फिर से स्थापित करने के लिए एक सचेत प्रयास करते देखता है। कण्णश कभी भी अवतार राम को एक सत्तावादी शासक के रूप में चित्रित नहीं कर सकता।" निहितार्थ यह है कि कण्णश कृति में राम की अवधारणा को मानव चेहरे वाले एक अनुकरणीय व्यक्ति द्वारा सामने रखा गया है।

कवि राम की वात्सल्य भाव के साथ-साथ उनके रौद्र भाव को भी व्यक्त करते हैं—

कोण्डीहवा सौमित्रा! चापम कोडिया चरङ्लेयुम! वषि पोवति-
निण्डलियट्टिया कारणमाषियै येयतुवरट्टुवनिप्पोषुते
ञान पण्डु कुषिच्चितु तन्ने वलरत्तवल नम्मुडे पूर्वन्मार
चिलर पाराय-कण्डु पोरुक्कामो, धिक्कारम काट्टुवतति दुर्बलरायुल्लोर

(युद्धकाण्ड-147)

समुद्रलंघन से पहले श्रीराम का वरुण से क्रोधित होने का दृश्य है यह। वनस्पतियों और दिक्पालकों से सीता की ख़बर न देने पर क्षुभित होते हुए राम का चित्रण हुआ है।

कण्डालषिया जानकी तन्ने क्काट्टायकिल पोडियाक्कुवनिप्पोषुण्डाकिया वृक्षाभिकलोडुमुडन मम दिव्यास्त्रडलिवट्टाल—

(अरण्यकाण्ड-244)

विरह ताप से क्रुद्ध राम कहते हैं कि यदि वह अपनी प्यारी सीता को नहीं दिखाता है, तो सभी पेड़ दिव्य हथियारों से नष्ट हो जायेंगे।

मार्गविरोधिकले पीडिव्पिच्च्चतुमरवषी निल्पवरेप्पोलिप्पो
नायकनिवोडरूलराकिया देवेन्द्रादिकलुम जानकियुटे रूपम
नोक्कियुपेक्षिच्चुम, रतिनालो रुनोडियिल महास्त्रत्ताली नियिल्ला
ताककुवनखिला जगत्तिनेयुम ञानरिका सौमित्रा नीचेन्नाल

(अरण्यकाण्ड-247)

247वें आरण्यकाण्ड के श्लोक में यह उद्धरित है। यह दिक्कपालकों के प्रति नाराज़गी का संकेत करता है। यह रौद्र भाव अपनी प्रिय सखी को खोने के दुख से उमड़ आता है। जब आप नुक़सान नहीं उठा सकते तो अपने आस-पास के लोगों से नाराज़ होना मानव स्वभाव है।

किष्किंधाकाण्ड में राम का विलाप भी राम के मानवीय स्वभाव का एक उदाहरण है—

जानकी नाडुपिरिन्जुषलुम मधुजाधमनामेन्नोडे कूडे क्कानन मेयतिया भामिनी! निनमेयकाणुवतेतोरु नालिनियुम न्जान ?

ऊनमिल्लाते वसंतविलास मितुल्लिनेलिक्कु चूडिन्टिनु
निलुडेयानन चन्द्रवियागममियन्टतिनालो-केवलमिन्टषिवुट्टेन

(किष्किंधाकाण्ड-5 मविलाप)

भगवान कहते हैं कि इन्सान की जन्मजात कमज़ोरियाँ बेकार होती हैं। इस प्रकार कवि देहधारी पुरुषों के सभी मानवीय तत्त्वों को मुक्त कर देते हैं और पात्रों को इच्छित साँचे में ढाल देते हैं। कई भक्त लोग इस तथ्य को भी भूल जाते हैं कि भगवान ने अवतार लिया था। लेकिन कण्णश की 'राम' की अवधारणा को इस तथ्य से और बढ़ाया जाता है कि वह इस तरह के विस्मरण में नहीं पड़ता है।

डॉ. बी. बालानन्दन तेक्कुंमूड के अनुसार यदि हम बालकाण्ड से उत्तरकाण्ड तक कण्णशरामायण को देखें, तो भक्ति के केवल पन्द्रह स्तर हैं। 7 कण्णशरामायण में राम के लिए कुछ ही उपयुक्त विशेषण हैं, जो सर्वश्रेष्ठ पुरुष और राजा दोनों हैं। मूल कृति से भिन्न राम की भक्ति, और कीर्तन की ईमानदारी से उत्पन्न प्रसाद आदि ही भक्ति के सन्दर्भ में कण्णशरामायण में अभिव्यक्त होता है। इसलिए, नायक के कथन के माध्यम से रामसंकल्प के निर्माण में कण्णश अतिशयोक्ति के चंगुल में नहीं आये हैं। अवतार होते हुए भी कण्णश का 'राम' वाल्मीकि जैसा साधारण मनुष्य ही है। इस प्रकार कण्णश राम के माध्यम से मनुष्य की कमज़ोरी, शालीनता, कृतज्ञता और क्रोध को व्यक्त करने में सक्षम थे। इस प्रकार, केरल में राम की अवधारणा को भगवान की अवधारणा से हटा दिया गया है–कण्णश पुष्टि करते हैं कि वे मनुष्य की अवधारणा को इस दुनिया की ऊँचाइयों तक ले जाने में सक्षम हैं। इसलिए, कण्णशरामायण में 'राम की अवधारणा' हमेशा अद्वितीय प्रतिभा के साथ केरल के राम की अवधारणाओं के बीच फलती-फूलती रहेगी।

कण्णशरामायण क्यों प्रासंगिक है?

कण्णशरामायण में 'राम' के चरित्र की सृष्टि मानवीय भावों से हुई है। अत: यह काव्य

कैसे सामाजिक प्रासंगिकता के अनुरूप बन जाता है यही इसे द्योतित करता है। राम सभी भावनाओं से युक्त पात्र हैं। सही बात है। यह केरल समाज को कैसे प्रभावित करता है? या, यह निर्धारित करना होगा कि यह केरल की सामाजिक अवधारणाओं के अनुरूप किस हद तक है।

यह सर्वविदित है कि मनुष्य में हमेशा अनुकरण की प्रवृत्ति होती है। लेकिन यह कुछ वास्तविकताओं में अवसरवाद को भी दर्शाता है। यह सन्देहास्पद है कि इस 'वास्तविकता' तक पहुँचा जा सकता है, हालाँकि हम जानते हैं कि अब इसकी व्याख्या करना बेहतर है। यह यथास्थिति और प्रचलित सामाजिक व्यवस्था पर आधारित होगा। हालाँकि, समाज उन चीज़ों को दूर से देखना चाहता है जो दिव्य या पवित्र हैं और उन्हें महान घोषित करता है। जब यह वास्तविकता के निकट आता है, तो इस दिव्यता पर आधारित ज्ञान को जानबूझकर भुलाया जा सकता है। यह जागरूकता है कि भगवान का अनुकरण कभी नहीं किया जा सकता है (that is a social construction) और यह विचार कि भगवान हमारे ऊपर खड़ा है इस तथ्य के कुछ ऐसे पहलू हैं। लेकिन मानव के अनुभवों से जनित घटनाएँ हम जैसे मनुष्यों में गहरा प्रभाव डालती हैं। उस समय जो भी मानवीय प्रतिक्रियाएँ होंगी, हम उनका अनुकरण करेंगे और उन्हें उचित ठहराएँगे। अर्थात् मनुष्य में ईश्वर का अनुकरण करने की प्रवृत्ति नहीं है, लेकिन साधारण मनुष्य का अनुसरण करने की प्रवृत्ति है, और इन ईश्वर-मानव द्वन्द्वों के बीच एक अदृश्य सीमा महत्त्वपूर्ण और निर्णायक है। जब हम देवत्व की महिमा और घोषणा करते हैं, उसी समय हम मानवता को गले लगाने के कगार पर होते हैं। एक ही समय में सहानुभूति और अनुकम्पा दिखाने के बीच का अन्तर महत्त्वपूर्ण है।

कण्णशरामायण की तुलना में कवि 'राम' के चरित्र में साधारण मानव की अवधारणा को व्यक्त कर मानव आदर्श को समाज तक पहुँचाते हैं। अन्यथा, यह भगवान का एक प्रतिरूप नहीं है।

कवि की राम की अवधारणा समाज को इस वास्तविकता के साथ एकजुट करने का प्रयास करती है कि मनुष्य उसका अनुकरण कर सकता है और उसका अनुसरण कर और उसे प्रतिमान में वापस नहीं ले सकता है। इसलिए, कण्णश 'राम' की अवधारणा को भी व्यक्त करते हैं और बातचीत करते हैं कि उस अनुकरणीय व्यक्ति का अनुसरण करना मानवीय रूप से सम्भव है।

यद्यपि कण्णश की रामायण लेखक की मार्गदर्शक थी, यह देखा जा सकता है कि अध्यात्मरामायणम किलिप्पाट्टु की अपेक्षा इसका प्रचार थोड़ा कम था, और यह प्रश्न उठ सकता है कि ऐसा क्यों है। सन्दर्भोचित मानवीय प्रलोभन यहाँ सूक्ष्मता से काम करते

हैं। एषुत्तच्छन ने रामकथा के माध्यम से भक्ति को चित्रित करने का प्रयास किया है। सामाजिक पुनर्जागरण का उद्देश्य सामाजिक विचारों को उस एक बिन्दु पर स्थानान्तरित करना था। इसका एक कारण उस समय समाज में व्याप्त प्रदूषित वातावरण था। इसलिए उस 'विशेष' सन्दर्भ में काव्य का महत्त्व दिया गया। इस प्रकार के वातावरण ने कण्णश रचना को प्रभावित नहीं किया। तथ्य यह है कि इस तरह की 'मौलिकता' अभी भी कण्णश की राम की अवधारणा को एक सामान्य सामाजिक वातावरण में प्रासंगिक बनाती है।

सन्दर्भ

1. कण्णशरामायण (बालकाण्ड) (टिप्पणी : पुतुसेरी रामचन्द्रन, नेशनल बुक स्टॉल, कोट्टयम, 1967, पृष्ठ 14)
2. कण्णशरामायण (बालकाण्ड) कमेंट्री : पुतुसेरी रामचन्द्रन, नेशनल बुक्स स्टॉल, कोट्टयम, 1967 पृष्ठ 86
3. कण्णशन्मरूम एषुत्तच्छनुम, के. ई. नारायण पिल्लई, वी.वी. बुक डिपो, पूर्व-59।
4. कण्णशरामायण (बालकाण्ड)–कमेंट्री: पुतुसेरी रामचन्द्रन, नेशनल बुक्स स्टॉल, कोट्टयम, 1967 पृष्ठ 9
5. कण्णशरामायण (बालकाण्ड)
6. कण्णशरामायण, प्रगति प्रकाशन, तिरुवनन्तपुरम, 1993, पृ. 324
7. कण्णशरामायण और अध्यात्मरामायणं किलिपट्टम–तुलनात्मक अध्ययन – डॉ. बी. बालानन्दन तेक्कुंमूड, सौपर्णिका प्रकाशन, दिसम्बर 2013, पृ. 340

ग्रन्थ-सूची

1. नारायण पिल्लई के.ई. कण्णशन्मरूम एषुत्तच्छनुम, वी.वी. बुक डिपो, 1938
2. डॉ. बी बालानन्दन तेक्कुंमूड, बी, कण्णशरामायणम और अध्यात्मरामायणम किलिप्पाट्टु–तुलनात्मक अध्ययन, सौपर्णिका प्रकाशन, तिरुवनन्तपुरम, दिसम्बर 2013
3. रामचन्द्रन पुतुसेरी–कण्णशरामायणम (बालकाण्ड–कमेंट्री), नेशनल बुक्स स्टॉल, कोट्टयम, 1967
4. रामचन्द्रन पुतुसेरी–कण्णशरामायणम (किष्किंधाकाण्ड–कमेंट्री), नेशनल बुक्स स्टाल, कोट्टयम, 1984

अनुवाद : **डॉ. के. जयलक्ष्मी**

रामकथा का समकालीन परिप्रेक्ष्य

●

ई. पी. ज्योति

'रामकथा' भारत भर में सबसे अधिक मात्रा में प्रचलित हो रही है। व्यक्ति, परिवार या लेखक की अपनी रुचि, दृष्टिकोण, मानसिक स्थिति, व्यक्तिगत अनुभव, सामाजिक अनुभव आदि के आधार पर रामकथा का प्रभाव भिन्न हो सकता है। जो भी हो, अनुवाद के माध्यम से ही सही दुनिया भर में रामकथा का प्रचार-प्रसार प्रचुर मात्रा में हो रहा है।

अब इस संसार में गुणशील एवं वीर कौन है?
मर्यादा पुरुषोत्तम कौन है?
सर्वभूतेषु हितकारी कौन है ?
पण्डित कौन है? दक्ष कौन है ?
प्रियदर्शन कौन है ?
काम, क्रोध, मद, लोभ पर विजय पानेवाला कौन है ?
देवता भी डरते किससे ?
यह सुनके तो मैं उतावला हूँ।
मन में कौतूहलता बढ़ती है।

उपर्युक्त सभी प्रश्नों के लिए नारद के पास सिर्फ़ एक ही उत्तर था–"राम।" चाहे वाल्मीकि रामायण हो, मूल अध्यात्म रामायण हो या अध्यात्म रामायणं किलिप्पाट्टु (शुकगीत) हो, सबमें जब धर्म, शास्त्र और न्याय पर प्रश्न किया जाता है, तब राम से लेकर सभी पात्र निरीक्षण और व्याख्यान के अधीन हो जाते।

यह कहने की ज़रूरत नहीं है कि भारतीय संस्कृति के विकास में रामकथा का कितना बड़ा प्रभाव रहा है। अगस्त्य रामायण, वसिष्ठ रामायण, अध्यात्म रामायण, अद्भुत रामायण, कम्ब रामायण आदि कई रामायण संस्कृत में ही लिखे गये। केरल में सबसे प्रचलित रामायण तुंचत् रामानुजन एषुत्तच्छन द्वारा लिखित अध्यात्म रामायणं किलिप्पाट्टु है।

देश काल के परे समाज के सभी क्षेत्रों में रामकथा ने प्रभावित किया। इसके प्रमाण बाद में प्रकाशित कृतियों से प्राप्त होते हैं।

यद्यपि वाल्मीकि ऋषि ने महाविष्णु के अवतार के रूप में ही श्रीराम को प्रस्तुत किया था, तो भी उनके श्रीराम सभी प्रकार के गुण-दोषों से युक्त मानव ही थे। के.महेश्वरन नायर के अनुसार "राम के माध्यम से गुण-दोष युक्त मानव स्वभाव वाले कथापात्र का आविष्कार करके सम्पूर्ण मानव जीवन का क़िस्सा कहने का महत्त्वपूर्ण परिश्रम ही वाल्मीकि ने किया है। यह मानव रूपी श्रीराम की कथा होने के नाते ही वाल्मीकि और उनका रामायण दोनों आज भी मानव हृदय में स्थान पा रहा है।" (मलयालम कहानी में रामकथा साहित्य, तुंचन निबन्ध (सं) एस. गुप्तन नायर, केरल साहित्य अकादमी, पृ. 272)

राम ही नहीं रामायण के बहुत सारे कथापात्रों ने समाज को प्रभावित किया था। नृत्य, संगीत, नाटक, उपन्यास, कहानी, कविता आदि सबमें रामायण के कथापात्रों के दर्शन कर सकते हैं। रामायण के अन्यत्र प्रभाव के रूप में उसके कथापात्र एवं कथानक को आधार बनाकर लिखे गये लेख एवं शोध अध्ययन को देखा जा सकता है।

रामचरितं

प्राप्त सूचनाओं के आधार पर 'रामचरितं' मलयालम का सबसे प्राचीन काव्य है। यह रामायण के युद्धकाण्ड के आधार पर लिखा गया है। तेरहवीं शती ईसवीं को इसका कालखण्ड माना गया है। 'लीलातिलकं' के पूर्व भी बहुत से गीत रचे गये। लीलातिलककार गीत के लक्षण के व्याख्याता भी रहे। परन्तु रामचरितं की व्याख्या देना उनकी अनिवार्यता नहीं थी। माना जाता है कि रामचरितं की रचना तेरहवीं शती के पूर्वार्द्ध में ही हुई होगी। जो भी हो बिना किसी सन्देह के कहा जा सकता है कि भक्ति के प्रचार में 'रामचरितं' सफल निकला है।

रामकथाप्पाट्टु (पाट्टु का मतलब गीत)

रामकथा पर गहराई तक पैठकर देखें तो अय्यप्पिल्ली आशान द्वारा मलयालम में लिखित 'रामकथाप्पाट्टु' अत्यन्त ध्यान देने योग्य है। डॉ. पी.के. नारायण पिल्लै ने इसके हस्तलिखित प्रति को ढूँढ़ निकाला और 'भाषा परिमल' नाम से व्याख्यान सहित दो भागों में प्रकाशित किया। इसका प्रतिपाद्य युद्ध वर्णन है। 'चन्द्रवलय' नामक एक खासतौर के बाजे का इस्तेमाल करके तिरुवनन्तपुरम के पद्मनाभस्वामी मन्दिर में एक जमाने में 'रामकथाप्पाट्टु' का आलापन होता था। "रामकथाप्पाट्टु में श्रीराम को एक सर्वोत्तम मानव के रूप में प्रस्तुत किया गया है। 'रामकथाप्पाट्टु' के लेखनकाल को लेकर मतभेद होने पर भी डॉ. पी.के.

नारायण पिल्लै की राय को ज़्यादा स्वीकृति मिली है, जिसके अनुसार इसका लेखनकाल एक हज़ार चार सौ ईसवी है, जिसमें अय्यप्पिल्ली आशान को मलयालम का होमर और 'रामकथाप्पाट्टु' को जनवादी काव्य कहा गया है। डॉ. नारायण पिल्लै के इस मत से के. महेश्वरन नायर भी सहमत है। 'रामकथाप्पाट्टु' में श्रीराम के मानवीय अंश को ही ज़्यादा महत्त्व दिया गया है। श्रोताओं के आचरण एवं मर्यादा की सूचना देते हुए उनके सांस्कृतिक वातावरण की ओर भी इस कृति में कहीं न कहीं इशारा किया गया है। (पी.के. नारायण पिल्लै, रामकथाप्पाट्टु 1970, पृ. 62) डॉ. कल्पट्टा बालकृष्णन के मत में रामकाव्य अथवा रामकथाप्पाट्टु वाल्मीकि रामायण का भावानुवाद है। (मलयालम साहित्य चरित्रं, पृ. 23)

कण्णशरामायण

ऐसा माना जाता है कि मलयालम वर्ष क़रीब छह सौ में इसकी रचना हुई है। मलयालम साहित्य शाखा में इसका श्रेष्ठ स्थान है। डॉ. पुतुश्शेरी रामचन्द्रन ने अपने शोध प्रबन्ध में इसको वाल्मीकि रामायण का संक्षिप्त रूप ही माना है। इसका प्रमुख उद्देश्य पवित्र भक्ति का प्रचार कहा गया है। अत: इसमें जो राम है वह सचमुच भगवान श्रीराम है। इस रचना के पीछे कवि रामप्पणिक्कर का लक्ष्य केरलीय समाज का सुधार ही रहा था। कवित्व एवं भक्ति की श्रेष्ठता का नमूना 'कण्णशरामायण' में क़रीब तीन हज़ार उनसठ पद शामिल है। किष्किन्धाकाण्ड का एक उदाहरण देखें जहाँ पर वर्षाकाल का चित्रण है। सीता के विरह में दुखी श्रीराम एक पहाड़ी प्रान्त में हैं। बाली-सुग्रीव युद्ध हो चुका है। सुग्रीव के कहे अनुसार श्रीराम ग्रीष्म ऋतु की प्रतीक्षा में बैठा है। परन्तु वर्षा उग्र रूप में प्रकट हो रही है। इस भाग में प्रकृति का जो वर्णन है, वह रंगमंच का जैसा है। मतलब नाटक के शुरुआत होने के जैसा–

मिषाव बाजे के जैसे मेघ गर्जन
मंच पर जलती दिये जैसे बिजली का प्रकाश
गीत गाने के जैसे भ्रमरों का झंकार
नर्तकों के नृत्य की तैयारी जैसे
पंख खोलकर मोर खड़े हैं
ऐसे समय में बारिश
एक नट की तरह
मंच पर प्रस्तुत हुआ

डॉ. कल्पट्टा नारायण के अनुसार "रामकथाओं में कण्णश्श रामायण सार्वदेशीय भावों की अभिव्यक्ति में सफल निकला है।" (मलयालं साहित्य चरित्रं, पृ.29)

रामायणं चम्पू

पुनं नम्पूरी की कृतियों में सर्वश्रेष्ठ एवं भाषा चम्पुओं में उत्कृष्ट चम्पू है रामायणं चम्पू। इसमें स्थानीय भाषा एवं संस्कृत का सुयोग देखा जा सकता है। रावण की उत्पत्ति से लेकर राम के स्वर्गारोहण तक की कथा को बीस खण्डों में विभक्त किया गया है। रामायणं चम्पू केरलीय सामाजिक जीवन पर आधारित है। धीरोदात्त नायक के रूप में श्रीराम को इसमें प्रस्तुत किया गया है।

अध्यात्मरामायणं किलिप्पाट्टु (शुकगीत)

समाज सुधार, युग की माँग होने पर भी उसके लिए भक्ति को सबसे उचित मार्ग मानते हुए एषुत्तच्छन ने अध्यात्मरामायणं किलिप्पाट्टु की रचना की और श्रीराम को भगवान के रूप में प्रस्तुत किया। अगर वाल्मीकि रामायण का राम उत्तम मानव और अध्यात्मरामायण का राम ईश्वर रहा तो एषुत्तच्छन का राम ईश्वरीय गुणों से युक्त उत्तम मानव था। मतलब श्रीराम रूपी मानव के माध्यम से श्रीराम रूपी भगवान को जानने का मार्ग उन्होंने प्रस्तुत किया। शायद इसलिए होगा एषुत्तच्छन का श्रीराम हमारे बहुत आत्मीय बन गये। (महेश्वरन नायर, रामकथा साहित्य मलयालम में, तुंचन निबन्ध (सं), एस. गुप्तन नायर, पृ.286)

विषयवासना में लिप्त होना एवं परस्त्री सम्पर्क करना अपना जन्मसिद्ध अधिकार माननेवाले तथाकथित उच्चवर्ग और उनके द्वारा बनायी गयी सामाजिक व्यवस्था के विरुद्ध संघर्ष करने के लिए एषुत्तच्छन ने भक्ति को माध्यम बनाया। उनके रामराज्य का चित्रण यों है–

सबके मन में करुणा हो
भलाई के अलावा कुछ चाहो नहीं
दूसरे की पत्नी की ओर
आँख उठाकर मत देखो
दूसरे की सम्पत्ति पर भी
दृष्टि मत डालो भई
इन्द्रियों पर संयम रखो
कोई किसी की निन्दा न करे
पिता के द्वारे पुत्रों का पालन जैसा
राजा राघव प्रजा का पालन करता।

अपने काव्य के माध्यम से सामाजिक प्रगति और सुधार ही उनका लक्ष्य रहा था।

ऐसा कहा जा सकता है कि एषुत्तच्छन नामक भक्त का आत्माविष्कार है 'अध्यात्मरामायणं किलिप्पाट्टु।' उन पर कल्पट्टा बालकृष्णन का मन्तव्य यहाँ विचार करने योग्य है–"क्षणिक भोग, साँप के मुँह में फँसे मेंढके जैसे कालरूपी साँप के मुँह में फँसा मनुष्य बचने का उपाय ढूँढ़ता, उसकी अज्ञानता, उसकी नियति आदि को अपने ज़माने के लोगों को समझाने के कारण ही आप आचार्य हो गये। (मलयालं साहित्य चरित्रं पृ. 64)

बेशक कहा जा सकता है कि आत्म-मन्थन करके ही एषुत्तच्छन ने अध्यात्मरामायणं किलिप्पाट्टु की रचना की थी।

कथकलि

समकालीन समाज के द्वारा खुलेआम स्वीकृत कलाकृति है कथकलि। उसका प्रमुख प्रतिपाद्य रामकथा होने के नाते कथकलि रामनाट्टं नाम से भी विख्यात है। मलयालम में रामकथा को विषय बनाकर विभिन्न नृत्य कथाएँ (आट्टक्कथकल) हुई थीं। जैसे कोट्टारत्तिल शंकुण्णी द्वारा लिखित 'श्रीरामावतारं', 'सीता विवाहं', पन्निश्शेरी ताणुपिल्ला द्वारा रचित 'सीता विजयं' आदि। इस तरह की नृत्यकथाओं में महाकवि वल्लत्तोल का औषधाहरण भी ध्यान देने योग्य है।

तुल्लल साहित्य (लोक नृत्य काव्य)

यह एक तरह का नवीन कलारूप है। इसके आविष्कारकर्ता कुंचन नम्पियार है। इसके पीछे का लक्ष्य सरल शैली में साधारण जनता के सामने शासकवर्ग के अधिकार वांछा एवं समाज के पतन को प्रस्तुत करना है। कुंचन नम्पियार पुराण से कथा ग्रहण करके उसे युगानुरूप प्रस्तुत करते थे। उनके इस नूतन कलारूप ने केरलीय समाज में रामकथा को लोकप्रिय बनाया। उनकी रचनाओं में 'सीतास्वयंवरं', 'अहल्या मोक्षं', 'ऐरावतवधं', 'कुम्भकर्णवधं', 'लंका दहनं', 'रावणोद्भवं' आदि प्रमुख हैं। उनकी रचनाएँ तत्कालीन युग के प्रत्यक्ष प्रमाण रही हैं। उनके राम और सीता पाठकों के लिए चिर परिचित थे। व्यंग्य के माध्यम से कथाख्यान करने के कारण उनके पात्र पाठकों के मन में हमेशा के लिए प्रतिष्ठित हो गये। कुंचन नम्पियार के बाद कोट्टयम केरलवर्मा द्वारा रचित 'सीता विवाहं तुल्लल', 'अयोध्याकाण्डं तुल्लल', नालप्पाट्टु नारायण मेनन का 'दैवगति ओट्टनतुल्लल' आदि भी रामकथा के आधार पर रचित रचनाएँ थीं।

'दैवगति' का प्रतिपाद्य श्रीराम के शासन काल में उनके द्वारा किये गये निर्णयों पर आधारित था। तत्कालीन समाज के रीति-रिवाज़ों के आधार पर कथापात्रों की सृष्टि करने में कुंचन नम्पियार दक्ष थे, उस पर ज़्यादा ध्यान भी देते थे। ऐसे कथापात्रों की सृष्टि करने

के कारण उनके कथापात्रों को समझना एवं उनका विश्लेषण करना दर्शक एवं पाठक वर्ग के लिए आसान हो गया था। केरल में श्रीरामकथा के प्रचुर मात्रा में प्रसार के पीछे नम्पियार की कृतियों की महत्त्वपूर्ण भूमिका है। लोककलाओं से सम्बन्धित अनेक गीतों में रामकथा एक प्रमुख विषय बनकर आयी है। उदाहरण के लिए–'रामायणं कुरत्तिप्पाट्टु', 'सीताविलाप अम्मानप्पाट्टु', 'पुत्रकामेष्टिप्पाट्टु', 'रामायणंवंचिप्पाट्टु' (नौकाविहार गीत) आदि। इसके अलावा 'बालीवधं किलिप्पाट्टु', 'सीता दुखं किलिप्पाट्टु', 'अग्निप्रवेशं किलिप्पाट्टु', 'श्रीरामाश्वमेधं किलिप्पाट्टु' आदि गीति काव्यों में तथा रघुसम्भवं तिरुवातिरप्पाट्टु', 'रामायणं पाना', 'तोरणयुद्धं पाना, 'सुन्दरकाण्डं पाना', 'रामायणं गाथा' आदि में भी रामकथा ही प्रतिपाद्य विषय रहा था।

वैसे मलयालम के स्वतन्त्र महाकाव्य के रूप में विख्यात अषकत्त पद्मनाभकुरुप्प द्वारा रचित 'रामचंद्र विलासं', कालिदास का 'रघुवंशं', राजराजवर्मा का 'राघवाभ्युदयं महाकाव्यं', 'रघुवीर विजयं', कण्णम्पुषा कृष्णवारियर का 'रघुवीरचरितं' महाकाव्य, कन्नियूर के.के. कुट्टमत्त का 'ऊर्मिला' आदि महाकाव्यों का आधार तो रामकथा ही रहा है।

नाटक

मलयालम साहित्य में नाटक विधा का आरम्भ केरलवर्मा वलियकोयित्तम्पुरान द्वारा अनूदित कालिदास के 'शाकुंतलं' से माना जाता है। इसके बाद अनूदित नाटकों की एक बाढ़ सी आयी, जैसे–रामभद्र दीक्षित का 'जानकी परिणयं', चात्तक्कुट्टी मन्नाडियार का 'उत्तररामचरितं', केरल के संस्कृत कवि शक्तिभद्र का 'आश्चर्य चूडामणि', भवभूति का महावीरचरितं, भास के 'अभिषेक' नाटक एवं भास्कर कवि के 'नृत्तराघव' का महाकवि वल्लत्तोल द्वारा अनुवाद, एम.आर. वेलुप्पिल्ली शास्त्री द्वारा, दिंगनागा वारियर के 'कुन्दमाला' का 'विरहविरामं' नाम से अनुवाद आदि। इन सबके अलावा महाकवि कोडंगल्लूर का सीतास्वयंवरं, पल्लत्तु रामन का 'रावण पुत्र', सरदार के.एम. पणिक्कर का 'मन्दोदरी', ई.वी. कृष्ण पिल्लै का 'श्रीरामराजाभिषेकं', के. रामकृष्ण पिल्लै का 'भरत' और 'रावण', विद्वान पी.ए. शंकरन नम्पूतिरि का छोटा नाटक 'कुशाभिषेकं', वाषक्कुन्नम वासुदेवन नम्पूतिरि का 'वाल्मीकि और व्यास', मूरक्कोत्तु कुमारन का 'एक माहात्म्य या कुनी की शरारत', जी. शंकरकुरुप का 'संध्या', सी.एन. श्रीकण्ठन नायर का 'कांचनसीता' एवं 'रामायण नाटकत्रयं', आट्टुपुरत्तु गोविंदपिल्लै चंटप्पी का 'भाषारामायणं नाटकं' आदि नाटकों ने केरल में रामकथा के प्रचार-प्रसार में अपना योगदान दिया।

विधा की विविधता होने पर भी रामायण को आधार बनाकर लिखी गयी सभी रचनाओं ने केरलीय सामाजिक जीवन को बेशक प्रभावित किया था। उत्तम विचार उत्तम संस्कृति को रूपायित करता है, व्यक्तित्व को श्रेष्ठ बनाता है। कुमारनाशान के 'चिन्ताविष्टयाय सीता' में इसके उदाहरण देखे जा सकते हैं।

सीता प्रेम एवं विवाह को पवित्र मानती है। आशान की सीता की दृष्टि में मनुष्य भोग से नहीं त्याग से अमर बनता है। यद्यपि वह राम के न्याय मार्ग को मानती नहीं तो भी उनके त्याग स्वभाव को ज़रूर मानती है। राजा लोग राजनीति के अनुसार ही कुछ कर सकते, अतः कभी-कभी उन्हें स्वेच्छा का बलिदान करना पड़ता है। भले ही राम ने सीता की उपेक्षा की हो तो भी सीता का दृढ़ विश्वास है कि राम के मन में उसके प्रति प्रेम है और वह उसका ज़रूर आदर करता है।

समकालीन साहित्य में रामकथा

उपन्यास विधा में के. सुरेन्द्रन की 'सीतायनं', गोपाल जी की 'कोसलवधु', प्रसन्ना बालकृष्णन की 'सुमित्रा' कृष्णकुमारी की 'कुन्ती' आदि रचनाओं में रामायण की कथा को ही प्रतिपाद्य विषय के रूप में स्वीकार किया गया है। विजयलक्ष्मी का 'मृगशिक्षक', एम.वी. गिरिजा का 'प्रणय एक एलबम' आदि काव्य संकलन में भी रामकथा ही प्रतिपाद्य है। ऐसे विस्तार से परखने पर काव्य, उपन्यास, नाटक और अन्य गद्य रचनाओं में भी रामकथा का प्रभाव देखा जा सकता है।

गद्य विधाओं में ललितांबिका अंतरजनं का 'सीता से सत्यवती तक एवं अन्य रामायण', डॉ. एम. लीलावती का 'भारतीय स्त्रियाँ', पी. विजयकुमारी का 'इतिहासपुत्रिमार', मल्लियूर शंकरन नम्पूतिरी का 'रामकथा माधुरी', डॉ. सुकुमार अषीक्कोड का 'आशान का सीता काव्य', एम.के.बी. नायर के 'रामायण के अविस्मरणीय कथापात्र', वी.वी. गोविन्दन नायर का सीताकाव्य चर्चा जैसे ग्रन्थ एवं एषुत्तच्छन कृतियों पर हुए विविध शोधाध्ययन आदि केरल में रामकथा के प्रचार-प्रसार के हेतु बन गये।

राजा राममोहन राय के समय में सती प्रथा पर रोक लगाने के बाद स्त्रियों की स्थिति में बढ़ोतरी हुई। "हज़ारों राम हो सकते हैं परन्तु सीता तो सिर्फ़ एक ही है' वाली स्वामी विवेकानन्द की उक्ति को समाज सुधार में स्त्रियों की भूमिका के प्रमाण के रूप में लिया जा सकता है। 'सीता निर्वासा' नामक द्विजेन्द्रलाल राय द्वारा लिखित नाटक का बंगाल में ज़ोर पकड़ते वक़्त ही कुमारनाशान उधर पहुँचे थे। इस नाटक ने आशान को बहुत प्रभावित किया था। बंगाल में इस नाटक के प्रभाव एवं फलस्वरूप समाज में बढ़ते स्त्रियों के महत्त्व ने ही उन्हें 'चिन्ताविष्टयाय सीता' लिखने को प्रेरित किया था। स्वामी सिद्दानन्द

द्वारा लिखित 'आदिकवि का आदर्शपुरुष', स्वामी सत्यानन्द द्वारा रचित 'रामायण दर्शन' आदि भी इस दौर की प्रमुख कृतियाँ मानी गयी हैं।

आख़िर कहा जा सकता है कि रामकथा के प्रचार के मुख्यतया दो कारण हैं। पहला राम के प्रति भक्ति, दूसरा साहित्य रचनाओं का प्रभाव। कोट्टयम केरलवर्मा के रामायणम किलिप्पाट्टु की ख्याति के पीछे भक्ति से ज़्यादा काव्य सौन्दर्य ही सहायक बना है।

जैसे–

सभी सुर गण साथ-साथ आये
रूठे तो भी कोई डर नहीं
किसी के प्रति अनादर नहीं
किसी के प्रति भी ईर्ष्या नहीं
वीरता में शतकर्मा है
श्रेष्ठनीति में बृहस्पति सम है
दानशीलता में क्षमा सदृश है
शक्ति से भी बढ़कर
क्षमा ही अनिवार्य है।

कालिदास के 'रघुवंश' के दस से चौदह तक के सर्ग में रामायण की कथा ही बतायी गयी है। सभी सर्ग, काव्य कुशलता के कारण मशहूर भी हैं। सीता परित्याग के बाद सीता का लक्ष्मण से होनेवाली बातें स्त्रीत्व की शक्तिशाली प्रतिक्रिया के रूप में ली जा सकती हैं। सीता परित्याग वाल्मीकि रामायण का अनुकरण मात्र है। डॉ. एन. वी. पी. उण्णित्तिरी के अनुसार "इस सन्दर्भ में वाल्मीकि की जो सर्जनात्मक भूमिका है, वह कलाकार एवं समाज के सम्बन्ध के प्रमाण ही उपस्थित करता है।' (कालिदास की कृतियाँ–एक अध्ययन, मातृभूमि बुक्स, पृ. 58)

केरलीय परिप्रेक्ष्य में राम मन्दिरों को रामकथा के प्रभाव के सबूत के रूप में देखा जा सकता है। खरांतक राम की मूर्तिवाले तिरुवंगोड का राममन्दिर (उत्तर केरल में स्थित है), सीता की खोज करनेवाले राम की मूर्तिवाले पालघाट का करिंपुषा श्रीराम मन्दिर, कण्णूर चेरुताषत्तु श्रीराम मन्दिर, हनुमान का सन्देश सुनने वाले राम की मूर्तिवाले तिरूर के आलत्तियूर राम मन्दिर, योगीश्वर राम की मूर्तिवाले एरणाकुलं के तलक्कुलत्तूर राममन्दिर, तृप्रयार के नालम्बलं (चार मन्दिर) कडवल्लूर के श्रीराम मन्दिर, कोट्टयम रामपुरं के श्रीराम मन्दिर आदि रामकथा के प्रभाव के प्रमाण के रूप में स्थित हैं।

रामकथा आज भी प्रासंगिक है, इसमें ज़रा भी सन्देह नहीं, इसके सबूत हैं रामकथा एवं कथापात्रों पर आधारित विभिन्न अध्ययन, लेख एवं अन्य रचनाएँ। पतनशील समाज के उद्धार के लिए भक्ति आन्दोलन को एषुत्तच्छन जैसे कवियों ने माध्यम के रूप में स्वीकार किया। रामकथा की विशेषता यह है कि यह सार्वकालिक है अत: हर समय के समाज के लिए वह प्रासंगिक ही प्रतीत होता है। अत: रामकथा एवं उसके कथापात्रों को आधार बनाकर और भी विस्तार से अध्ययन की गुंजाइश है।

अनुवाद : **डॉ. षीना ईप्पन**

राम की अवधारणा मारार से

●

जोस्ना जे.एस.

वाल्मीकि रामायण व्यापक रूप से एक अकेले पक्षी के शोक से लिखे गये प्रथम काव्य के रूप में स्वीकार किया जाता है। वह आज भी भारत में कई पीढ़ियों से प्रेरणा देता आ रहा है। भारत में मौखिक और लिखित रूप में कई उपकथाओं को जोड़कर एवं घटाकर रामायण अब भी मौजूद है। प्रवरसेन, एकनाथ, तुलसीदास, कृत्तिवास और कंबन जैसे कवियों ने रामायण को अलग-अलग पाठ दिये।

लेकिन केरलियों के लिए वाल्मीकि का 'आदि रामायण' और रामानन्द का 'अध्यात्मरामायण' ही मुख्य है। बाद में आये वल्लत्तोल के वाल्मीकि रामायण का अनुकूलन अनुवाद और एषुत्तच्छन के अध्यात्मरामायण का स्वतन्त्रानुवाद ने केरलियों को राम की अवधारणा लोकप्रिय बना दी। एषुत्तच्छन का किलिप्पाट्टु केरलियों के मन में अमर बनने में सक्षम हुआ। भक्ति आन्दोलन ने राम को आर्य बनाया। इस प्रकार एषुत्तच्छन के 'अध्यात्मरामायण किलिप्पाट्टु' में श्रीराम विष्णु का अवतार बन गया। राम की अवधारणा ने केरलियों के मन में ईश्वरीय चैतन्य के रूप में स्थान प्राप्त कर लिया है जो मानव जाति की सीमाओं से परे है। इसी तरह क्षतियों का महीना करकिटकम (आषाढ़) रामकथा में पवित्र बना।

लेकिन रामायण की इतनी व्याख्याएँ क्यों हुईं? वाल्मीकि का किरदार राम मनुष्य के सभी प्रकार के गुण-दोष सम्मिश्र है। वाल्मीकि रामायण में राम और सीता एक समान रूप से महत्त्वपूर्ण नायक और नायिकाएँ हैं। वह रामायण को राम केन्द्रित कर कैसे सीमित किया गया? रामायण में वाल्मीकि राम के चरित्र को व्यक्त करते हैं। उसने इन्सान बनकर पैदा होकर जीवन बिताकर, मनुष्य के समान मृत्यु का वरण किया। वहाँ से एषुत्तच्छन ने अपनी रचना के माध्यम से राम को विष्णु के अवतार के रूप में विकसित किया। लेकिन कुट्टिकृष्ण मारार ने एषुत्तच्छन से अलग होकर वाल्मीकि के राम की खोज करने की कोशिश की।

उनके द्वारा लिखा गया प्रत्येक वाक्य चर्चा का विषय बना था। कुट्टिकृष्णमारार महान प्रतिभा है जिन्होंने साहित्य जगत में अपनी अमिट छाप छोड़ी है। उस आलोचनात्मक कृति का अध्ययन है 'वाल्मीकि का राम'। इस दुनिया में गुणी, बहादुर और सत्यपरायण कौन है? इसकी खोज में व्यक्त हुआ कि सब गुण एक व्यक्ति में सम्मिलित होना असम्भव है। लेकिन वाल्मीकि जिस राम को प्रस्तुत करते हैं, वह ऋषि नारद का राम है जो महाराज दशरथ का सबसे बड़ा पुत्र था, जिसमें अनेक गुण मौजूद थे। वह राम मानवीयता के श्रेष्ठ भावों से सम्पन्न सारे गुण-दोषों से युक्त तेज पुरुष है। वाल्मीकि ने एक वीर नायक की कहानी कही है। यह जीवन की आदर्श समालोचना भी है। वाल्मीकि का राममानस स्वार्थ, सत्ता की लालसा, पाखण्ड, छल, कामवासना, दुशंका आदि बुराइयों का प्रतीक है। यह कहा जाना चाहिए कि वाल्मीकि रामायण एक दुखान्त काव्य है। वाल्मीकि का राम कोई आदर्श पुरुष या सर्वोत्तम आदमी नहीं है। वह उससे भी बढ़कर एक इन्सान है। काव्य के अन्त में आप देख सकते हैं कि राम मर्यादा पुरुषोत्तम नहीं है। सीता से कहता है, अगर तुम लक्ष्मण के साथ रहना चाहती हो तो रहो, या भरत के साथ रहना चाहती हो तो रहो, मेरे साथ नहीं रहना है। फिर राम सीता को बढ़ते हुए संशय रोग से छोड़ देता है। वनवास के दौरान शूर्पणखा के साथ हुए राम का दृष्टिकोण, ये सब राम के हृदय विचारों को ध्वनित करते हैं।

इस प्रकार 'वाल्मीकि का राम' एक जीवन्त मनुष्य के रूप में हमारे सामने खड़ा होता है। लेकिन समय के बदलने पर केरलियों के मन में राम की अवधारणा भक्ति की है। इसका कारण एषुत्तच्छन का भक्ति से भरा हृदय, स्पष्ट आत्मज्ञान और नैतिकता की अटूट भावना से पूर्ण अध्यात्मरामायण ही है। दक्षिण भारतीय भक्ति आन्दोलन के प्रभाव ने राम को वीर पुरुष की ओर अग्रसर किया। समाज में प्रचलित बहुविवाह जैसे सामाजिक अन्यायों को राम जैसे आदर्श पुरुष से जोड़कर नवीकरण करना उसका उद्देश्य होगा। इस प्रकार आलोचनात्मक भक्ति के साथ चमकते हुए राम ने केरलियों के मन में एक स्थान प्राप्त कर लिया। इसके आगे कुछ भी है वह केवल शाप या ईश्वर की इच्छा की पूर्ति है। विष्णु का अवतार श्रीराम न्याय परायण के रूप में चमक रहा था। वाल्मीकि के रामायण में सीता-राम समन्वय से चमत्कृत रामकथा का प्रचार हुआ। उसके कारण दोनों कृतियों ने पवित्र ध्रुवों की यात्रा की, जहाँ मेल-मिलाप असम्भव था।

जबकि एषुत्तच्छन के ईश्वरीयता से पूर्ण आदर्श पुरुष की अवधारणा भारतीय भक्ति आन्दोलन के साथ मिलकर श्रीराम ने साहित्य केरल की संस्कृति में स्थान प्राप्त किया। वाल्मीकि रामायण के तर्क और अध्यात्मरामायण की भक्ति के बीच वैचारिक संघर्ष ने सांस्कृतिक क्षेत्र में नव प्रतीकों के लिए मार्ग प्रशस्त किया। 'वाल्मीकि का राम' के

अध्ययन में कुट्टिकृष्ण मारार ने तार्किक विश्लेषण पद्धति और मनोविज्ञान के दृष्टिकोण से राम के चरित्र के निर्माण का मूल्यांकन किया है। मारार ने मानव राम को 'वाल्मीकि का राम' में प्रतिष्ठित किया।

अभी भी रामायण की व्याख्याएँ और रामायण की नयी कहानियों का निर्माण हो रहा है। इसलिए कि पाठकों में धर्मों की चर्चा ज़ारी है। अगर रामायण का अन्त राम विमोचित सीता के साथ सुखद जीवन से होता तो सुखान्त रामायण का अध्ययन कर उसे सदा के लिए बन्द करता और वह एक विवादास्पद पुस्तक कभी न बन जाती। लेकिन वाल्मीकि ने अपने रामायण में धर्माधर्मों के बीच तर्क और भक्ति के बीच वैचारिक संवाद को स्थान दिया है।

जब राम की अवधारणा ने भारतीय संस्कृति की विविधता में प्रवेश किया तो हमारे विचारों का जो टकराव हुआ वह कालान्तर में देश की संस्कृति के दिल पर हावी होने लगा। वैसे आर्यपरिवेशधारी राम को बहुसंख्यक धर्म ने अपनाया। धीरे-धीरे साहित्य संस्कृति की ओर और संस्कृति इतिहास में प्रवेश कर शोषण किया गया। आर्य वत्करण के दौरान मन्दिर केन्द्रित केरलीय लोगों को धर्माधिपत्य ने नियन्त्रित किया, तब मन्दिर धर्माधिपत्य का केन्द्र बन गया। वहाँ शासक वर्ग 'श्रीपद्मनाभदास' बना। धार्मिक-सांस्कृतिक शासकीय एकीकरण का परिणाम है केरल का सांस्कृतिक-आर्थिक इतिहास। भगवान राम की धार्मिक अवधारणा जादू की छड़ी बन गयी है जिसने बहुमत को एकत्र कर दिया और अल्पसंख्यक को नियन्त्रित किया है। आज इन परिवर्तनों ने तीव्र धार्मिक विकारों और सामुदायिक संगठनों के विकास को गति दी है। जब मानव साधारण मानव राम को भगवान राम बनाया गया ये विविधता से निर्मित सांस्कृतिक विरासत का हनन हुआ। तर्क एवं भक्ति से निर्मित श्रीराम की अवधारणा का नया मार्ग किस ओर है...

सन्दर्भ

1. अप्पन के.पी.–सांस्कारिक विभाग, केरल सरकार, 1994
2. कुट्टिकृष्णमारार-राजांक नम-साहित्यप्रवर्त्तक सहकरण संघ,नेशनल बुक्स स्टाल, कोट्टयम
3. कृष्णपिल्ला एन-कैरली की कहानी–डी.सी. बुक्स, कोट्टयम्, 1958
4. थामस मैथ्यू-मारार लावण्यानुभव के युक्ति शिल्प, केरल साहित्य अकादमी, त्रिशूर, 2006
5. राधाकृष्णन पी.एस.–कुट्टिकृष्णमारार, केरल साहित्य अकादमी, त्रिशूर, 2010

अनुवाद : **डॉ. सीना कुर्यन**

पूरक्कलि और 'तीया' लोगों के सामाजिक स्वत्व निर्माण

●

अभिजित ए.

पूरक्कलि उत्तर केरल में तेय्याट्टम के बाद सबसे लोकप्रिय नृत्यकलाओं में से एक है। यह विभिन्न समुदायों की एक कलात्मक विरासत है विशेष रूप से 'तीया' समुदाय की शक्ति और सुन्दरता को प्रकट करता है और एथलेटिक और कलात्मक प्रतिभा के प्रदर्शन के लिए एक मंच के रूप में भी कार्य करता है। अतीत की संस्कृति का एक चमत्कारिक चेहरा होने के बावजूद यह कला रूप वर्तमान के कला जीवन को रोमांचक और जीवन्त बनाने में कामयाब रहा है।

'तीया' समुदाय के कावों में ही पूरक्कली ने आचरण के स्तर से ऊपर उठकर राष्ट्रीय त्योहार का स्तर अपनाया था। समुदाय के बौद्धिक गठन में पूरक्कलि अहम भूमिका निभाती है। 'तीया' समुदाय के सामाजिक गठन में पूरक्कलि की भूमिका के बारे में कहना ही मेरा उद्देश्य है। अनुष्ठान कलाएँ वे हैं जो सामाजिक संरचना के आधार पर विकारों का नियमित करने के साथ एक पीढ़ी से दूसरी पीढ़ी की ओर हस्तान्तरित होती हैं। इसलिए यहाँ व्यावहारिक दृष्टिकोण के अध्ययन की ज़रूरत है।

पूरक्कलि के अध्ययन में गीतों की अहम भूमिका है। यह अध्ययन पाँच अनूठे गीतों पर आधारित है। जैसे रामायण पाट्टु, अंकम पाट्टु, गणपति गीत, आन्टुम पल्लुम, चाईलपाट्टु आदि। इन गीतों की भाषाई और रूपात्मक विशेषताओं का अध्ययन करने और यह पता लगाने का प्रयास है कि वे उत्तर केरल में 'तिया' समुदाय की सामाजिक पहचान के गठन में कैसे हस्तक्षेप करते हैं।

सामाजिक पृष्ठभूमि

केरल के अधिकांश सांस्कृतिक इतिहास के समान ही पूरक्कलि की उत्पत्ति और विकास के सम्बन्ध में मतभेद है। हालाँकि इतिहासकार बताते हैं कि इस कला की उत्पत्ति उपलब्ध सबूतों के आधार पर संघम काल के दौरान हुई थी। पूरक्कलि एक ऐसा खेल है जिससे ज्ञान,

मनोरंजन और भक्ति मिलते हैं। कला, वेदान्त, विवाद, व्याकरण, काव्य, नाटक, अलंकार, छन्द, योगा, मूर्तिकला, ज्योतिष, महाकाव्य, पौराणिक कथा, नाट्यशास्त्र आदि सब विषयों की चर्चा पूरक्कलि से सम्बद्ध 'मुत्तुकली' में की जाती है। एक अनपढ़ समाज के लिए इसके माध्यम से प्राप्त ज्ञान की दुनिया बहुत बड़ी होती है। काउंटर खेल के लिए पणिक्कर जाति के लोगों को अच्छा ज्ञान प्राप्त करना चाहिए। इसलिए यह पणिक्कर को समुदाय और समाज में उच्च स्थान दिलाने में सहायक बना।

विभिन्न संस्कृतियों के तत्त्व पूरक्कलि में विलीन हुए हैं। संघम काल के समय में शैव-वैष्णव धर्मों की परम्परा पूरक्कलि में देखने को मिलेगी। सामाजिक विज्ञान ने ऐसा दिखाया है कि अनुष्ठान समाजशास्त्र का एक अंग है। अभ्यास, अमूर्त धार्मिक विचारों के मूर्त रूप को प्रकाशित करता है। सभी अवर्ण जगहों पर पूरक्कलि का आयोजन होता है। अरा, कोट्टम, कावु, मुंड्या, कलकम जैसे अवर्ण जगहों पर पूरक्कलि का प्रदर्शन होता है। पूरक्कलि विशेष रूप से तैयार किये डेरे में ही आयोजित होता है। यह समुदाय का कर्तव्य है। कर्तव्य और अधिकारियों के माध्यम से इस तरह की प्रथा, समुदाय के सदस्यों को एक केन्द्र में आकर्षित करती है और एक-दूसरे से सम्पर्क करने का अवसर पैदा करती है। कुछ हद तक, अस्थायी रूप से ही सही इस तरह के कला रूप सामाजिक उच्च नीचत्व को भुला देने में सहायक हुए हैं।

पूरक्कलि गीत

पूरक्कलि में अठारह वर्ण हैं। रामायण, गणपति पाट्टु, कामनपाट्टु, इरट्टरामायण, अंकम् पटा, चायल, नल्लूपाट्टु, शिव-शक्ति योगीनाटक आदि सब पूरक्कलि के अन्य प्रकार हैं। पूरक्कलि को 'मन्मथ' पूजा भी कहा जाता है। इसलिए सभी पूरक्कलि गीत भगवान विष्णु की प्रशंसा करते हुए शुरू करते हैं, जिन्होंने भगवान शिव द्वारा भस्म किये गये कामदेव को शाप मोक्ष का रास्ता दिखाया।

नारायण नारायण
वासुदेव प्रणाम
वंदे गजास्याम गणेश
प्रणाम तेरा अपनी जुबान पे

यह गीत पूवाली राग और अनुष्टुप छन्द में गाया जाता है। पूरक्कलि में सभी गाने संस्कृत के विद्वान लोगों और पूरक्कलि के पणिक्कर लोगों के द्वारा लिखे जाते हैं। पूरक्कलि गीतों की जाँच करते समय यह देखा जा सकता है कि ये ज़्यादातर मणिप्रवाल के क़रीब हैं। पाँचवीं श्रेणी में महाभारत युद्ध का वर्णन करने वाला खण्ड–

नेता योद्धाएँ भीष्म और द्रोण
चंडाभानुसुत कपि शाल्यर
और जुड़े भूपाल प्रवर भी
मिले श्राद्ध देवालय के पास

अन्तिम पंक्ति 'श्राद्ध देवालय के पास' संस्कृत पद है। आर्य द्रविड़न संगम के बाद संस्कृत आर्य भाषा को पूरक्कलि से प्रभावित माना जा सकता है। फिर भी शुद्ध मलयालम में भी पूरक्कलि गीतों की रचना हुई है। मेम्बलम तेक्के रामन पणिक्कर और उनके गुरु मंपलम कण्ण गुरुक्कल ही थे जिन्होंने सबसे ज़्यादा गैर सांस्कृतिक रचनाएँ लिखी थीं। लोक रीति-रिवाज़ों की पंक्तियों पर ध्यान दें–

और अच्छे
निर्मल चित्तवाले तोते
बोलता हूँ
बड़ी ख़ुशी के साथ
हे बाले जल्दी सुन्दर कहानी बोल
गाता है, मोर नाचता है, काम खेलता है

यहाँ हम एषुत्तच्छन के शुद्ध मलयालम की उपस्थिति देख सकते हैं। यहाँ कामन की कहानी बताई गयी है। अधिकांश गीत रामायण, महाभारत, भागवत आदि की कहानियों पर आधारित हैं। अंकम, पट्टा, चायल जैसे पूरक्कलि गीतों में ऐतिहासिक तथ्यों आदि को कहानी के बीज के रूप में स्वीकार किया गया है। प्रथम विश्वयुद्ध, भारत का विभाजन, स्वतन्त्रता संग्राम आदि का वर्णन पटा चायल आदि गीतों में भी दिखाया गया है। समय-समय पर होने वाले सामाजिक मुद्दों और घटनाओं को मिलाकर ही पूरक्कलि गीत गाया जा रहा है।

पूरक्कलि गीत : भाषा और संरचनापक्ष

पूरक्कलि गीत अरसों के प्रयासों से बनाये गये थे। अधिकांश गीत सदियों पुराने होने का दावा करते हैं। इसलिए मलयालम भाषा की उत्पत्ति और उसके विकास के बारे में जानने के लिए पूरक्कलि गीत मददगार है। शुरुआती गानों में तमिल और बाद के गानों में संस्कृत भी देख सकते हैं। उसी समय किसी भी संक्रमण के अधीन न होने वाले मलयालम गीत भी देखे जा सकते हैं। मूरक्कोत्त कुमारन पूरक्कलि गीत के सम्बन्ध में कहते हैं कि उत्तर मलयालम पद्य में शामिल शब्दों के अति प्रयोग और क्रमिक पतन के साथ अन्त में मलयालम में भी पद्य

की रचना हुई है। उदाहरण किसी भी अन्य कविता में स्पष्ट रूप से नहीं पाये जा सकते हैं। पूरक्कलि गीतों में भाषाई तौर पर कई बातों पर ग़ौर करने की ज़रूरत है।

1. काललयबद्ध दोहे से रहित रूप भी पुराने पूरक्कलि गीतों में शामिल हैं। जैसे रूप में अटित्तू, धारित्तू, पीड़ित्तू, उरईत्तू, वितईत्तू इत्यादि।
2. अटत्तान, अटलुत्तान, कनिवूट्टान, चोरीनदार, पूकण्णार, पून्टेन, कंडेन, पूक्केन, वरंदनवसिचार, चेणार, निन्नार, पोयार जैसे पुरुष प्रत्यय के कई रूप हैं।
3. पूरक्कलि गीतों में मलयालम बहुवचन प्रत्यय 'कल' का विशेष उपयोग है। जो मध्यकालीन मलयालम में देखा गया है।
4. अंक्की (अग्नि), अन्नन (भाई), उरुती (ज्ञान), कषनी (खेत), चुरुती (प्रसिद्धि), चरम (तीर), राशि (प्यार), तुयल (दुख), तिकप्पू (अहंकार), पत्ती (भक्ति), पत्तर (भक्त), पूकण्णु (प्रणाम), वेदन्तरकोन (इन्द्र), पुनल (पानी), आदि पद पूरक्कलि गीतों में पाये जाते हैं। इसके अलावा येदी आप गानों पर रंग भावनाएँ भी ध्यान देने योग्य हैं।
5. अवन (उसको), निन्ना (तुम्हें), तन्ना (ऐसे), आरू (किसे), (बैल), कोमबने (सींगवाले) जैसे पदों में बदलाव आये हैं।
6. दुर्लभ एकाकार हो गया है। जैसे–जोनम, देखा, जेयिक्का।
7. 'य' प्रत्यय के बदले 'क' प्रत्यय का प्रयोग विशेष बदलाव है। उदाहरण–शिव शक्ति की जय हो, हाथ कसकर पकड़े हुए।
8. उत्तर केरल के स्थानीय शब्दों का उपयोग पूरक्कलि के गीतों में नहीं हुआ है। जैसाकि वाड़क्कनप्पाट्टु की कहानियों में देखा जाता है। फिर भी कुछ शब्द देखने को मिलेंगे। उदाहरण–मछली पकड़ना, बगुल, पूरा, बहुत।

पूरक्कलि गीतों में लघुगीत और गद्यात्मक गीत भी शामिल हैं। पूरक्कलि के अधिकांश गीत इतिहास और पुराण कथाओं पर आधारित हैं। रामायण गीत और महाभारत गीत बड़े खेलों के लिए उपयोग किये जाते हैं। 'पूरमाला' में मिथकों पर आधारित लघु काव्य पा सकते हैं। कृष्ण चरित ही यहाँ सबसे अधिक थे। 'पूरमाला' में देवकी विवाह, कृष्णावतार, पूतनामोक्ष, शकटासुरवध, कालियामर्दनम, रासक्रीड़ा और गोपीकृष्ण वस्त्रापहरण की कहानियों पर आधारित कई गीत हैं। 'पूरमाला' में 'पूमाला देवी' और 'नयी देवी' के गीतों को भी दुर्लभ रूप से ही सही शामिल किये गये हैं। पौराणिक या ऐतिहासिक गीत 'अंकम' और 'पटम' के लिए गाये जाने वाले गीतों में पाये जा सकते हैं। वे वीर गीत हैं। देशी राज्यों के बीच के युद्ध भी 'अंकम' गीतों में देख सकते हैं।

अटवुम तटवुम (लड़ाई और उसका रोक) अंकम गीतों का वर्णन देखें—

जैसे आदिवासी और व्रत सुजान लड़ते हैं
महिषी-महिषासुर के साथ पहले
जो युद्ध हुए वैसे दोनों लड़ने के लिए
राम रावण युद्ध की तरह होगा, कुछ कहते हैं

यहाँ आप मलयालम भाषा की शीघ्र पंक्तियाँ और क़दम देख सकते हैं। युद्ध का कथा तत्त्व अंकम गीतों की एक विशेषता है। पूरक्कलि गीत शैव कहानियों पर आधारित हैं। शिव शक्ति के 64 कुत्तुओं से सम्बन्धित गीत, योग चरित और मिथक भी हैं। वेदान्त और योग पर प्रकाश डालनेवाले गीत भी हैं। निम्नलिखित पंक्तियों में षडाधार परिकल्पना है–

छः कुटिया है, और भी छः है
सबसे ऊपर है मनोहर ईश्वर
उसके भी ऊपर के मंज़िल पर
सूर्य, आग और चन्द्रमा वास करते हैं
तीन कुटिया और भी हैं।

'चायलप्पाट्टु' में प्रथम विश्वयुद्ध, भारत का विभाजन और स्वतन्त्रता संग्राम विषय बने हैं। इन पंक्तियों में भारत के विभाजन का वर्णन है–

जिन्नासाहेब मोहम्मादियों का राजा
आठ भागों में से एक भारत को
छुड़वाने की बात कहने से
देश के नाश के लिए धार्मिक झगड़ा हुआ
पश्चिम पाकिस्तान का एक हिस्सा
पूर्वबंगाल का दूसरा हिस्सा
छोड़ दिया गांधी जी ने जिन्ना के लिए

'आनटू' और 'पल्लू' गीतों में कृषि और प्रकृति विषय हैं–

समय बीत गया 'कन्नि' (एक मलयालम महीना) आ गया
गडा से सुन्दर घान काट लिया गया
मालिक आज आ गया
मज़दूरों के मुखिया ने सहमति से मुहूर्त रखा
स्नान कर सुन्दर स्त्रियाँ भी आ गयीं

पूरक्कलि के 'आंट्टुम पल्लुम' कृषि संस्कृति की समृद्धि का उदाहरण है। इस तरह की कई बातें पूरक्कलि पाट्टु के विषय बने हैं।

साहित्यिकता

पूरक्कलि गीतों में साहित्यिकता की जाँच करें तो यह नहीं कहा जा सकता है कि यह रचनात्मकता और अलंकरण से समृद्ध है। लेकिन कहीं-कहीं अलंकार पूरक्कलि पाट्टु में लक्षणयुक्त अलंकार के रूप में भी पाये जाते हैं। उसमें अधिकांश संस्कृत साहित्य से सम्बन्धित है। के.के. करुणाकरन बताते हैं कि जो कवि सचेत व्यक्तिगत लेखन के विद्वान हैं, उन्होंने अलंकार और तुकबन्दी के सन्दर्भ में उसी शास्त्रीय परम्परा का पालन किया है।

उदाहरण–

1. गज सामान लहराते दुश्वितवारिधि हे जगदीश, इन लहरों का नियन्त्रण करें...

रूपक अलंकार का प्रयोग इधर हुआ है। वैसे ही उपमा अलंकारों का भी प्रयोग हुआ है। जैसे–समुद्र की लहरों के समान कवि कहानियाँ, कविताएँ मुझ पर झड़ देते हैं।

लेखकों ने शब्दार्थों के उचित सन्निवेश में ध्यान दिया है। रामायण जैसे लम्बी खेल के लिए इस्तेमाल किये जानेवाले महाकाव्य गानों में द्वितीयक्षण पाया जा सकता है। पूरक्कलि जीवन्तता और आकर्षक गीतों से भरे हुए हैं। यह पंक्तियाँ उदाहरण हैं–

कामदेव के धनुष को चुनौती देने वाली
भौंहें भी नमन करनेवाली
त्रिभुवनों को आर्द्र नयनों से देखने वाली
मदगलकुम्भी प्रकट हुई

देवी माँ की अवधारणा

आर्य द्राविड के सम्पर्क के कारण देवी पूजा कई जातियों में लोकप्रिय हो गयी। केरल के राजवंशज देवी को कुल देवी के रूप में पूजने लगे। जैसे चिराइक्कल राजा के लिए 'तिरुवारक्काटम्मा' (माटाईकावु) कोट्टयम राजा को श्रीपोर्क्कली (मूषक्कुन्नुमन्दिर) कटत्तुनाट्टू राजा को लोकनारक्काविलम्मा,नम्बूतिरी को तिरिवलय नाट्टु काविलम्मा, वल्लुवक्कोनातिरी को तिरुमांथामकुन्निलम्मा, कोच्ची राजा को पषयनूर भगवती, तिरिवितामकूर राजा को आट्टींकल भगवती। तीया को चीरम्मा और गिरि वर्ग के लोगों को नीली आराध्य देवी थी। साँप और माँ देवी द्रविड़ संस्कृति के भाग थे। यह भी निष्कर्ष निकाला गया था कि देवी भगवती द्रविड़ों की एक विशेष अवधारणा थी।

कोल्लत्तू प्रदेश के तिया कावु की देवियाँ उनके स्थानीय देवता हैं। देवी माँ के पास कलियाट्टम और उत्तरद्धार की अवधारणा है, जबकि पूमल्लिका पूमाला और पूवेला अवधारणा है। ये सभी स्थानीय देवियाँ कुँवारियाँ हैं। जाँचने पर पता चलता है कि पूरक्कलि में काम पूजा के महत्त्व को देखा जा सकता है। पूरक्कलि वसन्त में आता है, इसलिए वह बहुत आनन्ददायक मानते हैं। के.के. करुणाकरन बताते हैं कि उनकी प्रासंगिकता के बारे में सोचने की ज़रूरत है जो प्राचीन काव आदि में मनुष्य स्वभाव में स्थायी रूप से व्याप्त काम वासनाओं के लायक आराधना, रीतियों, परम्परा, धार्मिक अवधारणा और विषय वस्तु से अटूट सम्बन्ध रखती है।

पूरक्कलि का संघम काल के चिलपतिकारम की कण्णकी की कहानी से भी सम्बन्ध है। यदि इस प्रकार जाँचते हैं तो हम देख सकते हैं कि कण्णकी केरल की आराध्य देवी है। मातृशक्ति की अवधारणा संस्कृति का हिस्सा थी। हो सकता है बाद में उत्तर मलबार के तीयावंशजों ने इसी संस्कृति का पालन किया हो।

उपसंहार

पूरक्कलि और तीया लोगों के सामाजिक स्वत्व निर्माण पर की गयी टिप्पणियों का सारांश निम्नलिखित है–

पूरक्कलि उत्तर केरल के आर्यद्राविड संगम का उदाहरण है। यह संघम संस्कृति का शेष भाग है। पूरक्कलि संघम काल की कुरवैक्कुत्तू कला का रूप है। यह संघम संस्कृति के साथ पूरक्कलि के सम्बन्ध को और मज़बूत करता है। शुरुआती गीत, साहित्य से और बाद में मणिप्रवालम के साथ जुड़े हुए हैं। शुद्ध मलयालम में भी गाने रचे गये थे। ईश्वरीय धर्म का प्रभाव पूरक्कलि अनुष्ठानों में द्रष्टव्य आर्य वेशभूषा ने केरल की संस्कृति के साथ-साथ पूरक्कलि को भी प्रभावित किया है।

मरुत्तकली के माध्यम से तीया लोगों ने अपनी वैज्ञानिक दुनिया का विस्तार किया। पूरक्कलि के माध्यम से अपने सामुदायिक स्वत्व का तीय लोगों ने ऐसे समय में बनाया जब ज्ञान केवल उच्च वर्ग के लिए था।

अधिकार की संरचना ने पूरक्कलि के विकास को प्रभावित किया है। कला की दृष्टि से इतना महत्त्वपूर्ण नहीं है तो भी पूरक्कलि ने मनोरंजन की दृष्टि से ऐतिहासिक एवं सामाजिक उद्देश्यों को मिलाने की और वैज्ञानिकता को शामिल करने में सफलता प्राप्त की।

पूरक्कलि गीत उत्तरी केरल के स्थानीय शब्दों का उपयोग नहीं करते हैं जैसे कि उत्तरी गीतों में देखा जा सकता है। आर्य-द्रविड संगम का प्रभाव है। 'रामचरित गीत' को

पूरक्कलि गीत के साथ जोड़ा जा सकता है। रामचरित की भाषा और विषय पूरक्कलि गीतों के समान है। इसके अलावा तथ्य यह भी है कि पूरक्कलि उस स्थान का है जहाँ रामचरित के रचयिता का जन्म हुआ है। यह पूरक्कलि और रामचरित के बीच के सम्बन्ध का प्रमाण है।

सन्दर्भ ग्रन्थ-सूची

1. अच्युतन्मेनोन चेलनाट्टु – 1959–केरल के कालिसेवा, मद्रास विश्वविद्यालय।
2. वही–1956–वटक्कनपाट्टुकल, मद्रास विश्वविद्यालय।
3. सी.एल.आंटणी–1969-भाषापठनंगल, एन.बी.एस. कोट्टयम्।
4. परमेश्वरन एस ऊलूर-1967-केरल साहित्य चरित्रम (पहला भाग), केरल विश्वविद्यालय
5. कुंजनपिल्लई पी.एन–1970–केरल चरित्र के इरुलडञ एड्डुकल–एन.बी. एस. कोट्टयम
6. कृष्णन एन.आर.–1967-ईषवर अन्नुम इन्नुम, सीना पब्लिकेशन, एंगीडीयूर
7. चंदेरा सी.एम.एस.–1973-कण्णकियूम चीरम्माक्कावुम एन.बी.एस. कोट्टयम
8. वही–1970–पूरक्कलि-पी के ब्रेथेर्ज़ कोषिक्कोड
9. के.के. पणिक्कर–1979–पूरक्कलि-पय्यन्नूर पब्लिकेशन, पय्यान्नोर।
10. टी दामु-2004-लंकापरवम, सी. बुक्स कोट्टयम
11. बालाकृष्णन नायर चिरक्कल–1970-केरलभाषा गानंगल, केरल साहित्य अकादमी, त्रिश्शूर
12. के. बालकृष्ण कुरुप–2000-कोषिक्कोडिन्टे चरित्रम, मिथुम यथार्थङ्गलूम, मातृभूमि बुक्स, कोषिक्कोड
13. के.के. करुणाकरन–1999–पूरक्कलि-सांसकारिका प्रसद्धिकरण संस्था, केरल सरकार
14. राघवन पय्यानाडु-1979-तेय्यवुम तोट्टवुम-एन.बी.एस. कोट्टयम
15. एम.वी. विष्णु नम्बूतिरी–1998–पूरक्कलि, करेंट बुक्स, त्रिश्शूर
16. वही, (महासम्पादक)–जीवितावुम संस्कारवुम केरल फोकलोर अकादमी
17. राघववारियार, राजन गुरुक्कल–2002-कलियानुम कूट्टरूम, नेशनल बुकस्टॉल, कोट्टयम
18. सुकुमार अषीकोड-1979-पूरकलियुटे अलतारी–पय्यानूर पब्लिकेशन, पय्यन्नूर।
19. पी. दामोदर पनिकर (सम्पादक)–2006–पूरकलियुम मरुथुकलियुम, केरल पूरकली-कला अकादमी।

समकालीन लेख

20. एम. बालन–अत्युत्तरकेरलत्तिले तीयर (लेख)।
21. एन.वी.पी. उन्नीत्तिरी-कूटियाट्टवुम पूरकलियुम (लेख)।
22. कुटमत्त ए. श्रीधरन–2012–पूरक्कलि एक पाठ–2012 फॉकलोर पाठ, फॉकलोर अकादमी।
23. राघवन पय्यानाटु-1980-मिथ्या एंड मेसेज फॉर स्ट्रक्चरल अप्रोच पेपर प्रेसेंटेड इन आल इंडिया फॉकलोर सेमिनार, मैसूर

अनुवाद : **फैजू के**

समय द्वारा पुनः सृजित रामायण 'वाल्मीकि का राम'

●

एक अन्वेषण

'रामायण' ऐसा एक महत्त्वपूर्ण महाकाव्य है जो पूरे भारत में न किसी काल-देश या मौखिक परम्परा, लिखित परम्परा के भेदभावों के बिना प्रचलित रहा है। यह बात निर्विवाद है कि भारतीय सांस्कृतिक जीवन में रामकथा का असर जाति-धर्म के परे है। अनेकानेक व्याख्याएँ रामकथा की विशेषता हैं। रामकथा का विश्लेषण करने पर यही तथ्य सामने आता है कि प्रत्येक कालखण्ड की जनता अपनी-अपनी आवश्यकताओं की पूर्ति हेतु रामकथा का पुन:सृजन करती आयी है। ये पुन:पाठ उस समय के सामाजिक परिवेशों को समझने के लिए सहायक हैं। रामायण की व्याख्याएँ इतिहासपरक समझ के लिए भी सहायक हैं। साहित्यिक क्षेत्र के परिवर्तनों को समझने के लिए भी प्रत्येक समय के रामायण की व्याख्याएँ पर्याप्त हैं। मात्र साहित्यिक क्षेत्र में ही नहीं बल्कि पूरे सांस्कृतिक, राजनीतिक, सामाजिक बदलावों को भी रामायण के पुन:पाठों ने प्रतिबिम्बित किया है।

साहित्य की लगभग सभी विधाओं में रामायण का पुन:पाठ हुआ है। कुट्टिकृष्णमारार के 'वाल्मीकि का राम' नामक व्याख्या ही आलोचना क्षेत्र का प्रबल रामायण-पुन:पाठ है। दकियानूसी मानसिकता रखनेवाले मारार नवजागरण की संस्थाओं के विचारों का विरोध करते रहे। प्रगतिशील साहित्यिक संस्थाओं के प्रति मारार का विरोध मशहूर है, फिर भी मारार की रचनाएँ समकालीन सामाजिक-सांस्कृतिक जीवन से जुडी हुई थीं। लेकिन यह विशेष ध्यान देने की बात है कि उनके लेखन नवजागरण से सम्बद्ध थे। 'वाल्मीकि का राम' नामक रचना इसके लिए पर्याप्त प्रमाण है। यह रचना यह साबित करती है कि रचना को नियन्त्रित करने में समय की अपनी अलग भूमिका है। इस रचना के माध्यम से सचमुच 'वाल्मीकि का राम' की ऐतिहासिकता की खोज कर रहे हैं।

वाल्मीकि का राम

'वाल्मीकि का राम' शीर्षक आलोचनात्मक पुस्तक अपने युक्तिपरक संरचना पक्ष के कारण

विशेष उल्लेखनीय है। आस्तिक कुट्टिकृष्णमारार ने रामायण को युक्ति केन्द्रित आलोचना का विषय बनाकर यह साबित किया कि कुछ भी आलोचना के परे नहीं है। मारार के जीवनकाल की विचारधाराओं का प्रभाव उनकी रचनाओं में अनुगूँजित है। "वह समय रूढ़ विचारों के सामने प्रश्नचिह्न लगानेवाला था। युक्तिवाद एक जोश के समान व्यापा हुआ समय भी था।"[1] एक सच्चे आस्तिक होने पर भी रामायण जैसे भक्तिकेन्द्रित काव्य को युक्ति के तहत विश्लेषण करने की क्षमता मारार को इसलिए मिली कि उस समय की साहित्यसम्बन्धी संकल्पनाओं का प्रभाव उन पर ज़रूर पडा था।

समय की माँग का पुन:पाठ

मारार की आलोचना की विशेषता 'वाल्मीकि का राम' की युक्तिपरक आलोचना मात्र नहीं थी बल्कि सच्चे अर्थ में वह एक पुन:पाठ थी। वाल्मीकि के रामायण का उन्होंने पुन:पाठ किया कि उस समय तक किसी ने वैसा नहीं किया हो। इस पुन:पाठ के पीछे की प्रेरणा भी उस समय की साहित्यसम्बन्धी अवधारणाएँ ही होंगी, ऐसा मानना पड़ता है। "महाकाव्य के पुन:पाठ की प्रथा बीसवीं शताब्दी से हमारे गद्य साहित्य में प्रबल होने लगी।"[2] वाल्मीकि का राम" की रचना 1940 में हुई। बीसवीं शताब्दी के मध्य में जब पुन:पाठों की प्रचुरता हुई तब ही मारार ने रामायण के पुन:पाठ करने की हिम्मत दिखाई। मारार का रामायण-पुन:पाठ यह दिखा देता है कि समय की धड़कनें विचारों पर प्रभाव डाले बिना नहीं रहेंगी।

भक्त-कवियों द्वारा राम को जो अमानवीय रूप दिया गया था उससे भिन्न राम को जो मानवीय रूप मारार ने दिया उसमें नवजागरणकालीन सांस्कृतिक परिवर्तन की प्रतिछवि है। यह आलोचना तभी रची गयी जब ईश्वर केन्द्रित व्यवस्था से मनुष्य केन्द्रित व्यवस्था की अनिवार्यता महसूस हुई। नवजागरणकालीन लगभग सभी आन्दोलनों ने मनुष्य केन्द्रित व्यवस्था का सपना देखा। मारार का विश्वास था कि रामकथाएँ समय के अनुसार व्याख्यायित करने की हैं। वे कहते हैं, "हमें राम को एक मनुष्य के रूप में गणना करनी चाहिए और उसमें निहित मानवीयता को विश्लेषित करने में कोई अयुक्ति नहीं। युग युगों से भारतीयों के जीवन में लीन रामकथा को इस प्रकार विश्लेषित करना अनिवार्य भी है।" इन शब्दों से यह ध्वनित होता है कि प्रत्येक समय के साहित्य को तत्कालीन जनता से संवाद करना और सम्बद्ध रहना चाहिए।

यथार्थवाद से लगाव

उस समय के सर्वस्वीकृत यथार्थवाद के तत्त्वों का प्रत्यक्षत: विरोध करनेवाले मारार की रचनाओं में भी यथार्थवाद की विशेषताएँ दिखाई देती हैं। 'वाल्मीकि का राम' शीर्षक रचना

यथार्थवाद की परम विशेषता मानवीयता के निकट रहती है। राम को देवलोक से मिट्टी की ओर मारार ही ले आये। मतलब कि रामसम्बन्धी लगभग सभी संकल्पनाओं को काटकर निरे मानव राम को पाठकों के सामने मारार ने रख दिया। मारार की आलोचना यह साबित करती है कि वाल्मीकि का रामायण जीवन के कटु यथार्थों को प्रस्तुत करनेवाला है। मारार का अभिमत है कि मानव सहज सभी विकार-विचार वाल्मीकि के राम में है।

वनवास के समय जब वे वन में अकेले थे, तब राम ने लक्ष्मण से जो कुछ कहा उसमें मानव सहज ईर्ष्या, द्वेष, जलन आदि निहित है यह मारार उदाहरण सहित स्थापित करते हैं। "कैकेयी के प्रति ईर्ष्या, दशरथ के दुख पर सुख का अनुभव, भरत के प्रति जलन आदि इसमें स्पष्ट है। यह उस समय की प्रतिकूल स्थिति से उत्पन्न मानसिक भ्रांतियाँ मात्र नहीं राम के हृदय में चिरस्थायी द्वेष हैं, ऐसा बाद की घटनाएँ स्पष्ट करती हैं।"[4] अयोध्याकाण्ड की पंक्तियों को उद्धृत करते हुए मारार इसका समर्थन भी करते हैं। दैवीयता के लिए बिल्कुल अनुचित चित्तवृत्तियों को राम ने देखकर मारार ने वाल्मीकि के राम को मानवीय रूप प्रदान किया था। किसी भी मनुष्य में दिखाई पड़नेवाले कलंक मारार ने वाल्मीकि के राम में भी देख लिए। इस प्रकार मारार ने रामायण जैसे महाकाव्य को आधुनिक यथार्थवाद की मानवीयता के साथ मिलाकर पुन:पाठ किया।

सत्ता विमर्श

"रामकथा का रहस्य सीता परित्याग के साथ राज्यलोभ-धनलोभ आदि में टिका हुआ है। यही वाल्मीकि के राम के माध्यम से मारार स्थापित करते हैं। राम के राज्यलोभ को "श्रेष्ठ राज्यलोभ' मानकर प्रशंसा करते हैं। वे कहते हैं, "पिता को कारागृह में डालकर भाइयों को मारकर साम्राज्य को हासिल करनेवाले औरंगज़ेब का राज्यलोभ नहीं, राम का राज्यलोभ। औरंगज़ेब राज्यलोभ की किस हद पर खड़ा हुआ है उसके ठीक विपरीत दिशा में खड़ा है राम। इसलिए चाहे तो हम इसे श्रेष्ठ राज्यलोभ कह सकते हैं।"[6] 'उत्कृष्ट राज्यलोभ' जैसे शब्द प्रयोग के पीछे ज़रा परिहास चाहे तो हम देख सकते हैं। उस समय की राजनीतिक वृत्तियों को देखकर शायद उसकी आलोचना करने के लिए 'उत्कृष्ट राज्यलोभ' जैसा शब्द प्रयोग किया गया होगा। राज्य और सत्ता के लिए तन्त्र रचने वाले मनुष्य हर ज़माने में किसी भी समाज में दिखाई पड़ते हैं। जनता की स्वीकृति प्राप्त करके राज्यलक्ष्मी को हस्तगत करने में उनकी गलतियों के ख़िलाफ़ आवाज़ उठाने का अवसर भी नष्ट हो जाता है। राम के सन्दर्भ में भी यह घटित हुआ। इस सच्चाई के तहत मारार उस समय के समाज में वर्तमान सत्तालोभी व्यक्तियों तथा संस्थाओं से ही संवाद कर रहे थे।

स्त्रीपक्षधरता

स्त्रीपुरुष के नियन्त्रण में रहने के लिए और उनकी इच्छापूर्ति के लिए सब कुछ समर्पित करने वाली है, जैसी मान्यता रखनेवाले समाज में स्त्री की वकालत करने वाले मारार को 'वाल्मीकि का राम' में हम देख सकते हैं। शूर्पणखा और सीता के साथ राम ने जो अन्याय किया उसकी ओर मारार इशारा करते हैं। राम से शादी करने की इच्छा से आयी शूर्पणखा को झूठ बोलकर थोड़ी देर के लिए वहाँ रोक रखने के पीछे मारार के मत में उसके हावभाव को देख लेने की इच्छा ही है (पृ. 34)। मारार ने यह भी कह रखा कि अगर शूर्पणखा कुछ विवेक और कुशलता के साथ व्यवहार करती तो क्या हो सकता था यह ईश्वर ही जाने! (पृ. 35)। पुरुष की काम-पूर्ति के शिकार बनने के लिए अभिशप्त स्त्री समाज की ओर ही शूर्पणखा के माध्यम से मारार इशारा करने की कोशिश कर रहे हैं।

पुरुष वर्चस्ववादी समाज में हाशिएकृत होनेवाली स्त्रियों की प्रतिनिधि है सीता। सीता परित्याग को लेकर मारार का अभिमत है कि राज्यशासन के सुख का अनुभव करने में सीता जब एक बाधा बन गयी तो उन्होंने उसको दूर फेंक दिया (पृ. 38)। एक स्त्री होने के कारण सीता को पत्नी की हैसियत ही नहीं बल्कि एक प्रजा की हैसियत भी नहीं मिली। उसकी गलती क्या है यह समझाये बिना, जिरह किये बिना धोखे में उसकी उपेक्षा की जाती है। सीता अपनी पत्नी है उसके साथ किसी भी प्रकार के व्यवहार करने का अधिकार पति को है जैसी पुरुष वर्चस्ववादी व्यवस्था के नियमों को मारार कठिन शब्दावली में सूचित कर रहे हैं, यह है सारा जोसफ का विचार।[7] सीता यहाँ उपेक्षित स्त्री स्वत्व की शिकार है। न्यायी राजा से अन्याय सहने के लिए विवश स्त्री पात्रों को दिखाते हुए मारार सभी कालों में स्त्रियों को जिन अन्यायों को सहना पड़ा है उनकी ओर इशारा कर रहे हैं। विश्व भर में जहाँ कहीं स्त्री स्वातन्त्र्य का हनन होता रहता है वहाँ स्त्री स्वातन्त्र्य और न्याय के लिए ही मारार आवाज़ उठा रहे हैं। इसलिए हम निस्सन्देह कह सकते हैं कि मारार की यह आलोचना पद्धति स्त्री पक्षधरता को प्रमाणित करनेवाली है।

सम्प्रेषण क्षमता

समाज से संवाद करने के माध्यम के रूप में प्रत्येक साहित्यिक रचना रची जाती है। आशय प्रचार के लिए साहित्यिक रचनाओं का उपयोग करना चाहिए जैसी माँग नवजागरणकालीन संस्थाओं ने सामने रखी थी। यह सच है कि मारार को इससे सहमति नहीं थी। लेकिन मारार यह स्वीकार करते हैं कि रामायण जो है वह सम्प्रेषण या संवाद के लिए रची गयी है।

मारार ने यह पहचान लिया था कि रामायण सृजन के पीछे सुस्पष्ट उद्देश्य कवि को था। उनका अभिमत है कि राम की अपेक्षा सीता की मासूमियत और पवित्रता को साबित करने के लिए कवि को रामायण की रचना करनी पड़ी थी। इस आवश्यकता की पूर्ति के लिए आदि कवि ने रामायण की रचना की और उससे सीता की चारित्रिक विशुद्धि जनता तक पहुँचा दी। मारार यों लिखते हैं : "वाल्मीकि ने उस श्रेष्ठ महाकाव्य की रचना करने के बाद उसका गायन करने के लिए अपने शिष्य रामपुत्रों को पढ़ाकर रामाश्वमेध के समय अयोध्या भेजा। शहरों में तथा राम के राजमहल के सामने गाने के लिए उन्हें भेजा गया था। उनके गीत सुनने पर राम पुन: सीता को स्वीकार करने के लिए तैयार हो गये, ऐसा उत्तरकाण्ड में कहा गया है। अगर वह सच है तो यह नीतिवाद की बात है कि परित्याग के बाद अपनी गोद ली गयी बेटी के चरित्र पर लगाये गये कलंक को मिटाकर उसे पुन: राम से स्वीकार कराने के लिए वाल्मीकि ने रामायण की रचना की थी।"[8] मारार रामायण की रचना करने के कारणों को बताने के उपरान्त उसकी सम्प्रेषणीयता को भी स्वीकार करते हैं। साहित्य सम्प्रेषण के लिए है जैसी प्रगतिशील साहित्य संस्था की मान्यता को स्वीकार करने के साथ ही साथ मारार यह भी मानते हैं कि रामायण राम के लिए नहीं, सीता के लिए है, राजकीय वैभव के लिए नहीं, चारित्रिक शुद्धि के लिए है। मारार की आलोचना को पढ़ते समय व्यक्त हो जाता है कि वाल्मीकि ने जिस रामायण की रचना की है वह तत्कालीन जनता के साथ संवाद करने के उपादान के रूप में था। प्रत्येक साहित्यिक रचना का परम लक्ष्य समाज की जीर्णताओं को खोलकर दिखाना तथा उस समय की जनता से संवाद करना ही है। नवजागरणकालीन संस्थाओं ने जिन आदर्शों को हमारे सामने रखा था वे सब आदिकाव्य रामायण में भी दिखाई देते हैं। नवजागरणकालीन संस्थाओं के आदर्शों का हमेशा विरोध करनेवाले मारार की आलोचना यहाँ स्पष्ट हो जाती है।

काल के प्रभाव से लेखक और रचना को दूर रहना असम्भव है। प्रत्येक साहित्यिक रचना को मानव समाज से संवाद करना चाहिए। समाज को दरकिनार करते हुए साहित्यिक रचना करना एक सच्चे साहित्यकार के लिए असम्भव है। प्रत्येक गौरवपूर्ण रचना उस समय की जनता के इतिहास को अनावृत करती है। दूसरे ढंग से कहें तो प्रत्येक कालखण्ड में साहित्यिक रचनाओं का पुन:सृजन होता रहेगा। समय ने ही मारार से वाल्मीकि के रामायण का पुनर्निर्माण कराया है। मारार का 'वाल्मीकि का राम' शीर्षक यह आलोचनात्मक ग्रन्थ साहित्य की ऐतिहासिकता को भी प्रमाणित कर देनेवाला है।

सन्दर्भ ग्रन्थ

1. एम. थॉमस मैथ्यू–'मारार लावण्यानुभवत्तिन्टे युक्ति शिल्पम्'–केरल साहित्य अकादमी, त्रिशूर, 2016, पृ. 143
2. पी.एस. राधाकृष्णन–'साहित्यम् चरित्रम् संस्कारम् मारुन्ना समवाक्यंङ्ल', 2005, पृ. 122
3. कुट्टिकृष्ण मारार–'वाल्मीकियुटे रामन्: तिरञेटुत्ता प्रबन्धमण्डल'–केरल साहित्य अकादमी, त्रिशूर, 1990, पृ. 19
4. वही, पृ. 23
5. वही, पृ. 30
7. सारा जोसफ–'मारारुम् स्त्रीवादवुम्' साहित्यलोकम् द्वैमासिक–25-5-1999, पृ. 11
8. कुट्टिकृष्ण मारार–'वाल्मीकियुटे रामन: तिरञेटुत्ता प्रबन्धङ्ङल'–केरल साहित्य अकादमी, त्रिशूर, 1990, पृ. 38

अनुवाद : **अस्वती. एस**

लेखक परिचय

	मूल लेखक	अनुवादक
1.	सी. राधाकृष्णन मो. 9846260733	प्रो. पी.के. अब्दुल जलील मो. 8281029108
2.	प्रो. एम.एन. कारश्शेरी मो. 9539831211	प्रो. एन. मोहनन मो. 9447056148
3.	के. जयकुमार ऐ.ए.एस. मो. 9445440085	डॉ. तेरेसा टिन्सी. टी मो. 9497276480
4.	डॉ. के.जी. पौलोस मो. 9846041205	डॉ. सजी आर. कुरुप मो. 9447475407
5.	राघवन पय्यनाट मो. 9446327968	डॉ. अनीष शंकर व डॉ. लेखा के. मो. 9544950848
6.	डॉ. अनिल वल्लत्तोल मो. 9447335316	डॉ. रेवती.एस. मो. 9544950848
7.	डॉ. के. एस. राधाकृष्णन मो. 9447134401	डॉ. दीपक के. आर. मो. 9447616483
8.	प्रो. डॉ. पी.एस. राधाकृष्णन मो. 9446567097	प्रो. जयश्री. एस.आर. मो. 9447616483
9.	प्रो. ए.एन. श्रीधरन मो. 9447314292	डॉ. अनिता पी.एल. मो. 9388036491
10.	करिवेल्लूर मुरली मो. 9847020166	डॉ. बिन्दु. ए.के. मो. 9447980447
11.	प्रो. चन्द्रदासन मो. 9447414200	अभिरामी एम.एस. मो. 8921701072

12.	**प्रो. जयलक्ष्मी** मो. 9447411956	**डॉ. हेमा नारायणन** मो. 7306246093
13.	**श्रीवत्सन जे. मेनोन** मो. 9447045120	**डॉ. अंजली ज्योतिष** मो. 8989896710
14.	**डॉ. साजु तुरुत्तिल** मो. 9495576876	**सोनिता सराफ** मो. 9746757712
15.	**एम. नलिन बाबु** मो. 9847306789	**डॉ. मनोज एन.** मो. 9446695123
16.	**श्रीकुमार मुखत्तला** मो. 812999572	**काव्या नायर बी.** मो. 9633808216
17.	**कलामण्डलम प्रभाकरन** मो. 9447664516	**प्रसाद एम.** मो. 8281990687
18.	**आर. हरि** मो. 9207006699	**डॉ. जोयिस टोम** मो. 9446776348
19.	**डॉ. राजेष एम.आर.** मो. 9605733752	**डॉ. चाक्को के.के.** मो. 9447619338
20.	**डॉ. षाजु वर्गीस** मो. 9495249189	**डॉ. प्रत्युषा एस. नायंर** मो. 9074983927
21.	**डॉ. बिन्सी डॉमनिक** मो. 9495249189	**डॉ. जेस्ना रहीम** मो. 9526900114
22.	**डॉ. के. रमेशन** मो. 9495249185	**डॉ. सुस्मिता पद्मांगदन** मो. 971555499459
23.	**डॉ. नेत्तल्लूर हरिकृष्णान** मो. 9605365368	**डॉ. सुगिदा जी** मो. 9526229121
24.	**सौम्या जोस** मो.	**डॉ. राधिका सी. आर.** मो. 9656360438
25.	**सिमि के. विजयन** मो. 9745853062	**डॉ. शिल्पा शिवन** मो. 9562230569
26.	**पवित्रा एम. वी.** मो. 7736388737	**डॉ. लैजा पी.जे.** मो. 9961134814

27. जयश्री एस.
मो.

28. हरिकृष्णन के.एस.
मो. 9847172668

29. शान्तिनी एस.एल.
मो. 7558842130

30. ई.पी. ज्योति
मो. 9446640103

31. जोस्ना जे.एस.
मो. 8075534013

32. अभिजित ए.
मो.

33. सिंपिल ए. इज़ेड
मो. 8289864721

डॉ. वीणा जे.
मो. 9495531956

डॉ. मेरली के पोन्नूस
मो. 9447589516

डॉ. जयलक्ष्मी के.
मो. 9952368892

डॉ. षीना ईप्पन
मो. 9249932945

डॉ. सीना कुरियन
मो. 8547637591

षैजू. के.
मो. 96563987...

अस्वती एस.
मो. 8281334101